LA FEMME

AU

DIX-HUITIÈME SIÈCLE

ŒUVRE HISTORIQUE

DE EDMOND ET JULES DE GONCOURT

Paris. — Typ. G. Chamerot, 19, rue des Saints-Pères. — 12465

LA FEMME

AU

DIX-HUITIÈME SIÈCLE

PAR

EDMOND ET JULES DE GONCOURT

NOUVELLE ÉDITION, REVUE ET AUGMENTÉE

PARIS

G. CHARPENTIER, ÉDITEUR

13, RUE DE GRENELLE-SAINT-GERMAIN, 13

1882

A

PAUL DE SAINT-VICTOR

PRÉFACE

DE LA PREMIÈRE ÉDITION

Un siècle est tout près de nous. Ce siècle a engendré le nôtre. Il l'a porté et l'a formé. Ses traditions circulent, ses idées vivent, ses aspirations s'agitent, son génie lutte dans le monde contemporain. Toutes nos origines et tous nos caractères sont en lui : l'âge moderne est sorti de lui et date de lui. Il est une ère humaine, il est le siècle français par excellence.

Ce siècle, chose étrange ! a été jusqu'ici dédaigné par l'histoire. Les historiens s'en sont écartés comme d'une étude compromettante pour la considération et la dignité de leur œuvre historique. Ils semblent qu'ils aient craint d'être

notés de légèreté en s'approchant de ce siècle
dont la légèreté n'est que la surface et le masque.

Négligé par l'histoire, le dix-huitième siècle est
devenu la proie du roman et du théâtre qui l'ont
peint avec des couleurs de vaudeville, et ont fini
par en faire comme le siècle légendaire de l'Opéra
Comique.

C'est contre ces mépris de l'histoire, contre ces
préjugés de la fiction et de la convention, que
nous entreprenons l'œuvre dont ce volume est le
commencement.

Nous voulons, s'il est possible, retrouver et
dire la vérité sur ce siècle inconnu ou méconnu,
montrer ce qu'il a été réellement, pénétrer de ses
apparences jusqu'à ses secrets, de ses dehors
jusqu'à ses pensées, de sa sécheresse jusqu'à son
cœur, de sa corruption jusqu'à sa fécondité, de
ses œuvres jusqu'à sa conscience. Nous voulons
exposer les mœurs de ce temps qui n'a eu d'autres
lois que ses mœurs. Nous voulons aller, au-dessous ou plutôt au-dessus des faits, étudier dans
toutes les choses de cette époque les raisons de
cette époque et les causes de l'humanité. Par
l'analyse psychologique, par l'observation de la

vie individuelle et de la vie collective, par l'appréciation des habitudes, des passions, des idées,
des modes morales aussi bien que des modes
matérielles, nous voulons reconstituer tout un
monde disparu, de la base au sommet, du corps
à l'âme.

Nous avons recouru, pour cette reconstitution,
à tous les documents du temps, à tous ses témoignages, à ses moindres signes. Nous avons in-
terrogé le livre et la brochure, le manuscrit et
la lettre. Nous avons cherché le passé partout où
le passé respire. Nous l'avons évoqué dans ces
monuments peints et gravés, dans ces mille figu-
rations qui rendent au regard et à la pensée la
présence de ce qui n'est plus que souvenir et poussière. Nous l'avons poursuivi dans le papier des
greffes, dans les échos des procès, dans les mémoires judiciaires, véritables archives des passions humaines qui sont la confession du foyer.
Aux éléments usuels de l'histoire, nous avons
ajouté tous les documents nouveaux, et jusqu'ici
ignorés, de l'histoire morale et sociale.

Trois volumes, si nous vivons, suivront ce volume de *la Femme au Dix-huitième siècle.* Ces

trois volumes seront : *l'Homme, l'État, Paris* ; et notre œuvre ainsi complétée, nous aurons mené à fin une histoire qui peut-être méritera quelque indulgence de l'avenir : L'HISTOIRE DE LA SOCIÉTÉ FRANÇAISE AU DIX-HUITIÈME SIÈCLE.

EDMOND ET JULES DE GONCOURT.

Paris, février 1862.

LA FEMME

AU DIX-HUITIÈME SIÈCLE

I

LA NAISSANCE — LE COUVENT — LE MARIAGE

Quand au dix-huitième siècle la femme naît, elle
n'est pas reçue dans la vie par la joie d'une famille.
Le foyer n'est pas en fête à sa venue ; sa naissance
ne donne point au cœur des parents l'ivresse d'un
triomphe : elle est une bénédiction qu'ils acceptent
comme une déception. Ce n'est point l'enfant désiré
par l'orgueil, appelé par les espérances des pères et
des mères dans cette société gouvernée par des lois
saliques ; ce n'est point l'héritier prédestiné à toutes
les continuations et à toutes les survivances du nom,
des charges, de la fortune d'une maison : le nou-
veau-né n'est rien qu'une fille, et devant ce berceau
où il n'y a que l'avenir d'une femme, le père reste
froid, la mère souffre comme une Reine qui attendait un Dauphin.

Bientôt une nourrice emportait au loin la petite fille, que la mère n'ira guère voir chez sa nourrice qu'au temps des tableaux de Greuze et d'Aubry. Lorsque la petite fille sortait de nourrice et revenait à la maison, elle était remise aux mains d'une gouvernante et logée avec elle dans les appartements du comble. La gouvernante travaillait à faire de l'enfant une petite personne, mais doucement, avec beaucoup de flatterie et de gâterie : dans cette petite fille qu'elle ne corrigeait guère, et à laquelle elle passait à peu près toutes ses volontés, elle ménageait déjà une maîtresse qui, lors de son mariage, devait lui assurer une petite fortune. Elle lui apprenait à lire et à écrire. Elle promenait ses yeux sur les figures de la Bible de Sacy. Elle lui montrait dans une jolie boîte d'optique la géographie en lui faisant voir le monde, l'intérieur de Saint-Pierre, la fontaine de Trévi, le dôme de Milan avec toutes ses petites figures, la nouvelle église de Sainte-Geneviève, patronne de Paris, l'église Saint-Paul, le nouveau palais Sans-Souci, l'Ermitage de l'Impératrice de Russie (1). Elle lui mettait entre les mains quelque *Avis d'un père* ou d'*une mère à sa fille*, quelque *Traité du vrai mérite*. Elle lui recommandait encore de se tenir droite, de faire la révérence à tout le monde; et c'était à peu près tout ce que la gouvernante enseignait à l'enfant.

Les tableaux du dix-huitième siècle nous repré-

---

(1) Conversations d'Émilie. *Paris,* 1784, vol. 2.

senteront cette enfant, la petite fille, ce commencement de la femme du temps, la tête chargée d'un bourrelet tout empanaché de plumes ou couverte d'un petit bonnet orné d'un ruban, fleuri d'une fleur sur le côté. Les petites filles portent un de ces grands tabliers de tulle transparents, à bouquets brodés, que traverse le bleu ou le rose d'une robe de soie. Elles ont des hochets magnifiques, des grelots d'argent, d'or, en corail, en cristaux à facettes; elles sont entourées de joujoux fastueux, de poupées de bois aux joues furieusement fardées, souvent plus grandes qu'elles et qu'elles ont peine à tenir dans leurs petits bras (1). Parfois, au milieu d'un parc à la française, on les aperçoit se traînant entre elles sur le sable d'une allée dans des petits chariots roulants, modelés sur la rocaille des conques de Vénus qui passent à travers les tableaux de Boucher (2). Elles ne se font voir qu'enrubannées, pomponnées, toutes chargées de dentelles d'argent, de bouquets, de nœuds : leur toilette est la miniature du luxe et des robes superbes de leurs mères. A peine leur laisse-t-on, le matin, ce petit négligé appelé *habit de marmotte* ou *de Savoyarde,* ce joli *juste* de taffetas brun avec un jupon court de même étoffe, garni de deux ou trois rangs de rubans couleur de rose cousus à

---

(1) Émile, par J.-J. Rousseau. *Amsterdam,* 1762, vol. 1. — Au mois de juillet 1722, le *Mercure de France* annonce que la duchesse d'Orléans vient de donner à l'Infante une poupée avec garde-robe variée et une toilette *joujou* montant à 22,000 livres.

(2) Voir les portraits d'enfants du musée de Versailles et la gravure de Joulain, d'après Ch. Coypel : *O moments trop heureux où règne l'innocence.*

plat, et cette jolie coiffure si simple faite d'un fichu
de gaze noué sous le menton (1) : charmante toilette
où l'enfance est si à l'aise, où sa fraîcheur est si bien
accompagnée, où sa grâce a tant de liberté. Mais ce
n'est point ainsi que les petites filles plaisent aux
parents : il les leur faut habillées et gracieusées au
goût de ce siècle qui, sitôt qu'elles marchent, les enferme dans un *corps* de baleine, dans une robe d'apparat, et leur donne un maître à danser, un maître
à marcher. Et voici, dans une gravure de Canot, la
petite personne en position, qui arrondit les bras et
pince du bout des doigts les deux côtés de sa jupe
bouffante, d'un air sérieux, d'un air de dame, tandis
que le maître répète : « Allez donc en mesure...
Soutenez... Allez donc... Tournez-la... Trop tard...
Les bras morts... La tête droite... Tournez donc,
Mademoiselle... La tête un peu plus soutenue... Cou-
lez le pas... Plus de hardiesse dans le regard (2). »

Faire jouer la dame à la petite fille, la première
éducation du dix-huitième siècle ne tend qu'à cela.
Elle corrige dans l'enfant tout ce qui est vivacité,
mouvement naturel, enfance; elle réprime son caractère comme elle contient son corps. Elle la pousse
de tous ses efforts en avant de son âge. Envoie-t-on
la petite fille promener aux Tuileries, on lui recom-
mande, comme si son panier ne devait pas empêcher
ses enfantines folies, de ne pas sauter, de se promener

---

(1) Mémoires de Mme de Genlis. *Paris,* 1825, vol. 1.
(2) Les Jeux de la petite Thalie, par de Moissy. *Paris,* Bailly, 1769.
Le Menuet et l'Allemande.

d'un air grave. Est-elle marraine, a-t-elle ce bonheur, une des grandes ambitions de l'enfance du temps, le premier rôle qu'on lui fait jouer dans la société, on la voit monter en voiture comme une femme, des plumes dans les cheveux, le fil de perle au cou, le bouquet à l'épaule gauche. La mène-t-on à un bal d'enfants : car il faut presque dès le berceau habituer la femme au monde pour lequel elle vivra, au plaisir qui sera sa vie : on lui place sur la tête un énorme coussin appelé *toqué*, sur lequel s'échafaude à grand renfort d'épingles et de faux cheveux un monstrueux *hérisson*, couronné d'un lourd chapeau ; on lui met un corps neuf, un lourd panier rempli de crin et cerclé de fer ; on la pare d'un habit tout couvert de guirlandes, et on la conduit au bal en lui disant : « Prenez garde d'ôter votre rouge, de vous décoiffer, de chiffonner votre habit, et divertissez-vous bien (1). »

Ainsi se forment ces petites filles maniérées qui jugent d'une mode, décident d'un habit, se mêlent de bon air ; enfants jolis *à croquer* et *tout au parfait*, ne pouvant souffrir une dame sans odeurs et sans mouches (2).

Des petits appartements où la gouvernante gardait la petite fille, la petite fille ne descendait guère chez sa mère qu'un moment, le matin à onze heures, quand entraient dans la chambre aux volets à demi fermés les familiers et les chiens. « Comme vous êtes

(1) Théâtre à l'usage des jeunes personnes, par Mᵐᵉ de Genlis. *Paris*, 1779, vol. 2. *La Colombe.*
(2) Le livre à la mode. En Europe. 100070059.

1.

mise ! — disait la mère à sa fille qui lui souhaitait le bonjour. — Qu'avez-vous ? Vous avez bien mauvais visage aujourd'hui. Allez mettre du rouge : non, n'en mettez pas, vous ne sortirez pas aujourd'hui. » Puis, se tournant vers une visite qui arrivait : « Comme je l'aime, cette enfant ! Viens, baise-moi, ma petite. Mais tu es bien sale ; vas te nettoyer les dents... Ne me fais donc pas tes questions, à l'ordinaire ; tu es réellement insupportable. — Ah ! Madame, quelle tendre mère ! disait la personne en visite. — Que voulez-vous ! répondait la mère, je suis folle de cette enfant (1)... »

Point d'autre société, d'autre communion entre la mère et la petite fille que cette entrevue banale et de convenance, commencée et finie le plus souvent par un baiser de la petite fille embrassant sa mère sous le menton pour ne pas déranger son rouge. L'on ne trouve point trace, pendant de longues années, d'une éducation maternelle, de ce premier enseignement où les baisers se mêlent aux leçons, où les réponses rient aux demandes qui bégayent. L'âme des enfants ne croît pas sur les genoux des mères. Les mères ignorent ces liens de caresse qui renouent une seconde fois l'enfant à celle qui l'a porté, et font grandir pour la vieillesse d'une mère l'amitié d'une fille. La maternité d'alors ne connaît point les douceurs familières qui donnent aux enfants une tendresse confiante. Elle garde une physionomie sévère,

---

(1) Mélanges militaires, littéraires et sentimentaires (par le prince de Ligne). *Dresde*, 1795-1811, vol. 20.

dure, grondeuse, dont elle se montre jalouse; elle croit de son rôle et de son devoir de conserver avec l'enfant la dignité d'une sorte d'indifférence. Aussi la mère apparaît-elle à la petite fille comme l'image d'un pouvoir presque redoutable, d'une autorité qu'elle craint d'approcher. La timidité prend l'enfant; ses tendresses effarouchées rentrent en elle-même, son cœur se ferme. La peur vient où ne doit être que le respect. Et les symptômes de cette peur apparaissent, à mesure que l'enfant avance en âge, si forts et si marqués, que les parents finissent par s'en apercevoir, par en souffrir, par s'en effrayer. Il arrive que la mère, le père lui-même, étonnés et troublés de recueillir ce qu'ils ont semé, mandent à leur fille de travailler à effacer le *tremblement* qu'elle met dans son amour filial. « Le tremblement », je trouve ce mot terrible sur l'attitude des filles dans une lettre d'un père à sa fille (1).

La petite fille avait à peu près appris le peu que lui avait montré sa gouvernante. Elle savait bien lire et le catéchisme. Elle avait reçu les leçons du maître à danser. Un maître à chanter lui avait enseigné quelques rondeaux. Dès sept ans on lui avait mis les mains sur le clavecin (2). L'éducation de la maison était finie : la petite fille était envoyée au couvent.

Le couvent, — il ne faut point s'arrêter à ce mot,

---

(1) Lettres inédites de d'Aguesseau publiées par Rives. *Paris,* 1823, vol. 1.

(2) L'ami des femmes. 1758. — Essai sur l'éducation des demoiselles par Mme de *. *Paris,* 1769.

ni à l'idée de ce mot, si l'on veut avoir, de ce que le
couvent était réellement au dix-huitième siècle, la
notion juste et le sentiment historique. Essayons
donc, au moment où la jeune fille franchit sa porte,
de peindre cette école et cette patrie de la jeunesse
de la femme du temps. Retrouvons-en, s'il se peut,
le caractère, les habitudes, l'atmosphère, cet air de
cloître traversé à tout moment par le vent du monde,
le souffle des choses du temps. Cherchons-en l'âme,
comme on cherche le génie d'un lieu, dans ces murs
sévères où l'on ouvre des fenêtres, où l'on pose des
balcons, où l'on construit des cheminées, où l'on fait
des plafonds pour cacher les grosses poutres, où l'on
place des corniches, des chambranles, des portes à
deux battants, des lambris bronzés (1); où la sculpture, la dorure et la serrurerie la plus fine jettent
sur le passé le luxe et le goût du siècle : image du
couvent même, de ces retraites religieuses auxquelles
l'abbaye de Chelles semble avoir laissé l'héritage de
plaisirs, de musique, de modes et d'arts futiles, de
mondanités bruyantes et charmantes dont l'abbesse
avait rempli son couvent (2).

Le couvent alors est d'un grand usage. Il répond à
toutes sortes de besoins sociaux. Il garantit les convenances en beaucoup de cas. Il n'est pas seulement la
maison du salut : il a mille utilités d'un ordre plus

---

(1) Mémoire pour messire de Courcelles de Cottebonne contre les supérieurs et prêtres de l'Oratoire de la maison et séminaire de Saint-
Magloire.

(2) Mémoires du maréchal duc de Richelieu. *Paris*, 1793, vol. II.

humain. Il est, dans un grand nombre de situations
l'hôtel garni et l'asile décent de la femme. La veuve
qui veut acquitter les dettes de son mari s'y retire,
comme la duchesse de Choiseul (1) ; la mère qui veut
refaire la fortune de ses enfants y vient économiser,
comme la marquise de Créqui (2). Le couvent est refuge et lieu de dépôt. Il tient cloîtrée la petite Émilie
que la jalousie de Fimarcon enlève de l'Opéra (3) ;
il tient renfermées les maîtresses des princes qui vont
se marier (4). Les femmes séparées de leurs maris
viennent y vivre. Le couvent reçoit les femmes qui
veulent, comme Mme du Deffand et Mme Doublet,
un grand appartement, du bon marché et du calme.
Il a encore des logements pour des retraites, pour
des séjours de dévotion, où s'établissent, à certaines
époques de l'année, des grandes dames, des princesses élevées dans la maison ; retour d'habitude et
de recueillement aux lieux, aux souvenirs, au Dieu
de leur jeunesse, qui inspireront à Laclos la belle
scène de Mme de Tourvel mourant dans cette chambre
qui fut la chambre de son enfance.

Tout ce monde, toute cette vie du monde, envahis-
sant le couvent, avaient apporté bien du changement
à l'austérité de ses mœurs. La parole inscrite au

(1) Mémoires secrets pour servir à l'histoire de la République des
lettres. *Londres,* 1784, vol. 29.
(2) Lettres de madame de Créqui. Préface par M. Sainte-Beuve. *Paris,* 1856.
(3) Mémoires du maréchal de Richelieu, vol. II.
(4) Correspondance secrète, politique et littéraire. *Londres,* 1787,
vol. 18.

fronton des Nouvelles Catholiques, *Vincit mundum
fides nostra,* n'était plus guère qu'une lettre morte :
le monde avait pris pied dans le cloître. Il est vrai
que toutes ces locataires, qui étaient comme un abrégé
de la société et de ses aventures, habitaient d'ordinaire des corps de bâtiment séparés du couvent. Mais
de leur logis au couvent même il y avait trop peu
de distance pour qu'il n'y eût point d'écho et de
communication. Les sœurs converses, chargées des
travaux à l'intérieur et à l'extérieur de la maison apportaient les choses du dehors au couvent pénétré
par les bruits du siècle et les entendant jusque dans
cette voix de Sophie Arnould chantant aux ténèbres
de Panthémont. Les sorties fréquentes des pensionnaires ramenaient comme des lueurs et des éclairs
de la société. Le monde entrait encore au couvent
par ces jeunes pensionnaires mariées à douze ou
treize ans, et qu'on y remettait pour les y retenir
jusqu'à l'âge de la nubilité (1). Le parloir même, où
le poëte Fuzelier était admis à réciter ses vers (2),
avait perdu de sa difficulté d'abord ; il n'était plus
rigoureusement, religieusement fermé : les nouvelles
de la cour et de la ville y trouvaient accès. Ce qui se
faisait à Versailles, ce qui se passait à Paris y avaient

(1) Correspondance secrète, vol. 9. — Journal historique et anecdo-
tique du règne de Louis XV, par Barbier. *Paris,* 1849, vol. III. — Les
Bijoux indiscrets disent que l'usage est de marier des enfants à qui
l'on devrait donner des poupées. Cela est vrai d'une foule de mariages,
et nous retrouvons au couvent la fille aînée de Mme de Genlis mariée
à douze ans avec M. de la Wœstine, et la marquise de Mirabeau veuve
du marquis de Sauvebœuf à l'âge de treize ans.

(2) Mémoires de Mme de Genlis, vol. I.

un contre-coup. Tout y frappait, tout s'y glissait. La clôture n'arrêtait rien des pensées du monde, ni les ambitions, ni les insomnies, ni les rêves, ni les fièvres d'avenir; il en empêchait à peine l'expérience : qu'on se rappelle ces projets de Mlle de Nesle, devenue Mme de Vintimille, ce plan médité, dessiné, résolu, d'enlever le Roi à Mme de Mailly, toute cette grande intrigue imaginée, raisonnée, calculée par une petite fille dans une cour de couvent d'où elle jugeait la cour, pesait Louis XV, montrait Versailles à sa fortune (1)! Quelle preuve encore du peu d'isolement moral et spirituel de cette vie cloîtrée? Une preuve bien singulière : un livre, les *Confidences d'une jolie femme*, qu'une jeune fille pourra écrire au sortir de Panthémont. Prise en amitié par cette Mlle de Rohan qui fut plus tard la belle comtesse de Brionne, Mlle d'Albert puisera dans les nouvelles apportées à la jeune Rohan, dans les confidences de sa protectrice, dans tout ce qu'elle entendra autour d'elle au couvent, une connaissance si vraie, si particulière des mœurs de la société, de Versailles et de Paris, que son livre aura l'air d'avoir été décrit d'après nature; et les gens qu'elle aura peints ne se trouveront-ils point assez ressemblants pour la faire enfermer quelques mois à la Bastille (2)?

N'y a-t-il point pourtant tout au fond des couvents

(1) Les Maîtresses de Louis XV par Edmond et Jules de Goncourt.
(2) Correspondance littéraire, philosophique et critique de Grimm *Paris,* 1829, vol. 8.

une lamentation sourde de cœurs brisés, un gémissement d'âmes prisonnières, la torture et le désespoir des « vœux forcés » ? Les romans ont appelé la pitié sur ces jeunes filles sacrifiées par une famille à la fortune de leurs frères, entourées, circonvenues, assiégées par les sœurs dès l'âge de quatorze ans, et contraintes d'entrer en religion à l'accomplissement de leurs seize ans. Mais les romans ne sont pas l'histoire, et il faut essayer de mettre la vérité où l'on a mis la passion. Sans doute la constitution de l'ancienne société, pareille à la loi de nature, uniquement intéressée à la conservation de la famille, à la continuation de la race, peu soucieuse de l'individu, autorisait de grands abus et de grandes injustices contre les droits, contre la personne même de la femme. Il y eut, on ne peut le nier, des cas d'oppression et des exemples de sacrifice. Des jeunes filles nées pour une autre vie que la vie de couvent, appelées hors du cloître par l'élan de tous leurs goûts et de toute leur âme, des jeunes filles dont le cœur aurait voulu battre dans le cœur d'un mari, dans le cœur d'un enfant, refoulées, rejetées au cloître par une famille sans pitié, par une mère sans entrailles, vécurent, pleurant dans une cellule sur leur rêve évanoui. Mais ces vœux forcés sont singulièrement exceptionnels : ils sont en contradiction avec les habitudes générales, la conscience et les mœurs du dix-huitième siècle. Ne voyons-nous pas dans les Mémoires du temps des jeunes filles résister très-nettement à l'ordre formel de leurs parents qui veulent imposer

le voile, et triompher de leur volonté? D'ailleurs la
dureté de la paternité et de la maternité, dureté
d'habitude et de rôle plutôt que de fond et d'âme,
diminue à chaque jour du siècle. Et quand la Harpe
lit dans tous les salons de Paris sa *Mélanie*, inspirée, disent ses amis, par le suicide d'une pensionnaire de l'Assomption (1), la religieuse par force
n'est plus qu'un personnage de théâtre; les vœux
forcés ne sont plus qu'un thème dramatique.

Lorsqu'on écarte les déclamations philosophiques
et les traditions romanesques, le couvent apparaît
bien plutôt comme un asile que comme une prison.
Il est avant tout le refuge de toutes les existences
brisées, le refuge presque obligé des femmes mal-
traitées par la petite vérole, une maladie à peu près
oubliée aujourd'hui, mais qui défigurait alors le
quart des femmes. La société par tous ses conseils,
la famille par toutes ses exhortations, poussait vers
l'ombre d'un couvent la jeune personne à laquelle
arrivait ce malheur. La mère même, par dévouement,
consentait à se détacher de cette malheureuse enfant que la laideur retranchait de la société et qui
finissait par baisser la tête sans révolte sous l'impitoyable principe du temps : « Une femme laide est
un être qui n'a point de rang dans la nature, ni de
place dans le monde (2). » Deux cent mille *laiderons*,
comme dit le prince de Ligne, mettaient ainsi leur
amour-propre à couvert, et consolaient leur orgueil

(1) Correspondance de Grimm, vol. 6.
(2) Les jeux de la petite Thalie, par de Moissy. *La petite vérole.*

avec les ambitions de la vie de couvent, avec les honneurs et les prérogatives d'une abbaye.

Il est d'autres vœux plus propres au siècle et que l'on y rencontre plus souvent, engagements légers, presque de mode, et qui semblent seulement mettre dans la toilette d'une femme les couleurs de la vie religieuse. Un certain nombre de jeunes personnes de la noblesse se rattachaient à des ordres qui, sans exiger d'elles la prononciation d'aucuns vœux solennels ou simples, leur permettaient de vivre dans le monde et d'en porter l'habit, leur donnaient quelquefois un titre, toujours quelque attribut honorifique. C'étaient les chanoinesses, dont le chapitre le plus fameux, celui de Remiremont en Alsace, avait pour destination de recevoir le sang le plus pur des maisons souveraines, les noms les plus illustres du monde chrétien. Dans cette association des chanoinesses, divisées en *dames nièces* et en *dames tantes*, qui avaient prononcé leurs vœux et qui étaient forcées de résider au chapitre deux ans sur trois, la jeune personne, une fois admise, gagnait des relations, des protections, des amitiés, un patronage ; et comme l'usage de chaque tante était de s'apprébender ou de *s'anniécer* une *nièce*, chaque nièce pouvait espérer l'héritage des meubles d'une tante, de ses bijoux, de sa petite maison, de sa prébende (1). Mme de Genlis nous a raconté sa réception au chapitre noble d'Alix de Lyon, lorsqu'elle était toute

_____

(1) Mémoires secrets de la République des lettres, vol. 23.

enfant. Elle se peint en habit blanc, au milieu de toutes les chanoinesses, habillées à la façon du monde, avec des robes de soie noire sur des paniers, et de grandes manches d'hermine. Son *Credo* récité aux pieds du prêtre, le prêtre lui coupe une mèche de cheveux, et lui attache un petit morceau d'étoffe blanc et noir, long comme le doigt, et qu'on appelait un *mari*. Puis il lui passe au cou et à la taille une croix émaillée pendue à un cordon rouge et une ceinture faite d'un large ruban noir moiré. Et la voilà ainsi parée, toute fière, gonflée dans sa vanité de petite fille de sept ans quand on l'appelle du titre des chanoinesses : *Madame* ou *Comtesse* (1).

On le voit : il faut qu'à chaque pas l'historien dégage des préjugés, redemande aux faits, restitue à l'histoire l'aspect véritable, le caractère, la destination, les habitudes, les mœurs des communautés religieuses. Le roman a tout dénaturé, tout travesti : après avoir peuplé par des vœux forcés le couvent du dix-huitième siècle, ce couvent dont les transfuges sont accueillies et gardées par l'archevêque de Paris lui-même, le roman le remplit de scandales. Ce ne sont qu'histoires, ce ne sont qu'estampes où l'on voit une chaise de poste en arrêt la nuit au pied d'un jardin de couvent, ou bien une pensionnaire descendant une échelle au bas de laquelle l'attend l'amant, tandis que la femme de chambre est encore là-haut, à cheval sur la crête du mur. Intrigues filées

(1) Mémoires de Mme de Genlis, vol. 1.

au parloir, amoureux déguisés en commissionnaires, remises de lettres en cachette, corruptions de sœurs converses qui ouvrent la grille, enlèvements de jeunes filles au milieu d'une prise d'habit à travers une foule tenue en respect par des pistolets, — ce sont les coups de théâtre ordinaires, les scènes qui se pressent dans ces pages à la Casanova. Il semble voir mise en action la morale de Bussy disant « qu'il fallait toujours enlever; qu'on avait d'abord la fille, puis l'amitié des parents, et qu'après leur mort on avait encore leurs biens. »

Rien de plus faux, rien de plus contraire à la réalité des choses que ce point de vue : on compte au dix-huitième siècle les scandales des pensionnaires de couvent, et la liste n'a que quelques noms. Dans ce temps, où la femme mariée a si peu de défense, la faute d'une jeune fille, et surtout d'une jeune fille bien née, est d'une rareté extraordinaire : elle n'est pas dans les mœurs; Rousseau en fait la remarque, et il n'est pas seul à la faire. Puis l'enlèvement n'était pas un jeu : loin de là; et ses conséquences avaient de quoi faire pâlir et faiblir les plus amoureux, les plus fous, les plus braves. N'était-ce pas un épouvantail pour les *agréables* les plus décidés que le terrible exemple de M. de la Roche-Courbon, condamné à avoir la tête tranchée après avoir enlevé en 1737 Mlle de Moras du couvent de Notre-Dame de la Consolation? Sa mère mourait de chagrin, et lui-même en fuite, chassé de Sardaigne où il s'était réfugié près de son parent, M. de Sennec-

terre, ambassadeur de France, finissait misérable-
ment (1).

Le grand couvent du dix-huitième siècle, après le
couvent de Fontevrault (2), la maison d'éducation
ordinaire des Filles de France, est le couvent de
Panthémont, le couvent princier de la rue de Gre-
nelle où s'élèvent les princesses, où la plus haute
noblesse met ses filles, espérant pour elles, de la ca-
maraderie, de l'amitié commencée au couvent avec
une altesse, quelque faveur, quelque grâce, quelque
place de dame auprès de la princesse future. C'est
ainsi que Mme de Barbantane plaçait sa fille auprès
de Mme la duchesse de Bourbon pour qu'au sortir
du couvent elle devînt dame d'honneur de la duchesse (3). Après ce couvent, qui est le monde, la
cour elle-même en raccourci, et où la jeune fille,
avec sa gouvernante et sa femme de chambre, mène
une vie et reçoit une éducation particulières, vient
un autre couvent affectionné par la noblesse, et

(1) Le curé qui avait donné la bénédiction nuptiale, et qui un moment avait craint les galères, était condamné à l'amende honorable et
au bannissement; la fille de chambre qui avait accompagné Mlle de
Moras était condamnée au fouet, à la fleur de lys, à neuf ans de bannissement. (Barbier, vol. 2.)

(2) A propos de l'éducation de Mesdames de France à Fontevrault,
il y a une jolie anecdote qui peint, dans ce couvent, la toute-puissance
de leurs caprices. Le maître de danse faisait répéter à Mme Adélaïde
un ballet qu'on nommait *ballet couleur de rose;* la jeune princesse voulait qu'il s'appelât le *menuet bleu* et ne voulait prendre sa leçon qu'à
cette condition. Le maître disait rose, la princesse en frappant du pied
répétait bleu : l'affaire devenait grave ; on assembla la communauté,
qui d'un commun accord décida que le menuet serait débaptisé et que
le menuet s'appellerait le menuet bleu. (Madame Campan, vol. 1.)

(3) Mémoires de Mme de Genlis, vol. 2.

peuplé de pensionnaires à grand nom : le couvent de
la Présentation (1). Autour et au-dessous de ces deux
grandes maisons se rangent toutes les autres maisons religieuses recevant des pensionnaires, abbayes,
communautés, couvents, répandus dans tout Paris,
et dont chacun semble avoir sa spécialité et sa clientèle, l'habitude de recevoir les filles d'un quartier de
la capitale ou d'un ordre de l'État (2). Prenons
l'exemple des dames de Sainte-Marie de la rue
Saint-Jacques : la haute magistrature et la grande
finance semblent avoir fait choix pour leurs enfants
de cette maison, moins relevée que Panthémont ou
la Présentation, mais tenue pourtant par le public
en grande considération et renommée pour la supériorité de ses études (3).

Discipline, formes d'éducation, régime intérieur,
toute la règle de ces couvents n'est qu'une imitation, parfois un relâchement de la règle de Saint-
Cyr. Partout se retrouve l'inspiration, l'esprit de
cette maison modèle, la trace de ses divisions en

---

(1) Lettres de la marquise du Deffand. *Paris*, 1812, vol. 1.
(2) Dans l'*État de la ville de Paris*, en 1757, nous trouvons le prix des
pensions dans les couvents de Paris ; elles vont de 400 à 600 livres,
mais il y avait la femme de chambre à payer, qui était de trois cents
livres, outre le trousseau, le lit et la commode dans quelques couvents ;
l'éclairage et le chauffage n'étaient pas compris, et dans tous, le blan-
chissage du linge fin était à la charge des parents. Tous avaient la
pension ordinaire et extraordinaire ; à Panthémont, le plus cher de
tous, la pension ordinaire était de 600 livres, la pension extraordinaire
de 800 livres. A la fin du siècle, Thierry dit que la pension ordinaire
était de 800 livres, et de 1,000 livres pour les pensionnaires admises à
la table de madame l'abbesse.
(3) Lettres inédites de d'Aguesseau. *Paris*, 1823, vol. 2.

quatre classes distinguées, selon les âges, par des
rubans bleus, jaunes, verts et rouges. Partout c'est
une éducation flottant entre la mondanité et le renoncement, entre la retraite et les talents du siècle,
une éducation qui va de Dieu à un maître d'agrément, de la méditation à une leçon de révérence ; et
ne la dirait-on pas figurée par ce costume des pensionnaires montrant à moitié une religieuse, à moitié une femme ? La jupe et le manteau sont d'étamine brune du Mans, mais la robe a un corps de
baleine ; sur la tête, c'est une toile blanche, mais
cette toile a de la dentelle. Il est bien commandé à
la coiffure d'avoir un air de simplicité et de modestie : mais il n'est pas défendu de l'arranger à la
mode du temps (1).

Douces et heureuses éducations, que ces éducations de couvent, sans cesse égayées, affranchies de
jour en jour des sévérités et des tristesses du cloître,
tournées peu à peu presque uniquement vers le
monde et vers tout ce qui forme les grâces et les
charmes de la femme pour la société ! On voit souvent, dans le dix-huitième siècle, des femmes se
retourner vers ce commencement de leur vie, comme
vers un souvenir où l'on respire un bonheur d'enfance. La continuation des études commencées à la
maison, la venue des maîtres, les leçons de danse,
de chant, de musique, c'était l'occupation et le travail de ces journées de couvent, dont tant de fêtes

(1) Dictionnaire historique de la ville de Paris et de ses environs par
Hurtaut et Magny. *Paris*, 1779, vol. 2.

interrompaient la monotonie, dont tant d'espiègleries abrégeaient la longueur. L'on brodait, l'on
tricotait même; ou bien l'on jouait à quelque ouvrage de ménage, l'on mettait les mains à une friandise, l'on s'amusait à faire quelque gâteau de couvent pareil à ces pains de citron que les enfants
envoyaient de certains jours à leurs parents (1). De
temps en temps arrivaient de belles récompenses,
comme la permission d'aller à la messe de minuit,
accordée aux petites filles bien sages, et leur donnant rang parmi les grandes. Et s'il fallait punir, les
sœurs inventaient quelqu'une de ces grandes punitions avec lesquelles elles ôtaient si bien à Mlle de
Raffeteau, lorsqu'elle tombait en faute, l'envie d'y
retomber. Il s'agissait d'une paralytique que la mère
de cette jeune personne avait recueillie, et dont elle
avait à sa mort laissé le soin à sa fille ; cette pauvre
femme était amenée une fois par semaine, en chaise
à porteur, au parloir extérieur, et la jeune fille se
faisait une joie de la peigner, de la laver, de lui
couper les ongles. Les jours où l'on était mécontent
de Mlle de Raffeteau au couvent, on ne lui permettait pas le plaisir de cet acte de charité (2): on mettait son cœur en pénitence.

Cette éducation des filles dans les couvents a été,
au dix-huitième siècle même, l'objet de bien des
attaques. Qu'était-elle pourtant en deux mots ? L'é-
ducation même ainsi résumée par le bon sens d'une

(1) Lettres inédites de d'Aguesseau. *Paris*, 1823, vol. 2.
(2) Mémoires de Mme de Genlis, vol. 2.

femme du temps : « De l'instruction religieuse, des talents analogues à l'état de femme qui doit être dans le monde, y tenir un état, fût-ce même un ménage (1) ; » tels sont les moyens indiqués par Mme de Créqui pour bien élever une fille, et c'est la justification même de l'éducation du couvent de cette école d'où sortiront tant de femmes dont le siècle dira« qu'elles savaient tout sans avoir rien appris ».

Le vice de ces éducations conventuelles n'était point dans les leçons du couvent. Il n'était point, comme on l'a tant de fois répété, dans l'insuffisance de l'instruction ou dans l'inaptitude des sœurs à former la femme aux devoirs sociaux. Il était dans la séparation de la fille et de la mère, dans cette retraite loin du monde où les bruits du monde apportaient leurs tentations. La jeune fille, enlevée toute jeune à cette vie brillante de la maison paternelle aperçue comme dans un rêve d'enfance, emportait au couvent l'image de ce salon, de ces fêtes dont l'éclat lui revenait dans un songe. Du calme et du silence qui l'entouraient, elle s'échappait, elle s'élançait vers ses souvenirs et ses désirs. Son imagination travaillait et prenait feu sur tout ce qu'elle saisissait du dehors, sur tout ce qu'elle devinait. Les choses entrevues dans une sortie, les plaisirs, les hommages des hommes aux femmes, passaient et repassaient dans sa tête, grandissaient dans sa pensée, irritaient ses impatiences, agitaient ses nuits. Éle-

(1) Lettres inédites de la marquise de Créqui à Senac de Meilhan, publiées par Édouard Fournier. Potier, 1856.

vée dans la maison de ses parents, la facilité de ces
plaisirs, la vue journalière et l'habitude du monde,
eussent bien vite apaisé ces curiosités et ces ardeurs
que parmi les jeunes femmes du dix-huitième siècle
celles-là faisaient éclater le plus follement qui sortaient du couvent (1).

Généralement le mariage de la jeune fille se faisait presque immédiatement au sortir du couvent,
avec un mari accepté et agréé par la famille. Car le
mariage était avant tout une affaire de famille, un
arrangement au gré des parents, que décidaient des
considérations de position et d'argent, des convenances de rang et de fortune. Le choix était fait
d'avance pour la jeune personne, qui n'était pas
consultée, qui apprenait seulement qu'on allait
la marier très-prochainement par l'occupation où
toute la maison était d'elle, par le mouvement des
marchandes, des tailleurs, par l'encombrement des
pièces d'étoffe, des fleurs, des dentelles apportées,
par le travail des couturières à son trousseau. De
la cour qui lui était faite, de l'amabilité que dépensait un jeune mari pour sa fiancée, nous avons, dans
les comédies, le ton léger, l'impertinence cavalière
et pressée d'en finir. « Ah ! remerciez-moi, —
dit-il, — vous êtes charmante, et je n'en dis presque
rien... La parure la mieux entendue... Vous avez
là de la dentelle d'un goût qui, ce me semble...
Pa sez-moi l'éloge de la dentelle... Quand nous

---

(1) Les Parisiennes. *Neufchâtel*, 1787, vol. II. (*Les Nouvelles Mariées*.

marie-t-on (1) ? » Et encore Mercier accuse-t-il d'une grosse illusion ou plutôt d'un impudent mensonge historique les auteurs comiques du temps pour montrer sur le théâtre une cour, si peu filée qu'elle soit, faite par l'homme à la jeune fille qu'il doit épouser, quand chacun sait que les filles de la noblesse et même celles de la haute bourgeoisie restent au couvent jusqu'au mariage et n'en sortent que pour épouser (2). Au reste, sur le train expéditif des unions du temps, sur leur mode d'arrangement et de conclusion entre les grands parents, sur le peu de part qu'y avaient les goûts ou les répugnances de la jeune fille, il existe un curieux document, parlant comme une scène, vif comme un tableau, et qui va nous donner une idée complète de la façon dont le mari était présenté à sa future femme, et du temps qu'on laissait à celle-ci pour le connaître, l'aimer et se faire aimer : c'est le récit du mariage de Mme d'Houdetot.

M. de Rinville est venu proposer à M. de Bellegarde un mari pour sa fille Mimi, dans la personne d'un de ses arrière-cousins que l'on dit être un très-bon sujet. Comme M. de Bellegarde est un excellent

---

(1) Théâtre de Marivaux. *Le Petit-Maître corrigé.*
(2) Lire dans les *Tableaux des Mœurs du temps*, par de la Popelinière, le récit d'une entrevue au parloir d'un couvent d'un homme présenté avec une jeune fille qui doit devenir sa femme sous huit jours. La mère dit à sa fille : « Tout est convenu entre lui et moi ; il n'y a plus qu'à signer les articles, qu'à vous fiancer ensuite et vous mener à l'église. Je ne compte pas vous laisser plus de cinq à six jours dans ce couvent; pendant ce temps-là que je vous donne encore, il faut que vous trouviez bon que le comte de... vienne tous les jours dans ce parloir passer une heure avec vous afin que vous vous connaissiés. »

père et qu'il veut avant tout que le jeune homme
« plaise à sa fille », — c'était une phrase qui se disait, — on prend jour; et Mimi ayant été bien pré-
venue, parce qu'elle a l'habitude de ne jamais faire
attention à personne, l'on va dîner chez Mme de Rinville, où l'on trouve tous les Rinville et tous les
d'Houdetot du monde. Tout d'abord la marquise
d'Houdetot embrasse toute la famille Bellegarde. On
se met à table, Mimi est à côté du jeune d'Houdetot,
M. de Rinville et la marquise d'Houdetot s'emparent
de M. de Bellegarde; et au dessert on cause tout
haut mariage. Le café pris, les domestiques sortis :
« Tenez ! — dit bravement le vieux M. de Rinville,
— nous sommes ici en famille, ne traitons pas cela
avec tant de mystère. Il ne s'agit que d'un oui ou
d'un non. Mon fils vous convient-il? Oui ou non;
et à votre fille oui ou non de même, voilà l'*item*.
Notre jeune comte est déjà amoureux; votre fille
n'a qu'à voir s'il ne lui déplaît pas, qu'elle le dise…
Prononcez, ma filleule. » Là-dessus, Mimi rougit.
Et Mme d'Esclavelles cherchant à arrêter les choses,
demandant qu'on laisse le temps de respirer : « Oui,
reprend M. de Rinville, il vaut mieux traiter d'abord
les articles; et les jeunes gens pendant ce temps
causeront ensemble. — C'est bien dit, c'est bien
dit. » L'on passe, sur ce mot, dans un coin du salon. Et voilà M. de Rinville annonçant que le marquis d'Houdetot donne à son fils 18,000 livres de
rentes en Normandie, et la compagnie de cavalerie
qu'il lui a achetée l'année d'avant; voilà la mar-

quise d'Houdetot qui donne « ses diamants qui sont beaux et tant qu'il y en aura ». M. de Bellegarde riposte en promettant 300,000 livres pour dot, et sa part de succession. Et l'on se lève en disant : « Nous voilà tous d'accord. Signons le contrat ce soir. Nous ferons publier les bans dimanche ; nous aurons dispense des autres, et nous ferons la noce lundi. » Chose dite, chose faite. En passant, l'on disait au notaire le projet de contrat, on allait faire part du mariage à toute la famille, et l'on retombait chez M. de Bellegarde, où le soir même, au milieu du froid et de la gêne de ces deux familles entièrement inconnues l'une à l'autre, l'on signait les *articles*. Pendant la lecture, la marquise d'Houdelot remettait à Mlle de Bellegarde comme présent de noces deux écrins de diamants dont la valeur restait en blanc dans le contrat, faute d'avoir eu le temps d'en faire l'estimation. Tout le monde signait ; on se mettait à table, et le jour de la noce était fixé au lundi suivant (1).

A cette union improvisée qui nous représente si nettement le mariage du dix-huitième siècle, Mlle de Bellegarde n'opposait pas plus de résistance que les autres jeunes filles du temps. Elle s'y laissait aller, elle s'y prêtait complaisamment comme elles. La grande jeunesse, l'enfance presque, l'âge sans forces et sans volonté où l'on mariait les jeunes filles, l'affection sévère, la tendresse sans épanchement, sans

(1) Mémoires et Correspondance de Mme d'Épinay. *Paris*, 1818, vol. 1.

familiarité, qu'elles trouvaient auprès de leurs mères,
la crainte de rentrer au couvent, les pliaient à la
docilité, les décidaient à un consentement de premier mouvement et qu'enlevait la présentation.
D'ailleurs c'était le mariage, et non le mari, qui
leur souriait, qui les séduisait, qui faisait leur désir
et leur rêve. Elles acceptaient l'homme pour l'état
qu'il allait leur donner, pour la vie qu'il devait leur
ouvrir, pour le luxe et les coquetteries qu'il devait
leur permettre. Et cette même Mᵐᵉ d'Houdetot
l'avouera un jour, un jour qu'elle sera un peu grise
du vin bu par son voisin de table Diderot; elle laissera échapper la pensée de la jeune fille et son secret dans cette confession naïve : « Je me mariai
pour aller dans le monde, et voir le bal, la promenade, l'opéra et la comédie (1)... » Une autre
femme, Mᵐᵉ de Puisieux, répétera cette confession
de Mᵐᵉ d'Houdetot en convenant que devant la
tentation d'une berline bien dorée, d'une belle livrée,
de beaux diamants, de jolis chevaux, elle aurait
épousé l'homme le moins aimable pour avoir la berline, les diamants, mettre du rouge et des mules (2).

A l'église retentissait une ou deux fois : « *Il y a
promesse de mariage entre Haut et Puissant Seigneur...
et Haute et Puissante Demoiselle... fille mineure, de
cette paroisse* (3)…. » tandis que la gravure du temps,

(1) Mémoires, correspondance et ouvrages inédits de Diderot. *Paris,*
1841, vol. 1.

(2) Conseils à une amie, par madame de P... *Paris,* 1749.

(3) Mémoires de la République des lettres, vol. 26.

appelée à encadrer d'un peu de poésie tous les
actes de la vie, jetait en marge des lettres de faire
part ses allégories mythologiques (1).

Arrivait là veille du mariage. La famille et les
amis venaient visiter, admirer, critiquer la cor-

(1) La Bibliothèque nationale (Cabinet des estampes) a conservé les
deux premiers billets imprimés envoyés à Paris en 1734 pour annoncer
une célébration de mariage. Ce sont les billets de Mᵐᵉ de Pons, et de la
marquise de Castellane. Jusque-là, dit Maurepas, on donnait avis aux
parents par une visite ou par un billet manuscrit.

Je possède plusieurs lettres de *faire part* illustrées du dix-huitième
siècle.

Le billet de faire part d'un mariage en même temps que l'invitation
à la bénédiction nuptiale est encore, en 1760, écrit à la main. Il est entouré d'un encadrement de palmiers avec, en haut, un autel, où l'Hymen
allume les cierges de l'époux et de l'épouse en tuniques; en bas, des
Amours enchaînent le Temps avec des guirlandes de roses.

Quelquefois, il y a lettre de faire part du mariage et lettre d'invitation à la bénédiction nuptiale. Toutes deux sont imprimées.

La lettre de faire part est ornée en tête d'une vignette où deux fian-
cés, dans le goût des petites figures des Idylles de Berquin, se pressent
au pied d'un autel où l'Amour tient une couronne.

Voici le texte de la lettre de faire part :

> *M.*
> *M.*
> *l'honneur de vous faire part du Mariage de M.*
> *avec*

L'invitation à la bénédiction nuptiale — sortant de chez le sieur Croi-
sey, rue Saint-André-des-Arts, qui tient divers billets d'invitation et de
visite, — est entourée d'un très-joli cadre rocaille, au haut duquel à
une guirlande est attaché un médaillon où des colombes se becquètent
L'invitation porte :

> *M.*
> *Vous êtes prié de la part de*
> *M.*
> *M.*
> *faire l'honneur d'assister à la Bénédiction nuptiale de M.*
> *avec M.*
> *qui leur sera donnée ce*   176 , à   *heures du matin*
> *en l'Église paroissiale.*

Un billet de la fin du siècle, sortant de chez Demaisons, peintre, rue

beille (1) à laquelle rien ne manquait que la bourse, remise à la fiancée, comme nous le voyons par une gravure d'Eisen, dans un joli sac, et de la main à la main, par le fiancé après la cérémonie du contrat (2). Le jour de la célébration du mariage, la mariée, grandement décolletée, ayant des mouches, du rouge et de la fleur d'oranger, vêtue d'une robe d'étoffe d'argent garnie de nacre et de brillants, portant des souliers de même étoffe, avec des rosettes à diamants (3), était conduite par deux chevaliers de main. L'annonce du départ pour l'église l'avait arrachée à son miroir; « elle entrait dans le temple; elle perçait un amas de peuple qui retentissait de ses louanges et dont elle ne perdait pas une syllabe; elle prononçait un *oui* dont elle ne sentait ni la force ni les obligations (4). » Parfois, pour étaler plus de magnificence, on choisissait par vanité la nuit pour cette célébration. Le mariage avait lieu,

Galande, et où se voit en tête un enfant nu, un hochet à la main dans une corbeille de fleurs, annonce ainsi la naissance de l'enfant :

> **M.**
> *J'ay l'honneur de vous faire part de l'heureux accouchement de mon épouse.*
> Le   *la Mère et l'Enfant se portent bien.*
> *J'ay l'honneur d'être.*

(1) Adèle et Théodore ou Lettres sur l'éducation. *Paris*, 1782.

(2) L'*Accord du mariage*, par Eisen, gravé par Gaulard.

(3) Les Contemporaines ou Aventures des plus jolies femmes de l'âge présent. 1780, vol. VI. La jeune fille du grand monde ne se mariait pas toujours en blanc. La galerie des *Modes et Costumes français, dessinés d'après nature* et publiés chez Esnauts et Rapilly, nous montre une jeune mariée menée à l'autel dans une grande robe sur moyen panier, une robe en pékin bleu de ciel garnie de gaze et de fleurs blanches.

(4) Les Nouvelles Femmes. *Genève*, 1761.

comme celui de la fille de Samuel Bernard avec le président Molé dans l'église Saint-Eustache, à une messe de minuit, éclairée de lustres, de girandoles, de bras, de six cents bougies, — une messe qui faisait tenir cent hommes du guet au portail (1).

A l'issue de la messe de jour, les deux familles se réunissaient dans un grand repas, où la plaisanterie du temps assez vive, salée d'un reste de gaîeté gauloise, jouait brutalement avec la pudeur de la mariée. Là aussi, la poésie se répandait en épithalames dont les meilleurs allaient prendre place dans les Mercures, les Nouvelles secrètes. Puis, d'ordinaire, les époux prenaient congé : car il était d'usage d'aller consommer le mariage dans une terre. La mariée, c'était encore une habitude assez suivie, embrassait chaque femme conviée à sa noce, lui donnait un sac et un éventail ; et, cela fait, partait avec son mari (2).

Au-delà de ce moment, en tout autre temps, l'histoire et les documents s'arrêteraient. Mais l'art du dix-huitième siècle n'est-il pas un art indiscret par excellence qui ne respecte point de mystère dans la vie de la femme, et qui semble n'avoir jamais trouvé de porte fermée dans un appartement? Il ne nous fera pas grâce du coucher de la mariée (3) ; et voici, dans une jolie gouache, la jeune

---

(1) Journal historique de Barbier, vol. II.

(2) Mémoires de Mme de Genlis, vol. II.

(3) Dans le grand, le très-grand monde, peut-être seulement chez les princes, un usage conservé de l'ancienne galanterie exigeait du marié qu'il n'entrât dans le lit de sa femme que le corps complétement épilé

femme en déshabillé de nuit, un genou sur la couche entr'ouverte, les yeux baignés de pleurs : son mari à ses genoux, à ses pieds, semble l'implorer ; une suivante la soutient et l'encourage, pendant qu'une autre chambrière tient l'éteignoir levé sur les bougies des bras de la glace (1). Qu'on se rassure pourtant : le peintre a un peu arrangé la scène pour le dramatique et l'effet. Diderot rendra la vérité au tableau en ne prêtant à l'innocence qu'une seule larme, en la montrant, lorsqu'elle va vers le lit nuptial, sans femmes de chambre, n'ayant point la honte de rougir devant son sexe, soutenue seulement par la Nuit (2).

Le séjour des époux à la campagne était court. La femme revenait vite à Paris. Mille choses l'y appelaient. Elle avait à rendre ses visites, à prendre possession de sa position, à jouir de ses nouveaux droits. Elle était impatiente de faire voir « son bouquet et son chapeau de nouvelle mariée » à l'Opéra. La coutume, à Paris, dans le grand monde, obligeait presque une jeune femme à ne pas laisser passer la semaine de son mariage sans se montrer à l'Opéra avec tous ses diamants (3). Il y avait même un jour choisi pour y paraître, le vendredi, et une loge spéciale affectée aux mariés titrés et de condition, la

c'est ainsi que M. le duc d'Orléans, au témoignage de M. de Valencay qui lui donna la chemise, se présenta dans le lit de Mme de Montesson. Mémoires du règne de Louis XVI, vol. 2.

(1) Le *Coucher de la Mariée*, peint par Baudoin, gravé par Moreau.
(2) Œuvres de Diderot. Salons d'exposition de 1767. Belin, 1818.
(3) Journal historique de Barbier, vol. III.

première loge du côté de la reine. Puis, avant tout,
l'impatience était vive chez la femme d'être présentée à la cour.

La présentation, quelle grande affaire ! Elle avait
pour la femme l'importance d'une consécration sociale. Elle lui donnait sa place, elle la faisait asseoir
dans le monde, à son rang ; elle la sortait de cette
situation douteuse, équivoque même aux yeux de la
cour, de cette demi-existence des femmes non présentées et n'ayant point eu ce rayon de Versailles
qui semblait tirer la femme des limbes. Et quel
jour solennel, le jour de la présentation ! Mme de
Genlis nous en a gardé toute l'histoire. Il faut voir
Mme de Puisieux la faisant coiffer trois fois et à la
troisième fois n'étant pas encore tout à fait contente, tant une coiffure de présentation demande
de talent, de travail, de patience. Mme de Genlis
coiffée, c'est la poudre, c'est le rouge ; puis le grand
corps avec lequel on veut qu'elle dîne pour en
prendre l'habitude. A la collerette, une discussion
sans fin s'engage entre la maréchale d'Estrées et
Mme de Puisieux ; quatre fois on la met, quatre fois
on l'ôte, quatre fois on la remet. Les femmes de
chambre de la maréchale sont appelées à décider :
la maréchale triomphe ; mais cela n'arrête point la
discussion, qui dure encore tout le dîner. On passe
à la fin de la toilette, à la mise du panier et du bas
de la robe. Puis arrive une grande répétition des
révérences que Gardel a apprises ; et ce sont des
conseils, des remarques, des critiques sur le coup

de pied donné par Mme de Genlis dans la queue de sa robe, lorsqu'elle se retire à reculons, coup de pied que l'on trouve trop *théâtral*. Puis enfin, au moment du départ, c'est encore du rouge foncé que Mme de Puisieux tire de sa boîte à mouches et dont elle rougit tout le visage de Mme de Genlis (1).

Imaginez au lendemain de la présentation cette jeune femme s'avançant sur cette scène du grand monde dont la nouveauté l'éblouit, l'étourdit, effrayée par le public, étonnée par cette société qui la regarde, et au travers de laquelle elle marche d'un pas hésitant, comme en un pays plein de surprises. La voilà encore ignorante, ingénue, obéissant aux timidités de son sexe et de son éducation, aux instincts de son caractère, réservée, modeste, indulgente, douce aux autres, laissant échapper toutes les naïvetés naturelles de son âge, de son esprit, de son cœur ; la voilà avec cette contenance un peu gauche, avec cet embarras qui ne se dissipe point aux premiers jours, avec cette mauvaise grâce de l'innocence qui fait sourire les vieilles femmes ; la voilà avec ce petit air effarouché, l'air d'un petit oiseau qui n'a encore appris aucun des airs qu'on lui siffle (2) ; la voilà faisant de petits sons qui n'aboutissent à rien, mettant un quart d'heure à revenir à elle après une révérence, ne sachant à peu près rien dire, rien jouer, ni rien cacher, pas même un commencement de tendresse conjugale, le dernier des

(1) Mémoires de Mme de Genlis, vol. 1.
(2) Lettres de la marquise du Deffand, 1812, vol. 1.

ridicules ! C'est alors que par toutes ses voix le siècle
l'avertit, la reprend, la conseille, et lui fait la leçon
avec son persiflage. Écoutons-le : « Comment ! il y
a six mois que le sacrement vous lie, et vous aimez
encore votre mari ! Votre marchande de modes a le
même faible pour le sien ; mais vous êtes marquise...
Pourquoi cet oubli de vous-même lorsque votre mari
est absent, et pourquoi vous parez-vous lorsqu'il
revient?... Empruntez donc le code de la parure
moderne ; vous y lirez qu'on se pare pour un amant,
pour le public ou pour soi-même... Dans quel travers alliez-vous donner l'autre jour? Les chevaux
étaient mis pour vous mener au spectacle ; vous
comptiez sur votre mari, un mari français ! Vouliez-
vous donner la comédie à la comédie même?... Gar-
derez-vous longtemps cet air de réserve si déplacé
dans le mariage? Un cavalier vous trouve belle, vous
rougissez; ouvrez les yeux. Ici les dames ne rougissent qu'au pinceau... En vérité, Madame, on vous
perdrait de réputation. Eh quoi ! d'abord une antichambre à faire pitié, des laquais qui se croient à
Monsieur comme à *Madame,* qui imaginent qu'ils ne
sont en maison que pour travailler, qui ont un air
respectueux pour un honnête homme à pied qui
arrive, qui tirent une montre d'argent si on demande l'heure, des laquais sans figure et qui sont
de trois grands pouces au-dessous de la taille re-
quise !... Vous, Madame, on vous trouve levée à
huit heures : si vous sortiez du bal, vous seriez dans
la règle. Et que faites-vous? vous êtes en confé-

rence avec votre cuisinier et votre maître d'hôtel...
Enfin il vous souvient que vous avez une toilette à
faire. Mais que vous en connaissez peu l'importance,
l'ordre et les devoirs ! Vous n'avez que dix-huit ans
et vous y êtes sans hommes ; on y voit deux femmes
que vous ne grondez jamais. La première garniture
qu'on vous présente est précisément celle qui vous
convient. La robe que vous avez demandée, vous
la prenez effectivement... Le dîner sonne et vous
voilà dans la salle de compagnie lorsque la cloche
parle encore. N'y avait-il plus de rubans à placer ?
Mais quelle est la surprise de tout le monde ? Votre
maître d'hôtel vient annoncer à *Monsieur* qu'il est
servi... Après la table vous voulûtes pousser la conversation. Songez que vous êtes à Paris. L'ennui
appela bientôt le jeu ; je vous vis bâiller, et c'était
la *comète!* un jeu de la cour. A propos, il m'est revenu qu'on la jouait depuis quatre jours lorsque
vous demandâtes ce que c'était. Une bourgeoise du
Marais fit la même question le même jour... On
étala pour intermède les sacs à ouvrage. Qu'est-ce
qui sortit du vôtre ? des manchettes pour votre
mari. Sera-ce donc en vain que la France aura inventé les *nœuds* pour distinguer les mains de condition des mains roturières ?... Vous vous placez
sans avoir dit aux glaces que vous êtes à faire peur,
que vous êtes faite comme une folle... Vous allez
aux Tuileries les jours d'opéra et au Palais-Royal les
autres jours. Vous faites pis, on vous y voit le matin... On croirait que vous ne cherchez la prome-

nade que pour bien vous porter. Et lorsque vous y
paraissez aux jours marqués et aux heures décentes,
comment êtes-vous mise? l'aune de vos dentelles
est à cinquante écus... Que faisiez-vous dimanche
dernier dans votre paroisse, à dix heures du matin?
Déjà habillée! Et qui le croira? sans *sac!* Est-ce
ainsi? Est-ce à dix heures? Est-ce dans sa paroisse
qu'une femme de condition entend la messe? Est-il
bien vrai que vous assistez aux vêpres? Le marquis
de *** vous en accuse, en disant que vous faites ri-
diculement votre salut. On pourrait vous passer
quelques sermons, mais jamais ceux qui conver-
tissent : une jolie femme est faite pour les jolis sermons : ils s'annoncent assez par l'affluence des
équipages et le prix des chaises. Il est ignoble de
s'édifier pour deux sols... » Et ainsi continue la raillerie, l'instruction sur tout ce qui manque à la jeune
femme. Quoi? point de grâces à s'effrayer d'une
souris, d'une araignée, d'une mouche! point de
grâces à se plaindre du mal que l'on sent! point de
grâces à se plaindre du mal que l'on ne sent pas!
Point même de grâces d'ajustement : des robes de
goût, il est vrai, mais les garnitures ne sont pas de
la Duchapt. Puis un panier dont le diamètre est
tronqué d'un pied, et qui n'est pas de la bonne faiseuse; de beaux diamants, mais ils ne sont pas
montés par Lempereur. Et les grâces du langage,
quelle pauvreté! La jeune femme ne parle-t-elle pas
avec la dernière des simplicités? Pour les grâces de
caprice, c'est encore pis : elle est là-dessus d'une

misère ! Si elle a demandé ses chevaux pour les six
heures, on la voit en carrosse à six heures ; le jeu
qu'elle a proposé, elle le joue réellement ; la personne qu'elle a reçue si bien hier, elle l'accueille
encore aujourd'hui. Bref, elle est toujours la même,
elle a de la suite, de la constance : cela est du *der-*
nier uni, — un mot qui dit tout en ce temps et qui
condamne sans appel (1) !

Dans cette leçon ironique donnée aux ridicules de
la jeune femme, il y a, caché sous la satire, le code
des usages du temps, la constitution secrète de ses
mœurs, l'idéal de ses modes sociales.

Au milieu du mensonge aimable de toutes choses,
sous le ciel des salons et le firmament des plafonds
peints, entre ces murs de soie aux couleurs célestes
ou fleuries répétées par mille glaces, sur ces siéges
où se dessinent les lacs d'amour, sur la marqueterie
des parquets, au centre de ce petit musée de rare-
tés, de fantaisies, de petits chefs-d'œuvre, de bijoux
et de fantoches répandus dans les appartements, à
la campagne même, dans ces jardins qui ne sont
plus que terrasses, berceaux, escaliers, amphi-
théâtres, bosquets, la femme romprait toute harmonie si elle ne se défaisait de la simplicité et du
naturel. Dans ce siècle de remaniement universel,
d'enchantement général, pliant tout ce qui est ma
tière à l'agrément factice d'un style à son image,
refaisant jusqu'aux aspects de la terre et les arran-

_____

(1) Bagatelles morales. *Londres,* 1755. *Lettre à une dame anglaise.*

geant à son goût, mettant partout autour de l'homme
et dans l'homme même, jusqu'au fond de sa pensée,
la convention de l'art, la femme est appelée à être
le modèle accompli de la convention, l'enfant de
l'art par excellence. Il faut qu'elle prenne tous les
accords de ce temps et de cette société, qu'elle
atteigne à toutes ces grâces artificielles, « grâces de
hasard formées après coup, que la vanité des parents a commencées, que l'exemple et le commerce
des autres femmes avance, qu'une étude personnelle arrive à finir (1). » Des grâces de mode, le
monde en demandera à toute sa personne, à son habillement, à sa marche, à son geste, à son attitude.
Il exigera d'elle, dans les riens même, cette distinction, cette perfection de la manière que cherche et
poursuit, sans pouvoir jamais l'atteindre, l'imitation
de la bourgeoisie. Il lui imposera cette charmante
comédie du corps, les penchements de tête, les sou-
rires négligés, les rengorgements d'ostentation, les
œillades, les morsures des lèvres, les grimaces, les
minauderies, les airs mutins (2), et ce jeu de l'éventail sur lequel Carracioli a presque fait un traité :
l'éventail, que l'on voit jouer sur la joue, sur la
gorge, avec une si jolie prestesse, dont le *cli cli* annonce si bien la colère, dont l'allée et la venue,
comme une aile de pigeon, marque si bien le plaisir
et la satisfaction, dont le coup mignonnement

---

(1) Œuvres complètes de Marivaux, 1781, vol. IX. Pièce détachée.
(2 Le Livre à la mode, nouvelle édition *marquetée, polie et vernissée.*
En Europe, 100070060.

donné avec un *Finissez donc* veut dire tant de choses !
Et que d'autres coquetteries à apprendre : la façon
de s'adoniser, de se moucheter, de se brillanter, de
se présenter, de saluer, de manger, de boire en cli-
gnotant des yeux, de se moucher (1) !

Façons, physionomie, son de voix, regard des
yeux, élégance de l'air, affectations, négligences, recherches, sa beauté, sa tournure, la femme doit tout
acquérir et tout recevoir du monde. Elle doit lui demander ses expressions mêmes, ses mots, la langue
nouvelle qui donne un éclat, une vivacité à la
moindre des pensées d'une femme. Accoutumé à
tout vouloir embellir, à tout peindre, à tout colorier,
à prêter au moindre geste une impression d'agrément, au plus petit sourire une nuance d'enchantement, le siècle veut que les choses, sous la parole de
la femme, se subtilisent, se spiritualisent, se divi-
nisent. *Étonnant ! miraculeux ! divin !* ce sont les épithètes courantes de la causerie. Une langue d'extase
et d'exclamations, une langue qui escalade les super-
latifs, entre dans la langue française et apporte
l'enflure à sa sobriété. On ne parle plus que de *grâces
sans nombre*, de *perfections sans fin*. A la moindre fatigue, on est *anéanti ;* au moindre contre-temps, on
est *désespéré*, on est *obsédé prodigieusement*, on est
suffoqué. Désire-t-on une chose ? On en est *folle à
perdre le boire et le manger.* Un homme déplaît-il ?
C'est *un homme à jeter par les fenêtres.* A-t-on la mi-

(1) Le livre des quatre couleurs. Aux quatre éléments. 4444.

graine? on est d'une *sottise rebutante*. On applaudit à *tout rompre*, on loue *à outrance,* on aime *à miracle* (1). Et cette fièvre des expressions ne suffit pas : pour être une femme « parfaitement usagée », il est nécessaire de zézayer, de moduler, d'attendrir, d'efféminer sa voix, de prononcer, au lieu de *pigeons* et de *choux,* des *pizons* et des *soux* (2).

Mais ce n'est point seulement le personnage physique de la femme que la société change ainsi et modèle à son gré d'après un type conventionnel : elle fait dans son être moral une révolution plus grande encore. A sa voix, à ses leçons, la femme réforme son cœur et renouvelle son esprit. Ses sentiments natifs, son besoin de foi, d'appui, de plénitude, par une croyance, un dévouement, la règle dont l'éducation du couvent lui avait donné l'habitude, elle dépouille toutes ces faiblesses de son passé, comme elle dépouillerait l'enfance de son âme. Elle s'allége de toute idée sérieuse, pour s'élever à ce nouveau point de vue d'où le monde considère la vie de si haut, en ne mesurant ce qu'elle renferme qu'à ces deux mesures : l'ennui ou l'agrément. Repoussant ce qu'on appelle «des fantômes de modestie et de bienséance », renonçant à toutes les religions, à toutes les préoccupations dont son sexe avait eu en d'autres

---

(1) Le Papillotage, ouvrage comique et moral. *A Rotterdam*, 1767. — Le Grelot, ou les etc., etc. *Londres*, 1781. — Angola, histoire indienne avec privilége du Grand Mogol, 1741.

(2) Lettres récréatives et morales sur les mœurs du temps à M. le comte de ***, par l'auteur de la Conversation avec soi-même. *Paris,* 1768.

siècles les charges, les pratiques, les tristesses as-
sombrissantes, la femme se met au niveau et au ton
des nouvelles doctrines; et elle arrive à afficher la
facilité de cette sagesse mondaine qui ne voit dans
l'existence humaine, débarrassée de toute obligation
sévère, qu'un grand droit, qu'un seul but providentiel : l'amusement; qui ne voit dans la femme, dé-
livrée de la servitude du mariage, des habitudes du
ménage, qu'un être dont le seul devoir est de mettre
dans la société l'image du plaisir, de l'offrir et de la
donner à tous.

Le mari auquel la famille jetait brusquement la
jeune fille, cet homme aux bras duquel elle tombait
n'était pas toujours le mari répugnant, gros financier ou vieux seigneur, le type convenu que l'imagination se figure et se dessine assez volontiers. Le
plus souvent la jeune fille rencontrait le jeune
homme charmant du temps, quelque joli homme
frotté de façons et d'élégances, sans caractère, sans
consistance, étourdi, volage, et comme plein de l'air
léger du siècle, un être de frivolité tournant sur un
fond de libertinage. Ce jeune homme, un homme
après tout, ne pouvait se défendre aux premières
heures d'une sorte de reconnaissance pour cette
jeune femme, encore à demi vêtue de ses voiles de
jeune fille, qui lui révélait dans le mariage la nouveauté d'un plaisir pudique, d'une volupté émue,
fraîche, inconnue, délicieuse. Cependant des tendresses jusque-là refoulées s'agitaient et tressail-
laient dans la jeune femme. Elle était troublée,

touchée par je ne sais quoi de romanesque. Elle croyait entrer dans ce rêve d'une vie tout aimante, toute dévouée qui avait tenté et charmé au couvent son imagination enfantine. Le mari de son côté, flatté de tout ce travail d'une petite tête qui se montait, de cette fièvre charmante de sentiments dont il était l'objet, le mari se laissait aller à cette jeune adoration qui l'amusait ; et il encourageait avec indulgence le roman de la jeune femme. Mais quand toutes les distractions des premières semaines du mariage, présentations, visites, petits voyages, arrangements de la vie, de l'habitation, de l'avenir, étaient à leur fin, quand le ménage revenait à lui-même et que le mari, retombant sur sa femme, se trouvait en face d'une espèce de passion, il arrivait qu'il se trouvait tout à coup fort effrayé. Il n'avait point pensé que sa femme irait si vite et si loin : c'était trop de zèle. Homme de son siècle, mari de son temps, il aimait avant tout « le petit et l'aimable des choses ». Que venait faire la passion dans son ménage? Il n'y avait point compté. Elle ne convenait ni à son caractère, ni à ses goûts. Elle n'était point faite d'ailleurs pour les gens nés et élevés comme lui. Puis quelle terreur, quelle gêne, quelle atteinte à sa liberté, à son plaisir, l'attachement exalté, jaloux, inquiet, les mines, les bouderies, les exigences, les interrogations, les espionnages, l'inquisition à toute heure, les scènes, les larmes, les déclamations ! L'ennui de la découverte était grand chez un homme marié déjà depuis quelques mois et sollicité au plus tard, à la fin du premier, par la vie de garçon qu'il avait enterrée à un souper de filles, tiraillé par ses vices de jeune homme, par les souvenirs, l'appétit des vieilles habitudes, la monotonie d'un bonheur qui n'était pas relevé de coquinerie !

Un peu honteux, et tout cela l'échauffant, il tâchait cependant d'être poli avec ce grand amour de sa petite femme, et à ses plaintes il répondait avec une ironie câline et une indifférence apitoyée, prenant le ton dont on use avec les enfants pour leur faire entendre qu'ils ne sont pas raisonnables. Puis il se faisait plus rare auprès d'elle ; il disparaissait un peu plus apparemment chaque jour de la maison conjugale. La femme alors, la nuit, à quatre heures du matin, brisée d'insomnie et écoutant sur son lit, entendait rentrer le carrosse de Monsieur ; et le pas du mari ne venait plus à sa chambre : il montait à une petite chambre, auprès de là, qui lui donnait la liberté de ses nuits et de ses rentrées au jour, parfois, comme il arrivait alors, à la sonnerie de l'*Angelus*. Le matin, la femme attendait. Enfin, à onze heures, Monsieur faisait demander cérémonieusement s'il pouvait se présenter. Reproches, emportements, attendrissements, il essuyait tout avec un persiflage de sang-froid, l'aisance de la plus parfaite compagnie. La femme au sortir de pareilles scènes se tournait-elle vers ses grands parents ? Elle était tout étonnée de les voir prendre en pitié sa petitesse d'esprit, et traiter ses grands chagrins de misères. Sur la figure, dans les paroles de sa mère, il lui semblait lire qu'il y avait une sorte d'indécence à aimer son mari de cette façon. Et au bout de ses larmes, elle trouvait le sourire d'un beau-frère lui disant : « Eh bien ! prenons les choses au pis : quand il aurait une maîtresse, une passade, que cela signifie-t-il ? Vous aimera-t-il moins au fond ? » A ce mot, c'étaient de grands cris, un déchirement de jalousie. Le mari survenait alors et glissait en ami ces paroles à sa femme : « Il faut vous dissiper. Voyez le monde, entretenez des liaisons, enfin vivez comme toutes les femmes de votre âge. » Et il ajoutait doucement : « C'est le seul moyen de me plaire, ma bonne amie (1). »

(1) Mémoires et Correspondance de Mme d'Épinay, vol. 1.

II

LA SOCIÉTÉ — LES SALONS

Trois époques apparaissent dans la société du dix-huitième siècle. Trois évolutions de son histoire attribuent trois formes à son esprit social et lui imposent trois modes. Le commencement du règne de Louis XV, la fin de ce règne, le règne de Louis XVI apportent au monde qu'ils transforment et renouvellent successivement le changement de trois âges. Et c'est la physionomie de ces trois âges qu'il faut étudier d'abord. Mais où la saisir? où la prendre? Le livre nous donnera-t-il le dessin, la nuance, le ton général qui peint un monde et le fait revivre? Trouverons-nous dans les Mémoires cette âme extérieure d'une société, son expression animée, sa représentation vivante? Non. Il sera temps tout à l'heure de leur demander des souvenirs, des portraits, tout ce qu'une réunion d'hommes et de femmes laisse de bruits éphémères et de fugitives

images. Mais pour entrer dans la société du dix-huitième siècle, pour la toucher du regard, ouvrons un
carton de gravures, et nous verrons ce monde,
comme sur ses trois théâtres, dans le salon de 1730,
dans le salon de 1760, dans le salon de 1780.

Ici, dans le premier salon, le monde est encore
en famille. C'est une assemblée intime, un plaisir
qui a l'apaisement et l'heureuse tranquillité d'un
lendemain de bal. Dans la pièce large et haute, entre
ces murs où les tableaux montrent des baigneuses
nues, sur les ramages des panneaux de soie, sur les
lourds fauteuils aux bras, aux pieds tordus, près de
cette cheminée où flambe un feu clair et d'où monte
la glace sortant d'une dépouille de lion et couronnée
de sirènes, il semble que l'œil s'arrête sur un Déca-
méron au repos. Ces femmes qui se chauffent, un
bichon sur les genoux, celles-là qui penchées feuil-
lettent d'un doigt volant, d'un regard errant, un cahier de musique, celles-là qui font une reprise
d'*hombre*, indolentes au jeu et à demi rieuses, jusqu'à la jeune personne qui retournée sur sa chaise
s'amuse à agacer un chat avec un peloton de fil, tout
ce tableau fait songer à ces paradis de Watteau qui
n'étaient que l'idéal d'un salon français : même douceur, même paix, même coquetterie du maintien,
même sourire de l'heure présente. La noblesse vient
seulement de « s'enversailler »; et l'on trouverait
encore dans ce salon bien clos et dans ces passe-
temps d'hiver un souvenir de la vie de château. Et
pourtant la vie du dix-huitième siècle est déjà com-

mencée : voilà le caprice de ses modes, les galants négligés des femmes piqués de fleur sur fond blanc, les toques, les plumes, les colliers de fourrure. Sur les livres on croirait entendre voltiger un esprit qui vient de Boccace et qui va à Marivaux. Puis çà et là, près de cet homme enveloppé d'un manteau qui semble un domino, au coin d'un fauteuil, sur le tapis d'Orient on pose la bourse de velours du jeu, un masque pend ou repose, le masque de la Régence, noir aux joues, blanc à la bouche, comme le masque d'Arlequin, — le masque du Bal et de la Folie que vont prendre aux nuits de Venise les nuits de Paris (1).

Le second salon du siècle, le voici tout brillant, tout bruyant. Le brocart se retrousse en portières aux portes du fond. Les amours jouent et folâtrent au-dessus des portes. Des médaillons de femmes sourient dans les trumeaux. Des rosaces du plafond descendent les lustres de cristal de Bohême, rayonnant de bougies. Les feux des bras se reflètent dans les glaces. La vaisselle de Germain et les pyramides de fruits apparaissent sur le buffet, par une porte ouverte. C'est le plaisir dans sa vivacité, c'est le Bal. Le tambourin, la flûte, la basse et le violon jettent leurs notes mariées du haut d'une estrade. Les souliers de satin glissent sur le paquet losangé, les colliers sautent sur les gorges, les bouquets fleurissent les robes, les montres battent à la ceinture, les dia-

---

(1) L'*Hiver*, peint par N. Lancret, gravé par J.-P. le Bas.

mants étincellent dans les cheveux. Au milieu du
salon, la danse noue les couples, noue les mains dé-
gantées : les sveltes cavaliers font volter contre eux
les danseuses légères ; les dentelles se chiffonnent
contre les manchettes de fourrure que Lauzun se
taillera dans le manteau des princesses polonaises.
La causerie voltige et sourit. Les femmes s'éventent
et se parlent à l'oreille. Les cordons bleus, les chevaliers de l'Ordre, penchés sur les fauteuils, font
leur cour aux jeunes mariées. Près du feu, la vieillesse se retrouve et s'amuse de ses souvenirs en tendant à la flamme la semelle de ses mules, et en
laissant tomber des oranges dans la main des enfants. Joie voluptueuse ! Fête enivrante et délicate !
Le peintre qui nous en a laissé cette image délicieuse
semble avoir fait tenir dans un coin de papier la
danse, l'amour, la jeunesse du temps, ses nobles élégances, la fleur de toutes ses aristocraties, à leur
moment de plein épanouissement, à leur heure de
triomphe (1).

Entre ce salon du temps de Louis XV et un salon
du temps de Louis XVI, il y a la différence des deux
règnes. Le salon du temps de Louis XV paraissait
ouvrir sur le présent, le salon du temps de Louis XVI
ouvre sur l'avenir. Ses murs, son architecture, s'at-
tristent comme la cour et comme la société, par la
réforme, le sérieux, la roideur. Des amours jouent
bien encore au plafond, mais ils paraissent laissés là,

(1) Le *Bal paré*, dessiné par A. de Saint-Aubin, gravé par Duclos.

oubliés comme des génies du passé ; et déjà les pilastres se profilent droits à côté du cintre nu des glaces. Et dans ce grand salon où deux chiens seulement mettent du bruit ce n'est plus la danse, ce n'est plus un étourdissement. Vous ne verrez plus de couples, mais des groupes, formés çà et là : à une table de jeu, deux femmes jouent contre un homme, et se retournent pour consulter en montrant leurs cartes ; à une table de trictrac, une femme tenant le cornet joue avec un abbé. Contre la cheminée, une femme cause. Auprès de la fenêtre, une jeune femme lit un livre (1). C'est encore la société, mais ce n'est plus le plaisir. Il y a déjà, dans ce salon, l'air de 1788 et de 1789 ; la causerie y prend des attitudes de dissertation, le jeu y semble du temps gagné contre l'ennui, la lecture met sa gravité sur le front de la femme. On attend, on se prépare, on écoute, et si l'on rit, c'est de Turgot. Jeux, lectures, groupes détachés, froideur, sécheresse, tout me montre dans ce salon, peint par Lavreince, une société disgraciée et qui s'assombrit, un salon de Chanteloup, par exemple, mais où Mme Necker aurait pris la place de Mme de Choiseul.

Les deux plus grands salons de Paris au dix-huitième siècle étaient deux petites cours : le Palais-Royal et le Temple.

Le Palais-Royal était ouvert à toutes les personnes

(1) L'*Assemblée au salon*, peint par Lavreince, gravé par Dequevauvilliers.

présentées, qui pouvaient y venir souper sans invitation tous les jours de représentation d'Opéra. Ce jour-là, toute la bonne compagnie y passait et s'y succédait. Les *petits jours* une société intime entourait la table. Cette société se composait à peu près de vingt personnes qui, invitées une fois pour toutes, pouvaient venir quand il leur plaisait, et qui le soir, allant et venant dans le salon, promenaient d'un bout du salon à l'autre la gaieté, la vivacité d'une conversation piquante. A ces réunions libres et charmantes, l'on voyait le plus souvent Mme de Beauvau, Mme de Boufflers, Mme de Luxembourg, Mmes de Ségur, mère et belle-fille, la baronne de Talleyrand, avec son joli visage vieillot, et la marquise de Fleury. Le haut du salon était tenu par une dame d'honneur de la duchesse de Chartres, Mme de Blot qui devait sa grande place au Palais-Royal à une passion du duc d'Orléans que sa victorieuse résistance avait changée en amitié tendre et respectueuse. Des traits charmants, la fraîcheur du teint, la légèreté de la taille, des dents un peu longues, mais éclatantes de blancheur, la nuance de cheveux la plus agréable, un art de parure remarquable (1), toutes sortes de grâces, de celles qui survivent à la première jeunesse et en donnent comme le dernier parfum. valaient à Mme de Blot les hommages de tous. Sage dans une cour qui ne s'était point piquée de retenue, elle se faisait pardonner la sagesse par la gaieté, la vertu par l'amabi-

(1) Mémoires du baron de Besenval. Baudoin, 1821, vol. 1.

lité. Elle rachetait sa bonne réputation par un naturel
et un enjouement qui s'effacèrent du jour, dit-on, où
elle lut Clarisse, pour faire place à un fond de senti-
mentalité jusque-là cachée, à de grandes affiches, à de
longues thèses de sensibilité, au plus fin galimatias
de la pruderie. Elle imagina de porter à son cou en
miniature la façade de l'église où son frère avait été
enterré : elle eut le bel esprit du cœur, et elle devint
une précieuse de vertu. Auprès de Mme de Blot,
la vicomtesse de Clermont-Gallerande s'abandonnait
à tout ce qu'elle pensait, s'échappait en saillies, en
plaisanteries, amusait, déridait, emportait le rire,
non par l'esprit qu'elle avait, mais par celui qu'elle
rencontrait, par la fantaisie de l'humeur, les changements de caractère, la vivacité des impressions, le
mouvement des idées, le jet imprévu et l'heureux
hasard des paroles. Puis venait cette femme à talents, la fée de la Pédanterie : Mme de Genlis.

A ces femmes se joignaient d'autres femmes,
moins jeunes en général, et qui avaient été attachées
à la feue duchesse : Mme de Barbantane, qui, au
dire de son intime ennemie, ne possédait plus de ses
charmes passés qu'un nez rouge, une tournure commune, et une réputation assez bien établie de sagesse et d'esprit ; Mme la comtesse de Rochambeau,
agréable vieille femme qui se rajeunissait rien qu'en
souriant, et dont la mémoire était toute pleine
d'amusantes anecdotes ; la vieille comtesse de
Montauban, qui donnait à la société le spectacle comique de sa gourmandise, de ses étourderies et de

son amour effréné du jeu. Mais une femme faisait surtout l'amusement et la distraction du Palais-Royal : c'était la marquise de Polignac, qui devait à sa laideur, à sa figure de vieux singe, à la brusquerie de ses manières et de ses plaisanteries, à l'audace de sa langue, une réputation d'originalité qu'elle semblait prendre à tâche de justifier. Recherchée pour le plaisir qu'elle donnait, cajolée pour son esprit, que l'on craignait un peu, quoiqu'il eût plus de malice que de méchanceté, elle avait habitué les salons à ses grogneries, dont elle était la première à plaisanter, à son vieil amour pour le comte de Maillebois qu'elle avouait si vaillamment et dont elle proclamait si haut le ridicule. Elle avait imposé à ses amis ses brutalités de mauvaise humeur, ses boutades, ce ton qui tranchait si singulièrement sur la politesse générale et monotone, ce tour populaire, cette crudité des mots avec laquelle elle relevait ses pensées et qui lui faisait répondre à une personne s'extasiant sur la vivacité de Mme de Lutzelbourg, la femme de soixante-huit ans la plus active de France : « Oui, elle a toute la vivacité que donnent les puces (1). »

Au milieu de ce salon, Mme la marquise de Fleury, qui partageait avec la baronne de Talleyrand l'amitié intime de la duchesse de Chartres, paraissait comme une jeune Folie, avec son beau visage, ses yeux admirables, sa fureur d'enfantillages, cette

(1) Mémoires de Mme de Genlis, vol. II et vol. IX. (Souvenirs de Félicie.)

fièvre d'imaginations extraordinaires et de soudaines
extravagances qui tout à coup chez Mme de Guéménée
au sortir de la cour lui faisait ôter son panier, sa
robe, et ne lui lassait pour toute la soirée que son
corps, sa palatine et un petit jupon de basin sur lequel ballottaient ses deux poches. Espiègle enragée
qui faisait dire à Walpole : « Que fait-on de cela
a logis? » la duchesse de Fleury avait, sauf l'esprit
d'ordre, tous les esprits, de l'esprit de mots qui se
moquait de tout et de l'esprit d'idées qui ne respectait rien. Lorsque d'Alembert à la retraite de Turgot
parlait avec éloge du furieux abattis qu'avait fait le
ministre dans la forêt des préjugés, elle ripostait à
la grosse phrase 'u philosophe : « C'est donc pour
cela qu'il nous a donné tant de *fagots* (1). » Une
autre fois, soutenant contre Mme de Laval les droits
de la noblesse attaqués par Turgot : « Vous m'é-
tonnez, — disait-elle à Mme de Laval en défendant la
noblesse française avec une parole d'un orgueil tout
castillan, — quelque respect que j'aie pour le Roi,
je n'ai jamais cru lui devoir ce que je suis. Je sais
que les nobles ont fait quelquefois des souverains;
mais quoique vous ayez autant d'esprit que de naissance, je vous défie, Madame, de me dire le roi qui
nous a fait nobles (2). »

Il est au musée de Versailles un tableau où un
petit maître à peu près inconnu nous a laissé comme

---

(1) Mémoires secrets de la République des lettres, vol. IX.
(2) Correspondance littéraire, philosophique et critique de Grimm.
Paris, 1829, vol. 9.

une miniature de ce grand salon : le Temple. Voilà
ce beau et clair salon, aux boiseries blanches, aux
lignes droites ; entre les hautes fenêtres aux rideaux
de soie rose, on aperçoit des arbres et du ciel ; des
portraits de femmes sourient au-dessus des portes ;
dans un angle, une gaîne de bois doré se dresse où
l'heure se balance ; et c'est, avec des bras qui se tor-
dent au bas des glaces, tout l'or qui paraît : nous
sommes chez le prince de Conti, dans le salon des
Quatre glaces. Et toutes ces petites figures, debout
ou assises sur les fauteuils de tapisserie à fond
blanc, passant, marchant, ou se reposant, ont un
nom et font repasser devant nos yeux le souvenir
d'une femme, son ombre, sa robe même. Ici c'est la
princesse de Beauvau habillée de violet tendre, un
fichu noir au cou. Celle-là, qui laisse traîner derrière
elle la queue de son ample robe rouge, cette vieille
grande dame de si belle mine sous son petit bonnet
rabattu par devant, est la comtesse d'Egmont, la
mère. Non loin de la maréchale de Luxembourg en
robe de satin blanc garnie de fourrure, M^ile de
Boufflers, les cheveux à peine poudrés, vêtue de
rose, les épaules couvertes de gaze blanche, apparaît
dans la vapeur d'un matin de printemps. La maréchale de Mirepoix en noir porte une fanchon sur
la tête, et au cou un fichu blanc bouffant attaché
à la ceinture. La dame en pelisse bleu de ciel à
fourrures est Mme de Vierville. Cette charmante
femme au bonnet blanc et rose, au fichu blanc, à la
robe d'un rose vif, au tablier à bavette de tulle uni

mettant sur le rose la trame blanche d'une rosée, cette jolie servante qui sert de ce plat posé sur ce réchaud, s'appelle la comtesse de Boufflers. N'oublions pas là-bas, auprès du guéridon, cette femme en robe de soie rayée de blanc et de cerise, Mlle Bagarotti, dont le prince de Conti payera les dettes. Mais au milieu de toutes il en est une qui appelle le regard : c'est cette petite personne qui passe, au premier plan du tableau, portant un plat, tenant une serviette. Avec son petit chapeau de paillé aux bords relevés, ses rubans d'un violet pâle au chapeau, au cou, au corsage, aux bras, son fichu blanc, sa robe d'un gris tendre, son grand tablier de dentelle, elle semble une bergère d'opéra sur le chemin du petit Trianon : c'est la comtesse d'Egmont jeune, née Richelieu. Çà et là entre les femmes, au milieu d'elles, on voit aux tables ou la main sur le dossier d'une chaise, le bailli de Chabrillant et le mathématicien d'Ortous de Mairan, les comtes de Jarnac et de Chabot, le président Hénault, dont le vêtement noir se détache d'un paravent de soie rose à fleurs, Pont de Veyle, le prince d'Hénin, le chevalier de la Laurency, et le prince de Beauvau qui lit une brochure. Le maître de la maison lui-même, si connu pour sa répugnance à se laisser peindre, est là représenté : par grande faveur, il a permis au peintre, pour que le tableau fût complet, de montrer sa perruque et de le faire ressemblant de dos, tandis qu'il cause avec Trudaine Du côté du prince de Conti un clavecin est ouvert que touche un enfant tout petit sur un grand fauteuil : cet enfant sera Mozart. Et près de l'enfant, Jélyotte chante en s'accompagnant de la guitare. Salon de plaisir, de liberté et d'intimité sans façon : de la musique, des chiens et point de domestiques, c'est l'habitude de ces fêtes familières du prince de Conti, dont les thés à l'anglaise sont si joliment servis par des femmes en tablier, coupant les gâteaux, allumant le feu des bouilloires, versant à boire, portant les plats, et dont les soupers même se passent de livrée, grâce aux *servantes* placées sous la main des convives aux quatre coins des tables.

De cette société du Temple, l'âme était la maîtresse du prince de Conti : la comtesse de Boufflers. Le prince de Conti avait commencé à la connaître auprès de sa sœur la duchesse d'Orléans, dont elle était dame d'honneur. Les années avaient resserré cette liaison, et le temps ajoutant à l'habitude ce qu'il ôtait à l'amour, le commerce du prince et de la comtesse était devenu, par l'intimité aussi bien que par l'aveu public, une sorte de ménage où la constance faisait oublier le scandale, et dont le bonheur était comme la décence.

Cette femme qui était la moitié de la vie du prince de Conti, à laquelle il consacrait toutes les heures qu'il ne donnait pas à la chasse, cette reine de l'Ile-Adam, l'*Idole* du Temple, madame de Boufflers passait pour être la personne la plus aimable du monde. Elle avait de l'esprit, beaucoup d'esprit, et un esprit à elle, neuf, vif, brouillé parfois avec le bon sens

par horreur naturelle du lieu commun, mais toujours piquant et décisif, donnant dans la contradiction l'accent d'une âme rebelle à plier et d'une
personnalité libre. Sa causerie était surtout charmante et brillante quand elle jouait avec des thèses
déraisonnables : le paradoxe donnait alors à sa parole un feu, un caprice, un imprévu, toute l'heureuse audace des causes désespérées. Gaie de la
gaieté qu'elle répandait, heureuse d'amuser, à l'aise
et bienveillante, sachant rendre l'attention, elle
donnait à l'esprit des autres un sourire si joli, si
bien placé, que tous le recherchaient comme une
approbation de la grâce, et qu'une cour de jeunes
gens et de jeunes personnes entouraient cette
femme de quarante ans conservant sur son visage
sa jeunesse de vingt ans.

A l'agrément que la comtesse de Boufflers apportait au salon du prince de Conti se joignait le
charme d'une jeune et jolie femme, sa belle-fille, la
comtesse Amélie de Boufflers. Celle-ci avait dans
toute sa personne un tel air de candeur, de douceur, d'ingénuité, d'enfance, que l'on retrouve ses
traits dans ce portrait d'une femme appelée avec le
petit style du temps « le modèle des grâces mi-
gnardes, de la démarche enfantine, de tout ce qui
fait chérir une femme comme un bijou ». Mais cette
candeur cachait bien de la finesse ; cette naïveté, ce
rôle d'ingénue, dont s'enveloppait la jeune comtesse
de Boufflers, couvraient une ruse savante, un raisonnement aiguisé, une intelligence prompte aux

reparties déconcertantes. Souvent elle donnait à sa belle-mère de cruelles contrariétés ; mais comme elle les rachetait, comme elle se les faisait vite pardonner avec ces mots délicieux et soudains, si profonds dans la délicatesse, qui lui sortaient de l'esprit et qu'on eût dit partis de son cœur ! « Je crois toujours qu'il n'est que votre gendre, » répondait-elle un jour à la mère de son mari qui lui faisait reproche de la façon dont elle parlait du jeune comte de Boufflers. Une autre fois, pour désarmer sa belle-mère et rentrer de vive force dans ses tendresses, elle eut un mot, un cri presque sublime. On jouait à un jeu fort à la mode un moment, le jeu des Bateaux, dans lequel, vous supposant prêt à périr avec les deux personnes que vous aimiez ou que vous deviez aimer le mieux, sans pouvoir en sauver plus d'une, on avait la très-méchante indiscrétion de vous demander quel choix vous feriez. Le bateau rempli par sa belle-mère et par sa mère, qui ne l'avait point élevée et qu'elle avait à peine connue, on demandait à la comtesse Amélie qui elle sauverait : « Je sauverais ma mère, et je me noierais avec ma belle-mère ! » — Et c'était encore une femme à talents. Elle avait la plus jolie voix, et sa harpe était un des enchantements des petits concerts que présidait le prince de Conti (1).

Aux hommes, aux femmes représentés par Olivier dans le tableau de Versailles, que l'on ajoute la du-

(1) Mémoires d'un voyageur qui se repose, par Dutens. *Paris*, 1806, *passim*. — Souvenirs de Félicie.

chesse de Lauzun, la princesse de Pons, madame
d'Hunolstein, la comtesse de Vauban, le vicomte de
Ségur, le prince de Pons, le duc de Guines, l'archevêque de Toulouse, l'on aura les noms et les figures
de la société intime du prince de Conti. C'est le fond
de ce petit monde, ce sont les habitués de tous les
jours, les amis de la maison garnissant les deux
tables de ce grand salon à alcôve, peint dans un
autre tableau d'Olivier, où le style de la Renaissance
rayonne sourdement sur fond d'or, où la nappe retombe sur les touches du clavecin résonnant (1).

Mais le Temple avait ses grandes réceptions. A ses
soupers du lundi passaient tous les hommes et toutes
les femmes de la cour. Un monde de cent cinquante
personnes emplissait les salons ; jours de foule. Un
soir, devant la presse, la marquise de Coaslin faillit
rebrousser chemin, et comme le prince de Conti se
moquait de sa prétendue timidité : « Jugez-en,
Monseigneur, lui dit-elle, j'avais tellement perdu la
tête que j'ai fait la révérence à M***, » — et elle dé-
signait un de ses ennemis (2).

Dans une autre maison princière qui semblait réserver toutes ses magnificences de réception pour
Chantilly, à l'hôtel Condé, deux grands bals étaient
donnés pendant l'hiver de 1749, l'un paré, dont les
femmes de la finance étaient exclues pour ne pas
nuire, dit un journaliste du temps, « aux beautés
d'épée » ; l'autre masqué, où l'on invitait une dou-

(1) Voyez à Versailles le souper du prince de Conti, par Olivier.
(2) Souvenirs de Félicie.

zaine de filles de *par le monde* pour animer la fête et
relever par le contraste la vertu des duchesses (1).

Que l'on remonte au commencement du siècle, les
soupers du Régent au Palais-Royal, les nuits de la
duchesse du Maine, les fêtes données à l'Ile-Adam,
à Chantilly, à Berny, et qui n'approchent point de
celles que le siècle verra aux mêmes lieux, c'est à
peu près tout le bruit du plaisir, c'est presque tout
le mouvement de la société. Dans le peu de documents qui nous restent sur ce temps, à peine si çà
et là l'on retrouve la trace d'un endroit de réunion
où le monde se rassemble, où les esprits s'appa-
reillent, le souvenir d'une maison qui ait été un
centre de rencontres, de conversations, le rendez-
vous et le lien d'une famille d'intelligences ou de
caractères. Les plaisirs, les fêtes, les grands dîners,
les grands soupers, les hospitalités larges, les réceptions qui dépassent le cercle de l'intimité, semblent
réservés à la cour et aux princes. Si parfois on les
rencontre encore à Paris, ce n'est plus que dans des
salons sans passé, sans histoire, sans goût, dans les
hôtels de quelques financiers et de *mississipiennes*
passées subitement de la *grisette* à l'étoffe d'or et
des colliers d'ambre aux colliers de perles (2). Et
devant ce monde qui fait une débauche de la richesse, une orgie du luxe, il s'échappe, au milieu de
la Régence, une grande plainte des femmes déli-

(1) Les Cinq Années littéraires, par Clément. *Berlin,* 1755, vol. 1.
(2) Mercure de France. Juillet 1720.

cates sur la disparition de ces maisons où il était
permis autrefois de penser et de parler : les regrets
vont à l'hôtel de Rambouillet, à ces entretiens d'où
l'on sortait, comme des repas de Platon, l'âme
nourrie et fortifiée (1).

Ce que le dix-huitième siècle appellera « le
monde » n'existe pas encore pour la société française. Le Versailles de Louis XIV absorbe encore
tout ; et il faut attendre jusqu'au milieu du règne
de Louis XV pour que la vie sociale, se détachant
de ce point unique et retombant sur elle-même,
reflue à Paris, s'élance, se ramifie, batte partout,
circule dans mille hôtels. Alors seulement apparaît
dans son agrément et dans sa force, dans sa splendeur et dans son élégance, épanoui, multiple, ce
grand pouvoir du temps qui devait finir par anni-
hiler Versailles : le salon.

Les femmes célèbres de la Régence, les plus
brillantes, les plus adorées, Mme de Prie, Mme de
Parabère, Mme de Sabran, ne laissent point derrière elles la tradition d'un salon. Elles manquent
de cette immortalité que donnera bientôt à la
moindre des femmes la réunion d'une société, l'en-
tour de quelques noms autour de son nom, l'ac-
compagnement de sa mémoire par la mémoire de
ses amis et de ses hôtes. — A cette première heure
du dix-huitième siècle, où les mœurs du temps s'é-
bauchent dans la grossièreté, quels sont les salons ?

(1) Réflexions nouvelles sur les femmes, par une dame de la cour.
Paris, 1727.

C'est la misérable maison de la vieille marquise d'Alluys, maison d'affaires et de toutes sortes d'affaires, où le Paris galant, les gens gais, les amants, les ménages viennent déjeuner à midi de boudins, de saucisses, de pâtés de godiveau, de marrons arrosés de vin muscat, assaisonnés de toutes les nouvelles scandaleuses du jour (1). Ce sont quelques autres pauvres maisons, gênées, ruinées par le système, presque affamées, pareilles à cette maison de la princesse de Léon, où la matinée se passe à obtenir des marchands, à force de diplomatie, le souper du soir. Et ce n'est point là un fait exceptionnel ou exagéré : chez la maréchale d'Estrées, à un souper maigre, le souper n'était pas servi, parce que la marchande de beurre avait refusé de faire crédit (2).

Si l'on excepte deux ou trois bureaux d'esprit, les livres, les anecdotes, les mémoires ne nomment guère dans la première moitié du siècle d'autres salons dignes de ce nom, d'autres maisons ouvertes que l'hôtel de Sully, où l'on voyait à côté de Voltaire Mme de Flamarens et sa touchante beauté, Mme de Gontaut et sa beauté piquante (3); l'hôtel de Duras, qui mêlait habituellement les plaisirs de l'esprit aux plaisirs du bal et de la table (4); et l'hôtel de Villars, rempli jusqu'à la mort de la ma-

---

(1) Mémoires complets et authentiques du duc de Saint-Simon. Hachette, 1858, vol. 17. — Mémoires et Journal inédit du marquis d'Argenson. Jannet, vol. II.

(2) Mémoires du président Hénault. Dentu, 1855.

(3) Id.

(4) Revue rétrospective. Chronique du règne de Louis XV, 1743.

réchale en 1763 par toutes les personnes de la haute ·
société, grand salon où Mme de Villars mettait
le charme de son visage admirable, le charme de ce
ton que la cour seule donnait et que le temps ne reconnaissait qu'à celles qui y avaient vécu (1). Il ne
faut pas oublier les soupers de Mme de Chauvelin,
où les sept femmes assises à sa table une nuit de
1733 étaient représentées, dans un vaudeville qui
courut Paris, sous la figure des sept péchés capitaux :
Mme la vidame de Montfleury représentait l'Orgueil ;
Mme la marquise de Surgères, l'Avarice ; Mme de
Montboissier, la Luxure ; Mme la duchesse d'Aiguillon, l'Envie ; Mme de Courteille, la Colère, Mme Pinceau de Luce, la Paresse (2).

Vers les derniers mois de l'année 1750, se fondait
à Paris un salon qui allait être pendant toute la seconde moitié du dix-huitième siècle, le premier salon
de Paris, le salon de l'ancienne Mme de Boufflers,
de la toute nouvelle maréchale de Luxembourg. Rien
n'était épargné par la maréchale pour en faire le
centre d'un siècle d'intelligence. Jalouse du bruit, de
l'influence de l'hôtel Duras, de l'agrément que lui
donnait Pont de Veyle, elle imaginait de décider la
duchesse de la Vallière, son amie intime, à donner
congé à Jélyotte pour s'attacher le comte de Bissy ;
et le comte de Bissy, qu'elle faisait entrer à l'Académie par le crédit de Mme de Pompadour, de-

---

(1) Mémoires de Hénault.
2) Mémoires du comte de Maurepas. Buisson, 1792.

venait ce personnage de première nécessité, ce
meuble de fondation : l'homme d'esprit de la maison (1). Pourtant le véritable homme d'esprit de ce
salon, ce ne fut point Bissy, ce fut la maréchale
elle-même, avec son ton si tranché, à la fois sévère
et plaisant, ses épigrammes, l'originalité de ses jugements, son autorité sur l'usage, le génie de son
goût. Elle appela chez elle le plaisir, l'intérêt, la
nouveauté, les lettres, la Harpe, qui venait y lire les
Barmécides, Gentil Bernard, qui y déclamait son manuscrit de l'*Art d'aimer* (2). Et à ces distractions se
joignaient, dernier agrément, la critique frondeuse,
une critique qui ménageait si peu les ministres et la
famille royale elle-même, qu'un moment il fut fait défense à Mme de Luxembourg de paraître à la cour (3).

Là, dans ce salon d'une femme, sous ses leçons,
se formait et se constituait cette France si fière
d'elle-même, d'une grâce si accomplie, d'une si rare
élégance, la France polie du dix-huitième siècle, —
un monde social qui jusqu'en 1789 allait apparaître
au-dessus de toute l'Europe, comme la patrie du
goût de tous les États, comme l'école des usages de
toutes les nations, comme le modèle des mœurs humaines. Là se fondait la plus grande institution du
temps, la seule qui resta forte jusqu'à la révolution, la seule qui garda, dans le discrédit de

---

(1) Mémoires de d'Argenson, vol. III.
(2) Lettres de Mme du Deffand, 1812, vol. II. — Correspondance de
Grimm, vol. II.
(3) Mémoires de la République des lettres, vol. 18.

toutes les lois morales, l'autorité d'une règle : là se
fondait ce qu'on appela *la parfaitement bonne compagnie,* c'est-à-dire une sorte d'association des deux
sexes dont le but était de se distinguer de la mauvaise compagnie, des sociétés vulgaires, des sociétés
provinciales, par la perfection des moyens de plaire,
par la délicatesse de l'amabilité, par l'obligeance
des procédés, par l'art des égards, des complaisances, du savoir-vivre, par toutes les recherches et
les raffinements de cet esprit de société qu'un livre
du temps compare et assimile à l'esprit de charité.
Air et usages, façons, étiquette de l'extérieur, la
bonne compagnie les fixait ; elle donnait le ton à la
conversation ; elle apprenait à louer sans emphase
et sans fadeur, à répondre à un éloge sans le dédai-
gner ni l'accepter, à faire valoir les autres sans paraître les protéger ; elle entrait et faisait entrer ceux
qu'elle s'agrégeait dans ces mille finesses de la parole,
du tour, de la pensée, du cœur même, qui ne laissaient jamais une discussion aller jusqu'à la dispute,
voilaient tout de légèreté, et, n'appuyant sur rien
plus que n'y appuie l'esprit, empêchaient la médisance de dégénérer en méchanceté toute noire. Si
elle ne donnait point la modestie, la réserve, la
bonté, l'indulgence, la douceur et la noblesse de
sentiments, l'oubli de l'égoïsme, elle en imposait
du moins les formes, elle en exigeait les dehors, elle
en montrait l'image, elle en rappelait les devoirs.
Car la bonne compagnie ne fut pas seulement dans
le dix-huitième siècle la gardienne de l'urbanité ;

elle fît plus que de maintenir toutes les lois qui dérivent du goût : elle exerça encore une influence morale en mettant en circulation de certaines vertus d'usage et de pratique, en faisant garder un orgueil aux âmes, en sauvant la noblesse dans les consciences. Que représente-t-elle en effet dans son principe le plus haut? La religion de l'honneur, la dernière et la plus désintéressée des religions d'une aristocratie. Tout ce qui est du ressort de l'honneur, c'est elle qui le juge ; tout ce qui y manque, bassesses, vilenies, instincts ou vices qui dégradent, c'est elle qui le punit avec la rigueur et la puissance d'une opinion publique. Et que cette bonne compagnie repousse un homme, qu'elle fasse dire de lui: « On lui a fermé toutes les portes, » voilà une existence perdue.

Mme la maréchale de Luxembourg donnait d'ordinaire deux grands soupers par semaine. On citait après ses soupers les soupers de Mme de la Vallière, dont le visage céleste, la première fois qu'elle avait paru à la cour, avait arraché ce cri au duc de Gesvres: « Nous avons une Reine (1) ! » Mme de la Vallière n'avait point d'esprit pour faire naître le plaisir, mais elle était agréable naturellement, par manière d'être. Indolente jusque dans ses passions, indifférente dans l'amour, et ne consultant pas même son cœur pour le choix de ses amants, elle dut à des qualités passives, à des vertus

(1) Souvenirs de Félicie.

de société un peu froides, à la paix de son humeur, à la mollesse de ses affections, à la douceur de ses antipathies, un certain charme tranquille qui, joint à de grandes et excellentes façons de maîtresse de maison (1), remplit pendant tout le siècle son salon du plus beau monde. Venaient ensuite les soupers de Mme de Forcalquier, la *Bellissima*, « cette honnête bête obscure et entortillée » qui pourtant eut une fois l'esprit aussi vif que la main. Ce fut ce jour où, ne pouvant se faire séparer sur un soufflet reçu de son mari en tête-à-tête et sans témoin, elle alla trouver le brutal dans son cabinet et au moment de la restitution : « Tenez ! Monsieur, voilà votre soufflet : je n'en peux rien faire (2). » Le monde qui se réunissait chez Mme de Forcalquier s'appelait la société du *Cabinet vert*, et c'est dans le Cabinet vert que Gresset trouva sa comédie du Méchant (3).

On soupait en compagnie de quelques hommes de lettres chez la princesse de Talmont, l'ancienne amie du Prétendant, la plus originale, la plus extravagante des femmes, qui marquait tout au coin de sa bizarrerie, ses actions, ses paroles, sa tenue, sa toilette et ses repas (4). On soupait chez cette comtesse de Broglie qui ressemblait à une tempête, et dont la force, la vivacité, les éclats eussent animé,

---

(1) Correspondance de Mme du Deffand avec d'Alembert, etc. *Paris,* 1809. *Portrait par la marquise de G....*

(2) Correspondance de Mme du Deffand, 1809.

(3) Correspondance littéraire, par la Harpe. *Verdière,* 1823, vol. I.

(4) Correspondance inédite de Mme du Deffand. Michel Lévy, 1859, vol I.

au dire de Mme du Deffand, douze corps comme le sien. On soupait chez Mme de Crussol. On soupait chez Mme de Cambis. On soupait chez Mme de Bussy. On soupait chez Mme de Caraman, la sœur aînée du prince de Chimay. On soupait chez la femme qui appelait, avec son temps, le souper « une des quatre fins de l'homme », on soupait chez Mme du Deffand.

Il y avait les fins soupers du président Hénault, cuisinés par le fameux Lagrange (1), dont les honneurs étaient faits par l'amabilité un peu intéressée de Mme de Jonsac, et par l'amabilité empressée, mais un peu commune, de Mme d'Aubeterre, la nièce du président (2). Et l'on allait encore aux excellents soupers de cette marquise de Livry si jeune, si naturelle, si vive, qui d'un bout du salon à l'autre, dans le feu d'une discussion, envoyait à la tête du discuteur sa mule, — une vraie pantoufle de Cendrillon (3).

Pendant tout un hiver, l'hiver de 1767, Paris s'entretint d'une fête, de ce fameux bal chinois où l'on avait vu vingt-quatre danseurs et vingt-quatre danseuses en costumes du Céleste Empire, divisés en six bandes de quatre hommes et de quatre femmes dont la première était menée par le duc de Chartres et la comtesse d'Egmont. Ce bal, où le prix

(1) Histoire générale du Pont-Neuf en six volumes in-fol. *Londres,* 1750.

(2) Lettres de la marquise du Deffand, vol. 2 et 3.

(3) Mémoires de Mme de Genlis, vol. 1.

de la beauté fut accordé à Mme de Saint-Mégrin,
avait été offert par la duchesse de Mirepoix à
Mme d'Henin. Nulle femme n'était plus aimée, plus aimable que cette amusante duchesse de Mirepoix,
toujours désordonnée, noyée d'embarras d'argent,
ruinée par le jeu, perdue de contrariétés et de gêne
au milieu de ses cent mille livres de rente (1); et
cependant, quand elle s'échappait de Versailles et
tombait à Paris, toujours gaie, sans humeur, douce,
complaisante, gracieuse à tous, empressée à plaire,
ne demandant que des services à rendre, si bonne
qu'elle réussissait à faire oublier ses lâchetés à la
cour et à remplacer autour d'elle l'estime par la
sympathie (2). Mme de Mirepoix ne faisait pas seulement danser la cour, elle avait aussi des soupers
auxquels Mme du Deffand reconnaissait un ton de
gaieté et une légèreté de causerie qu'elle se plaignait de ne point retrouver chez elle. Un moment

---

(1) Walpole a tracé de Mme de Mirepoix ce portrait sévère dans sa
vérité : « Elle a de la lecture, mais elle le montre rarement, et son goût
est parfait. Elle a des manières froides, mais très-polies, et elle sait
même dissimuler l'orgueil du sang lorrain, sans l'oublier jamais. Personne, en France, ne connaît mieux le monde et personne n'est si bien
avec le roi. Elle est fausse, artificieuse et insinuante outre mesure
quand son intérêt le demande, mais elle est aussi indolente et peureuse.
Elle n'a jamais eu d'autres passions que le jeu et elle y perd toujours.
Le seul fruit de son assiduité à la cour et de toute une vie d'artifice est
l'argent qu'elle tire du roi pour payer ses dettes et en contracter de nou,
velles dont elle se débarrasse aussitôt qu'elle peut. Elle a affiché la
dévotion pour devenir *dame du palais de la reine,* et le lendemain cette
princesse de Lorraine se laissait voir sur le devant du carrosse de
Mme de Pompadour. »

(2) Souvenirs et Portraits par M. de Lévis. Buisson 1813. — Correspondance de Mme du Deffand, vol. II.

ces soupers avaient lieu chez Mme de Mirepoix tous les dimanches (1); et la table n'était pas assez grande pour les neveux, nièces, cousins, cousines, parents, alliés de cette femme de cour qui avait la vocation de l'obligeance et dont le crédit semblait appartenir aux autres.

Un salon rivalisait avec le salon de la maré- chale de Luxembourg: le salon de la maréchale de Beauvau. Mme de Beauvau était, comme Mme de Luxembourg, une maîtresse des élégances et des convenances, un conseil et un modèle des usages du monde. Mais des formes moins cassantes, moins brusques, une noblesse de manières peut-être supé- rieure, lui donnaient une politesse particulière, et faisaient d'elle une des femmes qui contribuaient le plus à faire regarder Paris comme la capitale de l'Europe par les gens bien nés de tous les pays. C'é- tait une politesse douce, sans sarcasme, encoura- geant le trouble, rassurant la timidité, commu- niquant l'aisance par son aisance naturelle (2). Sans être belle, Mme de Beauvau avait un visage plaisant par son air ouvert et franc. Mais un charme en elle effaçait tout le reste: son talent de conversation, cet art de causer (3) qui fut sa gloire et son enchantement. Et que de dons elle y apportait, au dire des contemporains: l'élévation

---

(1) Lettres de la marquise du Deffand, vol. III.
(2) Mémoires de Mme de Genlis, vol. 1
(3) Galerie des dames françaises pour servir de suite à la Galerie des états généraux. *Londres,* 1790. *Desdemona.*

de l'âme, une chaleur qui allait à l'enthousiasme, sans effort, sans affectation, la séduction de la caresse et la force du raisonnement, une logique d'homme maniée par l'esprit délicat d'une femme !

Il y avait encore dans ce salon comme un vieil et pur honneur, comme un éclat des vertus domestiques qui y attiraient le monde. Les sympathies, les respects allaient à cet heureux ménage qui donnait le grand exemple de l'amour conjugal. On aimait et on estimait les Beauvau pour leur noblesse d'âme, leur indépendance, leur dédain de la faveur malgré des alliances qui les mettaient si avant dans la cour, la constance et le dévouement qu'ils montraient en restant attachés à Choiseul disgracié, en soutenant Necker dans toutes les variations de son crédit, en adoucissant la chute à Loménie de Brienne. Le monde accourait donc dans ce salon où il trouvait à côté de Mme de Beauvau deux charmantes femmes : l'une, qui n'était pas jolie et qui boitait même un peu, la princesse de Poix, la belle-fille de Mme de Beauvau, avait un si beau teint et tant d'esprit sur le visage qu'on ne voyait que cela de sa personne ; l'autre, la princesse d'Henin, fille de Mme de Mauconseil, mariée au jeune Beauvau, était l'enfant gâtée qu'elle fut toute sa vie, une diabolique petite personne, tournant à tout vent, volontaire, impérieuse, coquette, et se faisant tout pardonner avec un fond de bonté, de gaieté et d'esprit, un esprit d'observation, de finesse et de nuances, qui trouva de si jolis mots sur la politesse des hommes (1).

C'était une autre maison que celle de la maréchale d'Anville sur laquelle se reportaient la considération acquise par les la Rochefoucauld, l'estime des vertus et de la bienfaisance héréditaires dans ce noble sang, dans cette famille que les dignités, les places n'avaient pu corrompre (2). Continuant ces traditions de charité généreuse, Mme d'Anville avait la passion du bien, ou plutôt du mieux public. Son cœur était à toutes les utopies, son esprit à tous les systèmes d'illusion. Amie des philosophes, amie de Mlle Lespinasse que l'on voit si souvent s'asseoir chez elle à ces dîners d'une heure d'où la société se levait pour aller à l'Académie (3), Mme d'Anville était la femme à laquelle Voltaire s'adressait pour obtenir un sauf-conduit (4), la femme de France qui se montrait la plus dévouée à la fortune de Turgot, à la gloire de ses idées. De ce dévouement, elle ne recueillit guère qu'une caricature la représentant, à la chute du ministre, en cabriolet avec l'ancien contrôleur général, culbutée sur un tas de blé, avec ce mot sur ses jupes : *Liberté, liberté, liberté tout entière* (5).

(1) Lettres inédites de la marquise de Créqui. Introduction par M. Sainte-Beuve. — Vie de la princesse de Poix née Beauvau, par la vicomtesse de Noailles. Lahure, 1855.

(2) Lettres nouvelles de Mlle de Lespinasse. Maradan, 1820.

(3) Lettres de Mlle de Lespinasse. Collin, 1809, vol. II.

(4) Correspondance de Voltaire. Lequien, 1823, vol. XIV.

(5) Mémoires de la République des lettres, vol. VII.

Les idées philosophiques, l'esprit de l'Encyclopédie trouvaient encore asile et protection chez une
autre grande dame qui recueillait l'abbé de Prades
et le sauvait de la persécution, chez la duchesse
douairière d'Aiguillon (1). Une bouche enfoncée, un
nez de travers, un regard fou, ne l'avaient pas em-
pêchée longtemps d'être belle par l'éclat du teint.
Massive de corps, elle était lourde d'esprit : le goût
lui manquait comme la grâce ; mais dans cette
femme qui se dessinait toute en force, la force sauvait
tout. Avec une parole inspirée, presque égarée, elle
étonnait, elle subjuguait. Son intelligence, sa conversation, ses idées, ses mouvements, sa personne,
un signe les marquait : la puissance (2).

Au milieu de tous ces salons de la noblesse où les
doctrines nouvelles trouvaient tant d'échos, tant
d'applaudissements, la complicité de passions si
vives, l'encouragement d'amitiés si chaudes, une
femme faisait de son salon le point de ralliement
des protestations, des résistances, des colères que
les philosophes s'honoraient de soulever. Nous avons
de cette ennemie personnelle de l'Encyclopédie, de
cette héroïque adversaire du parti philosophique, de
la princesse de Robecq, un portrait où l'agonie lui
donne comme une canonisation : la gravure où Saint-
Aubin l'a représentée la tête sur l'oreiller, à sa dernière heure, lui prête la sainteté de la mort. On la
retrouve, on la voit encore dans une mauvaise bro-

---

(1) Mémoires de la République des lettres, vol. VI.
(2) Correspondance de Mme du Deffand, vol. II. — Lettres, vol. I.

chure du temps, sous la figure de l'Humanité, avec la paix au front, de grands yeux bleus sous des sourcils noirs, des cheveux blonds, sereine et douce (1). Pourtant que d'ardeur sous ce visage ! C'est cette femme dont les blasphèmes de la philosophie blessent non point l'esprit, mais le cœur, qui excite la religion aux représailles, qui retourne la satire contre ses maîtres ! La comédie des *Philosophes* s'élabore dans son salon, sous ses yeux : Palissot l'écrit, la main poussée, pressée par cette mourante de trente-six ans, qui, n'ayant que quelques mois à vivre, anime le pamphlétaire avec ses impatiences, l'échauffe, l'inspire, lui dicte la scène capitale de son œuvre. Et la pièce finie, l'ordre de la jouer obtenu, par un crédit singulier, du ministre des philosophes, de M. de Choiseul, la princesse de Robecq ne demandait plus à Dieu que la grâce de vivre jusqu'à la première représentation, la grâce de mourir en disant : « C'est maintenant, Seigneur, que vous laissez aller votre servante ; car mes yeux ont vu la vengeance (2)... »

Dans le salon d'une dévote plus accommodante, d'une bonne personne un peu précieuse, d'une sœur du duc de Noailles, qui n'avait rien de la hauteur de son rang, chez la comtesse de Lamarck, brillait et coquetait, montrant son petit pied, ses mains délicieuses, une femme de manége et de séduction, l'ancienne Mme Pater, toujours jolie sous son nou-

---

(1) Le *Conseil des lanternes*.
(2) Préface de la comédis des *Philosophes*.

veau nom de Mme Newkerque, et qui le sera encore
sous le nom de Mme de Champcenets.

Parmi les six ou sept grands salons du temps, il
ne faut pas oublier le salon de Mme de Ségur mère,
cette fille naturelle du Régent, qui malgré la vieillesse gardait encore une pointe d'esprit et de gaieté,
se plaisait aux jeunes compagnies, et les amusait
avec sa mémoire où le passé revenait en riant. Charmante de douceur et d'élégance, sa belle-fille, la
femme du maréchal de Ségur, l'aidait à faire les
honneurs de son salon (1).

Il existait un salon, le salon de la comtesse de
Noisy, dont le grand amusement était la guerre
acharnée et spirituelle que s'y faisaient un prince
du sang et un lieutenant de police : le prince de
Conti et M. de Marville. En sortant de ce salon pour
aller patronner le fils de Mme de Noisy au bal de
l'Opéra, M. de Marville trouvait au bal toutes les
filles de Paris, auxquelles le prince de Conti avait
fait donner le mot, et qui le saluaient de mille injures. Le lendemain d'une soirée passée chez Mme de
Noisy, le prince partant de grand matin, incognito,
pour une campagne où il était attendu à dîner de
bonne heure, trouvait sur toute sa route, à tous les
bourgs et villages, les officiers municipaux en grand
costume, armés de si longues harangues qu'il n'arrivait qu'à sept heures du soir (2).

Dans un hôtel de la place du Carrousel, la société

(1) Mémoires de Mme de Genlis, vol. II.
(2) Paris Versailles et les Provinces. *Paris*, 1823, vol. I.

trouvait une femme aux traits réguliers et singulièrement belle, Mme de Brionne, une Vénus, comme
l'appelait le temps, à laquelle manquait l'air de
volupté pris par la comtesse d'Egmont (1), une Vénus qui ressemblait à Minerve. Princesse dans toute
l'étendue du mot et avec tous les dehors de l'orgueil, elle était digne, imposante, haute dans son
maintien, sévère dans ses manières ; et, tenant les
gens à distance, elle avait l'air de compter ses regards pour des grâces, ses paroles pour des services,
sa familiarité pour des bienfaits. Elle avait l'âme de
son visage : la chaleur, la vivacité lui manquaient :
mais la sûreté de son jugement, la finesse de son
tact, un sens rare acquis dans la pratique des affaires
politiques, une facilité de parole qui se montait au
ton le plus haut, la constance de son amitié, un mélange de roideur et de grandeur froides, lui valaient
les respects du monde qui n'abordait son salon
qu'avec une certaine gêne (2). Quoiqu'elle refusât
les dédicaces, et qu'elle affichât un dédain de grande
dame pour le parfum des vers, si goûté par toute la
société qui l'entourait, Mme de Brionne offrait souvent aux invités de ses dîners la distraction d'une
lecture : c'était chez elle que Marmontel donnait pour
la première fois connaissance de ces Contes moraux
qui remplissaient de larmes tant de beaux yeux (3).

---

(1) Mémoires d'un père pour servir à l'instruction de ses enfants, par
Marmontel. *Paris,* an XIII, vol. II.
(2) La Galerie des dames françoises. *Herminie.*
(3) Mémoires de Marmontel, vol. II.

Les dîners, à l'imitation des dîners de Mme de Brionne, faisant dans quelques maisons concurrence aux soupers, la mode venait des bals d'après dîners (1). Les plus courus de ces bals étaient donnés par la comtesse de Brienne qui avait apporté à son mari une si énorme fortune; par la marquise du Chastelet, une des femmes les plus estimables de la cour; et par Mme de Monaco, qui passait pour belle, en dépit de ses traits aplatis dans une figure trop large (2).

La société se pressait dans les salons d'une autre grande dame, galante à l'excès, et à laquelle le monde prêtait l'archevêque de Lyon, M. de Montazet, Radix de Sainte-Foix (3), et quelques autres (4). C'était du reste la seule générosité du monde à l'égard de cette femme, Mme de Mazarin, qu'une mauvaise fée semblait avoir maudite. Belle, le monde qui allait chez elle ne la trouvait que grasse; fraîche, la maréchale de Luxembourg disait qu'elle avait la fraîcheur de la viande de boucherie; riche des plus beaux diamants du monde (5), on la comparait,

(1) Lettres de la marquise du Deffand, vol. II.
(2) Mémoires de Mme de Genlis, vol. II.
(3) Correspondance secrète, par Métra, vol. VII.
(4) Mémoires de la République des lettres, vol. VI.
(5) La duchesse de Mazarin laissa à sa mort un des plus riches mobiliers du siècle. Il fallut deux ventes pour le disperser. La première avait lieu le 10 décembre 1781 et était ainsi annoncée : « Catalogue raisonné des marbres, jaspes, agates, porcelaines enrichies, laques, beaux meubles... formant le cabinet de Mme la duchesse de Mazarin... par J.-D.-P. Lebrun. » La seconde avait lieu le 27 juillet 17... « Notice d'objets rares et précieux provenant de la succession de Mme la duchesse de Mazarin. » Ce goût des choses de luxe, des riches jolités, était du reste

lorsqu'elle en était chargée, à un lustre ; obligeante et polie, elle passait pour méchante ; spirituelle quand elle se trouvait à l'aise, elle avait la réputation d'être ridicule, et l'usage était de la trouver sotte ; mangeant sa fortune, elle était réputée avare. Beauté, parure, esprit, prodigalité, rien chez cette femme ne trouvait grâce auprès du public, et « son guignon » s'étendait jusqu'à ses fêtes. On avait ri longtemps de cette singulière entrée dans le grand salon de danse, décoré de glaces du parquet au plafond, l'entrée d'un troupeau de moutons savonnés et enrubannés qui devaient défiler à travers un transparent sous la conduite d'une bergère d'Opéra ; fourvoyés, débandés, ils s'étaient précipités dans le salon en troupe furieuse, et quel tumulte ! que de glaces cassées ! que de danseurs et de danseuses culbutés (1) ! L'accident pourtant n'avait point arrêté les fêtes ; et les salons de Mme de Mazarin continuaient à être la grande salle de bal de ce siècle dansant, qui suit avec les révolutions de sa danse les révolutions de ses mœurs. Au menuet grave, majestueux, monotone, succèdent les danses vives, animées, volantes. C'est le règne de la contredanse, et l'on danse *la Nouvelle Badine, les Étrennes mignonnes, la Nouvelle Brunswick, la Petite Viennoise, la Belzamire, la Charmante, la Belle Amélie, la Belle Alliance, la*

héréditaire dans la famille. C'était la duchesse de Valentinois, la fille de la duchesse de Mazarin, qui paraissait en 1778 à Longchamps, dans un carrosse de porcelaine.

(1) Mémoires de Mme de Genlis, vol. II.

Pauline (1). Mais les figures, les noms même de toutes ces danses, une danse venue de l'étranger va les faire oublier. Toutes se perdent et disparaissent dans le triomphe de l'Allemande, notre seule conquête de la guerre de Sept ans, qui règne sans partage et qui a l'honneur d'être représentée dans le *Bal paré* de Saint-Aubin. Danse charmante, qui n'est qu'enlacement, passage des danseuses sous le pont d'amour formé par les bras des danseurs, dos à dos liés par les mains pressées. Arrivée en France « grossièrement gaie », l'Allemande est renouvelée par les grâces françaises, dès qu'elle touche les parquets de Paris. Débarrassée de la rudesse et de la pesanteur germaines, elle prend la flexibilité, la mollesse, le liant, et suit la légèreté d'une cadence vive. « Voluptueuse, passionnée, lente, précipitée, nonchalante, animée, douce et touchante, légère et folâtre », l'Allemande dessine toutes les coquetteries du corps de la femme ; elle donne occasion à toutes les expressions de sa physionomie (2). Et par l'abandon des

_____

(1) L'énumération des contredanses du dix-huitième siècle ne finirait pas. Le *Répertoire du bal* ou *Théorie pratique des contredanses*, par le sieur de la Cuisse, maître de danse, 1762, donne, pour quelques années seulement : *la Marquise*, — *la Mienne*, — *l'Originale*, — *l'Intime*, — *le Tambourin de Daquin*, — *la Bonne Foy*, — *les Moulinets brisés*, — *la Dubois*, — *les Amusements de Clichy*, — *la Fleury*, ou *Amusements de Nancy*, — *les Festes de Paphos*, — *la Bonne Année*, — *la Baudri*, — *les Babillardes*, — *la Beloite*, — *la Cocotte*, — *les Jolis Garçons*. — *la Strasbourgeoise*, — *la Nouvelle Cascade de Saint-Cloud*, — *la Trop Courte*, — *les Caprices*, — *les Plaisirs grecs*, — *la Clairon*, — *la Coaslin*, — *la Marseillaise*, — *la Rosalie*, — *les Échos de Passy*, — *la Roucouleuse*, — *les Quatre Vents*, — *la Gardel*, — *la Tigrée*, — *la Promenade de Mesdames*, etc., etc., sans compter les nouvelles contredanses allemandes.

(2) *Almanach dansant, ou Positions et Attitudes de l'Allemande*, par

attitudes, par l'entrelacement des bras, par le mariage des mains, par les regards qui se cherchent et semblent se jeter un sourire ou un baiser par-dessus l'épaule, elle unit si agréablement et si mollement les couples que le temps l'accuse d'être un des grands périls de la vertu de la femme (1).

Une femme qui eut le talent de mettre sa grâce dans ses défauts et dans ses faiblesses (2), la princesse de Bouillon, donnait dans son hôtel du quai Malaquais de gais soupers de femmes dont les familières étaient la duchesse de Lauzun, Mᵐᵉ de la Trémouille, la marquise de la Jamahique, la princesse d'Henin. Le dessert de ces soupers, au rapport des médisants, était la venue de M. de Coigny, fort occupé de la princesse d'Henin, et la venue de M. de Castries, fort assidu auprès de la princesse de Bouillon (3).

Une cousine de Mᵐᵉ de Pompadour, appelée familièrement par la favorite « mon torchon », Mᵐᵉ d'Amblimont, donnait à l'Arsenal ces fêtes où M. de Choiseul faisait solliciter M. de Jarente par deux actrices costumées en abbé, qui paraissaient sur le théâtre après avoir attendri le prélat sur leur sort, et rejouaient en face de la salle,

Guillaume, maître de danse. *Paris*, 1770. — Principes d'Allemande, par M. Dubois de l'Opéra. *Paris, à l'hôtel des Pompes.*

(1) La Parisienne en province. *Amsterdam*, 1769. — Les Jeux de la petite Thalie, par de Moissy. *Paris*, 1769. *Le Menuet et l'Allemande.*

(2) La Galerie des dames françoises. *Briséis.*

(3) Les Petits Soupers et les Nuits de l'hôtel Bouillon au sujet des récréations de M. de Castries, ou de la danse de l'ours. A *Bouillon,* 1783.

dans les rires, la comédie qu'elles venaient de
jouer (1).

Une personne sans méchanceté, mais impitoya-
blement curieuse et cruellement bavarde, jalouse
d'ailleurs de la réputation de femme amusante et
piquante, Mme d'Husson tenait un salon tout plein
d'un bruit d'anecdotes et d'un sifflement de malices :
la médisance y jouait avec le scandale. Le monde
s'y pressait pourtant, sans se croire obligé d'accorder la moindre considération à la maîtresse de la
maison (2).

Chez la comtesse de Sassenage avaient lieu des
bals, des fêtes, courus par ce que Paris avait de plus
jeune et de plus aimable. Pour s'y montrer, pour
obtenir du maréchal de Biron une permission d'a-
bord refusée, Létorière se faisait saigner trois fois
en un jour (3).

De jolis soupers étaient les soupers de Mme Filleul,
gais, animés, enchantés par la beauté naissante,
l'enjouement de la jeune comtesse de Seran, et de
cette spirituelle Julie devenue plus tard Mme de Marigny (4).

Du bruit, du mouvement, des joies délicates, des
fêtes spirituelles, musiques, concerts, spectacles,
tous les plaisirs qui vont à l'âme et à l'intelligence,
un salon les réunit qui semble la salle de répétition

(1) Mémoires de la République des lettres, vol. IV.
(2) Mémoires de Mme de Genlis, vol. II.
(3) Paris, Versailles, etc., vol. II.
(4) Mémoires de Marmontel, vol. II.

des Menus, de l'opéra, de la comédie : c'est le salon
de la duchesse de Villeroy, la sœur du duc d'Au-
mont, premier gentilhomme de la chambre; et ce
salon est la femme même, pleine d'affaires, toujours
allante, parlante, agissante, le tintamarre person-
nifié, « un ouragan sous la forme d'un vent coulis (1) », une femme dont le théâtre est la passion,
la vie, la fièvre. C'est chez elle qu'on essaye les
pièces arrêtées ; chez elle que l'on joue jusqu'à des
opéras à machines. Elle fait rentrer Clairon au
théâtre, elle monte les représentations de la cour,
elle y préside, elle ramène *Athalie* à Versailles (2).
Au milieu de tout, elle a de l'esprit, un esprit qui
prend feu dans la contradiction, des traits qui
partent, des mots qui éclatent sur les visages des
gens de la cour, toutes sortes de coups de lumière
sur les hommes, les ouvrages d'esprit, les opérations des ministres. Il semble qu'elle passe à tout
moment de sa mémoire à son intelligence, et de son
intelligence à son imagination, sans arrêt, sans
repos, toujours ardente, extrême, *hurluberlue*,
étourdie sauf dans la haine et la vengeance, échappée d'elle-même à moins qu'elle ne joue la comédie, qu'elle ne parle sentiment, qu'elle ne pro-
mette un service, qu'elle n'offre son crédit : alors
on lui croirait un cœur, on se jugerait déjà engagé
par les liens de la reconnaissance, on penserait

---

(1) Lettres de Mme du Deffand, vol. 1.
(2) Mémoires de la République des lettres, vol. III, V, XIX.

avoir affaire à une protectrice zélée, à une amie généreuse (1).

Quand la duchesse et le duc de Choiseul n'étaient
point retenus à Versailles, du temps du ministère
du duc, quand, au temps de la disgrâce, ils quittaient Chanteloup et venaient prendre pied à Paris,
ils déployaient dans leur hôtel de Paris les magnificences d'une hospitalité princière, presque royale.
Leur grande réception n'était point le dîner, qui se
composait simplement tous les jours d'une table de
douze couverts ; c'était le souper. Dans l'immense galerie qu'une cheminée et deux grands poêles avaient
peine à échauffer, sous la lumière de soixante-douze
bougies, autour d'une grande table de jeu où l'on
jouait à ce jeu du temps fait de toutes sortes de
jeux, la *Macédoine,* près d'autres tables plus petites
occupées par le whisk, le piquet, la comète, près
d'autres où le trictrac faisait son bruit, dans les salons où les billes roulaient sur un billard, dans les
salons où l'on s'amusait à lire, se réunissait toute
la société du temps, les grands et les petits seigneurs, les plus hautes dames, les plus jeunes, les
plus belles (2); véritable cour rangée, pressée autour de cette adorable duchesse de Choiseul, la
Raison animée par le feu du cœur, la femme d'esprit la plus tendre du temps, la femme de ministre
à laquelle Mme de Pompadour reconnaissait le grand

(1) La Galerie des dames françoises. *Cléonice.*
(2) Lettres de Mme du Deffand, vol. III.

art de dire toujours la chose qui convient (1), admirable maîtresse de maison, qui sut rester naturelle en ne laissant jamais échapper un mot méchant ou piquant. — Un quart d'heure avant dix heures, Lesueur, le maître d'hôtel, venait jeter un coup d'œil dans les salons; et, au juger, il faisait mettre cinquante, soixante, quatre-vingts couverts. Ces soupers avaient lieu tous les jours à l'exception du vendredi et du dimanche, que le duc et la duchesse se réservaient pour aller chez Mme du Deffand ou dans quelque autre intime société (2). L'exemple de cette splendeur superbe, de ce train de maison prodigieux, ruineux, absorbant et au delà les 800,000 livres de rente des Choiseul, apportait un grand changement dans les habitudes du monde : les soupers *priés* passaient de mode; toutes les riches maisons se faisaient gloire de tenir table ouverte à tout venant, — révolution fatale qui devait transformer peu à peu le salon en lieu banal, presque public, où la conversation allait s'éteindre sous le bruit, où la société n'allait plus se reconnaître (3).

A côté de ce salon, M. de Choiseul remplissait un autre salon, auquel présidait son nom, sa gloire, un salon tout occupé de sa personne, tout fier de sa fortune, et tenu par sa sœur, la duchesse de Grammont. Désirable, selon l'expression de Lauzun, mal-

(1) Mémoires de Mme du Hausset. Baudouin, 1824.
(2) Mémoires d'un voyageur qui se repose, vol. II.
(3) Mémoires du comte Alexandre de Tilly. Heideloff, 1830, vol. I. Préface.

gré la dureté de ses traits et de sa voix, plaisante
sans réputation d'esprit, sans mots à citer (1), Mme de
Grammont s'attachait les gens par des qualités un
peu masculines, et surtout par une étude de politesse, poussée jusqu'à l'infiniment petit du détail,
jusqu'à la dernière nuance : jamais elle ne laissait
entrer personne dans son salon sans se lever, entamer une conversation debout et la finir avant de
se rasseoir (2). Son salon était assiégé dès le matin ;
et la maîtresse à peine éveillée, sa porte était poussée par les princes, les plus grands seigneurs, les
plus grandes dames. Toute la politique du temps y
aboutissait ; tous les secrets de Versailles, jusqu'aux
secrets d'État, y tombaient d'heure en heure : ce
salon avait le mouvement, l'autorité, les portes
secrètes, les profondeurs voilées et redoutables
d'un salon de maîtresse de roi. Tout le jour, les
gens en place et postés au plus haut de la faveur s'y pressaient, accourant demander des conseils à cette intelligence de femme rompue à la
pratique des affaires, soumettant leurs plans,
confiant leurs projets à cette exilée volontaire de
Versailles, qui, de Paris, touchait à tout ce qu'il y
avait de grand à la cour et de caché dans le ministère. Toutefois, si grande que fût dans ce salon
la préoccupation de la politique, les lettres n'y
étaient pas oubliées, et elles faisaient comme un

(1) Portraits et Caractères, par Senac de Meilhan. Dentu, 1813.
(2) Mélanges extraits des manuscrits de Mme Necker. Pougens, an VI,
vol. II.

charmant intermède dans les soupers de vingt-cinq couverts (1).

Dans le salon Brancas, accusé par Grimm de trop rappeler l'hôtel Rambouillet (2), régnait paisiblement cette belle duchesse de Brancas qui à côté de la duchesse de Cossé semblait le repos de la terre à côté de son mouvement (3). C'était la personne la plus sage et la plus paresseuse, la grâce recueillie dans un bon fauteuil au coin du feu.

Une femme spirituelle, mais tourmentée par le désir de montrer de l'esprit, prétentieuse, affectée, et qui faisait par le travail et l'effort de ses grâces le pendant de Mme d'Egmont, — on les appelait toutes deux les deux minaudières du siècle, — Mme la comtesse de Tessé recevait à Paris, et plus tard à Chaville, dans ce somptueux château dont son ridicule mari portait une vue sur sa tabatière, entourée de ce vers de Phèdre :

Je lui bâtis un temple et pris soin de l'orner (4).

Ce salon de Mme de Tessé ressemblait à sa maîtresse : un ton entortillé y régnait, une fausse délicatesse y mettait sa glace. Toutefois, bon nombre de prudes y venaient souper, moins pour la cuisine

(1) Lettres de Mme du Deffand, vol. III.
(2) Correspondance de Grimm, vol. VII.
(3) Correspondance secrète, vol. X.
(4) Mémoires de Mme de Genlis, vol. I.

du cuisinier vanté par Senac (1), que pour faire dire :
« *Elles vont là* (2). »

L'exemple de ces réceptions à la campagne avait
été donné par la marquise de Mauconseil dans sa
maison de Bagatelle au bois de Boulogne, un joli
palais champêtre tout rempli des fêtes, des amusements, des surprises et des changements à vue
d'une féerie. Tout Paris avait parlé des fêtes offertes
par elle au roi Stanislas en 1756 ; tout Paris s'entretenait des fêtes qu'elle montait chaque année en
l'honneur du maréchal de Richelieu (3), fêtes que
Favart imaginait le plus souvent, et dont le scena-
rio remplit deux volumes manuscrits conservés à la
bibliothèque de l'Arsenal.

Vers le temps où Mme de Tessé s'établissait à Chaville, Mme de Boufflers, quittant le Temple à la mort
du prince de Conti, ralliait ses amis et son ancienne
société dans cette jolie maison d'Auteuil qui faisait
l'envie de la princesse de Lamballe. Trois fois par
semaine, elle y donnait un grand souper ; et, tous
les jours, elle y recevait à dîner douze à quatorze
personnes (4).

La mère de l'amant de Clairon, Mme la comtesse
de Valbelle, avait à Courbevoie un salon où la com-

(1) Lettres de Mme de Créqui. Potier, 1856.
(2) Mémoires de la République des lettres. *Lettre de feu Mme la comtesse de Tessé.*
(3) Mémoires du maréchal duc de Richelieu. Buisson, 1793. vol. VIII.
— Mémoires de Favart, 1808, vol. III.
(4) Lettres de Mme du Deffand, vol. IV.

pagnie était détestable (1), mais où le jeu faisait oublier la compagnie. On y faisait les plus furieux cavagnols; et toute la nuit, du cercle des femmes en arrêt sur leurs numéros et leurs avantages, tout occupées à *arroser*, l'on n'entendait partir que ces mots : « J'ai joué d'un guignon qui n'a point d'exemple... J'ai perdu la possibilité... J'avais douze tableaux, je ne crois pas qu'ils aient marqué trois fois (2). »

Trouvant qu'il n'y avait plus de gaieté dans les soupers, qu'on n'y buvait plus de champagne, qu'on y périssait d'ennui, que les femmes, au lieu d'y apporter de la gaieté, y mettaient de la gêne et de la contrainte, y répandaient du sérieux, Mme de Luxembourg avait imaginé d'organiser des soupers d'hommes (3). En opposition à ces soupers d'hommes, et comme protestation, la comtesse de Custine improvisait des soupers de femmes, fixés aux jours où les maris allaient coucher à Versailles pour chasser le lendemain avec le Roi. Ces soupers se composaient presque exclusivement de la maîtresse de la maison, de Mme de Louvois, de Mme de Crenay, de Mme d'Harville, et de cette Mme de Vaubecourt si naïve, si charmante. Qui eût dit qu'elle serait enfermée pour la fin de ses jours dans un couvent, à la suite d'aventures d'éclat (4)?

---

(1) Lettres de Mme du Deffand, vol. II.
(2) Les Bijoux indiscrets. Au Monomotapa.
(3) Lettres de Mme du Deffand, vol. II.
(4) Mémoires de Mme de Genlis, vol. II.

Une société amusante, jeune et gaie, en tête de laquelle se remarque le cardinal de Rohan, entoure dans sa retraite de l'Abbaye au Bois la marquise de Marigny, la femme du frère de Mme de Pompadour, tout heureuse de sa séparation, et des 20,000 livres dont sa pension est augmentée (1). Celle qui fut d'abord Julie Filleul est toujours une des plus jolies personnes de son temps ; et, libre de la jalousie de son mari, débarrassée des ombrages de son amour, des taquineries de sa tendresse, elle semble renaître à la jeunesse, à la gaieté, à tous ces agréments de la raison, de l'esprit, du caractère, qui font grossir autour d'elle le monde de ses amis (2).

Mme de Rochefort, « cette bégueule spirituelle », ainsi que l'appelait Baudeau (3), tenait au Luxembourg un salon où les grosses et petites nouvelles de la politique avaient la grande place. C'était une personne réfléchie, d'esprit délicat, d'amabilité douce, savante sans prétention, de grâces un peu effacées, et dont tout le rôle consistait à être l'amie *décente* du duc de Nivernois, « la grande prêtresse de ses admirateurs », disait une femme (4). Pour garder cet hôte assidu de son salon, pour avoir tous les soirs cet esprit caressant et léger qui faisait si bon ménage avec le sien, elle faisait refuser le ministère à M. de Nivernois lors de la mort de

(1) Correspondance secrète, vol. VI.
(2) Mémoires de Marmontel, vol. III.
(3) Revue rétrospective, vol. III.
(4) Lettres de Mme du Deffand, vol. I.

Louis XV. Le salon de Mme de Rochefort, quand il n'était pas réduit à la petite coterie intime convoquée pour entendre une fable du fabuliste grand seigneur, contenait beaucoup de monde illustre. Aux habitués survivants de l'hôtel de Brancas, les Maurepas, les Flamarens, les Mirepoix, les d'Ussé, les Bernis, se joignaient les relations de la seconde moitié de la vie de l'élégante précieuse, les Belle-Isle, les Cossé-Brissac, le vieux duc, l'ancien gouverneur de Paris, l'antique chevalier que Walpole rencontrait là avec ses bas rouges, les Castellane, Mmes de Boisgelin et de Cambis, M. de Keralio qui habitait le Luxembourg. L'*ami des hommes*, le père de Mirabeau, était un familier du salon, un attentionné de la dame du lieu, s'intéressant à ses tortues et aux pannequets de sa table mal cuits. Il y avait beaucoup d'Anglais et d'Anglaises introduits par l'ancien ambassadeur de France en Angleterre, entre autres la sœur de lord Chatam, une Anglaise très-amoureuse de notre France du dix-huitième siècle, et encore des étrangers comme le baron de Gleichen, comme l'original et spirituel Gatti. On entendait dans ce salon l'impérieuse voix de Duclos et la verve endiablée de Diderot qui étonnait si fort le marquis de Mirabeau. Et bon nombre d'évêques et d'abbés étaient mêlés à des femmes comme Mme Lecomte vivant publiquement avec Watelet et des chanteuses comme la Billioni. Quelquefois un théâtre se dressait dans une salle, et les acteurs de la comédie italienne représentaient un proverbe du

duc de Nivernois, un proverbe mêlé d'ariettes et
entremêlé de couplets adressés aux grandes dames
et aux prélats de l'assemblée (1).

Un lieu de réunion agréable était le concert de
la comtesse d'Houdetot, où la voix de sa belle-
sœur, sans grande étendue, mais menée avec goût,
rendait avec succès les airs d'opéra d'*Atys* et de
Roland chantés au clavecin (2).

Un moment les grandes maisons du dix-huitième
siècle donnent ce qu'on appelle des *journées de campagne* où l'on héberge les invités pendant toute une
journée, et où se rencontrent tous les plaisirs de la
vie de château (3). Un moment les salons s'amusent
à jouer les cafés, les femmes à prendre l'habit, à
faire le rôle de maîtresses de café. On les voit, dans
une lettre de Mme d'Épinay, en robe à l'anglaise,
en tablier de mousseline, en fichu pointu, en petit
chapeau, assises à une espèce de comptoir où se
trouvent des oranges, des biscuits, des brochures,
et tous les papiers publics. Autour du comptoir, de
petites tables simulant les tables de café sont garnies de cartes, de jetons, d'échecs, de damiers, de
trictracs. Sur la tablette de la cheminée on a mis en
rang les liqueurs. La salle à manger est pareillement toute pleine de petites tables garnies d'une
entrée relevée d'un entremets, soutenue par une

(1) La Comtesse de Rochefort et ses Amis, par Louis de Loménie.
Paris, 1870.
(2) Mémoires de Marmontel, vol. III.
(3) Mémoires secrets de d'Allonville, vol. I.

poule au riz et un rôti placés sur le buffet. Les domestiques, dépouillés de leur livrée, sont vêtus de vestes et de bonnets blancs; chacun les appelle : garçons, tandis qu'ils servent le souper de cette comédie de salon qui fait fureur (1), à laquelle on invite comme pour un bal, qu'on fait suivre de musique, de pantomimes, et le plus souvent de proverbes improvisés dont le public doit deviner le mot. Quelle fête alors se passerait de proverbes? C'est la mode, succédant à la mode des bouts-rimés, qui fait travailler les imaginations de femmes. Mais toutes sont dépassées par Mme de Genlis et obligées de lui céder, du jour où, dans le salon de cette Mme de Crenay qui, en dépit de sa grosseur et de sa grandeur, raffolait de danse, elle organise le merveilleux quadrille des *proverbes*. Gardel, qui a pour programme : *Reculer pour mieux sauter,* en fait la plus jolie figure de contredanse. Mme de Lauzun danse avec M. de Belzunce, dans le costume le plus simple, ce qui veut dire : *Bonne renommée vaut mieux que ceinture dorée.* Mme de Marigny figurant avec M. de Saint-Julien en nègre, et lui passant dans les figures son mouchoir sur le visage, est chargée de signifier : *À laver la tête d'un More on perd sa lessive.* Et les autres couples, la duchesse de Liancourt et le comte de Boulainvilliers, Mme de Genlis et le vicomte de Laval, sont aussi parlants (2).

De temps en temps dans tous les salons courait

(1) Mémoires de Mme d'Épinay, vol. III.
(2) Mémoires de Mme de Genlis, vol. II.

ainsi une mode nouvelle qui régnait, occupait les femmes, s'envolait. A la fureur de jouer des proverbes succédait dans les sociétés la passion des synonymes, passion qui devenait épidémique lors de l'apparition du livre de Roubaud (1), le manuel du genre, que Mme de Créqui annonce complaisamment dans ses lettres. Puis le succès de *Nina*, le succès du *Roi Lear*, représenté à la Comédie-Française, faisaient jeter de côté Roubaud et les synonymes ; ce n'était plus dans les salons que compositions impromptues, noires histoires, petits romans lugubres, récits attendrissants débités par de jolies conteuses : le plaisir était de pleurer.

Un hiver, c'est une nouvelle distraction. On n'invite plus à des soupers dansants. On invite, quinze jours d'avance, à des soupers où l'on jouera à colin-maillard, à traîne-ballet ; et le souper écourté par la hâte, les belles-mères établies à la table de whisk, commence ce jeu assez indigne de la femme et de la société du temps : le colin-maillard et les coups de mouchoir (2). — Puis vient le loto.

Au milieu des grands salons de noblesse qui restent ouverts à Paris pendant toute la fin du dix-huitième siècle, M. de Ségur cite le salon de Mme de Montesson, dont les ordonnateurs des fêtes étaient Dauberval et Carmontelle. Le désir de plaire de la maîtresse de maison, tous ses efforts pour s'attacher des amis et se faire pardonner une situation fausse,

---

(1) Nouveaux Synonymes français. Moutard, 1785.
(2) Adèle et Théodore, vol. II.

une magnificence à laquelle elle prenait soin d'ôter l'orgueil qui blesse et le faste qui écrase, un luxe qu'elle tempérait par les simplicités de l'élégance et du bon goût, de mauvaises pièces de sa façon très-bien jouées et suivies d'un très-bon souper, — ces séductions, ces plaisirs attiraient un monde énorme dans le salon où le duc d'Orléans n'était que M. de Montesson. Et le goût des réceptions s'éteignant peu à peu, les grandes maisons si largement hospitalières se fermant l'une après l'autre ou se restreignant, les ambassadeurs ne recevant plus, cette maison de Mme de Montesson était un moment, sous Louis XVI, la grande maison de la capitale qui n'avait plus que les dîners du maréchal de Biron et les vendredis de la duchesse de la Vallière (1).

Dans le monde des grandes dames, il en était une que l'on ne rencontrait presque jamais chez elle, mais que l'on trouvait partout où allait le grand monde. Chez cette femme qui semblait, comme Mme de Graffigny l'a dit de la France, s'être échappée des mains de la nature lorsqu'il n'était encore entré dans sa composition que l'air et le feu, chez madame la duchesse de Chaulnes, l'âme, le cœur, le caractère, les sens, tout était esprit. Tout en elle venait de l'esprit et retournait à l'esprit. Entre-tiens, causeries, dissertations, sa parole n'avait que la langue de l'esprit et le thème de l'esprit. Enfant gâtée, enfant terrible de ce siècle où il fallait tant

(1) Souvenirs et portraits, par M. de Lévis.

d'esprit pour en avoir assez, elle en avait trop. Elle
le jetait à toute volée, à l'étourdie, avec des boutades
soudaines, des mots qui partaient ainsi qu'un coup
de batte, des traits, des images, des portraits au vif,
des facéties, un barbouillage effréné, du ridicule à
draper le monde, des épithètes à tuer un homme,
des comparaisons tirées on ne sait d'où, des caricatures qu'elle découpait comme au ciseau (1) ; et sans
y songer, sans viser au rôle qu'allait prendre la maréchale de Luxembourg, son ironie violente, pleine
de verve, faisait, dans les plus grands salons de la
noblesse, une police des sottises et des bassesses pareille à celle que la raison de Mme Geoffrin faisait,
dans la société, des défauts d'ordre et de bon
sens (2).

Elle osait tout avec une insolence de duchesse. « A
quoi cela est-il bon, un génie? » dit-elle un jour.
Quand elle eut commis sa mésalliance, quand elle
fut « la femme à Giac », comme on parlait devant
elle d'une femme de qualité qui avait épousé un
bourgeois : « Je ne le crois pas, dit-elle ; on ne fait
qu'une de ces folies en un siècle, et je l'ai dégui-
gnonnée. » Elle avait aussi bien le mot fin que le mot
vif. Étonnée de l'insuffisance d'une femme qui avait
désiré ardemment la voir, insuffisance qu'une amie
de cette femme expliquait par la crainte de se trouver
devant une personne de son esprit : « Ah ! — fit

(1) Portraits intimes du dix-huitième siècle, par Edmond et Jules de
Goncourt. *Charpentier*, 1877.
(2) Mélanges de Mme Necker, vol. III.

Mᵐᵉ de Chaulnes, — cette crainte-là est la conscience des sots (1). » A l'aventure, c'est la devise de
sa pensée et de sa vie ; sa conscience n'est qu'un premier mouvement, et Senac de Meilhan l'a peinte tout
entière en comparant sa tête au char du soleil abandonné à Phaéton. Intelligence à la dérive et pleine
de flammes, elle étonne toujours par l'éclat et l'imprévu. Son génie fou, le caprice de sa bouffonnerie,
ses éclairs de raison, le déréglement et la chaleur de
ses idées, la fièvre de tout son être, le feu même de
ses gestes et de son regard, animent la société ; et
tous s'empressent autour de la duchesse au teint de
cire, aux yeux d'aigle (2).

Au-dessous des salons de la noblesse venaient les
salons de la finance. C'était d'abord le salon de ce
patriarche de l'argent, tout chargé d'or et d'années,
le vieux Samuel Bernard, — maison de bonne chère
et de gros jeu où passait tout Paris, où le président
Hénault, entrant dans le monde, rencontrait le comte
de Verdun, grand janséniste et entreteneur de filles
d'Opéra, le prince de Rohan, Mᵐᵉ de Montbazon,
Desforts, le futur contrôleur général, Mᵐᵉ Martel, la
beauté de Paris d'alors, le maréchal de Villeroy at-
tiré par les beaux yeux de Mᵐᵉ de Sagonne, la fille
de Bernard, et que l'on ménageait pour qu'il fermât
les yeux sur la banqueroute de 32 millions que
Bernard faisait sur la place de Lyon, Brossoré, qui
devint secrétaire des commandements de la Reine,

---

(1) Mélanges de Mᵐᵉ de Necker, vol. II.
(2) Portraits et caractères, par Senac de Meilhan.

Mme de Maisons, sœur de la maréchale de Villars, Haute-Roche, conseiller au parlement, Mme Fontaine, fille de la Dancourt et maîtresse de Bernard (1).

Un autre salon dont parlent les *Mémoires d'un homme de qualité*, c'était le salon de Law. On s'y réunissait autour d'un souper égayé par l'enjouement de la maîtresse de la maison, et l'on y entendait jusqu'à minuit, jusqu'à l'heure des affaires, mille charmantes folies sortir de la bouche de l'homme portant la fortune d'un peuple et sentant le crédit de la France crouler sous lui.

A côté de ce salon brillait le salon de Mme de Pléneuf, cette femme faite, selon l'expression de Saint-Simon, « pour fendre la nue à l'opéra et y faire admirer la déesse. » A cette beauté Mme de Pléneuf joignait l'esprit, l'intrigue, et comme une grâce de domination. Son salon avait encore l'agrément de sa fille, de cette fille qui sera Mme de Prie, et que d'Argenson appelle « la fleur des pois du siècle » : air de nymphe, visage délicat, de jolies joues, des cheveux cendrés, des yeux un peu chinois, mais vifs et gais, l'attrayante personne possédait tout ce qu'on appelait alors « des je ne sais quoi qui enlèvent ». La musique était le grand plaisir de ce salon, et c'est de chez Mme de Pléneuf que sortira, patronnée par Mme de Prie, l'idée de ces concerts *degli Paganti* tenus chez Crozat et immortalisés par un des derniers coups de crayon de Watteau dans ce dessin, léger

---

(1) Mémoires de Hénault. La table de Bernard, d'après le témoignage de Barbier, coûtait par an, pour le dîner seulement, 150,000 livres.

comme l'âme d'un air italien, qu'on voit au musée
du Louvre (1); premiers grands concerts du siècle
auxquels devaient succéder les fameux concerts de
l'hôtel Lubert présidés par la fille du président, et
courus par les personnes les plus qualifiées de
Fránce (2). — Et quelquefois la bonne compagnie de
ce temps poussait jusqu'à Plaisance, jusqu'au beau
château des Paris-Montmartel, où, après le dîner,
une loterie de bijoux magnifiques versait les diamants dans le cercle des femmes (3).

L'argent a toujours été glorieux en France, et la
tradition de Bullion servant à ses convives des mé-
dailles d'or se continue dans les hommes d'argent
qui lui succèdent. Mais les traitants se façonnent
dans le dix-huitième siècle; ils se forment aux délicatesses et aux raffinements du temps. Leur générosité se dépouille de grossièreté et de brutalité : elle
vise à être bien élevée, galante, à avoir le bon air,
elle prend une coquetterie et une modestie. Leur
opulence n'éclate plus; elle n'est plus un soufflet
donné aux gens : l'esprit lui vient ainsi que l'invention. Elle se pare de recherches, d'imaginations,
d'une grâce, où le goût d'un caprice de femme semble

(1) Les trois virtuoses de ce concert représentés par Watteau étaient
le flûtiste Antoine, le chanteur italien Paccini, la chanteuse d'Argenon
Mathieu Marais nous apprend que Mlle d'Argenon, qui chantait d'une
manière très-remarquable, était une nièce du peintre Lafosse qui habitait chez Crozat; c'était un concert de musique italienne établi par
Mme de Prie, qui avait choisi soixante auditeurs qui devaient donner
400 livres par an.
(2) Notice sur les femmes illustres, 1769.
(3) L'Ami des femmes, 1758. Annotation manuscrite de Jamet.

se mêler à la folie d'un grand seigneur. Elle s'élève
aux charmantes attentions, aux prodigieuses fantaisies de ce Bouret qui, ne pouvant faire manger à
une femme, condamnée au régime du lait, un litron
de petits pois, — une primeur de cent écus! — les
faisait donner à sa vache!

De ce côté du monde, la finance, dans cet ordre
de l'argent, éclate, en se voilant à peine, le désir,
l'ambition, la fureur d'attirer les gens de qualité.
Maîtres et maîtresses de maison ne reculent devant
aucun effort, devant aucune peine, devant aucune
dépense pour avoir cet honneur si disputé, si envié,
l'honneur de recevoir un peu de la cour et quelques
femmes nobles. C'est l'idée fixe, la préoccupation
constante, souvent la ruine du financier et de la financière. Et comme ils jettent largement de leur
opulence dans leurs appartements, dans leur mobilier, dans leurs cuisines, dans leurs fêtes, pour donner
à la noblesse la tentation d'entrer chez eux, de s'y
asseoir un moment, et d'y laisser tomber le bruit de
ses titres qu'on ramasse pour le faire sonner! Que
ne fait-on pas pour se rendre dignes de telles visites,
pour frotter contre un vieux nom son argent neuf?
Ce sont des soumissions, mille ambassades, c'est la
liste de sa société qu'on soumet à l'homme ou à la
femme de Versailles; c'est le choix qu'on lui laisse,
c'est la permission qu'on lui donne d'amener ceux
et celles qu'il désire : c'est la porte de son salon dont
on lui donne la clef.

Le plus grand salon de finance du dix-huitième

siècle fut le salon de Grimod de la Reynière, « le
premier souper de Paris », ainsi qu'on l'appelait (1).
Née de Jarente et tenant par sa famille à une grande
maison, Mme de la Reynière était désolée de n'être
pas mariée à un homme de qualité, désolée d'être
une financière à laquelle était défendue la présentation à la cour. S'il faut en croire le portrait qu'en a
tracé Mme de Genlis sous le nom de Mme d'Olcy dans
Adèle et Théodore, elle ne pouvait entendre parler du
Roi, de la Reine, de Versailles, d'un grand habit, de
tout ce qui lui rappelait le monde où son or ne pouvait atteindre, sans éprouver des angoisses intérieures si violentes qu'elles échappaient au dehors :
elle rompait aussitôt la conversation. Pour s'étourdir
et se tromper, elle avait appelé Versailles chez elle.
Une chère exquise, des fêtes merveilleuses, un luxe
qui par l'excès touchait à la majesté, avaient amené
dans son hôtel les hommes et les femmes du plus
haut parage, et elle était arrivée à avoir pour amies
intimes la comtesse de Melfort et la comtesse de
Tessé, pour monde habituel ce qu'il y avait de
mieux nommé. De là bien des colères et bien des in-
gratitudes autour d'elle, bien des jalousies encore

---

(1) « **Avez-vous lu les Deux Éloges?** — Ah! mon Dieu! le petit Cossé
est mort, c'est une désolation! — M. de Clermont qui vient de perdre
sa femme! — Hé bien! madame, et M. Chambonneau qui doit reprendre
la sienne; mais c'est affreux! — A propos, on dit qu'on vient de nommer deux dames à Mme Élisabeth. Si je le sais! — Bon! ne voilà-t-il
pas que je viens de me faire écrire chez Mme de Boucherolles! — *Sou-
pez-vous par hazard chez Mme de la Reynière?* » Telle était, d'après Walpole, la sténographie de la conversation du monde quintessencié de
Paris, le 9 septembre 1775, à midi moins un quart.

excitées par sa beauté, par la magnificence de son
train, par la suprême élégance de sa toilette, par la
facilité si noble de son accueil. On exagéra les ridicules de cette financière délicate et vaporeuse qui se
plaignait toujours de sa santé ; et l'on oublia de voir
la bonté, la charité, la bienfaisance qui rachetaient
largement en elle les faiblesses et les petites vanités
si durement humiliées par les sociétés, les soupers
et les *cochonailles* de son fils (1). — Il semble qu'il y
ait dans les richesses un degré qui les rend inexcu-
sables, et où les vertus mêmes ne sont pas pardonnées.

En sortant du salon Grimod de la Reynière, l'on
trouvait le salon Trudaine familièrement appelé « le
salon du garçon philosophe », où deux grands dîners
par semaine et un souper, tous les soirs, amenaient
les ducs et les pairs, les ambassadeurs et les étrangers de distinction, la première noblesse, le simple
gentilhomme, les gens de lettres, la robe, la finance,
tout ce que Paris avait de nommé ou de connu. C'é-
tait l'endroit où se rassemblait en hommes la meilleure compagnie, et où l'on trouvait la conversation
la plus solide aussi bien que la causerie la plus piquante. Cependant le complet agrément de ce monde
était un peu empêché par la maîtresse de maison,
Mme Trudaine, femme spirituelle, aimable, sensible,

---

(1) Mémoires d'un voyageur qui se repose, vol. II. -- Mémoires de
Mme de Genlis, vol. I. — *Nini*, le délicat mouleur de Chaumont, a fait,
en 1769, du buste de Suzanne Jarente de la Reynière, le chef-d'œuvre
de ses médaillons en terre cuite.

mais qui jouait avec affectation le mépris pour les préjugés du siècle, et dont l'attention silencieuse, un peu dédaigneuse, laissait tomber autour d'elle une certaine froideur.

Au contraire, il y avait de l'aisance et de la bonhomie dans une maison célèbre par sa table, la plus somptueuse peut-être de Paris, et par ses concerts si recherchés. Cette maison, la maison de M. Laborde, était tenue par une femme vertueuse et raisonnable, plus sage que les autres financières, moins engouée de noblesse, accueillant avec politesse, mais sans empressement, les avances et les caresses des grandes dames, et se réservant dans ce salon où le monde passait un petit coin d'intimité, un petit cercle d'amis choisis (1).

Que de vie, que de bruit dans un autre salon, dont il reste aujourd'hui à peine un nom, le salon de Mᵐᵉ Dumoley! un salon un peu à la façon de ces hôtels de la place Vendôme, de la place Royale, où l'on ajoutait sans le savoir des scènes si comiques à Turcaret, où l'on ne recevait pas les hommes sans dentelles arrivant à pied. Mᵐᵉ Dumoley était une personne occupée toute la semaine du nombre d'hommes qu'elle devait avoir à son lundi, et savourant d'avance les louanges sur la richesse de ses ameublements, le luxe de sa table, le goût de son

(1) Dans le monde de la finance Métra cite encore les fins dîners de Mᵐᵉ Herbert et de Mᵐᵉ Chanteclair, dîners que faisaient plus rares, en 1775, la résiliation de leurs baux de ferme et l'établissement des voitures publiques remplaçant les coches.

opulence. Réglant son accueil sur la fortune et la noblesse des gens, affichant les gens titrés, montant au plus extrême des airs de la cour, elle voulait bien trouver dans l'esprit d'un homme un prétexte à le recevoir quelquefois. Cette complaisance la sauvait un peu du ridicule. Mme Dumoley avait encore pour elle les restes d'un aimable visage, un agréable vernis de politesse, un joli petit esprit de femme qui parfois lui mettait la plume en main et lui faisait tracer un amusant croquis de « la figure en zigzag de l'abbé Delille » (1). Et le portrait de la financière sera fini quand nous aurons ajouté avec la méchanceté d'un contemporain : « Elle ne fait point entrer l'amour dans ses moyens de bonheur. Acceptant à la campagne, en voyage, aux eaux, de petits soins offerts sans aucuns frais de sentiment et payés par elle en sentiments presque purs, elle ne serait capable de descendre à des complaisances un peu marquées que pour un homme titré (2). »

Mais le salon de finance où le monde trouvait les plus vives distractions, les fêtes les plus animées, un spectacle continuel, était la maison de M. de la Popelinière à Passy, où Gossec et Gaïffre conduisaient les concerts, où Deshayes, le maître de ballets de la Co-

---

(1) Correspondance de Grimm, vol. XI.

(2) Galerie des dames françoises. *Félicie.* — Il y a un joli portrait de Mme Lecoulteux de Moley, gravé par Augustin de Saint-Aubin en 1776, d'après un dessin de Cochin. Le même Cochin a dessiné un portrait de l'ancienne chanteuse en tête d'un recueil de morceaux de musique, où son joli profil est enfermé dans un médaillon appuyé contre un forte-piano au-dessous duquel des Amours déchiffrent de la musique et jouent du violon et du basson. Ce dernier portrait a été gravé par Nicollet.

médie-Italienne, réglait les divertissements ; maison
pareille à un théâtre avec sa scène machinée comme
un petit Opéra et ses corridors remplis d'artistes,
d'hommes de lettres, de virtuoses, de danseuses qui
y mangeaient, couchaient, logeaient comme dans un
hôtel garni d'habitude ; maison hospitalière à tous
les arts, pleine du bruit de tous les talents, vestibule
de l'Opéra, où descendaient tous les violons, les
chanteurs et les chanteuses d'Italie, où les danses,
les chants, les symphonies, le ramage des petits et
des grands airs, ne cessaient pas du matin au soir !
Ce n'était point assez que les jours de spectacle, et
ces grandes réceptions du mardi où venaient d'Olivet,
Rameau, Mme Riccoboni, Vaucanson, le poëte Bertin,
Vanloo et sa femme, la chanteuse à la voix de rossignol ; la maison avait encore ses dimanches où
Paris arrivait dès le matin, pour la messe en musique de Gossec, arrivait plus tard pour le grand
dîner, arrivait à cinq heures pour le couvert dans la
grande galerie, arrivait à neuf heures pour le souper,
arrivait après neuf heures pour la petite musique
particulière où jouait Mondonville.

Une femme donnait le mouvement à toutes ces
fêtes, une femme rare et charmante, Mme de la
Popelinière. A la beauté et à la grâce de la beauté,
elle joignait l'esprit, la verve d'imagination et de parole, la délicatesse, la finesse, un goût exquis des
choses de l'art et de la littérature, le naturel du ton
et la simplicité de l'âme. Fille d'une comédienne, la
Dancourt, et d'abord maîtresse du financier qui lui

avait promis le mariage et se dérobait tout doucement à sa promesse, elle avait été conter son chagrin
à Mme de Tencin. « Il vous épousera, j'en fais mon
affaire, » lui avait dit Mme de Tencin, et elle n'avait
rien trouvé de mieux que de travailler sourdement
les scrupules religieux du vieux Fleury; en sorte
qu'au remballement des fermes, Fleury faisait à la
Popelinière une condition d'épouser sa maîtresse.
La petite Dancourt se trouva être, une fois mariée,
une maîtresse de salon admirable. Elle racheta son
passé en l'oubliant, sans mettre de l'orgueil sur cet
oubli; elle chercha à plaire, et elle y parvint si bien,
elle fut si bien adoptée par la mode, que peu à peu,
sans y songer, elle fut portée naturellement dans un
monde où le financier ne pouvait la suivre, dans des
soupers où il n'était pas invité. Il voulut la retenir,
la retirer de ces grandes relations qui le rendaient
jaloux; car, en la voyant si courtisée, il avait repris
de l'amour pour elle. Elle traita ces prétentions de
tyrannie capricieuse, d'esclavage humiliant; et bientôt arrivait la découverte de la liaison avec Richelieu
que suivait la séparation des époux. Mais déjà, elle
était malade du mal qui devait la tuer, et sur lequel
elle semble mettre la main pour le faire taire quand
elle écrit à Richelieu. Un cancer emportait la pauvre
femme.

Cette mort n'assombrissait qu'un moment la maison de la Popelinière, bientôt remarié avec la jolie
Mlle de Mondran, qu'il épousait sur la réputation de
ses talents. Mais ce n'était plus Mme de la Popelinière.

Malgré tous ses talents, son esprit, son art de grande comédienne, la nouvelle maîtresse du salon de la Popelinière n'avait plus la grâce attachante, attirante de celle qui l'avait précédée. Le monde affluait toujours ; mais il n'accourait plus que par curiosité pour les fêtes et la magnificence de l'hôte (1).

(1) Mémoires de Mᵐᵉ de Genlis, vol. 1. — Mémoires de Marmontel, vol. I

III

LA DISSIPATION DU MONDE

Peignons au milieu de ce monde la vie de la femme mondaine.

Ce n'est que vers les onze heures qu'il commence à faire jour chez une femme de bon ton du dix-huitième siècle. Jusque-là « il n'est pas encore jour » : c'est l'expression consacrée qui ferme sa porte. Une raie de lumière glissant du haut du volet, un aboiement de bichon ou de la petite chienne gredine couchée sur le lit a ses pieds, l'éveille : elle détourne son rideau, elle ouvre les yeux dans ce demi-jour de sa chambre toute pleine encore des tiédeurs de la nuit, et elle sonne. On gratte ; c'est le feu qu'une femme de chambre vient faire. La maîtresse demande le temps qu'il fait, se plaint d'une nuit *affreuse*, trempe ses lèvres à une tasse de chocolat. Puis, jetant ses pieds sur le tapis, sautant et s'asseyant sur le bord du lit, caressant d'une main la petite chienne, de l'autre retenant sa chemise, elle laisse ses deux femmes lui passer une jupe et lui chausser, en s'agenouillant, ses deux mules. Cela fait, elle s'abandonne aux bras de ses femmes, qui la transportent sur une magnifique *délassante,* et la voilà devant sa toilette. Dans l'appartement de la femme, c'est le meuble de triomphe que cette table surmontée d'une glace, parée de dentelles comme un autel, enveloppée de mousseline comme un berceau, toute encombrée de philtres et de parures, fards, pâtes, mouches, odeurs, vermillon, rouge minéral, végétal, blanc chimique, bleu de veine, vinaigre de Maille contre les rides (1), et les rubans, et les tresses, et les aigrettes, petit monde enchanté des coquetteries du siècle d'où

(1) Dans ce siècle où la toilette tient une si grande place dans la vie de la femme, où l'éclat du teint est en si grand honneur, où sa fraîcheur, la fraîcheur d'*un teint de couvent* est si appréciée, si recherchée, que la vieille maréchale de Clérambaut n'affronte jamais l'air extérieur sans un loup de velours sur le visage, — il existe, indépendamment du blanc et du rouge, mille pâtes, mille essences, toutes sortes d'eaux pour l'embellissement et la conservation du teint. C'est le baume blanc ; c'est l'eau pour rendre la peau de la face vermeille, l'eau pour blanchir, l'eau pour les teints grossiers, l'eau pour nourrir et laver les teints corrodés, l'eau pour faire pâlir lorsqu'on est trop rouge, l'eau de chair admirable pour les teints jaunes et bilieux, l'eau pour conserver le teint fin des personnes maigres, enfin l'eau « pour rendre le visage comme à vingt ans ». Viennent ensuite les eaux et les laits contre les rides, les tannes les rousseurs, les rougeurs, les boutons, le hâle du soleil et du froid· puis les *mouchoirs de Vénus,* les bandeaux pénétrés de cire vierge qui lissent et purifient la peau du front ; on va jusqu'à faire suer des feuilles d'or dans un limon exposé au feu pour donner au visage « un lustre surnaturel ». N'oublions point la pommade pour effacer les marques de la petite vérole, et en remplir les creux, pommade qui succède à cette *Eau de beauté,* inventée par le parfumeur du roi d'Angleterre, donnant au teint, à la gorge un air de fraîcheur naturel, rendant le rouge couleur de chair et enlevant à la peau par le lavage toute

s'envole un air d'ambre dans un nuage de poudre!
— Depuis longtemps les experts ont réglé sa place :
la toilette est toujours dans un cabinet au nord, pour
que le jour net, la clarté sans miroitement d'un atelier de peinture tombe sur la femme qui s'habille.

Une femme alors devant la glace ajuste à sa maîtresse le corps échancré et serré des deux côtés, et le
lui lace au dos avec un cordonnet qui par instants se
prend dans la chemise qu'il retrousse. Le cartel en
forme de lyre accroché au panneau marque plus de
midi; la porte, mal fermée derrière le paravent, s'est
déjà ouverte pour un charmant homme qui, assis à
côté du coffre aux robes, le coude appuyé à la toilette, un bras jeté derrière le fauteuil, regarde habiller la dame d'un air de confidence. Le moment du
grand lever est venu; et voici tous les courtisans et
tous les familiers qui viennent faire cercle autour de
la femme en manteau de lit. C'est l'instant du règne
de la femme. Elle est friande, elle est charmante,
ramassée dans son corset, avec cet aimable désordre
et cet air chiffonné du déshabillé du matin. Aussi
que de monde autour d'elle! C'est un marquis, un
chevalier, ce sont des robins et des beaux esprits. Et,
tout assaillie de compliments, elle répond, elle sourit, remuant à tout moment, choisissant un bonnet,
puis un autre, laissant en suspens la main du coif-

trace de petite vérole (*Mercure* 1722). Et pour les cheveux, pour les
dents, pour les ongles, etc., c'étaient autant de recettes, autant de
baumes, d'onguents, de petits pots, de flacons. — Voyez la *Toilette de
Vénus, extrait du Médecin des Dames ou l'Art de les conserver en santé.
Paris,* 1771, et la *Toilette de Flore.*

feur forcé d'attendre, le peigne en l'air, que cette tête
de girouette se fixe un instant pour pouvoir enfin
faire une boucle à la dérobée. C'est là qu'on dépêche
les grandes affaires, qu'on reçoit l'amour, qu'on le
gronde, qu'on le caresse, qu'on le congédie ; c'est là
qu'au milieu du babil interrompu et coupé, on écrit
ces délicieux billets du matin plus aisés que ceux du
soir et où le cœur se montre en négligé. Cependant
les deux sonnettes du cabinet font sans cesse un carillon étourdissant : ce sont des caprices, des ordres,
des commissions ; toute la livrée est mise en campagne pour aller prendre l'affiche de la comédie,
acheter des bouquets, s'informer quand la marchande de modes apportera des rubans d'un nouveau
goût, et quand le vis-à-vis sera peint. Le colporteur
entre avec les scandales du jour, tirant de sa balle
des brochures dont une toilette ne peut se passer, et
qu'on gardera trois jours, assure-t-il, sans être tenté
d'en faire des papillotes. Le médecin de madame la
complimente sur son magnifique teint, sa brillante
santé, « la collection de ses grâces ». Et l'abbé, car
l'abbé est de fondation à la toilette, quelque petit
abbé vif et sémillant, se trémoussant sur le siége
qu'une femme lui a avancé, conte l'anecdote du
jour, ou fredonne l'ariette courante, pirouette sur le
talon, et taille des mouches tout en parlant. On va,
on vient, on piétine autour de la toilette : un homme
à talent gratte une guitare que les rires font taire,
un marin présente un sapajou ou un perroquet,
un petit marchand de fleurs, remarqué la veille à la

porte du Vauxhall, offre des odeurs, des piqûres de Marseille ou des bonbons. Une marchande déroule sur un fauteuil une soie gorge de pigeon ou fleur de pêcher; et à tout cela : « *Qu'en dit l'abbé?* » fait la jolie femme qui se retourne à demi, et, revenant à la glace, se pose au coin de l'œil une mouche assassine, tandis que l'abbé lorgne la soierie et la marchande (1).

Heure charmante du matin, que le dix-huitième siècle appelait poétiquement la *jeunesse de la journée!* La coquetterie semblait se lever, la beauté renaissait dans le bruit, l'empressement, l'adoration d'une cour. Il y avait auprès de la toilette un mouvement délicieux, et qu'animait encore l'activité des femmes de chambre autour de leur maîtresse, le travail léger des soubrettes lestes et voltigeantes. On les voyait à tout moment passer et repasser, aller et revenir, et doucement trottiner, tantôt du vent de leur jupe faisant lever la poudre tombée, tantôt agenouillées tendant les mules, ou bien droites tirant du bout des doigts le lacet d'un *corps,* ou bien encore penchées mettant la main à un accommodage de cheveux. Et quel air à tout cela! Imaginez Clairette, Philippine ou Mutine, de fines matoises, des minois délicats, la

(1) Les Mille et Une Folies, par M. N... *Londres*, 1785. — Le Colporteur, histoire morale et critique par Chevrier. *Londres*, l'an de la Vérité 1774. — Le Nouvel Abailard, ou Lettres d'un singe, *aux Indes*, 1763. — Ces Messieurs et ces Dames à leur toilette. — *Qu'en dit l'abbé!* dessiné par Lavreince, gravé par Delaunay; *la Toilette,* peinte par Baudouin, gravée par Ponce; *le Lever,* gravé par Massard. — Tableau de Paris (par Mercier). *Amsterdam,* 1783, vol. VI.

plus jolie tournure de visage, les yeux les plus fripons,
la peau blanche, le pied mignon, et l'ensemble de
figure le plus frais (1). Car la femme d'alors voulait
du joli dans tout ce qui l'entourait. Elle aimait les
suivantes avenantes et ragoûtantes. Elle les prenait,
sans jalousie, pour accompagner sa beauté ou pour
lui rappeler sa jeunesse ; et elle mettait à les choisir
l'amour-propre et le goût de la duchesse de Grammont dont les chambrières étaient si renommées (2).
Il semble qu'elle ait voulu donner à Baudouin ces
modèles de filles ravissantes, si bien parées des dé-
pouilles encore fraîches de leurs maîtresses, le petit
papillon de dentelle posé sur le haut de la tête, le
fichu des Indes glissant entre les deux seins, les bras
nus sortant des dentelles, la jupe retroussée et fal-
balassée, le grand tablier de linge à bavette sur la
poitrine (3) ; toilette des grandes maisons qui fait si
vite oublier à la femme de chambre sa tenue passée
dans les maisons bourgeoises où elle a d'abord servi,
le juste de molleton rayé, la jupe de calemande, le
bonnet rond de simple batiste, les cheveux sans
poudre, la croix d'or au cou au bout d'une ganse
noire, et le tablier de toile à carreaux rouges (4). Mais
alors elle savait tout au plus lire et écrire, faire un lit,

(1) Les Lauriers ecclésiastiques, ou Campagnes de l'abbé T... à Luxu-
ropolis, 1777.

(2) Correspondance secrète, par Métra, vol. II.

(3) Voyez les planches de Baudouin, les planches de Freudeberg,
pour le *Monument du costume physique et moral de la fin du dix-huitième siècle; la Femme de chambre*, par Cochin, et *la Jolie Femme de
chambre*, publiée chez Aveline.

(4) Les Contemporaines, vol. I.

une petite soupe, blanchir le menu linge, coudre, rac-
commoder (1); maintenant, que de talents! Elle est
femme de chambre, coiffeuse, habilleuse, ouvrière,
couturière. Elle sait faire de la tapisserie à point
carré et à petit point, monter une blonde, attacher
un falbala ou des quilles (2). Elle est précieuse à madame qui la traite presque en femme de compagnie.
Et à force de voir d'en bas la meilleure société, elle
en prend à l'antichambre et dans l'office le maintien,
les petits airs, les travers et l'élégance (3); si bien
qu'elle pourrait, comme Lisette, doubler sa maîtresse
dans les Jeux de l'Amour. Elle porte dans toute sa
personne comme un goût de monde qui fait dans ce
siècle sa tentation si grande, qui irrite l'infidélité de
ces maris peints par Baudouin dans l'*Épouse indiscrète,* qui inspire au fils du comte de Soyecourt cette
furieuse passion pour la femme de chambre de sa
mère (4). Les grâces de la femme de chambre, ce sont
les grâces de Marton devenant les grâces de Suzanne.

Si élégantes, si coquettes, si provocantes qu'elles
soient, ces femmes de service ont souvent de la
vertu; presque toujours elles ont une vertu: le dévouement, si commun dans le service plein de douceur de ce temps où les maîtresses faisaient danser
aux chansons dans leur antichambre (5), où les
Choiseul donnaient le bal aux domestiques de leurs

(1) Les Illustres Françoises, vol. III.
(2) Angola, vol. I.
(3) Mémoires de Mme Roland, publiés par Barrière, vol. l.
(4) Correspondance secrète, vol. IX.
(5) Les Illustres Françoises, vol. III.

amis (1). A côté du nom de Mme du Deffant, de Mlle de Lespinasse, de Mlle Aïssé, l'histoire n'a-t-elle pas conservé le souvenir de ces trois servantes attachées à leur mémoire comme elles furent attachées et pour ainsi dire mêlées à leur vie : Devreux, Rondet, et cette Sophie qui, après la mort de sa maîtresse, entra de chagrin dans un couvent (2)?

La toilette finie, — et cette toilette n'est souvent qu'une des trois toilettes de la journée (3), — la femme va répéter l'ariette nouvelle et s'accompagner au clavecin ; ou bien elle prend sa leçon de harpe, cette leçon, dessinée par Moreau dans l'*Accord parfait,* qui met le bras en si beau jour, fait jouer si joliment la main, et donne au visage un air d'enthousiasme fort apprécié par le siècle de Mme de Genlis (4). Est-ce le temps du règne de Tronchin imposant l'exercice à la femme comme une sorte de devoir à la mode? L'ordre est donné de seller un joli cheval dont la crinière est nouée tout le long de rubans, dont la queue ornée d'une rosette flotte au vent qui la fouette. Et suivie par un seul palefrenier, la femme galope jusqu'au bois de Boulogne dans une veste amazone de satin vert galonné d'or, à la jupe rose soutachée de dentelles d'argent. C'est la grande distraction des élégantes quand l'hygiène est de bon ton. Le bois de Boulogne

---

(1) Lettres de Mme du Deffand, vol. III.
(2) Lettres de Mlle Aïssé. Préface par M. Sainte-Beuve.
(3) Mélanges par le prince de Ligne, vol. XIII.
(4) Contes moraux de Marmontel. *Merlin,* 1765, vol. II.

se remplit de cavalcades où les amazones se croisent
avec les cavaliers. Le cheval donne à la femme mille
coquetteries, une allure nouvelle, piquante, libre,
le charme d'un demi-travestissement, les provoca-
tions singulières de ce costume d'homme dans lequel Mme du Barry a voulu être peinte, a voulu
être gravée : ainsi l'on se figurerait la Volupté
essayant l'uniforme de Chérubin. Tailleurs et couturières s'empressent à renouveler la mode théâtrale des amazones du commencement du siècle ;
ils s'appliquent à trouver l'habit le moins habillé
qui soit en même temps le plus simple et le plus
galant. Et les femmes à cheval, que le bois de
Boulogne voit passer en 1786 dans ses allées de poussière, portent la veste de pékin puce à trois collets,
garnie sur le devant et aux ouvertures des poches de
petits boutons d'ivoire ; la jupe pareille, bordée d'un
ruban rose, cache et montre, en allant et venant, un
soulier de peau rose à talon plat. Un petit gilet de
pékin vert pomme se croise et se rabat sur la poitrine, au-dessous d'une large cravate de gaze blanche
qui fait au cou un gros nœud. Sur un chapeau de
feutre de laine couleur *queue de serin,* la nuance en
vogue, tremble, se balance et s'envole un bouquet
de plumes blanches et vertes ; et les cheveux, serrés
en gros catogan, à la manière des hommes, parfois
enfermés dans une coiffure *au flambeau d'amour,*
battent au dos des amazones (1).

(1) Cabinet des modes, 1786.

Avant Tronchin, la lecture des nouvelles manuscrites, quelques brochures feuilletées menaient la femme jusqu'au dîner (1). Le dîner achevé, les chevaux attelés, la femme sortait. Elle faisait ses visites, mille courses ; elle passait au Palais-Marchand, et chez les marchandes de modes pour choisir quelques dentelles ou les *petites oyes* les plus élégantes. Elle entrait au *Chagrin de Turquie*, la boutique de joaillerie à la mode, où on lui montrait les aigrettes du dernier goût, les girandoles, les boucles, les *esclavages*, les rivières de diamants (2). Elle battait la ville, courait les curiosités du jour, allait donner un regard au bâtiment fini, à l'incendie fumant, à la tapisserie exposée. Tout en courant d'ici là, d'une chose à une autre, elle mettait des billets de visite, elle se faisait écrire à une dizaine de portes, elle entrait dans vingt maisons, elle y restait le temps d'une embrassade, d'une médisance et d'un compliment. Souvent elle se montrait dans une désobligeante « azurée comme le firmament », et quand le jour commençait à baisser elle faisait toucher aux Tuileries : c'était le moment brillant de la promenade, la belle heure du beau monde, et il n'y aurait pas eu de décence à s'y montrer plus tôt. Les diamants brillaient dans la grande allée, dont quatre paniers prenaient toute la largeur ; et jusqu'au bout

(1) L'heure du dîner remonte dans le dix-huitième siècle d'une heure à quatre. Cette dernière heure de quatre heures gêne les vieilles gens habitués aux heures du commencement du siècle et font refuser à Mᵐᵉ de Créqui les dîners de Mᵐᵉ Necker.

(2) Angola, vol. II.

de ces Tuileries, où Richelieu mourant se traînera pour saluer une dernière fois Paris, le soleil et la femme, on voyait des révérences de grandes dames rendues, d'un air distrait, aux hommes qui défilaient. Les grands habits, les grandes toilettes passaient, mêlés aux petites toilettes, aux déshabillés des femmes qui venaient promener « leur nonchalance ou leur mauvaise santé » ; le panier à ouvrage à la ceinture, le petit chien sous le bras, ces dernières allaient lentement, la coiffure avancée, un soupçon de rouge à la joue, en robe ouverte, en jupe falba-lassée et assez courte pour laisser voir un pied chaussé d'une mule blanche. A chaque pas, dans tout ce monde qui se croisait, c'étaient des rencontres, des reconnaissances, un regard, un mot échangé, un bras offert, et qu'on prenait pour l'enlever à une autre. Parfois, en se promenant, l'idée venait d'une partie improvisée. On attendait, en faisant le tour du grand bassin, que le Pont tournant fût fermé ; et, après un souper chez le Suisse, on avait à soi le jardin et la nuit (1). — Parfois encore l'on finissait la journée par une partie de garçon, un souper aux Porcherons ou au Port à l'Anglais (2), à moins que l'on ne préférât le passe-temps de ces *nuits blanches* du Cours la Reine, nuits joyeuses et brillantes, pleines de symphonies, et d'illuminations, et de jeux, qui retenaient jusqu'à l'aube les hommes et les femmes à la mode (3).

(1) Le Livre des quatre couleurs. — Angola, vol. I.
(2) Lettres juives. *La Haye,* 1742, vol. I.
(3) Mercure de France, juillet 1721.

Mais le plus souvent, les jours qui n'étaient point jours d'opéra ou grands jours de comédie, la femme se laissait entraîner à quelqu'une de ces foires qui mettaient un coin de carnaval dans Paris ou dans la campagne autour de Paris. Une compagnie l'emmenait à la foire de Bezons, à la foire Saint-Ovide, à la foire Saint-Laurent et de préférence à la foire Saint-Germain, qui l'éblouissaient, l'étourdissaient et l'amusaient avec leurs mille lumières, leurs bruits de toutes sortes, leurs spectacles de toute espèce : cris de marchands, appels et compliments, annonces et représentations de danseurs de corde, de joueurs de gobelets, de faiseurs de tours de gibecière, de montreurs d'ouvrages mécaniques, boutiques où l'on vendait de tout et des brochures nouvelles, fête de Babel dont la femme allait oublier la fatigue et le fracas à l'Opéra-Comique (1).

Plus tard tout est changé, les amusements, les promenades, la vogue des marchands et les rendez-vous de la mode. On ne va plus au Palais-Marchand, on va au Palais-Royal. Ce n'est plus au Chagrin de Turquie, à peine si l'on sait encore ce nom, c'est à la Descente du Pont-Neuf, au *Petit Dunkerque*, au *Petit*, comme on dit familièrement, que s'arrêtent les petites maîtresses désœuvrées, et qu'elles perdent agréablement deux heures à choisir une délicieuse inutilité (2). Et de même que le Palais-Marchand est déserté pour le Palais-Royal, les Tuileries sont aban-

(1) Le Livre à la mode, en Europe, chez les libraires, 100070060.
(2) Tableau de Paris (par Mercier), vol. VII.

données pour les boulevards, la nouvelle promenade en vogue, qui a son jour de mode, le jeudi, où l'on voit se presser toutes les voitures d'élégantes, les allemandes, les diligences, les dormeuses, les vis-à-vis, les *soli*, les paresseuses, les cabriolets, les sabots, les gondoles, les berlines à cul de singe, les haquets et les diables. Et ce ne sont qu'hommes et femmes du bel air se lorgnant d'un carrosse à l'autre, se saluant en levant et abaissant les glaces. Les chevaux vont au pas pour permettre aux promeneurs d'aller à la portière dire un bonjour à leurs connaissances, et les bouquetières montent sur les marchepieds pour offrir leurs fleurs aux dames (1). On s'arrête, on descend; on va prendre une glace aux tables placées devant le café Gaussin ou devant le café du Grand Alexandre; et l'on regarde passer tout ce monde, défiler toutes ces voitures, les livrées, les figures, la mode, dans ce bruit des boulevards fait de tous les bruits: le fracas lointain des parades, le *grommellement* bourdonnant des buveurs, le sifflement des petites marchandes de nougat, la musique des vielleuses montagnardes, le claquement des coups de fouet, le hennissement des chevaux, le son des tambours et des trompettes (2).

Le cadre des distractions de 1730, de 1740, de 1750 est bien élargi. Les femmes vont maintenant

---

(1) Les *Portraits à la mode*, les *Remparts de Paris*, dessinés par Saint-Aubin, ravés par Courtois et Duclos.

(2) Déclaration de la mode portant règlement pour les promenades des boulevards.

après le dîner, reculé à trois heures, aux sermons du père Anselme. Elles vont au Lycée. Elles vont voir la fabrication de la thériaque au Jardin des Plantes. Elles vont chez l'horloger Furet voir la négresse qui a l'heure peinte dans l'œil droit, les minutes dessinées dans l'œil gauche. Elles vont à Vincennes, qui a cessé d'être une prison, voir la chambre où fut enfermé le grand Condé (1), ou bien chez Greuze admirer son tableau de Danaé (2). Elles vont encore voir la procession de trois cent treize esclaves français rachetés à Alger (3), ou l'hôtel Thélusson qui s'élève, ou les deux têtes parlantes de l'abbé Mical qui articulent quatre phrases (4). Elles vont faire dessiner leur profil, le faire *écrire à main levée* par le calligraphe Bernard (5). Elles vont assister à l'inventaire de la marquise de Massiac, voir ce mobilier de deux millions, ce magasin d'étoffes et de porcelaines et de bijoux, comme il n'y en avait pas un à Paris (6). Après avoir fait dire une messe le matin pour le succès de l'ascension d'un aérostat, elles vont embrasser les frères Robert ou Pilatre du Rozier avant qu'ils ne s'enlèvent (7). L'engouement des sciences, des arts, de l'industrie, entré dans la société, a développé chez la femme une curiosité

---

(1) Mémoires de la République des lettres, vol. XXVI.
(2) Adèle et Théodore.
(3) Mémoires de la République des lettres, vol. XXX.
(4) Id., vol. XXVI.
(5) Abrégé du Journal de Paris, vol. III,
(6) Mémoires de la République des lettres, vol. II.
(7) Correspondance secrète, vol. XVI.

universelle et fébrile, une envie de tout voir et de tout connaître. Son imagination vole d'idées en idées, de spectacles en spectacles, d'occupations en occupations ; sa journée n'est que mouvement, empressement, projets d'un instant, ardeur tourbillonnante, inconstante, qui l'emporte aux quatre coins de Paris, sur les pas de l'opinion, sur les annonces des feuilles publiques, sur le bruit des systèmes, des théories, des cours et des expériences, sur le vent qu'il fait, sur l'air qui souffle, sur l'aile du caprice qui lui effleure le front en passant. Journée pleine et vide, grosse de désirs, d'aspirations, de résolutions, qui semble remuer avec ce qu'elle se promet de plaisirs sérieux et de distractions philosophiques, économiques même, la table d'une encyclopédie ! Un méchant, qui est à peine un caricaturiste, l'a esquissée d'après nature, cette journée d'une femme de la fin du siècle, et il va nous en peindre le train, la fièvre, les zigzags, les arrêts à moitié chemin, la folie courante et à bâtons rompus. La femme sort ; elle passe prendre le chevalier, elle l'enlève : il l'accompagnera au cours d'anatomie où elle va. En route, elle rencontre la marquise, qui a besoin de la consulter sur la chose du monde la plus essentielle, et qui là mène chez sa marchande de modes. A trois portes de la marchande de modes, le chasseur du baron aborde la voiture de ces dames retardée par un embarras : c'est le baron, qui leur propose de voir de nouvelles expériences sur l'air inflammable. « Je n'aime rien tant, répond la femme, mais vous

me garantissez qu'il n'y aura point de détonations.
Montez, baron. » Et le baron jette au cocher : « Rue
de la Pépinière ! » On arrive. « Je vous laisse, dit
la femme ; il est tard, et je manquerais mon cours
de statique. Chevalier, serez-vous des nôtres ? »
Près de l'Arsenal : « Germain, voici l'adresse impri-
mée. » On commence à rouler. Mais on aperçoit de
jolies perruches : il faut arrêter pour les regarder,
leur parler ; le marchand engage les dames à entrer
pour voir un superbe perroquet disant, à ce qu'il
assure, des polissonneries qui attireraient trop de
monde autour de la voiture. « Oh ! descendons, ma
chère, nous nous amuserons comme des dieux ! »
On achète le perroquet. Une berline passe. La femme
crie à l'homme qui est dedans : « Un mot. Où
courez-vous, comte ? — Je vais voir l'imprimerie des
aveugles.—Unique ! délicieux ! charmant ! Courons-y
tous ! » Mais en chemin, la femme demande au
comte si c'est cette berline qu'il avait le jour où il
l'a conduite voir le tableau de Drouais : voilà la
marquise enflammée par la description du tableau, qui
veut absolument le voir. On se dit que les aveugles im-
primeront encore longtemps, que le tableau peut disparaître d'un moment à l'autre : « Chez Drouais ! »
On s'est mis à causer peinture, le chevalier avoue qu'il
peint : aussitôt l'idée prend aux femmes de surprendre
ses portefeuilles en désordre et de juger ses fleurs.
« A la Barrière Blanche ! » Les chevaux tournent et
repartent. « Eh ! bon dieu ! à propos de fleurs, reprend la marquise, on est venu me dire que le grand

cierge serpentaire du Jardin du Roi est fleuri, ce
qui n'aura lieu que dans trente ou quarante ou cinquante ans peut-être... Si c'était le dernier moment,
nous l'aurions manqué pour la vie. » Et du Jardin
des Plantes, l'on revient encore, avant d'être arrivé,
à un architecte de Parthénion qui demeure rue des
Marais, de l'architecte à un stucateur du boulevard
de l'Opéra, du stucateur à Réveillon, de Réveillon à
Desenne pour prendre des brochures. Au bout de
quoi le chevalier dit à la dame : « Vous vouliez aller
au Lycée... » C'est le mot final de la journée (1).

Point de repos, point de silence, toujours du mouvement, toujours du bruit, une perpétuelle distraction de soi-même, voilà cette vie. La femme ne veut
point avoir une heure de recueillement, un instant
de solitude. Et même aux heures où le monde lui
manque, aux heures où elle est menacée de retomber
sur elle-même, il lui faut à côté d'elle, sous la main,
quelque chose de vivant, de bruyant, d'étourdissant.
Il faut, pour lui tenir compagnie et l'empêcher d'être
seule, le jeu et le tapage d'animaux familiers. Ici
c'est un singe, la bête d'élection et d'affection du
dix-huitième siècle, la chimère du Rococo, un sapajou
qui prend le chocolat avec sa maîtresse en face d'un
perroquet. Là, capricieux et leste, sautillant comme
une phrase de Carraccioli, un écureuil court sur le
damas d'une ottomane et grimpe à la rocaille d'un
lambris. Les chambres à coucher et les salons se

(1) *Éloge philosophique de l'impertinence*; ouvrage posthume de M. de
Bractéole, à Abdère, 1788.

remplissent de ces jolis angoras gris dont Mme de
Mirepoix s'entoure, qu'elle installe sur sa grande
table de loto, et qui poussent de la patte les jetons
à leur portée (1). Quelle femme n'a eu au moins
un chien? un chien chéri, gâté, qu'on couche avec
soi, qu'on fait manger sur son assiette, auquel on
sert un filet de chevreuil, une aile de faisan, ou une
carcasse de gelinotte (2), épagneul ou doguin qui
règne en maître sur les oreillers et les coussins, le-
vrette blanche ou chienne gredine dont on dit, lorsqu'elle n'est plus : « Ma pauvre défunte Diane ou
Mitonnette (3)!... » Et quel amour, que de soins
pareils à ceux de Marie Leczinska se relevant cent
fois la nuit pour chercher sa chienne (4)! A panser
de petits chiens, Lionais gagnait un château et une
belle terre : on l'appelait Monseigneur en Bour-
gogne (5). Et quelles belles éducations! Il semble
que ces bêtes prennent, entre les mains de leurs
maîtresses, quelque chose de leur cœur ou de l'esprit du temps : Patie, le chien de Mlle Aïssé, est
toujours à la porte pour attendre les gens du chevalier ; le chien de M. de Choiseul, Chanteloup, suit
Mme de Choiseul au couvent (6), et la princesse de
Conti dresse le sien à mordre son mari (7)! Intel-

---

(1) Souvenirs par M. de Lévis.
(2) Les Numéros. *Amsterdam*, 1782, vol. 1.
(3) Lettres de Mme du Deffand, vol. III.
(4) Mémoires et Journal du marquis d'Argenson. *Jannet*, 1857, vol. I.
(5) Les Dîners de M. Guillaume, 1788.
(6) Correspondance secrète, vol. XVIII.
(7) Mémoires du comte de Maurepas. *Buisson*, 1792, vol. I.

ligence, caresses, immoralité même, rien ne manque
dans le dix-huitième siècle à tous ces jolis petits
animaux domestiques, bêtes frottées de grâce à peu
près comme l'abbé Trublet était frotté d'esprit. Le
Mercure est rempli des élégies que leur mort inspire.
De leur vivant ils sont fameux, ils ont un nom et une
généalogie : c'est Filou, le chien du Roi ; c'est Pouf,
le petit chien de Mme d'Épinay, fils de Thisbé et de
Sibéli, qui manque un moment de brouiller la Chevrette et le Grandval (1). On les fait dessiner, on les
fait graver. Cochin donne à la postérité les chats de
Mme du Deffand. Les chiens de Mme de Pompadour
n'ont pas seulement l'honneur de l'estampe : ils ont
la gloire de la pierre gravée. Poëtes, artistes et
peintres les chantent ou les représentent au-dessous
d'un nom ou d'une figure de femme ; et n'est-ce pas
l'image de leur fortune que ce chien de la *Gimblette*,
peint par Fragonard, modelé par Clodion, dans le
cadre d'un conte de la Fontaine ?

Cependant, malgré tout, des heures restent à la
femme qui seraient bien vides, si la femme ne leur
donnait un emploi physique, presque machinal. Au
logis, au coin du feu où la tient un mauvais temps
d'hiver, un accès de paresse, dans le salon même où
elle va s'établir toute une soirée, elle a besoin d'un
de ces travaux qui occupent dans tous les temps les
mains et les yeux de son sexe : petits ouvrages ne
demandant à la femme qu'une attention d'habitude

---

(1) Mémoires de Diderot. *Paris, Garnier,* 1841, vol. I.

et sans réflexion, passe-temps de son loisir qui est la contenance de son activité. Il y a au dix-huitième siècle une grande imagination de ces menues occupations de la femme : elles naissent comme une mode, elles se répandent comme une épidémie, elles disparaissent comme un engouement ; un caprice les apporte et les emporte. Sous la Régence, la fureur est de découper. Toutes les estampes passent à la découpure, celles-là surtout qui sont enluminées, et le désœuvrement de la femme taille aux ciseaux les plus belles, les plus vieilles, les plus rares, des estampes de cent livres pièce (1) ; une fois découpées, on les colle sur des cartons, on les vernit et on en fait des meubles et des tentures, des espèces de tapisseries, des paravents, des écrans. Folie générale, grand art que cet art des découpures ! Crébillon ne manque pas de le faire appeler le chef-d'œuvre de l'esprit humain par le sultan Schah-Baham ; et cet art ne va-t-il pas avoir en ce siècle son grand homme et son génie dans le fameux Huber, le Watteau, le Callot, et le Paul Potter du découpage improvisé ?

Quand les découpures ont fait leur temps, arrive en 1747 l'invasion des pantins et des pantines, des petites figures de carton dont un fil remue les bras et les jambes. Point de cheminée qui n'en soit gar-

---

(1) Lettres de Mlle Aïssé. — En 1777, le goût de l'enluminure et du vernissage des estampes reprenait aux femmes, et l'on ne faisait sa cour à la duchesse et à la présidente, dit Métra, qu'en lui apportant une boîte de couleurs.

nie ; c'est l'étrenne demandée par toutes les femmes
et toutes les filles, et partout les petites figures s'a-
gitent sur l'air de la chanson :

> Que Pantin serait content
> S'il avait l'art de vous plaire,
> Que Pantin serait content
> S'il vous plaisait en dansant !

Partout dansent et *pantinent* les Scaramouches,
les Arlequins, les mitrons, les bergers, les bergères, un peuple de comédie et d'opéra en miniature, pantins de toutes sortes et à tout prix, depuis
le pantin de vingt-quatre sols jusqu'au pantin de
quinze cents livres que Mme la duchesse de Chartres
fait dessiner et peindre à Boucher lui-même (1). —
Dans la vogue des pantins passe, en 1749, la vogue
des cheminées à la Popelinière, petites cheminées
avec une plaque qui s'ouvre : un amusement fait
d'un scandale. — A quelques années de là, en 1754,
une brochure prend cette singulière date de publi-
cation : *L'an 42 des bilboquets, 8 des pantins, 1 des
navets* (2). Nous apprenons là que la mode des bilboquets, signalée par Mlle Aïssé avant la mode des découpures, est déjà vieille d'un demi-siècle et que les
pantins ont fait place à une nouveauté. Collé va nous
donner le secret de cet amusement singulier, dont
l'idée fut peut-être donnée à la femme par l'usage
de porter ses bouquets au bal dans une espèce de

(1) Journal historique de Barbier, vol. III.
(2) Déclaration de la mode.

petite bouteille de fer blanc couverte de ruban vert,
et de les garder frais en les tenant dans l'eau (1).
Cela consistait à creuser un navet et à faire entrer
dans le creux un ognon de jacinthe, et le tout mis
dans l'eau, le plaisir était de voir croître les deux
plantes ensemble et l'une dans l'autre, la jacinthe
poussant ses fleurs et le navet ses feuilles (2). C'est
le temps où pas une femme n'est meublée sans cabinets de la Chine, sans magots achetés à l'homme de
la rue du Roule (3) ; et ne semble-t-il pas qu'il y ait
un goût de chinoiserie dans ses plaisirs, dans ses
modes, dans le caprice de ses distractions ?

: milieu de ces fantaisies et de ces enfantillages
d'un instant, la femme retrouve un travail que toutes
les femmes adoptent, que le bon ton consacre, et
qui fait tomber en désuétude tous les autres ouvrages
et même la tapisserie au petit point. On voit reparaître et se répandre la mode des nœuds (4), mode
charmante. En occupant les doigts de la femme d'un
travail léger et négligent, en lui faisant tantôt al-
longer, tantôt *crochir* le petit doigt, elle laisse son
corps sur une chaise longue ; elle lui permet de
s'abandonner coquettement aux grâces de la nonchalance éveillée, de la paresse qui semble faire
quelque chose. Plus de femmes qui ne marchent

(1) Lettres d'Horace Walpole. *Paris,* 1818.
(2) Journal de Collé. *Paris*, 1805, vol. III.
(3) Angola, vol. I.
(4) Cette mode n'était que renouvelée ; car déjà en 1718 les carmé-
lites offraient à la mère du Régent un sac à nœuds. (*Lettres de la duchesse d'Orléans.*)

armées de **ces** jolies navettes, de ces navettes dont
Martin le peintre vernisseur fera des bijoux d'art,
« petits magasins des grâces », comme on les appelle, que bientôt l'on ne voudra plus qu'en nacre,
en acier ou en or. Et où ne fait-on point de nœuds ?
On en fait chez soi par tenue, dans sa chambre par
air, dans son boudoir par désir de plaire, par embarras ou par décence. On en fait dans le monde, on
en fait au spectacle ; et l'on voit dans les salles de
théâtre, pendant que l'on joue, les dames tirer l'une
après l'autre une navette d'or d'un sac brodé et se
mettre à faire des nœuds d'un air fort appliqué, et
en ne regardant guère que le public (1).

Puis, vers 1770, les nœuds et le filet, qui semble
venir après les nœuds, ne sont plus le goût du jour :
on parfile. On parfile des galons, des épaulettes,
toute passementerie où il y a de l'or. On parfile pour
parfiler, et aussi pour faire sur son parfilage des bénéfices de cent louis par an (2). Le gain se mêlant
ici à la mode, ce fut une furie qui fit taire un moment dans les sociétés jusqu'à l'amour du jeu. L'excès
devint tel qu'un homme entrant dans un salon où
l'on parfilait, assailli par les parfileuses, sortait de
leurs mains, de leurs ciseaux, l'habit entièrement
dégalonné. C'est le moment où, pour rappeler la
femme à la discrétion, à l'honnêteté, le duc d'Orléans imagine la charmante perfidie de faire mettre à
son habit des brandebourgs d'or faux qu'il laisse

---

(1) Lettres de Mme *** à une de ses amies sur les spectacles, 1745.
(2) Mémoires de Mme de Genlis, vol. X. Dictionnaire des étiquettes.

sans rien dire découdre par les dames dans le salon
de Villers-Cotterets, et parfiler avec de l'or vrai(1).
Corrigée de ces violences, la femme trouva bientôt
dans le commerce mille objets de parfilage. Les fa-
briques filèrent pour elle l'or en toutes sortes de
jouets. Au jour de l'an de l'année de 1772, l'on vit
une boutique pleine de pièces d'or à parfiler pour
étrennes : bobines à tout prix, meubles, fauteuils,
cabriolets, écrans, cabarets, tasses à café, pigeons,
poules, canards, moulins, danseurs de corde. Pendant une dizaine d'années, l'usage, la vogue dura
des cadeaux en parfilage d'homme à femme et surtout de femme à femme : c'était la surprise et le
souvenir de l'amitié. Mme du Deffand envoyait à la
duchesse de la Vallière un panier rempli d'œufs de
parfilage (2), à Mme la maréchale de Luxembourg une
chaise de parfilage, enveloppée dans ces vers que
Grimm lui dispute pour les donner à qui ? à
M. Necker !

> Vive le parfilage !
> Plus de plaisir sans lui.
> Cet important ouvrage
> Chasse partout l'ennui.
> Tandis que l'on déchire
> Et galons et rubans,
> L'on peut encor médire
> Et déchirer les gens [3].

Dans le monde, à la maison, c'est la grande occu-

---

(1) Correspondance de Grimm, vol. VIII.
(2) Correspondance de Grimm, vol. IX.
(3) Id., vol. VIII.

pation de toutes les heures où l'on a les mains
libres ; c'est la ressource de toutes contre l'oisiveté,
et l'on n'entend entre femmes que ce dialogue :
« Mon cœur, avez-vous du gros or ? — Assurément,
de l'or de bobine ? — Je n'en parfile jamais d'autre.
— En voulez-vous un *fagot* ? Allons, je vais vous en
donner un fagot, c'est tout ce que j'aime de faire un
fagot (1). »

En ce temps de la fin du siècle, quand la journée
est finie, la femme a pour employer sa soirée toutes
les maisons, toutes les réunions, toutes les fêtes dont
tout à l'heure nous donnions la liste et la physionomie. Elle a encore tous les spectacles de Paris,
où elle va, non point en grande loge, mais, selon
l'usage suivi, en petite loge (2), dans une loge mas-
quée par des stores ; petit salon commode, entouré
tout à la fois de monde et de mystère, où Lauzun et
Mme de Stainville se donnaient leurs rendez-vous. On
y arrive en déshabillé, on y apporte son épagneul,
son coussin et sa chaufferette. On y échappe aux
importuns qui assiégent une femme avant l'heure
du souper (3). On y reçoit le monde qu'on veut, et
on y tient tout haut une conversation dont on n'interrompt le babil et les éclats que pour regarder par
le morceau de verre de son éventail les entrants et
les sortants sans qu'ils vous voient. Innovation charmante qui est une fortune pour les comédiens fran-

(1) *Les Dangers du monde*. Théâtre de société, par Mme de Genlis.
(2) Ah ! quel conte !
(3) Correspondance de Grimm, vol. XIII.

çais, et leur fait remanier leur salle : une partie du parterre est supprimée pour augmenter le nombre de ces petites loges, dont chacune rapporte par an 4,800 livres à la Comédie (1).

Mais la femme a pour se distraire mieux encore que tous les spectacles : elle a le théâtre où elle joue, le théâtre de société.

C'est une fureur, une folie que le théâtre de société dans la seconde moitié du dix-huitième siècle. Le goût de jouer la comédie gagne toutes les classes. Il va des petits appartements de Versailles aux sociétés dramatiques de la rue des Marais et de la rue Popincourt (2). La *mimomanie* règne dans le grand monde, et des mères comme Mme de Sabran donnent à leurs enfants pour professeurs Larive et Mlle Sainval. La *mimomanie* éclate dans tous les coins de Paris (3). Elle se répand dans les campagnes aux environs de Paris. Un petit théâtre se dresse dans les hôtels, un grand théâtre se monte dans les châteaux. Toute la société rêve théâtre d'un bout de la France à l'autre, et il n'est pas de procureur qui dans sa bastide ne veuille avoir des tréteaux et une troupe. Les spectacles de société ont leurs deux grands auteurs : M. de Moissy, peintre moraliste en détrempe, et Carmontelle, peintre de ridicules à gouache (4). Les grandes dames ne peuvent plus vivre sans théâtre,

(1) Tableau de Paris (par Mercier), vol. II et X.
(2) Mémoires de la République des lettres, vol. VII.
(3) Le Babillard, chez Jean-François Bastien, 1778, vol. I.
(4) Correspondance de Grimm. vol. VII.

sans une scène à elles ; et lorsque Mme de Guéménée est exilée après la « souveraine banqueroute » des Guéménée, que fait-elle tout d'abord en arrivant au lieu de son exil ? Elle appelle des tapissiers, et leur fait arranger un théâtre (1).

Comptez toutes ces scènes où se presse la plus grande compagnie de France, dont les entrées sont si recherchées, et qui font rage au carême et surtout pendant la clôture des spectacles (2) : — théâtre de Monsieur, où se donnent les drames historiques de Desfontaines, les comédies-parades de Piis et Barré (3); théâtre au Temple, chez le prince de Conti, où Jean-Jacques Rousseau fait jouer son grand opéra *les Neuf Muses*, déclaré injouable par toute la société du Temple (4); théâtre à l'Ile-Adam, où *le Comte de Comminges,* le drame d'Arnaud, fait pleurer toutes les femmes (5); théâtre de Mme de Montesson, où Mme de Montesson figure dans ses pièces en véritable comédienne, et rappelle, dans les autres, le jeu de Mlle Doligny, de Mlle Arnould et de Mme Laruette (6); théâtre chez la duchesse de Villeroy, où les comédiens français représentent, avant de le jouer sur leur scène, *l'Honnête Criminel;* théâtre chez le duc de Grammont à Clichy, où Durosoy fait un rôle dans sa tragédie du *Siége de Ca-*

---

(1) Mémoires de la République des lettres, vol. XXI.
(2) Correspondance de Grimm, vol. X.
(3) Correspondance secrète, vol. II.
(4) Mémoires de la République des lettres, vol. III.
(5) Mémoires de la République des lettres, vol. II.
(6) Correspondance de Grimm, vol. IX et X.

lais, et où paraissent les demoiselles Fauconnier ; théâtre chez le baron d'Esclapon au faubourg Saint-Germain, où a lieu la représentation au bénéfice de Molé dont les six cents billets sont placés avec tant d'empressement par les femmes de la cour (1) ; théâtre à Chilly chez la duchesse de Mazarin, qui offre à Mesdames la représentation de la *Partie de chasse de Henri IV* (2) ; théâtre chez M. de Vaudreuil à Gennevilliers, où *le Mariage de Figaro* est représenté pour la première fois (3) ; théâtre de M. le duc d'Ayen à Saint-Germain, où sa fille, la comtesse de Tessé, et le comte d'Ayen déploient tant de talents dans un drame de Lessing traduit par M. Trudaine (4) ; théâtre de M**e d'Amblimont ; théâtre de la Folie-Titon ; théâtre à la Chaussée-d'Antin de M**e de Genlis, où ses deux filles jouent *la Petite Curieuse*, piquante satire contre les mœurs de la cour (5) ; théâtres d'Auteuil et de Paris des demoiselles Verrière, qui ont des loges grillées pour les femmes du monde qui ne veulent pas être vues (6) ; théâtre de M. de Magnanville à la Chevrette, le théâtre de société modèle, supérieur même au théâtre de M**e de Montesson par le goût, la magnificence, le local, les décorations, les auteurs, les acteurs, les actrices même ; le théâtre qui attire

(1) Mémoires de la République des lettres, vol. III.
(2) Id., vol. IV.
(3) Correspondance de Grimm, vol. XII.
(4) Id., vol. IV.
(5) Mémoires de la République des lettres, vol. XIII.
(6) Ibid., vol., I.

deux cents carrosses à trois lieues de Paris, le
théâtre où l'on joue *Roméo et Juliette* du chevalier
de Chastellux « tiré du théâtre anglais et accommodé
au nôtre », le théâtre où la marquise de Gléon
montre un jeu si décent, si aisé, si noble, où Mlle Sa-
valette fait les soubrettes de manière à donner de
l'ombrage à Mlle Dangeville (1)!

Car c'était là la grande séduction du théâtre de
société pour la femme : il lui permettait d'être une
actrice, il la faisait monter sur les planches (2). Il
lui donnait l'amusement des répétitions, l'enivre-

(1) Correspondance secrète, vol. II.

(2) Quelquefois les grandes dames et leurs tenants se donnaient le plaisir de jouer pour un petit public d'admirateurs, dans une salle louée,
où l'on montait un théâtre. Je copie dans un recueil de pièces manuscrites qui m'a été communiqué par M. Claudin et qui porte l'*ex libris* de
la bibliothèque du président Hénault, ce curieux compte-rendu écrit par
le président en tête du *Jaloux de soi-même :*

« Cette pièce a été représentée le 20 août 1740. On choisit pour cela une
salle aux Porcherons, où l'on construisit un théâtre tout à fait galant;
il ne devoit y avoir qu'un très-petit nombre de spectateurs, et il n'y
avoit, en effet, que Mme la duchesse de Saint-Pierre, Mme la maréchale
de Villars, Mme de Flamarens, M. de Céreste et M. d'Argental.

« La pièce commença par une espèce de prologue fort court qui rouloit
sur le secret que nous exigions *de nos spectateurs.* C'étoit M. de Pont-
de-Veyle, habillé en *Pythie*, qui chantoit la parodie de la Py.ie de Bellé-
rophon, accompagné par Rebel et Francœur, qui composoient seuls
notre *orchestre;* on y joignit depuis l'abbé pour jouer du violoncelle. »

A la fin de cette pièce : le *Jaloux de lui-même*, on lit :

« Après la comédie, il y eut un ballet composé par M. le marquis de
Clermont d'Amboise et dansé par lui, par M. de Clermont son fils, et
par Mme la duchesse de Luxembourg. Après le divertissement il y eut
une parade exécutée par Mlle Quinault, M. de Pont-de-Veyle, M. d'Ussé
et M. de Forcalquier. Cette même pièce fut jouée une seconde fois
dans une salle que l'on avoit louée aux Porcherons; elle fut suivie
d'une comédie composée par M. le comte de Forcalquier, intitulée
l'Homme du bel air, en trois actes. MM. de Rupelmonde et de la Marche
y jouèrent pour la première fois; la pièce est très-bien écrite et amusa

ment de l'applaudissement. Il lui mettait aux joues le rouge du théâtre qu'elle était si fière de porter, et qu'elle gardait au souper qui suivait la représentation, après avoir fait semblant de se débarbouiller. Il mettait dans sa vie l'illusion de la comédie, le mensonge de la scène, les plaisirs des coulisses, l'ivresse que fait monter au cœur et dans la tête l'ivresse d'un public. Que lui faisait un travail de six semaines, une toilette de six heures, un jeûne de vingt-quatre ? N'était-elle pas payée de tout ennui, de toute privation, de toute fatigue, lorsqu'elle

beaucoup. Il y eut un ballet dans lequel on chanta le vaudeville suivant.....

« Après ce divertissement, M. de Pont-de-Veyle se présenta à la porte de la salle en habit d'opérateur et demanda qu'il lui fût permis d'étaler sa boutique et de vendre ses drogues. Il n'eut pas de peine à obtenir cette permission. Il monta sur le théâtre, et là, secondé par M. de Forcalquier, habillé en Arlequin et dont la figure et le jeu furent d'autant plus admirables qu'assurément ce n'est pas son genre, ils trouvèrent le secret d'amuser pendant plus d'une heure et demie, par le récit de tout ce qu'il y avoit de merveilleux dans le cours de ses voyages. Ensuite il distribua ses drogues à tout le monde, c'est-à-dire qu'il donna des petites boîtes dont chacune renfermoit un vaudeville applicable à la personne qui le recevoit. Cette scène fut extrêmement divertissante par la chaleur et le comique des deux acteurs ; et M. de Pont-de-Veyle eut lieu d'être content de la joie et des rires continuels que l'on donna à tout ce que son imagination lui fournit. La fête fut terminée par des présents de rubans que M. de Pont-de-Veyle et M. de Forcalquier avoient enfermés dans des boîtes et qu'ils jetèrent à toutes les femmes de chambre et à tous les valets de chambre, et par des poignées de dragées qui volèrent dans la salle pour le peuple qui étoit en grande affluence ; car les représentations, qui avoient commencé par un très-petit nombre de spectateurs, se trouvoient comblées de monde, quelques précautions qu'on eût prises pour l'empêcher. On s'étoit trop bien trouvé de cette espèce de fête pour ne pas demander aux acteurs de vouloir bien continuer à en donner de nouvelles. En effet, on représenta le *Baron d'Albiérac* quinze jours après, suivi d'un divertissement et terminé par *le Baron de la Crasse*, où M. de Pont-de-Veyle joignit quel-

entendait à sa sortie de scène : « Ah ! mon cœur,
comme un ange !... Comment peut-on jouer comme
cela ? C'est étonnant ! Ne me faites donc pas pleurer
comme ça... Savez-vous que je n'en puis plus ? » Et
quelle plus jolie invention pour satisfaire tous les
goûts de la femme, toutes ses vanités, mettre en
lumière toutes ses grâces, en activité toutes ses
coquetteries ? Pour quelques-unes, le théâtre était
une vocation : il y avait en effet des génies de nature, de grandes comédiennes et d'admirables chan-

ques scènes de sa façon. On se proposoit de donner bientôt après de
nouvelles comédies ; mais des incommodités survenues en firent différer
la représentation, et ce ne fut qu'au bout d'un mois que l'on se rassem-
bla pour jouer deux comédies, chacune en trois actes, l'une de M. Duchastel, intitulée *Zayde* et l'autre, *la Petite Maison*. La première pièce
est prise d'un roman intitulé *la Belle Grecque*, qui venoit de paroître,
et M. Duchastel avoit su tirer du sujet un bien meilleur parti que dom
Prévost, auteur du roman. Mme de Rochefort, dans le rôle de Zayde, fit
répandre bien des larmes ; Mme de Luxembourg fut charmante, habillée
à la turque, dans le rôle de Fatime ; M. de Forcalquier se surpassa dans
le rôle de Florimond, amant de Zayde ; et M. Duchastel, auteur de la
pièce, représenta avec un très-grand succès le rôle d'Alcippe, rival de
Florimond. Après cette pièce on joua *la Petite Maison*. Le succès du
Jaloux de lui-même m'avoit porté à composer cette nouvelle comédie.
Il y avoit une difficulté à surmonter : c'étoit le déguisement de Mme de
Rochefort en homme. Cela suspendit quelque temps l'idée de la donner.
Mais enfin on imagina une espèce d'habillement qui accorda la décence
avec l'illusion nécessaire pour le plaisir des spectateurs. »

Acteurs représentant dans la Petite Maison :

JULIE.	Mme de Rochefort déguisée en homme.
CIDALISE.	Mme de Luxembourg.
ARAMINTE.	Mme du Deffant.
PHROSINE.	
JAVOTTE.	
VALÈRE.	M. de Forcalquier.
CLITANDRE.	M. d'Ussé.
MATHURIN.	M. de Pont-de-Veyle.
LA MONTAGNE.	M. de Clermont.

teuses dans ces actrices de société. « Plus de dix de
nos femmes du grand monde, dit le prince de Ligne,
jouent et chantent mieux que ce que j'ai vu de
mieux sur tous les théâtres. » Pour beaucoup, le
théâtre était un passe-temps ; pour un certain
nombre, il était une occasion ; pour toutes, il était
une fièvre, une fièvre et un enchantement qui n'é-
tait rompu qu'à ces mots : « Ces dames sont ser-
vies. » On courait souper ; car on avait à peine
déjeuné pour être plus sûre de son organe. En passant, une glace faisait voir à une ou deux femmes
que leurs épingles étaient tombées ; on pensait aux
fautes qu'on se ressouvenait d'avoir commises, on
se disait : J'aurais dû dire ceci autrement. Puis on
se rappelait que deux personnes, passant pour être
bien ensemble, s'étaient parlé sur le troisième banc.
On n'était plus comédienne, on redevenait femme,
et la comédie finissait par une jalousie de talent,
d'amant ou de figure (1).

Quand c'était l'hiver et le carnaval, la nuit de la
femme s'achevait d'ordinaire à quelque bal masqué
et de préférence au bal de l'Opéra (2).

Les préparatifs du bal au commencement du règne
de Louis XV, le peintre Detroy nous les a gardés ; et
nous voici grâce à lui dans ce riche appartement où

(1) Mélanges par le prince de Ligne, vol. XI et XII.
(2) Les bals de l'Opéra, qui commençaient alors à la fête de Saint-
Martin, s'ouvraient à onze heures du soir et fermaient à six heures du
matin. L'entrée était de six livres. Leur succès était tel à la fin du
siècle que l'Opéra donnait l'été des *après-soupers*, bals masqués, précé-
dés de sérénades. (Mémoires de la République des lettres, vol. XXIII.)

les bras allumés, se tordant aux murs, jettent leurs
éclairs aux cadres superbement chantournés des
glaces. La flamme pétille dans la cheminée, derrière
les feux de bronze doré qui sont des sirènes coiffées
à la Maintenon. Les grosses bougies de cire jaune
brûlent aux deux coins de la toilette. Et debout ou
assis, les dominos, largement étoffés dans leur robe
sombre, causent, sourient, se rajustent, rattachent
le gros nœud qui relève leurs manches. Les mains
jouent avec les lourds masques de carton d'où pen-
dent deux rubans; un coup léger d'éventail chatouille là-bas deux yeux qui commencent à se fermer. Ici, le coude poussé par les plus éveillés de la
bande, une soubrette donne le *dernier léché* à la coiffure plate d'une jeune femme déjà animée de la joie
et de l'esprit du bal, les épaules couvertes, la gorge
à demi voilée d'un manteau de lit flottant laissant
voir les ramages opulents de sa robe de brocart (1).
— L'heure venue, l'on part; l'on est arrivé, et sitôt
la rencontre faite de « quelqu'un qui en vaut la
peine », que d'espiègleries dont le feu s'ouvre par
la vieille phrase, toujours jeune : *Je te connais, beau
masque!* Ce sont des libertés prises et des pardons
demandés, des hardiesses suivies d'excuses, et des
excuses accompagnées d'audaces, des éloges de la
beauté appuyées par le geste. Pendant que les deux
orchestres font leur bruit, les éventails donnent sur
les doigts, et pas une minute ne se passe sans qu'on

---

(1) *Les Préparatifs du bal,* peints par Detroy, gravés par Beauvarlet.

entende un froissement de soie, et ce mot d'une bouche de femme : *Finissez vos folies* (1) ! C'est un flux, un reflux jusque dans les corridors. Que de rendez-vous donnés sur les degrés de l'amphithéâtre ! Que de reconnaissances et de méprises ! Tout se mêle, les rangs, les ordres, les plus grandes dames et les bourgeoises qui se gonflent sous leur carton pour jouer la dame de qualité (2). Qu'est ce bruit ? un masque déchiré sur le visage d'une duchesse par un prince du sang. Qu'est cette main qu'un masque baise au même bal ? La main de la reine de France donnée à une poissarde qui reproche gaiement à Marie-Antoinette de n'être pas auprès de son mari (3).

Mais le plaisir, le vrai plaisir du bal est la causerie. L'esprit du dix-huitième siècle est à l'aise sous le masque : le masque lui donne la verve, il émancipe ses malices, il fait pétiller ses ironies. Sous la voûte de l'Opéra, les mots volent, les ripostes sifflent. L'épigramme de Piron se mêle à la chanson de Nivernois ; et tous les esprits de la France, ivres et charmants comme à la fin d'un souper, y rappellent à tout instant que, là où ils parlent, le Régent causa de Rabelais avec Voltaire.

Au fond de ces saturnales de la conversation, la femme trouve et goûte la distraction des rencontres, l'amusement de la coquetterie, le jeu vif et léger de

---

(1) Angola. — Le Grelot.
(2) Le Babillard, vol. I.
(3) Correspondance secrète, vol XI.

l'amour. Elle arrête ses amis par le bras, leur donne en passant un soupçon de jalousie. Elle reçoit, sans être forcée de rougir, les compliments des inconnus. Elle jouit, à l'abri du déguisement, des aveux et des déclarations. Elle peut laisser échapper les mots qu'elle ne veut pas dire à visage découvert, encourager la timidité, renouer après avoir rompu, ébaucher un roman d'un instant, laisser tomber, comme par mégarde, son sourire sur un mot, son cœur sur un passant. Et même si elle ne veut que jouer, badiner, n'a-t-elle pas aux mains cette tabatière que les dames laissent si volontiers échapper au bal de l'Opéra, pour avoir le lendemain, comme Mᵐᵉ d'Épinay, la visite de l'aimable homme qui la rapporte (1) ?

Le goût et le ton du monde, gardé au milieu de la licence de l'esprit, une galanterie libre, mais relevée d'élégance, conservent pendant tout le siècle une délicatesse aux plus vifs plaisirs du carnaval. Une grosse joie, une turbulence folle, ne se montrent qu'un moment dans ce siècle à l'Opéra, alors que paraissent les arlequins, les pierrots, les polichinelles, les mendiants, les podagres, les chinois, les chauves-souris, les *hirondelles de nuit de carême;* mais tous ces masques de tapage sont bien vite renvoyés aux bals des maîtres de danse de la ville, et même plus bas, aux bals de la Courtille et du Grand-Salon. La mode des costumes espagnols emplissant la salle de

---

(1) Mémoires de Mᵐᵉ d'Épinay, vol. I.

duègnes et de señoras ne dure guère plus ; et après quelques hivers, les hommes et les femmes revien-, nent au costume de la causerie, au manteau de l'intrigue : le domino reparaît, annonçant le retour des anciens plaisirs, qui rendent aux échos de l'Opéra le bruit, le rire et la gaieté d'un salon. Puis, à la fin du siècle, quand le domino est dans son plein règne, on trouve à sa couleur brune ou noire une monotonie trop sévère. Alors, ce ne sont plus sous le feu des lustres et des bougies que couleurs éclatantes et tendres, du blanc, du rose, du lilas, du gris de lin, du coquelicot, du soufre, tons frais et gais qu'égayent encore la gaze et les fleurs artificielles. Et la Folie ne sait pas pour ses nuits de fête de plus beau voile à jeter sur une femme qu'un domino jaune pâle noué par des rubans roses, les devants et le capuchon fleuris d'une guirlande de roses qui repasse deux fois sur un falbala de gaze blanche, le masque noir et luisant avec une barbe de taffetas rose (1).

La femme du dix-huitième siècle est sortie du bal. Mais sa nuit n'est pas encore finie. Après un médianoche, un souper, le jour est venu ou va venir : il lui prend fantaisie d'aller tempérer les vapeurs du champagne avec un ratafia qu'il est de bon goût de prendre au pont de Neuilly, et qu'il faut boire en mangeant des macarons, si l'on se pique d'usage (2).

(1) Cabinet des modes.
(2) Angola. — Déclaration de la mode.

Arrive enfin le coucher. Je l'ai là sous les yeux,
ce coucher de la femme du temps, dans un fin et
coquet dessin de Freudeberg. Auprès d'une cheminée dont le feu clair est masqué par un écran de
Beauvais, à côté du marchepied de lit à deux marches
cloutées d'or, devant le lit à la couronne empana-
chée, aux draps bombés par la bassinoire que promène une fille de chambre, la femme, debout sur
le tapis peluché, où elle vient de laisser tomber une
lettre, se laisse déshabiller par une femme de
chambre. Elle est déjà coiffée du *battant l'œil* qui enferme ses cheveux pour la nuit ; sa chemise glisse
sur son sein découvert, son jupon falbalassé va tomber au bas des hauts talons de ses mules. Les lumières des bras vont s'éteindre ; la femme demande
ses bougies de nuit, — et derrière elle, dans un
cadre éclairé d'une dernière lueur, un Amour rit
comme le dieu de ses rêves et l'ange de sa nuit.

Cette dissipation de la vie, cette dissipation du
monde, cet étourdissement des sens, de la tête et
de l'âme, ne tardaient pas à amener chez la femme
un certain étourdissement du cœur. Dans ce cercle
de plaisirs où l'épouse s'éloignait chaque jour un
peu plus de son mari et s'en détachait davantage,
soit qu'elle eût contre lui le ressentiment de nouveaux torts, soit qu'elle se refroidît naturellement et
d'elle-même, elle commençait bientôt à souffrir
comme d'une vague inquiétude. Elle trouvait le vide
au fond de son existence agitée ; et dans cet état

flottant où elle était entre la retenue, les scrupules, une disposition tendre, l'énervement, et les premières tentations des idées, son cœur inoccupé croyait se défendre et se remplir, en allant à quelque femme, à une amie, au choix de laquelle on mettait alors presque autant de vanité qu'au choix d'un amant. Encouragée par l'exemple et le bon ton du temps, elle se jetait à l'amitié brillante d'une femme à la mode, et y apportait l'engouement, la frénésie, l'excès d'emportement de son sexe. C'était là pour elle un premier pas vers l'amour et comme son essai enfantin et son jeu innocent. Car dans ces liaisons il y avait plus que des soins, exclusivement réservés à la famille, plus qu'un intérêt, banale politesse de cœur qu'une femme laissait tomber sur une douzaine de personnes; il y avait un sentiment, une illusion vive, une sorte de passion. On se jurait une amitié qui devait durer toute la vie; et que de mines, que d'embrassades, que de tendresses, que de transports mignards, que de chuchotages! On ne pouvait se quitter, vivre l'une sans l'autre; et tous les matins, c'étaient des lettres. *Mon cœur, mon amour, ma reine,* on ne s'appelait qu'ainsi d'une voix claire et traînante, en penchant doucement la tête. On portait les mêmes couleurs, on se soignait, on se gardait dans ses migraines, on se disait mille secrets à l'oreille; on n'allait qu'aux soupers où l'on était priées ensemble, et il fallait inviter l'une pour avoir l'autre. On se promenait dans les salons, les bras enlacés autour de la taille, ou bien on se tenait sur un sopha dans des attitudes qui montraient un groupe de l'Amitié. On ne parlait que des charmes de l'amitié; on était fière d'afficher son *intimité senti-mentale,* et le portrait de la délicieuse amie ne manquait pas de se balancer au bracelet (1).

Vers la fin du siècle, quand la sécheresse des âmes cherche à se retremper ou plutôt à se tromper par la *sensiblerie,* quand la mode exige de la tendresse, les amitiés de femmes exagèrent encore leur spectacle et leur affectation. C'est une fureur d'autels à l'amitié, d'hymnes à l'amitié. Les femmes ne portent plus que des ajustements de cheveux pour porter leur amitié sur elle; et la manufacture de Sèvres fabrique à l'honneur de cette amitié des groupes d'une *sensibilité passionnée.* Alors entrent dans la langue toutes sortes de petites finesses alambiquées, d'expressions molles, et de coquettes mièvreries. Une femme dit, parlant d'une autre : « J'ai un *sentiment* pour elle, elle a un *attrait* pour moi... Ce qu'elle m'inspire a quelque chose de si vif et de si tendre, que c'est véritablement de la *passion.* Et puis il y a une telle *conformité* dans notre manière d'être, une telle *sympathie* entre nous... » Tel est le ton, le parler, et pour ainsi dire le son de voix de cette amitié toute nouvelle et véritablement propre à ce siècle, dont le plus gros ridicule et l'extravagance de générosité nous sont retracés dans une petite comédie de femme, la comédie où Juliette,

---

(1) Tableau de Paris (par Mercier). vol. V et VII.

femme de chambre de la marquise de Germini,
ouvre la scène en lisant les mémoires des fournis-
seurs. « Pour un bureau, 800 livres !... C'est vraiment bien nécessaire pour écrire à la vicomtesse
Dorothée ; car, grâce au ciel, voilà la plus grande
occupation de Madame : passer sa vie ensemble, et
s'écrire régulièrement dix billets par jour ! Pour une
grande écritoire, 300 livres ! Pour un portefeuille à
secret... Pour un déjeuner de Sèvres, double chiffre
de myrte et de roses, dix écus ! Pour deux vases, double chiffre d'immortelles et de pensées, 400 livres !
Pour un groupe représentant « la Confidence de
deux jeunes personnes », 120 livres... Mémoires pour
bagues de cheveux, montre de cheveux, chaînes de
cheveux, bracelets de cheveux, cachets de cheveux,
collier de cheveux, boîte de cheveux... (1). »

Cette grande amitié des femmes baissa pourtant
un moment comme une mode qui va passer. La *délicieuse amie* fut pendant quelques années détrônée
et remplacée par un confident, par l'ami, par un
homme auquel la jeune femme confiait « ses vrais
secrets ». — Il y avait par le monde d'alors des
hommes très-nuls, très-insignifiants, généralement
hors d'âge, sans nul danger, en qui tout s'alliait, la
douceur d'esprit, le caractère effacé, l'amabilité sans
exigence, pour écarter de la femme qui s'approchait
d'eux toute idée d'être compromise. Modestes, ils
s'étaient rendu justice en bornant leur ambition

---

(1) *Les Dangers du monde.* Théâtre à l'usage des jeunes personnes,
par Mme de Genlis.

dans la société à la familiarit' amicale de la femme,
leur rôle à la direction de la ' oquetterie féminine ;
et la considération qu'ils tiraie 't de cette place sans
fatigue ni agitation, dans l'ombre derrière la femme,
souvent en tiers dans son cœur, leur suffisait. Dis-
crets, portant dans toute leur personne une apparence de réserve, à l'écart et le dos tourné à la conversation générale, ils prenaient position dans un
coin de cheminée où ils restaient à se chauffer : une
femme passait-elle à leur portée ? elle était prise,
ils l'accaparaient toute la soirée, ils ne la quittaient
plus, ils prenaient place à ses côtés au souper, ils
étaient toujours auprès d'elle, affairés, penchés con-
fidemment, parlant bas, glissant à tout moment un
murmure à son oreille, des petits mots, de petites
phrases, des riens qu'ils coupaient d'un air de mystère, de repos à intention. Les femmes, les maris,
les amants eux-mêmes les laissaient faire, sans en
prendre ombrage : ils demandaient si peu pour être
heureux ! D'ailleurs pour les femmes où trouver
plus d'indulgence ? Ces confesseurs de leurs secrets
avaient si peu de mauvaises pensées ou les cachaient si bien, qu'ils paraissaient toujours croire
que les intrigues dont on leur faisait confidence
étaient des passions platoniques. Et comment s'é-
tonner, après tant de qualités, du succès des deux
grands amis des femmes : le marquis de Lusignan,
appelé *Grosse-tête*, et le vieux marquis d'Estréhan,
appelé familièrement par toutes les femmes le *Père*,
suprême confident de tout le monde féminin, si

bien en pleine possession de la confiance générale, qu'il regardait comme un mauvais procédé l'oubli qu'une femme faisait de s'ouvrir entièrement à lui (1)?

Il arrivait que ce coquetage de l'amitié avec un homme, ce commerce de sentiment passionné avec une femme, amusant, sans le satisfaire, le cœur de la jeune épouse, l'acheminaient doucement et insensiblement vers l'idée d'un caprice plus sérieux. Le tête à tête de l'amitié, assez froid, assez languissant lorsqu'il n'était plus en spectacle, en représentation dans un salon, se tournait naturellement vers ce qui occupe la pensée de la femme : la causerie se laissant aller à son cours se mettait à rouler sur les ridicules des maris, les inconvénients du mariage. On s'abandonnait à des dissertations sur l'amour, à des réflexions, à des confidences; et, l'amour-propre se mettant du jeu, on se contait les passions qu'on inspirait, tout cela ingénument, au moins de la part de la jeune mariée, sans penser à mal, sans croire au danger. Mais la coquetterie s'excitait, l'imagination s'enhardissait, la pensée s'échauffait. Il se dégageait, des paroles que se renvoyaient les deux femmes, des questions qu'elles soulevaient, des images qu'elles faisaient naître devant elles, un commencement de tentation, une sourde envie d'émulation pour celle qui était pure. Ce n'était rien que cette causerie badine et folâtre;

et cependant, à chaque mot, elle touchait à fond une âme pleine de trouble. Et lorsque, selon l'ordinaire, cette amie de la jeune femme n'était ni aussi jeune ni aussi neuve qu'elle, lorsqu'elle savait le monde et qu'elle était de celles qui s'occupaient à former les jeunes femmes, ce n'était point pour elle un bien long ouvrage de monter tout à fait cette jeune tête et de disposer entièrement la petite personne à l'amour de quelque joli homme attendant le moment et l'heure.

Ces dialogues de femme à femme, qui avancent si fort les choses, il semble qu'on les écoute à la porte quand on entend Mme d'Épinay avec Mlle d'Ette, cette Flamande maîtresse du chevalier de Valory, que Diderot a peinte ainsi : « une grande jatte de lait sur laquelle on a jeté des feuilles de rose, et des tetons à servir de coussins au menton. » C'est un jour où la jeune femme, mal à l'aise, accablée de langueur, étouffant comme dans un grand vide, est couchée sur sa chaise longue, les yeux fermés et mouillés de larmes qui y montent, faisant semblant de dormir pour ne pas éclater, le cœur gros, débordant, prêt à se rompre et à se répandre. D'abord elle essaye de rejeter son état, sa tristesse sur les vapeurs, sur un ennui qu'elle ne peut définir. « Oui, l'ennui du cœur, et non de l'esprit, » lui dit Mlle d'Ette, et avec ce mot elle entre en elle, et met le doigt et la lumière sur tout ce que Mme d'Épinay craignait de creuser et de s'avouer. Elle lui affirme et lui prouve qu'elle n'aime plus son mari, qu'elle

ne saurait plus l'aimer, qu'il n'y a plus en elle que
la révolte d'un amour humilié. Et le remède c'est
d'aimer quelque autre objet plus digne d'elle.
Mme d'Épinay s'écrie vivement « qu'elle ne pourra
aimer un autre homme ». Puis, ce premier mouvement passé, elle demande où trouver un homme qui
se sacrifie pour elle et se contente d'être son ami
sans prétendre être son amant. « Mais je prétends
bien qu'il sera votre amant, » interrompt la d'Ette
jetant le grand mot et la vérité des choses dans
ces illusions de pensionnaire. Cependant, comme
Mme d'Épinay demeure effarouchée, balbutiant qu'elle
ne veut pas mal se conduire, Mlle d'Ette lui déve-
loppe la théorie qu'il n'y a qu'un mauvais choix ou
l'inconstance d'une femme qui puissent flétrir une
réputation. Au bout de cela, la jeune femme n'en
est déjà plus aux principes; il n'est plus question de
sa part que de la difficulté de cacher une intrigue
aux yeux du monde. Mlle d'Ette, pour réponse, lui
jette au nez sa propre histoire, l'amant avec lequel
elle vit, que personne ne soupçonne, que Mme d'Épinay ignorait. Et comme elle voit, sous le coup qu'elle
lui a porté, Mme d'Épinay chancelante, étourdie,
confondue, éperdue, disant qu'il lui faudra du temps
pour s'accoutumer à ces idées : « Pas tant que vous
croyez, répond-elle. Je vous promets qu'avant peu
ma morale vous paraîtra toute simple, et vous êtes
faite pour la goûter (1). »

---

(1) Mémoires de Mme d'Épinay, vol. I.

IV

L'AMOUR

Jusqu'à la mort de Louis XIV, la France semble travailler à diviniser l   nour. Elle fait de l'amour une passion théorique, un dogme entouré d'une adoration qui ressemble à un culte. Elle lui attribue une langue sacrée qui a les raffinements de formules de ces idiomes qu'inventent ou s'approprient les dévotions rigides, ferventes et pleines de pratiques. Elle cache la matérialité de l'amour avec l'immatérialité du sentiment, le corps du dieu avec son âme. Jusqu'au dix-huitième siècle, l'amour parle, il s'empresse, il se déclare, comme s'il tenait à peine aux sens et comme s'il était, dans l'homme et dans la femme, une vertu de grandeur et de générosité, de courage et de délicatesse. Il exige toutes les épreuves et toutes les décences de la galanterie, l'application à plaire, les soins, la longue volonté, le patient effort, les respects, les serments, la reconnaissance, la discrétion. Il veut des prières qui implorent et des agenouillements qui remercient, et il entoure ses faiblesses de tant de convenances apparentes, ses plus grands scandales d'un tel air de majesté, que ses fautes, ses hontes même, gardent une politesse et une excuse, presque une pudeur. Un idéal, dans ces siècles, élève à lui l'amour, idéal transmis par la chevalerie au bel esprit de la France, idéal d'héroïsme devenu un idéal de noblesse. Mais au dix-huitième siècle que devient cet idéal? L'idéal de l'amour au temps de Louis XV n'est plus rien que le désir, et l'amour est la volupté.

Volupté! c'est le mot du dix-huitième siècle; c'est son secret, son charme, son âme. Il respire la volupté, il la dégage. La volupté est l'air dont il se nourrit et qui l'anime. Elle est son atmosphère et son souffle. Elle est son élément et son inspiration, sa vie et son génie. Elle circule dans son cœur, dans ses veines, dans sa tête. Elle répand l'enchantement dans ses goûts, dans ses habitudes, dans ses mœurs et dans ses œuvres. Elle sort de la bouche du temps, elle sort de sa main, elle s'échappe de son fond intime et de tous ses dehors. Elle vole sur ce monde, elle le possède, elle est sa fée, sa muse, le caractère de toutes ses modes, le style de tous ses arts; et rien ne demeure de ce temps, rien ne survit de ce siècle de la femme, que la volupté n'ait créé, n'ait touché, n'ait conservé, comme une relique de grâce immortelle, dans le parfum du plaisir.

La femme alors n'est que volupté. La volupté l'ha-

bille. Elle lui met aux pieds ces mules qui balancent
la marche. Elle lui jette dans les cheveux cette
poudre qui fait sortir, comme d'un nuage, la physionomie d'un visage, l'éclair des yeux, la lumière du
rire. Elle lui relève le teint, elle lui allume les joues
avec du rouge. Elle lui baigne les bras avec des dentelles. Elle montre au haut de la robe comme une
promesse de tout le corps de la femme ; elle dévoile
sa gorge, et l'on voit, non-seulement le soir dans un
salon, mais encore tout le jour dans la rue, à toute
heure, passer la femme décolletée, provocante, et
promenant cette séduction de la chair nue et de la
peau blanche qui dans une ville caressent les yeux
comme un rayon et comme une fleur.

L'habit et le détail de l'habit de la femme, la volupté l'invente et le commande, elle en donne le
dessin et le patron, elle l'accommode à l'amour, en
faisant de ses voiles mêmes une tentation. Parures
et coquetteries, elle les baptise de noms qui semblent
attaquer le caprice de l'homme et aller au-devant de
ses sens.

Ainsi parée par la volupté, la femme trouve la volupté partout autour d'elle. La volupté lui renvoie de
tous les côtés son image, elle multiplie sous ses yeux
les formes galantes comme dans un cabinet de glaces.
La volupté chante, elle sourit, elle invite par les choses
muettes et habituelles de l'intérieur de la femme, par
les ornements de l'appartement, par le demi-jour de
l'alcôve, par la douceur du boudoir, par le moelleux
des soieries, par les *réveilleuses* de satin noir dont le

ciel est un grand miroir. Elle étale sur les panneaux
des aventures toujours heureuses, qui semblent
bannir d'une chambre de femme les rigueurs même
en peinture. Et, tenant la femme dans une odeur
d'ambre, elle la fait vivre, rêver, s'éveiller au milieu
d'une clarté tendre et voilée, sur des meubles de
langueur conviant aux paresses molles, sur les
sophas, sur les lits de repos, sur les *duchesses* où le
corps s'abandonne si joliment aux attitudes lasses et
comme négligées, où la jupe se relevant un tant soit
peu laisse voir un bout de pied, un bas de jambe.
L'imagination de la volupté est l'imagination de tous
les métiers qui travaillent pour la femme, de tous les
luxes qui veulent lui plaire. Et la femme sort-elle de
ce logis où tout est tendre, coquet, adouci, caressant, mystérieux? la volupté la suit dans une de ces
voitures si bien inventées contre la timidité, dans
un de ces *vis-à-vis* où les visages se regardent, où
les respirations se mêlent, où les jambes s'entre-
lacent (1).

La femme se répand-elle dans les sociétés? Causerie, propos aimables, équivoques, compliments,
anecdotes, charades et logogriphes à la mode (2),
voilant dans le plus grand monde le cynisme sous la
flatterie, l'esprit du temps apporte sans cesse à la
femme l'écho de la galanterie et le fait résonner au
fond d'elle. L'esprit du temps l'assiège, il éveille ses
sens à toute heure; il jette sur sa toilette, il lui met

(1) Angola, vol. I.
(2) Correspondance secrète, *passim*.

dans les mains les livres qu'il a dictés et qu'il applaudit, les brochurettes de ruelles, les opuscules de
légèreté et de passe-temps, les petits romans où l'allégorie joue sur un fond libre et danse sur une gen-
tille ordure, les contes de fée égayés de licence et de
polissonnerie, les tableaux de mœurs fripons, les fantaisies érotiques qui semblent, dans un Orient baroque, donner le carnaval des *Mille et une Nuits* à
l'ennui d'un sultan du Parc aux cerfs. Puis, c'est autour de la femme une poésie qui la courtise, qui la
lutine ; ce sont de petits vers qui sonnent à son
oreille comme un baiser de la muse de Dorat sur une
joue d'opéra. C'est Philis, toujours Philis qu'on attaque, qui combat, qui se défend mal... des regards,
des ardeurs, des douceurs. « J'inspire là-dessus en
me jouant, » dit l'Apollon de Marivaux. Poésie de fa-
deurs qui embaume et qui entête ! Rondeaux de
Marot retouchés par Boucher, idylles de Deshoulières
ranimées par Gentil-Bernard, poëmes où les rimes
s'accouplent avec un ruban rose, et où la pensée
n'est plus qu'un roucoulement ! Il semble que les
lettres du dix-huitième siècle, agenouillées devant la
femme, lui tendent ces tourterelles dans une corbeille de fleurs dont les bouquetières offraient l'hommage aux reines de France (1).

La femme se met-elle au clavecin ? chante-t-elle ?
Elle chante cette poésie ; elle chante : *De ses traits le
Dieu de Cythère...*, ou : *Par un baiser sur les lèvres*

(1) Correspondance secrète, vol. VII.

d'Iris..., ou : *Non, non, le Dieu qui fait aimer* (1)...,
chansons partout goûtées, jetées sur toutes les ta-
blettes, dédiées à la Dauphine, et auxquelles le temps
trouve si peu de mal qu'il met sur les lèvres de
Marie-Antoinette le refrain :

En blanc jupon, en blanc corset... (2).

La volupté, cette volupté universelle, qui se dégage des choses vivantes comme des choses ina-
nimées, qui se mêle à la parole, qui palpite dans la
musique, qui est la voix, l'accent, la forme de ce
monde, la femme la retrouve dans l'art du temps
plus matérielle et pour ainsi dire incarnée. La statue, le tableau sollicitent son regard par un agrément
irritant, par la grâce amusante et piquante du joli.
Sous le ciseau du sculpteur, sous le pinceau du
peintre, dans une nuée d'Amours, tout un Olympe
naît du marbre, sort de la toile, qui n'a d'autre divinité que la coquetterie. C'est le siècle où la nudité
prend l'air du déshabillé, et où l'art, ôtant la pudeur
au beau, rappelle ce petit Amour de Fragonard qui,
dans le tableau de la *Chemise enlevée*, emporte en
riant la décence de la femme. Que de petites scènes
coquines, grivoises ! que d'impuretés mythologiques !
que de *Nymphes scrupuleuses*, que de *Balançoires mys-
térieuses !* Que de pages spirituellement immodestes,
échappées au grand Baudouin et au petit Queverdo,

(1) Choix de chansons mises en musique par M. de Laborde. *Paris,
Delormel*, 1773.
(2) Correspondance se ... u , vol. II.

à Freudeberg, à Lavreince, aux mille maîtres qui savent si bien décolleter une idée de Collé dans une
miniature du Corrége ! Et la gravure est là, avec son
burin leste, vif et fripon, pour répandre ces idées en
gravures, en estampes vendues publiquement, entrant dans les plus honnêtes intérieurs et mettant
jusqu'aux murs de la chambre des jeunes filles (1),
au-dessus de leur lit et de leur sommeil, ces images
impures, ces coquettes impudicités, ces couples enlacés dans des liens de fleurs, ces scènes de tendresse, de tromperie, de surprise, au bas desquelles
souvent le graveur appelle dans un titre naïf le
Plaisir par son nom (2)!

Quelle résistance pouvait opposer la femme à cette
volupté qu'elle respirait dans toutes choses et qui
parlait à tous ses sens ? Le siècle, qui l'assaillait de
tentations, lui laissait-il au moins pour les repousser,
pour les combattre, cette dernière vertu de son
sexe, l'honnêteté de son corps : la pudeur ?

Il faut le dire : la pudeur de la femme du dix-huitième siècle ignorait bien des modesties acquises depuis elle par la pudeur de son sexe. C'était alors une
vertu peu raffinée, assez peu respectée, et qui restait à l'état brut, quand elle ne se perdait pas au milieu des impressions, des sensations, des révélations,
à l'épreuve desquelles le siècle la soumettait. Il y
avait dans les mœurs une naïveté, une liberté, une

---

(1) Entretiens du Palais-Royal. *Paris, Buisson,* 1786.
(2) Voyez la planche de Queverdo dédiée à M. le comte de Saint-
Marc.

certaine grossièreté ingénue qui en faisait, dans
toutes les classes, assez bon marché. Comme la pudeur n'entrait point dans les agréments sociaux, on
ne l'apprenait guère à la femme, et c'est à peine si
on lui en laissait l'instinct. Une fille déjà grande
fille était toujours regardée comme une enfant, et
on la laissait badiner avec des hommes; on tolérait
même souvent qu'elle fût lacée par eux, sans attacher à cela plus d'importance qu'à un jeu (1). La
jeune fille devenue femme, un homme que vous
montrera une gravure de Cochin lui prenait, sur sa
chemise, la mesure d'un corps (2). Mariée, elle recevait au lit, à la toilette où elle s'habillait et où l'indécence était une grâce, où la liberté quelquefois
dégénérait en cynisme (3). Dans l'écho des propos
d'antichambre, dans la parole des vieux parents
égrillards, une langue, encore chaude du franc
parler de Molière, une langue expressive, colorée,
sans pruderie, apportait à son oreille les mots vifs
de ce temps sans gêne. Ses lectures n'étaient guère
plus sévères : de main en main passaient les recueils
polissons, les *Maranzakiniana*, dictés par quelque
grande dame à la plume de Grécourt (4); la *Pucelle*
traînait sur les tables, et les femmes qui se respec-
taient le plus ne se cachaient pas de l'avoir lue etne

---

(1) Les Contemporaines, par Rétif, *passim*.
(2) *Le Tailleur pour femmes*, dessiné par Cochin.
(3) Voyez dans d'Argenson la façon dont il est reçu par Mme de Prie
à sa toilette.
(4) Mémoires de Richelieu, vol. VIII.

rougissaient pas de la citer (1). La femme gardait-
elle, malgré tout, une virginité d'âme? Le mari du
temps, tel que nous le dessinent les Mémoires, était
peu fait pour la lui laisser. Il agissait, là-dessus,
fort cavalièrement avec sa femme, qu'il formait aux
docilités d'une maîtresse ; et, s'il avait bien soupé, il
donnait volontiers à ses amis le spectacle du sommeil et du réveil de sa femme (2). La femme se tournait-elle vers l'amitié ? Elle y trouvait les confidences
galantes, les paroles d'expérience qui ôtent le voile
à l'illusion, dans la compagnie de quelque femme
affichée comme Mme d'Arty. Elle allait à une représentation de proverbe gaillard sur un théâtre de société, à quelque pièce de haute gaieté pareille à la
Vérité dans le vin, ou bien à un de ces prologues salés
des spectacles de la Guimard auxquels les femmes
honnêtes assistaient en loges grillées (3). Elle essuyait «les jolies horreurs» des soupers à la mode (4),
elle affrontait les chansons badines à la Boufflers
courant le monde à la fin du siècle (5). Puis, pour
achever de lui enlever le préjugé de ces misérables
délicatesses, la philosophie venait : entraînée à quelque souper de comédienne fameuse, à la table d'une
Quinault, dans la débauche de paroles de Duclos et
de Saint-Lambert, au milieu des paradoxes grisés par

---

(1) Correspondance inédite de Mme du Deffand. *Michel Lévy,* 1859,
vol. I.
(2) Mémoires de Mme d'Épinay, vol. I.
(3) Mémoires de la République des lettres, vol. V.
(4) Correspondance secrète, vol. VIII.
(5) Mémoires de la République des lettres, vol. XXVI.

le champagne, dans la belle ivresse de l'esprit et de l'éloquence, la femme entendait dire de la pudeur : « Belle vertu ! qu'on attache sur soi avec des épingles (1)!... »

C'est ainsi que peu à peu, d'âge en âge, la facilité des approches, les spectacles donnés aux sens, l'irrespect de l'homme, les corruptions de la société et du mariage, les enseignements, les systèmes de pure nature, attaquaient et déchiraient chez la femme jusqu'aux derniers restes de cette innocence qui est, dans la jeune fille, la candeur de la chasteté, dans l'épouse, la pureté de l'honneur. Aussi le jour où l'amour se présentait à sa pensée, la femme ne trouvait pas pour repousser cette pensée de force personnelle ; elle appelait vainement contre la tentation de ce mot et de ces images la défense, la révolte de sa pudeur physique. Et bientôt, dans cet intérieur que désertait le mari, quel effort ne lui fallait-il pas pour garder ce qu'elle croyait avoir encore de pudeur morale, devant tant d'exemples publics d'impudeur sociale, devant tant de ménages auxquels l'amour ou l'habitude servait de contrat, tant de liaisons reconnues, consacrées par l'opinion publique : Mme Belot et le président de Meinières, Hénault et Mme du Deffand, d'Alembert et Mlle de Lespinasse, Mme de Marchais et M. d'Angivilliers, etc., — jusqu'à Mme Lecomte et Watelet que personne ne s'étonnait de trouver ensemble chez la rigide Mme Necker (2) !

(1) Mémoires dé Mme d'Épinay, vol. I.
(2) Souvenirs de Félicie.

Facilités, séductions, mœurs, habitudes, modes, tout conspire donc contre la femme. Tout ce qu'elle touche, tout ce qu'elle rencontre et tout ce qu'elle voit, apporte à sa volonté la faiblesse, à son imagination le trouble et l'amollissement. De tous côtés se lève autour d'elle la tentation, non-seulement la tentation grossière et matérielle, touchant à la paix de ses sens, irritant les appétits de sa fantaisie et les curiosités de son caprice, mais encore la tentation redoutable même aux plus vertueuses et aux plus délicates, la tentation qui frappe aux endroits nobles, aux parties sensibles de l'âme, qui touche, qui attendrit doucement le cœur avec les larmes qui montent aux yeux.

Il est un charme de l'amour, tout plein de fraîcheur et de poésie, à l'épreuve duquel le dix-huitième siècle soumettra les femmes les plus pures, comme pour leur donner l'assaut dont elles sont dignes. Le péril ne sera plus représenté par un homme, mais par un enfant. La séduction se cachera sous l'innocence de l'âge, elle jouera presque sur les genoux de la femme, qui croira la combattre en la grondant, et qui ne la repoussera qu'une fois blessée : ainsi, dans l'ode antique, ce petit enfant mouillé et plaintif qui frappe avec une voix de prière à la porte du poëte ; puis, assis à son feu, les mains réchauffées à ses mains, l'enfant tend son arc, l'arc de l'amour, et touche son hôte au cœur.

Prières d'enfant, larmes d'enfant, blessure d'enfant, n'est-ce pas la jolie histoire de Mme de Choiseul

avec le petit musicien Louis, si doux, si sensible, si
intéressant et qui joue si bien du clavecin? Elle s'en
amuse, elle l'aime à la folie comme un joujou ; elle
a pour lui la *passionnette* qu'une femme a pour son
chien. Puis le petit homme grandissant, en grâces,
en intelligence, en douceur, en sensibilité, un matin
vient où il faut lui défendre ces caresses enfantines
qui bientôt ne seront plus de son âge. Alors plus de
joie, plus d'appétit : il ne dîne pas. Le cœur gros, il
reste assis au clavecin de Mme de Choiseul, si triste
qu'elle laisse tomber sur sa petite tête ce mot de caresse : « Mon bel enfant. » A ce mot l'enfant éclate;
il fond en larmes, en sanglots, en reproches. Il dit à
Mme de Choiseul qu'elle ne l'aime plus, qu'elle lui
défend de l'aimer. Il pleure, il se tait, il pleure encore et s'écrie : « Et comment vous prouver que je
vous aime? » Il veut se jeter et pleurer sur la main
de Mme de Choiseul; mais Mme de Choiseul s'est en-
fuie déjà pour dérober son attendrissement, ses
larmes, son cœur, à ce doux affligé qui semble implorer l'amour d'une femme comme on implore l'a-
mour d'une mère et d'une reine, agenouillé, et caressant le bas de sa robe. Et comment se défendre
de pitié, d'indulgence, les jours suivants? Il a la
fièvre; et, comme il le dit à l'abbé Barthélemy, « son
cœur tombe ». Il reste en contemplation, en adoration, laissant venir à ses yeux les pleurs qu'il va
cacher dans une autre chambre. Il s'approche de
Mme de Choiseul, il embrasse ce qui la touche, et,
quand elle l'arrête d'un regard, il la supplie d'un

mot : « Quoi ! pas même cela ? » Tant de candeur,
tant d'ardeur, tant d'audace ingénue, un enfantil-
lage de passion si naturel et qui est la passion même
finiront par mettre sous la plume de Mme de Choiseul
le cri du temps, le cri de la femme : « Quoi qu'on
aime, c'est toujours bien fait d'aimer. » Et peut-être
dira-t-elle plus vrai qu'elle ne croit elle-même lorsqu'elle écrira : « Mes amours avec Louis sont à leur
fin ; leur terme est celui de son voyage à Paris, et je
l'y renvoie à Pâques. Ainsi vous voyez que je vais
être bien désœuvrée (1). »

Mais on rencontre dans le dix-huitième siècle, à
côté du petit Louis, de plus grands enfants et qui me-
nacent les maris de plus près. Ceux-ci ne sont pas
encore hommes, mais ils commencent à l'être. Le
dernier riré de l'enfance se mêle en eux au premier
soupir de la virilité. Ils ont les grâces du matin de
la vie, la flamme de la jeunesse, l'impatience, la légèreté, l'étourderie. Ils ont pour plaire l'âge où l'on
obtient une compagnie, l'âge où l'on voudrait avoir
une jolie maîtresse et un excellent cheval de bataille.
Ils séduisent par un mélange de frivolité et d'héroïsme, par leur peau blanche comme la peau d'une
femme, par leur uniforme de soldat que le feu va
baptiser. Ils badinent à une toilette, et la pensée de
la femme qui les regarde les suit déjà à travers les
batteries, les escadrons ennemis, sur la brèche minée où ils monteront avec un courage de grenadier.

(1) Correspondance inédite de Mme du Deffand. *Paris*, 1859, vol. II.

Et lorsqu'ils partent, quelle femme ne se dit tout bas à elle-même : Il va partir, il va se battre, il va mourir ! comme la Bélise de Marmontel écoutant les adieux du charmant petit officier : « Je vous aime bien, ma belle cousine ! Souvenez-vous un peu de votre petit cousin : il reviendra fidèle, il vous en donne sa parole. S'il est tué, il ne reviendra pas, mais on vous remettra sa bague et sa montre (1)... »

Amours d'enfants, amours de jeunes gens, un poëte va venir à la fin du siècle pour immortaliser vos dangers et vos enchantements ; et faisant tomber les larmes du petit Louis sur l'uniforme de Lindor, Beaumarchais nous laissera cette figure ingénue et mutine, où s'unissent les ensorcellements de l'enfant, de la jeune fille, du lutin et de l'homme : Chérubin ! le démon de la puberté du dix-huitième siècle.

A côté de ce danger, que d'autres dangers pour la vertu, pour l'honneur de la femme dans la grande révolution faite par le dix-huitième siècle dans le cœur de la France : la passion remplacée par le désir !

Le dix-huitième siècle, en disant : *Je vous aime,* ne veut point faire entendre autre chose que : *Je vous désire. Avoir* pour les hommes, *enlever* pour les femmes, c'est tout le jeu, ce sont toutes les ambitions de ce nouvel amour, amour de caprice,

_____

(1) **Contes moraux de Marmontel.** *Merlin,* 1765, vol. I. *Le Scrupule.*

mobile, changeant, fantasque, inassouvi, que la comédie de mœurs personnifie dans ce Cupidon bruyant, insolent et vainqueur, qui dit à l'Amour passé : « Vos amants n'étaient que des benêts, ils ne savaient que languir, que faire des hélas, et conter leurs peines aux échos d'alentour. J'ai supprimé les échos, moi... Allons, dis-je, je vous aime, voyez ce que vous pouvez faire pour moi, car le temps est cher, il faut expédier les hommes. Mes sujets ne disent point : Je me meurs, il n'y a rien de si vivant qu'eux. Langueurs, timidité, doux martyre, il n'en est plus question ; fadeur, platitude du temps passé que tout cela... Je ne les endors pas, mes sujets, je les éveille ; ils sont si vifs, qu'ils n'ont pas le loisir d'être tendres ; leurs regards sont des désirs ; au lieu de soupirer, ils attaquent ; ils ne disent point : Faites-moi grâce, ils la prennent : et voilà ce qu'il faut (1). »

Le siècle est arrivé « au vrai des choses », il a rendu « le mouvement aux sens ». Il a supprimé, et s'en vante, les exagérations, les grimaces et les affectations (2). Avec ce nouvel amour, plus de mystère, plus de manteaux couleur de muraille dans lesquels on se morfondait ! Du bruit de ses laquais frappant à coups redoublés, le galant éveille le quartier où dort sa belle, et il laisse à la porte son équipage publier sa bonne fortune. Plus de secret, plus

---

(1) La Réunion des Amours, par Marivaux, 1731.
(2) *La Nuit et le Moment*, ou les *Matines de Cythère*. Collection complète des œuvres de Crébillon le fils. *Londres*, 1772, vol. I.

de discrétion : les hommes apprennent à n'en avoir
plus que par ménagement pour eux-mêmes (1) !
Plus de grandes passions, plus de sensibilité; on
serait montré au doigt. Quelles railleries ferait de
vous l'amour libre, hardi, et, comme on dit, *grenadier* (2), s'il vous voyait garder l'habitude d'aimer
languissamment, et cette « bigoterie » de langage
avec laquelle autrefois l'homme courtisait la femme !
Que de mépris dans ce mot: *inclinations respecta-
bles* (3), dont on baptise ces quelques liaisons où le
goût succède à la jouissance, et dont la durée scandalise la société qu'elle gêne ! Le respect pour la
femme? offense pour ses charmes, ridicule pour
l'homme ! Lui dire à première vue qu'on l'aime, lui
montrer toute l'impression qu'elle fait, lancer une
déclaration, quel risque à cela? N'est-ce pas un
principe partout répété, un fait affirmé bien haut
par les hommes, qu'il suffit de dire trois fois à une
femme qu'elle est jolie, pour qu'elle vous remercie
à la première fois, pour qu'elle vous croie à la seconde, et pour qu'à la troisième elle vous récompense?
Les façons ainsi supprimées, les bienséances suivent
les façons (4), et l'amour connaît pour la première
fois ces arrangements appelés si nettement par

(1) Bibliothèque des petits maîtres pour servir à l'histoire du bon
ton et de l'extrêmement bonne compagnie. *Au Palais-Royal, chez la
Petite Lolo, marchande de galanteries, à la Frivolité,* 1742.

(2) Dialogue entre l'Amour et la Vérité. *Mercure de France,* mars
1720.

(3) Mémoires de Besenval.

(4) Les Égarements du cœur et de l'esprit, ou Mémoires de M. de
Meilcourt. Œuvres de Crébillon le fils, vol. I.

Chamfort « l'échange de deux fantaisies et le contact de deux épidermes » ; commerce d'un genre nouveau, déguisé sous tous ces euphémismes, *passades, fantaisies, épreuves,* liaisons où l'on s'engage sans grand goût, où l'on se contente du peu d'amour qu'on apporte, unions dont on prévoit le dernier jour au premier jour, et dont on écarte les inquiétudes, la jalousie, tout ennui, tout chagrin, tout sérieux, tout engagement de pensée ou de temps. Cela commence par quelques mots dits, dans un salon plein de monde, à l'oreille d'une femme par quelque joli homme qui prend en badinant la permission de revenir, qu'on lui accorde sans y attacher de conséquence. Dès le lendemain, c'est une visite en négligé, en *polisson,* à la toilette de la dame, étonnée et déjà flattée des compliments sur sa beauté du matin ; puis la demande brusque si elle a fait un choix dans sa société, et le persiflage sans pitié de tous les hommes qu'elle voit. « Cependant, vous voilà libre, lui dit-on en revenant à elle. Que faites-vous de cette liberté ? » L'on parle du besoin de perdre à propos cette liberté : « Si vous ne donniez pas votre cœur, il se donnerait tout seul. » Et l'on appuie sur l'avantage de trouver dans un amant un conseil, un ami, un guide, un homme formé par l'usage du monde. L'on se désigne ; puis négligemment : « Je serais assez votre fait, sans tout ce monde qui m'assiége. » Et faisant un retour sur la femme que l'on a dans le moment : « Elle m'a engagé à lui rendre quelques soins, à lui marquer quelque em-

pressement ; il n'eût pas été honnête de lui refuser.
Je me suis prêté à ses vues ; pour plus de célébrité à
notre aventure, elle a voulu prendre une petite maison : ce n'était pas la peine pour un mois tout au
plus que j'avais à lui donner ; elle l'a fait meubler à
mon insu et très-galamment... » Et l'on raconte le
souper qu'on y fit avec tant de mystère, et où l'on
eût été en tête à tête si l'on n'y avait point amené
cinq personnes, et si la dame n'en avait amené
cinq autres. « Je fus galant, empressé, et ne me
retirai qu'une demi-heure après que tout le monde
fût parti. C'est assez pour lui attirer la vogue... » Et
l'on ajoute que l'on peut prendre congé d'elle sans
avoir aucun reproche à craindre. Ici l'on ne manque
point de parler de ses qualités, de son savoir-vivre,
de la différence qu'il y a de soi aux autres hommes :
on vante la délicatesse qu'on s'est imposée de se
laisser quitter par égard pour la vanité des femmes,
et l'on conte, comme le beau trait de sa vie, que l'on
s'est enfermé trois jours de suite pour laisser à celle
dont on se détachait l'honneur de la rupture. La
femme, qu'on étourdit ainsi d'impertinences, se ré-
crie-t-elle ? « En honneur, lui dit-on sans l'écouter,
plus j'y pense, et plus je voudrais pour votre intérêt
même que vous eussiez quelqu'un comme moi. » Et
comme la femme déclare que si elle avait l'intention
de faire un choix, elle ne voudrait qu'une liaison
solide et durable : « En vérité ? dit vivement l'aimable
homme, si je le croyais, je serais capable de faire
une folie, d'être sage et de m'attacher à vous. La dé-

claration est assez mal tournée, c'est la première de
ma vie, parce que jusqu'ici on m'avait épargné les
avances. Mais je vois bien que je vieillis... » Là-
dessus, un sourire de la femme qui pardonne, et qui
avoue trouver à l'homme qui lui parle des grâces,
de l'esprit, un air intéressant et noble ; mais elle a
besoin d'une connaissance plus approfondie de son
caractère, d'une persuasion plus intime de ses sentiments ; à quoi l'homme répond quelquefois d'un air
sérieux que, bien qu'il soit l'homme de France le plus
recherché et un peu las d'être à la mode, en considération d'un objet qui peut le fixer, il veut bien
accorder à la femme le temps de la réflexion, vingt-
quatre heures : « Je crois que cela est bien honnête,
je n'en ai jamais tant donné (1). » — Et cet engagement, qui est à peu d'exagération près l'engagement
du temps, cet engagement finit par ces mots de l'a-
mant : « Ma foi ! Madame, je n'ai pas cru la chose si
sérieuse entre vous et moi. Nous nous sommes plu,
il est vrai ; vous m'avez fait l'honneur de votre goût,
vous étiez fort du mien. Je vous ai confié mes dispositions, vous m'avez dit les vôtres, nous n'avons
jamais fait mention d'amour durable. Si vous m'en
aviez parlé, je ne demandais pas mieux, mais j'ai
regardé vos bontés pour moi comme les effets d'un
caprice heureux et passager ; je me suis réglé là-
dessus (2). »

---

(1) Contes moraux de Marmontel, 1765, vol. 1. *L'Heureux Divorce.*
(2) Œuvres de Marivaux. *Paris*, 1830, vol. IX. *Le Spectateur fran-*
çais.

Les femmes se prêtèrent presque sans résistance à cette révolution de l'amour. Elles renoncèrent vite « au métier de cruelles ». La lecture de la Calprenède, lecture ordinaire des filles de quinze ans, ces romans de *Pharamond,* de *Cassandre,* de *Cléopâtre,* qui gonflaient les poches des fillettes (1), tous les livres qui façonnaient le cœur et l'esprit de la femme dès l'enfance, la femme ne tardait pas à les oublier dès qu'elle entrait dans le monde, dès qu'elle respirait l'air de son temps. Le siècle qui l'entourait, les conseils de l'exemple, les moqueries de ses amies plus avancées dans la vie, lui enlevaient bientôt le goût et le souvenir des amours héroïques : leurs lenteurs, leurs tremblants aveux, leurs nobles dépits, leurs transports à la suite d'innocentes faveurs, leurs raffinements de délicatesse, leur quintessence de générosité et de galanterie, s'effaçaient dans sa mémoire. Elle perdait vite toutes les illusions du romanesque, ces tendres rêveries et ces langueurs du jour, ces insomnies et ces fièvres de nuits, ces beaux tourments du premier amour qui, les jours d'absence de l'amoureux d'abord entrevu au parloir, lui arrachaient de si douloureux soupirs, après les soupirs une apostrophe à « ce cher Pyrame », après l'apostrophe, un monologue où elle s'appelait « fille infortunée » ! Puis c'était encore de nouveaux soupirs suivis de nouvelles apostrophes à la nuit, au lit où elle était couchée, à la chambre qu'elle habi-

---

(1) Correspondance de Mme du Deffand. — Mémoires d'un voyageur qui se repose, par Dutens.

tait : grand roman qu'elle se jouait à elle-même
jusqu'au jour (1). Mais comment garder une imagination si enfantine et s'enflammer à de tels jeux,
au milieu d'une société qui ne s'attache qu'au
matériel et à l'agréable des passions, qui en rejette
la grandeur, l'effort, l'exagération naïve et la poésie
ennuyeuse? La femme voit autour d'elle le persiflage poursuivre et déchirer ce qu'elle croyait être
l'excuse de l'amour, son honneur, ses voiles, ses
vertus de noblesse. Par tous ses professeurs, par ses
mille voix, par ses leçons muettes, le monde lui apprend ou lui fait entendre qu'il y a un grand vide
dans les grands mots et une grande niaiserie dans
les grands sentiments. Pudeur, vertu, amour, tout
cela se dépouille à ses yeux comme des idées qui
perdraient leur sainteté. La femme arrive à rougir
des mouvements de son cœur, des élancements de
tendresses qui avaient transporté son âme de jeune
fille dans le songe des vieux romans ; et la honte se
mêlant en elle à la peur du ridicule, elle se débarrasse si bien des préjugés et des sottises de son premier caractère, que, revoyant son amoureux de
couvent, l'homme dont la pensée la fit pour la première fois si heureuse et si confuse, elle l'accueille
avec un air de coquetterie folâtre, une mine imper-
tinente, le rire de la femme *la plus faite;* on dirait
qu'elle veut lui faire entendre par toute son attitude
la phrase de la jeune femme de Marivaux : « Je vous

(1) Œuvres de Marivaux, vol. IX. Pièces détachées. *Première
Lettre de M. de M. contenant une aventure.*

permets de rentrer dans mes fers ; mais vous ne vous ennuierez pas comme autrefois, et vous aurez bonne compagnie (1). »

Quand la femme avait ainsi surmonté les préjugés du passé et de la jeunesse, quand elle était arrivée à ce point de coquetterie, il lui restait bien peu de scrupules à dépouiller, et elle n'était pas loin d'être dans cette disposition d'âme qui faisait désirer et chercher à la femme du temps ce que le temps appelait « une affaire ». Bientôt auprès d'elle à sa toilette, à la promenade, au spectacle, on voyait un homme chaque jour plus assidu, et qu'elle faisait prier à tous les soupers où elle était invitée ; car, à une première affaire, la femme était encore parmi ces prudes qui ne pouvaient prendre sur elles de se décider au bout de quinze jours de soins, et dont un mois tout entier n'achevait pas toujours la défaite. Cela finissait pourtant : un soir elle se montrait avec son cavalier en grande loge à l'Opéra (2), et déclarait ainsi sa liaison, selon l'usage adopté par les femmes du monde pour la présentation officielle d'un amant au public. Mais, au bout de peu de temps, la désillusion venait, la jeune femme s'était trompée dans son choix ; il n'y avait point dans l'engagement auquel elle s'était livrée des convenances suffisantes pour l'y attacher, et la femme donnait à l'homme le congé que nous avons vu tout à l'heure l'homme donner à

---

(1) Œuvres de Marivaux, vol. IX.
(2) Les Confessions du comte de ***, par feu M. Duclos. *Amsterdam*, 1776, vol. I.

la femme. Elle disait au jeune homme qu'elle avait
cru aimer à peu près ce que Mme d'Esparbès disait à
Lauzun, dont l'éducation n'était point encore faite :
« Croyez-moi, mon petit cousin, il ne réussit plus
d'être romanesque, cela rend ridicule et voilà tout.
J'ai eu bien du goût pour vous, mon enfant; ce n'est
pas ma faute si vous l'avez pris pour une grande
passion, et si vous vous êtes persuadé que cela ne
serait jamais fini. Que vous importe si ce goût est
passé, que j'en aie pris pour un autre, ou que je
reste sans amant? Vous avez beaucoup d'avantages
pour plaire aux femmes, profitez-en pour leur plaire,
et soyez convaincu que la perte d'une peut toujours
être réparée par une autre; c'est le moyen d'être
heureux et aimable (1). »

On se quittait comme on s'était pris. On avait été
heureux de *s'avoir,* on était enchanté de ne *s'avoir*
plus (2). Alors s'ouvrait devant la femme la carrière
des expériences. Elle y entrait en s'y jetant, et elle
y roulait dans les chutes, demandant l'amour à des
caprices, à des goûts, à des fantaisies, à tout ce qui
trompe l'amour, l'étourdit et le lasse, plus flattée
d'inspirer des désirs que du respect, tantôt quittant,
tantôt quittée, et prenant un amant comme un
meuble à la mode ; si bien que l'on croit entendre
l'aveu de son cœur dans la réponse de la Gaussin à
qui l'on demandait ce qu'elle ferait si son amant la

---

(1) Mémoires de M. le duc de Lauzun. *Paris,* 1822.
(2) Mélanges militaires, littéraires et sentimentaires (par le prince
de Ligne). *Dresde,* 1795-1811, vol. VIII.

quittait : « J'en prendrais un autre. » D'ailleurs
qui songerait à lui demander davantage par ce temps
où c'est une si grande et si étonnante rareté qu'un
homme amoureux, un homme « à préjugés de province », un homme enfin « qui veut du sentiment (1) » ? Il est convenu qu'à trente ans, une
femme « a toute honte bue », et qu'il ne doit plus
lui rester qu'une certaine élégance dans l'indécence,
une grâce aisée dans la chute, et après la chute un
badinage tendre ou du moins honnête qui la sauve
de la dégradation. Un reste de dignité après l'entier
oubli d'elle-même sera tout ce qu'elle mettra de
pudeur dans le libertinage (2).

Bientôt par la liberté, le changement, la galanterie de la femme va prendre dans ce siècle les al-
lures et les airs de la débauche de l'homme. La
femme va vouloir, selon l'expression d'une femme,
« jouir de la perte de sa réputation (3). » Et des
femmes auront, pour loger leur plaisir, des petites
maisons pareilles aux petites maisons des *roués*, des
petites maisons dont elles feront elles-mêmes le
marché d'achat, dont elles choisiront le portier, afin
que tout y soit à leur dévotion et que rien ne les
gêne si elles veulent y aller tromper leur amant
même (4).

(1) Contes moraux par Marmontel, 1765, vol. I. *Tout ou rien.*
(2) Le Sopha. — Œuvres complètes de Dorat. 1764-1789. *Point de
l'endemain.*
(3) Réflexions nouvelles sur les femmes, par une dame de la cour.
Paris, 1727.
(4) Adèle et Théodore.

La morale du temps est indulgente à ces mœurs. Elle encourage la femme à la franchise de la galanterie, à l'audace de l'inconduite, par des principes commodes et appropriés à ses instincts. Des pensées qui circulent, de la philosophie régnante, des habitudes et des doctrines conjurées contre les préjugés de toute sorte et de tout ordre, de ce grand changement dans les esprits qui ébranle ou renouvelle, dans la société, toutes les vérités morales, il s'élève une théorie qui cherche à élargir la conscience de la femme, en la sortant des petitesses de son sexe. C'est toute une autre règle de son honnêteté, et comme un déplacement de son honneur qu'on fait indépendant de sa pudeur, de ses mérites, de ses devoirs. Modestie, bienséance, le dix-huitième siècle travaille à dispenser la femme de ces misères. Et pour remplacer toutes les vertus imposées jusque-là à son caractère, demandées à sa nature, il n'exige plus d'elle que les vertus d'un honnête homme (1).

En même temps l'homme commence à donner à la femme l'idée d'un bonheur qui ne laisse aucun lien à dénouer. Il lui expose une théorie de l'amour parfaitement indiquée dans une nouvelle qui la résume par son titre : *Point de lendemain.* A en croire la nouvelle doctrine, il n'y a d'engagements réels, philosophiquement parlant, « que ceux que l'on contracte avec le public en le laissant pénétrer dans

(1) Dialogues moraux d'un petit maître philosophe et d'une femme raisonnable. *Londres,* 1774.

nos secrets et en commettant avec lui quelques in-
discrétions ». Mais, hors de là, point d'engagement;
seulement quelques regrets dont un souvenir agréable
sera le dédommagement ; et puis au fait, du plaisir
sans toutes les lenteurs, le tracas et la tyrannie des
procédés d'usage.

Les sophismes commodes, les apologies de la
honte, les leçons d'impudeur flottent dans le temps,
descendent des intelligences dans les cœurs, enlèvent peu à peu le remords à la femme éclairée,
enhardie, étourdie, conviée aux facilités par les systèmes, les idées qui tombent du plus haut de ce
monde, qui s'échappent des bouches les plus célèbres, des âmes les plus grandes, des génies les
plus honnêtes. Et l'amour proclamé par le naturalisme et le matérialisme, pratiqué par Helvétius
avant son mariage avec Mlle de Ligneville, glorifié
par Buffon dans sa phrase fameuse : « Il n'y a de
bon dans l'amour que le physique, » — l'amour
physique finit par apparaître, chez la femme même,
dans sa brutalité.

Au bout de cette philosophie nouvelle de l'amour,
on entrevoit, quand on lève les voiles du siècle, un
dieu nu, volant et libre, fêté dans l'ombre par des
adorateurs masqués ; et l'on perçoit vaguement des
initiations, des mystères, le lien de confréries secrètes, dans des sortes de temples où la statue de
l'Amour, se retournant comme dans le conte de
Dorat, montre le dieu des Jardins. On saisit à demi

des mots, des signes de ralliement, une langue, des listes d'affiliation. De *coteries* en *coteries*, des *anti-façonniers*, ennemis des façons et des cérémonies, qui se réunissent une fois le mois à certain jour préfix, on peut suivre à tâtons la filière de cet étrange franc-maçonnerie jusqu'au centre, jusqu'au cœur, jusqu'à « l'Isle de la Félicité ». C'est là qu'est la colonie et le grand ordre, l'Ordre de la Félicité qui emprunte à la marine toutes ses formes, son cérémonial, son dictionnaire métaphorique, ses chansons de réception, ses invocations à saint Nicolas. *Maître, patron, chef d'escadre, vice-amiral* sont les grades des aspirants, des affiliés, qui promettent, en étant reçus, de porter l'ancre amarrée sur le cœur, de contribuer en tout ce qui dépendra d'eux au bonheur, à l'agrément et à l'avantage de tous les chevaliers et chevalières, de se laisser conduire dans l'Isle de la Félicité et d'y conduire d'autres matelots quand ils en connaîtront la route (1). Plus cachés, plus jaloux de leurs grands mystères et de leur grand serment qu'ils ne révèlent point aux affiliés pratiquants, changeant de local, et dispersant souvent la société pour l'épurer, les *Aphrodites*, qui baptisent les hommes avec des noms de l'ordre minéral et les femmes avec des noms de l'ordre végétal, disparaissent avec leur secret presque tout entier. Mais il

(1) La Coterie des Antifaçonniers. A *Bruxelles*, 1739. — Histoire de la Félicité. *Amsterdam*, 1741. — L'Isle de la Félicité. A *Babiole*, 1746. — Formulaire du cérémonial en usage dans l'ordre de la Félicité, 1745.

reste d'une autre société « de félicité », de cette
société qui s'appelait de ce nom qui la signifie : la
société du *Moment,* il reste encore, en manuscrit, le
règlement, la description des signes de reconnaissance, le registre des affiliés et leurs noms de plaisirs, un code, un formulaire, une constitution, où
l'on peut voir jusqu'à quel point la mode avait
poussé, dans les rangs les plus hauts de cette société, l'oubli et le débarras de tout ce que la galanterie avait eu jusque-là l'habitude de mettre dans
l'amour pour lui faire garder au moins une politesse,
une coquetterie, une humanité !

A l'autre extrémité des idées et du monde de la
galanterie, en opposition à ces sociétés de cynisme,
il se formait, dans un coin de la haute société, une
secte qui trouvait de bon air de proscrire jusqu'au
désir dans l'amour. Par une réaction naturelle, les
excès de l'amour physique, la brutalité du libertinage, rejetaient un petit nombre d'âmes délicates,
et de nature, sinon élevée, au moins fine, vers l'a-
mour platonique. Un groupe d'hommes et de femmes,
à demi cachés dans l'ombre discrète des salons, revenait doucement aux coquetteries du cœur qui
parle à demi voix, aux douceurs de l'esprit qui sou-
pire, presque à la carte du Tendre. Ce petit monde
méditait le projet, il faisait le plan d'un ordre de la
Persévérance, d'un temple qui aurait eu trois autels :
à l'Honneur, à l'Amitié, à l'Humanité (1). Ainsi, au

(1) Mémoires de la République des lettres, voi. XIX.

commencement du siècle, lorsqu'avait éclaté sa première licence, la cour de Sceaux avait affecté de res-
taurer l'*Astrée*, et jeté aux soupers du Palais-Royal
la protestation de ses devis d'amour et l'institution
romanesque de l'ordre de la *Mouche à miel*.

« Le sentiment », c'est le nom du nouvel ordre
où quelques personnes de marque s'engagent. Il se
dessine ici et là, de loin en loin, des figures de gens
à grands sentiments, affichant une délicatesse particulière de goût, de ton, de manières, de principes,
et gardant, avec les traditions de politesse du grand
siècle, comme une dernière fleur de chevalerie dans
l'amour. Et pour accepter les hommages de leur
passion pure, voici des femmes qui ne mettent point
de rouge, des femmes pâles, allongées sur leur
chaise longue, la figure sentimentale, prédestinées
pour ainsi dire au rôle d'être adorées de loin et courtisées religieusement. On aperçoit Mme de Gourgues
donnant avec ses poses indolentes et sa grâce languissante le ton à la confrérie. Et près d'elle, cet
homme agréable, aux yeux noirs, au teint pâle, aux
cheveux négligés et sans poudre, se tient ce chevalier de Jaucourt, véritable héros d'un roman tendre,
tourné pour être le rêve de la femme, tout plein
d'histoires de revenants et que le siècle appelle si joliment de ce nom qui semble un portrait: *Clair de
lune*. C'est le maître du genre ; et il n'a qu'un rival,
M. de Guines, qui affiche si hautement et avec des
démonstrations si réservées tout à la fois et si galantes son attachement spirituel à Mme de Mon-

tesson (1). — Petite secte après tout, et qui ne fut,
vers la réhabilitation de l'amour, qu'un mouvement
de mode. L'on ne sait même si elle eut la sincérité
d'un engouement ; et bien des doutes viennent sur
ce méritoire essai de platonisme en plein dix-huitième siècle et sur la conviction de ses adeptes,
quand on voit comment finit la dernière de ces liaisons platoniques : Mme de Montesson devint la
femme du duc d'Orléans, et M. de Guines, renonçant
net à son amour, obtint par elle une ambassade.

Que l'on veuille cependant se représenter l'amour
du dix-huitième siècle selon la plus juste vérité ; que
l'on cherche ses traits constants, sa physionomie
ordinaire et moyenne en dehors de l'exagération et
de l'exception, du pamphlet, de la satire qui s'é-
chappe de tous les livres du temps et qui force toujours un peu la vérité, ce n'est point dans ces excès
ou dans ces affectations que l'on trouvera son caractère le plus général et ses couleurs les plus propres :
l'amour d'alors n'est essentiellement ni dans ces
extrémités qui le livrent au hasard des rencontres,
ni dans ces engagements qui le nourrissent de pur
sentiment. Il consiste avant tout dans une certaine
facilité de la femme désarmée, mais gardant le droit
du choix, entrant, sans idée de constance, dans une
liaison sans promesse de durée, mais voulant au
moins y être entraînée par la passion de l'instant,

(1) Mémoires de Mme de Genlis, vol. I.

par un *goût*. Il consiste dans cette disposition singulière où la vertu de la femme semble éprouver,
comme la vie chez Fontenelle mourant, une grande
impossibilité d'être ; abandon naturel, faiblesse,
apathie, dont on trouve l'aveu et l'accent dans cette
confidence féminine : « Que voulez-vous ? Il était là,
et moi aussi ; nous vivions dans une espèce de solitude ; je le voyais tous les jours, et ne voyais que
lui (1)... »

L'amour du dix-huitième siècle est à la mesure et
à l'image de la femme du temps : il n'est ni plus
large, ni plus profond, ni plus haut. Et qu'est celle-
ci ? Interrogez-la, étudiez-la ; retrouvez, par la déduction, son être et son type en reconstituant son
personnage moral et son organisme physique : cette
femme produite par la société du dix-huitième siècle
ne diffère guère de la femme formée par la civilisation du dix-neuvième. Elle est la Parisienne, cette
Parisienne grandie dans ces milieux excitants qui
hâtent et forcent la puberté, mûrissent le corps
avant l'âge, et font ces organisations alanguies et
nerveuses auxquelles est défendue la forte santé des
sens et du tempérament. Rien donc de ce côté qui
soit impérieux. Montons au cœur de la femme : les
mouvements, les instincts n'y ont pas plus de vi-
gueur, d'élan, d'emportement. Il n'y a point au
fond de lui de ces irrésistibles besoins de tendresse,
de déploiement, qui ravissent une femme et l'en-

---

(1) Mémoires de Tilly, vol. I.

lèvent d'elle-même pour la jeter au dévouement de l'amour : ce n'est qu'un cœur aimable, charitable, s'apitoyant à ses heures, aimant ce qui le touche doucement, les émotions larmoyantes, les théories sentimentales, les mélancolies qui le caressent comme une musique triste et un peu éloignée. Il y a dans ce cœur bien plus d'imagination que de passion, bien plus de pensée que d'amour. La remarque n'a point échappé à un observateur qui vit de près la femme du dix-huitième siècle : « Les femmes de ce temps n'aiment pas avec le cœur, a dit Galiani, elles aiment avec la tête. » Et il a dit vrai. L'amour, dans tout le siècle, porte les signes d'une curiosité de l'esprit, d'un libertinage de la pensée. Il paraît être chez la femme la recherche d'un bonheur ou du moins la poursuite d'un plaisir imaginé dont le besoin la tourmente, dont l'illusion l'égare. Au lieu de lui donner les satisfactions de l'amour sensuel et de la fixer dans la volupté, l'amour la remplit d'inquiétudes, la pousse d'essais en essais, de tentatives en tentatives, agitant devant elle, à mesure qu'elle fait un nouveau pas dans la honte, la tentation des corruptions spirituelles, un mensonge d'idéal, le caprice insaisissable des rêves de la débauche.

Aussi les plus grands scandales, les plus grands éclats de l'amour, sont-ils des entraînements de tête, entraînements particularisés, caractérisés par un mobile qui n'a rien de sensuel : la vanité. Les femmes résistent assez souvent à la jeunesse d'un Chérubin agenouillé à leurs pieds, aux agréments d'un homme dont la personne leur plaît entièrement. Il peut arriver qu'elles soient fortes contre les périls de l'habitude, de l'intimité, de la beauté, de la force, de la grâce, de l'esprit même, contre les mille séductions qui ont fait de tout temps l'homme redoutable à la femme. Mais il est une séduction contre laquelle elles essayent à peine une défense, une fascination qu'elles ne savent point fuir : qu'un homme à la mode paraisse, c'est à peine si on lui laissera la fatigue de se baisser pour ramasser les cœurs, tant l'amour a dans la femme de ce temps, la bassesse de la vanité ! Qu'un homme à la mode paraisse, elles se livreront à lui tout entières ; elles l'aideront de leur amitié amoureuse, de leurs intrigues, de leur influence ; elles le porteront dans le meilleur courant de la cour. Elles seront fières de le servir, sans qu'il les remercie, fières d'être renvoyées comme elles ont été prises. Et n'arriveront-elles point à accepter, comme une déclaration, la lettre circulaire envoyée le même jour par Létorière à toutes les dames qu'il ne connaissait point encore (1)? Nous sommes loin de ce temps des billets galants et raffinés qui fit la fortune de la mère de Montcrif en lui empruntant sa plume amoureuse et délicate (2). Qu'il se donne la peine de vaincre, cet homme irrésistible, l'homme à la mode ; et l'on verra demander grâce aux plus pures, aux plus vertueuses, à celles-

(1) *Mélanges militaires, littéraires et sentimentaires* (par le prince de Ligne), vol. XX.

(2) *Mémoires de d'Argenson. Jannet,* vol. I.

là qui avaient jusqu'à lui conservé la paix de leur
bonheur et de leur vertu contre toutes les tentatives
et toutes les occasions. Qu'il veuille, et Mme de Tourvel elle-même sera perdue !

Qu'il s'appelle Richelieu, il traversera tout le siècle,
en triomphant comme un dieu et rien que par son
nom. Il sera ce maître qui devient une idole, et devant lequel la pudeur n'a plus que des larmes ! La
femme ira chercher le scandale auprès de lui : elle
briguera la gloire d'être affichée par lui. Il y aura
de l'honneur dans la honte qu'il donnera. Tout lui
cédera, la coquetterie comme la vertu, la duchesse
comme la princesse. L'adoration de la jeunesse, de
la beauté, de la cour du Régent, de la cour de
Louis XV, ira au-devant de lui comme une prosti-
tuée. Les passions des femmes se battront pour lui
comme des colères d'hommes ; et il sera celui pour
lequel Mme de Polignac et la marquise de Nesle
échangeront au bois de Boulogne deux coups de pistolet (1). Il aura des maîtresses dont la complaisance étouffera la jalousie et qui serviront jusqu'à
ses infidélités, des maîtresses dont il ne pourra
épuiser la patience, et qu'il essayera vainement de
rassasier d'humiliations. Celles qu'il insultera lui
baiseront la main, celles qu'il chassera reviendront.
Il ne comptera plus les portraits, les mèches de cheveux, les anneaux et les bagues, il ne les reconnaîtra
plus : ils seront pêle-mêle dans sa mémoire comme

(1) Mémoires de Richelieu, vol. II.

dans ses tiroirs. Chaque matin il s'éveillera dans
l'hommage, il se lèvera dans les prières d'un paquet
de lettres ; il les jettera sans les ouvrir avec ce mot
dont il soufflettera l'adresse : *Lettre que je n'ai pas eu*
le temps de lire ; on retrouvera à sa mort, encore
cachetés, cinq billets de rendez-vous, implorant le
même jour, au nom de cinq grandes dames, une
heure de sa nuit (1)! Ou bien, s'il daigne les ouvrir,
il les effleurera d'un regard, il bâillera sur ces lignes
brûlantes et suppliantes qui lui tomberont des mains
comme un placet des mains d'un ministre !

Et si ce n'est point Richelieu, ce sera un autre.
Car peu importe à la femme d'où vient cet homme,
d'où il sort ; peu lui importe sa naissance, son rang,
son état même : que la mode le couvre, c'est assez
pour qu'il honore celles qu'il accepte. Que cet homme
soit un acteur, un chanteur, qu'il ait encore aux
joues le rouge du théâtre : s'il est couru, il sera un
homme, un *vainqueur !* Les plus grandes dames et
les plus jeunes l'inviteront, l'appelleront, le prieront,
lui jetteront sous les yeux leurs avances, leur humilité, leur reconnaissance. Elles l'aimeront jusqu'à se
faire enfermer, presque jusqu'à en mourir, comme
la comtesse de Stainville aima Clairval (2). Elles se
l'arracheront comme ces deux marquises se disputant publiquement Michu dans une loge de la Co-
médie-Italienne (3). Elles en voudront avec la fureur

---

(1) Mémoires de Richelieu, vol. VI.
(2) Mémoires de la République des lettres, vol. XVIII.
(3) Correspondance secrète, vol. X.

éhontée de la comtesse fameuse criant devant tous :
« Chassé ! Chassé ! » ou bien avec la volonté fixe,
l'entêtement résolu, la fermeté douce de la belle-
sœur de Mme d'Épinay, de Mme de Jully. Et quel mot
échappe à celle-ci, lorsque demandant à Mme d'Épinay d'être la complaisante de ses amours avec Jélyotte, Mme d'Épinay s'exclame : « Vous n'y pensez
pas, ma sœur ! un acteur de l'Opéra, un homme sur
qui tout le monde a les yeux fixés, et qui ne peut dé-
cemment passer pour votre ami !... — Doucement,
s'il vous plaît, lui répond Mme de Jully, je vous ai dit
que je l'aimais, et vous me répondez comme si je
vous demandais si je ferais bien de l'aimer (1). »

Mais ce n'était point encore assez que la profanation du scandale. Il était réservé au dix-huitième siècle
de mettre dans l'amour, dont il avait fait la lutte de
l'homme contre la femme, le blasphème, la déloyauté,
les plaisirs et les satisfactions sacriléges d'une comédie. Il fallait que l'amour devînt une tactique, la
passion un art, l'attendrissement un piége, le désir
même un masque, afin que ce qui restait de conscience dans le cœur du temps, de sincérité dans ses
tendresses, s'éteignît sous la risée suprême de la parodie.

C'est dans cette guerre et ce jeu de l'amour, sur
ce théâtre de la passion se donnant en spectacle à
elle-même, que ce siècle révèle peut-être ses qualités

(1) Mémoires de Mme d'Épinay, vol. I.

les plus profondes, ses ressources les plus secrètes
et comme un génie de duplicité tout inattendu du
caractère francais. Que de grands diplomates, que
de grands politiques sans nom, plus habiles que
Dubois, plus insinuants que Bernis, parmi cette petite bande d'hommes qui font de la séduction de la
femme le but de leurs pensées et la grande affaire
de leur vie, l'idée et la carrière auxquelles ils sont
voués ! Que d'études, d'application, de science, de
réflexion ! Quel grand art de comédien ! quel art de
ces déguisements, de ces travestissements, dont
Faublas garde le souvenir, et qui cachent si bien
M. de Custine, qu'il peut, habillé en coiffeuse, couper, sans être reconnu, les cheveux de la femme
qu'il aime ! Que de combinaisons de romancier et
de stratégiste ! Pas un n'attaque une femme sans
avoir fait ce qu'on appelle un *plan,* sans avoir passé
une nuit à se promener et à retourner la position
comme un auteur qui noue son intrigue dans sa
tête. Et l'attaque commencée, ils sont jusqu'au
bout ces comédiens étonnants, pareils à ces livres
du temps dans lesquels il n'y a pas un sentiment
exprimé qui ne soit feint ou dissimulé. Tous leurs
effets, tous leurs pas sont réglés ; et s'il faut du
pathétique, ils ont marqué d'avance le moment de
s'évanouir. Ils savent passer, par des gradations de
la plus singulière finesse, du respect à l'attendrissement, de la mélancolie au délire. Ils excellent
à cacher un sourire sous un soupir, à écrire ce
qu'ils ne sentent pas, à mettre de sang-froid le feu

aux mots, à les déranger avec l'air de la passion. Ils
ont des regards qui semblent leur échapper, des
gestes, des cris amoureux qu'ils ont médités dans le
cabinet. Ils parlent comme l'homme qui aime, et l'on
dirait que leur cœur éclate dans ce qu'ils déclament,
tant ils sont habiles à faire trembler l'émotion dans
leur parole comme dans leur voix, tant leur organe
ressemble à leur âme, tant à force d'être travaillé il
a acquis de sensibilité factice. « N'omettre rien, »
c'est le précepte de l'un d'eux. Et véritablement, ils
n'oublient rien de ce qui peut faire vibrer les sensibilités de la femme, captiver son intérêt, amener en
elle un amollissement ou un énervement, toucher
aux fibres les plus délicates de son être. Ils mettent
avec eux et dans leur calcul, dans leurs chances, la
température même, et la détente qu'apportent aux
sens de la femme la douceur d'une atmosphère plu-
vieuse, la tristesse et l'alanguissement d'une soirée
grise. Ils sont scrupuleux, exacts, appliqués. Ce n'est
pas seulement vis-à-vis de la femme, c'est vis-à-vis
d'eux-mêmes qu'ils tiennent à bien jouer depuis la
première scène jusqu'à la dernière. Avant tout, ils
veulent se satisfaire, s'applaudir, plus fiers de sortir
de leur rôle contents d'eux que contents de la femme;
car, à la longue, ces virtuoses de la séduction ont fait
entrer dans leur jeu un amour-propre d'artiste. Ils
ont fait plus : ils y ont apporté la conscience de véritables comédiens. Et pour faire l'illusion complète,
pour achever de troubler et d'émouvoir, il en est qui
ajustent jusque sur leur visage le mensonge de toute

leur personne, qui se griment, qui se plâtrent, qui se dépoudrent les cheveux, qui se pâlissent en se privant de vin. Il en est même qui, pour un rendez-vous décisif, se mettent du désespoir sur la figure comme on s'y met du rouge : avec de la gomme arabique délayée, ils se font sur les joues des traces de larmes mal essuyées (1) !

D'autres vont droit au fait. Du jour où l'homme pour plaire n'eut pas besoin d'être amoureux, il pensa que dans des cas pressés on le dispenserait même d'être aimable. Avec cette pensée tomba le dernier honneur de la femme, le respect qui l'entourait ; et l'amour n'eut plus honte de la violence. L'insolence, la surprise, devinrent des procédés à la mode ; leur usage ne marqua pas l'homme d'infamie ni de bassesse, leur succès lui donna une sorte de gloire. La femme même, brutalement insultée, trouva comme une humiliation flatteuse dans ce vil moyen de séduction. Que de brusques attaques pardonnées ! que de liaisons, qui souvent durent, commencées vivement par l'insolence, dans un carrosse dont le cocher est précieux pour prendre par le plus long, faire le sourd, et mener les chevaux au petit pas ! « Une aventure, de ces choses qu'on voit tous les jours, une misère enfin, » c'est tout ce que le monde dit le lendemain de ces tours d'audace. La violence ne fait-elle pas école dans le meilleur monde ? Un jour elle ose bien toucher à la robe de la reine de France ;

_____

(1) Mémoires de Tilly, vol. II.

et pour un martyr, pour un Lauzun qu'on chasse, comptez, dans les confessions du siècle, tous les héros heureux de l'aventure. De triomphes en triomphes, de raffinements de cynisme en délicatesses d'impudeur, la galanterie brutale finit par avoir des principes, une manière de philosophie, des moyens d'apologie. On mit en théorie savante l'art de saisir le *moment ;* et il se trouva des beaux esprits pour décider qu'un téméraire avait au fond plus d'égards pour la femme que le timide, et la respectait plus effectivement en lui épargnant le long supplice des concessions successives, et la honte de sentir qu'elle se manque, et de se le dire inutilement (1).

Mais il est un genre de victoire estimé supérieur à tous les autres et particulièrement recherché par l'homme : la victoire par l'esprit. Les raffinés, les maîtres de la séduction, ne trouvent que là un amusement toujours nouveau et la jouissance d'une véritable conquête de la femme. Blasés, par l'habitude et le succès, sur les brusqueries et les violences, sur les surprises qui vont aux sens, ils font avec eux-mêmes le pari d'arriver jusqu'au cœur de la femme sans même essayer de la toucher, et de triompher absolument d'elle sans parler un moment à sa sensibilité. C'est sa tête, sa tête seule qu'ils remueront, qu'ils troubleront, qu'ils rempliront de caprice et de tentation, jusqu'à ce qu'ils aient amené par là toute sa personne à une disposition de complaisance im-

---

(1) Œuvres complètes de Crébillon le fils. *Le Hasard du coin du feu.* — *La Nuit et le Moment.*

prévue, presque involontaire. Un tête-à-tête pour ces
hommes est une lutte, une lutte sans brutalité, mais
sans merci, d'où la femme doit sortir humiliée par
leur intelligence, domptée et soumise par la supériorité de leur rouerie, non point aimante, mais
vaincue. Qu'ils aient la permission d'une entrevue,
l'occasion d'un dialogue : ils semblent qu'ils allient
le sang-froid du chasseur au coup d'œil du capitaine
pour attaquer la femme, la poursuivre, la pousser,
la battre de phrases en phrases, de mots en mots, la
débusquer de défenses en défenses, rétrécir sourdement le cercle de l'attaque, la presser, l'acculer, la
forcer, et la tenir enfin, au bout de la conversation,
dans leur main, palpitante, le cœur battant, à bout
de souffle comme un oiseau attrapé à la course ! C'est
un spectacle presque effrayant de les voir s'emparer
d'une coquette ou d'une imprudente avec de l'impertinence et du persiflage. Écoutez-les : quel manége
étonnant ! Jamais l'insolence des idées ne s'est si joliment cachée sous le ménagement des termes. Entre
ce qu'ils pensent et ce qu'ils disent, ils ne mettent
guère, par égard pour leur interlocutrice, qu'un tour
d'entortillage, voile léger qui ressemble à cette fine
robe de chambre de taffetas avec laquelle, dans les
châteaux, les hommes vont rendre visite aux dames
dans leur chambre.

S'excuser tout d'abord d'être incommode, feindre
de croire qu'on dérange une personne occupée, nier
du bout des lèvres les bonnes fortunes qu'on vous
prête, puis en convenir, en en demandant le secret,

car on en est honteux; piquer la curiosité de la
femme sur une femme de ses amies qu'on a eue, et
lui détailler des pieds à la tête comment elle est
coupée; être indiscret à plaisir comme si l'on avait
peur, par le silence, de s'engager pour l'avenir à la
discrétion; parler de l'oubli en sage, et citer le nom
d'une femme qui dernièrement a été forcée de vous
rappeler que vous l'aviez tendrement aimée, faire
des protestations de respect, et manquer au respect
dans le même moment; s'étonner des amants que
le public a donnés à la femme avec laquelle on cause
et lui donner la lanterne magique de leurs ridicules;
définir la différence qu'il y a entre aimer une femme
et l'avoir; exposer les bienfaits de la philosophie
moderne, le bonheur d'être arrivé à la suppression
des grimaces de femme et des affectations de pruderie, l'avantage de ce train commode où l'on se
prend quand on se plaît, où l'on se quitte quand on
s'ennuie, où l'on se reprend pour se quitter encore,
sans jamais se brouiller; montrer tout ce qu'a gagné
l'amour à ne plus s'exagérer, à perdre ses grands
airs de vertu, à être tout simplement cet éclair, ce
caprice du moment que le temps appelle un goût;
et par le ton dont on dit tout cela, par le tour rare et
dégagé qu'on y met, par le sourire supérieur qu'on
jette de haut sur toutes ces chimères, étourdir si
fort et si à fond la femme qu'un peu d'audace la
trouve sans résistance, — c'est le grand art et le
grand air, une façon de séduction vraiment flatteuse
pour la vanité de l'homme qui n'a eu recours, dans

toute cette courte affaire, à rien qu'aux ressources
et aux armes de l'esprit. Que l'homme conserve jusqu'au bout son ironie, que dans la reconnaissance
même il garde un peu d'impertinence ; et il aura le
plaisir d'entendre la femme se réveiller et sortir de
l'égarement avec ce cri de sa honte : « Au moins
dites-moi que vous m'aimez ! » tant il est resté pur
de toute affectation de tendresse. Et ce mot même
que la femme lui demande pour excuser son abaissement, il le lui refusera, en la raillant galamment
sur cette fantaisie de sentiment qui lui prend si mal
à propos, sur le ridicule, pour une personne d'esprit,
de tant tenir à de pareilles misères, et sur l'incon-
venance d'exiger, au point où ils en sont, un aveu
qu'il n'a pas eu besoin de faire pour en venir là (1).
Refuser dans l'amour, ou dans l'à peu près de l'a-
mour, jusqu'au mot qui est sa dernière illusion et sa
dernière pudeur, là est la satisfaction suprême de
l'amour-propre et de la fantaisie de l'homme du
temps.

C'est ici que l'on commence à toucher le fond de
l'amour du dix-huitième siècle et à percevoir l'amertume de ses galanteries, le poison qui s'y cache. N'y
a-t-il pas déjà dans ce refus d'excuser la femme à
ses propres yeux, dans cette impudique bonne foi de
la séduction, le mauvais instinct des derniers plaisirs
de la corruption ? Sur cette pente d'ironie et de per-

---

(1) Œuvres complètes de Crébillon le fils, *passim.*

siflage, l'amour se fait bien vite un point d'honneur et une jouissance de la méchanceté ; et la méchanceté du temps, cette méchanceté si fine, si aiguisée, si exquise, entre jusqu'au cœur des liaisons. Il ne suffit plus à la vanité du petit maître de perdre une femme de réputation ; il faut qu'il puisse rompre en disant d'un ton leste : « Oh ! fini, et très-fini... Je l'ai forcée d'adorer mon mérite, j'ai pris mille plaisirs avec elle, et je l'ai quittée en confondant son amour-propre (1). » La grande mode est de *ravoir* une femme par caprice, pour la quitter authentiquement (2). Une source d'appétits mauvais s'est ouverte dans l'homme à femmes, qui lui fait rechercher, non plus seulement le déshonneur, mais les souffrances de la femme. C'est un amusement qui lui sourit de pousser la raillerie jusqu'à la blessure, de laisser une plaie où il a mis un baiser, de faire saigner jusqu'au bout ce qui reste de remords à la faiblesse. Et sitôt qu'il a rendu une femme folle de lui, qu'il l'a, selon l'argot galant du temps, *soutirée au caramel* (3), c'est un plaisir pour lui de lui faire une scène de jalousie, et sur sa défense de s'emporter et de s'éloigner. Jeux sans pitié, où se révèlent, dans une sorte de grâce qui fait peur, la cruauté d'esprit de l'époque et la profondeur de son libertinage moral ! Et quoi de plus piquant que de parler à une femme de l'amant qu'elle a eu, ou qu'elle a encore, au moment où elle l'oublie

---

(1) Le Grelot ou les etc. *Londres*, 1781.

(2) Les Confessions du comte de ***, par Duclos.

(3) Œuvres complètes de M. de Chevrier. *Londres, chez l'éternel Jean Nourse*, l'an de la vérité, 1771.

le plus ; de lui rappeler ses devoirs, ou du moins ce qu'on est convenu d'entendre par là, lorsqu'elle ne peut plus ne pas y manquer ; de voir ses sourcils se froncer, ses regards devenir sévères, ses yeux enfin se remplir de larmes, au portrait qu'on lui trace de l'homme qui l'adore et qu'elle trompe ? Ou bien encore si la femme vient d'enterrer l'homme qu'elle a aimé, c'est un tour charmant, après avoir triomphé de ce chagrin tout chaud, de remettre le mort sur le tapis, de le regretter, de dire d'un ton attendri : « Quelle perte pour vous ! » et d'entourer de son ombre la femme éperdue ! C'est alors seulement, après de telles preuves, qu'on a droit à ce compliment flatteur : « En vérité, vous êtes singulièrement méchant (1) ! » — un mot qu'il serait presque indécent de n'avoir ni mérité, ni reçu, quand on quitte une femme !

A mesure que le siècle vieillit, qu'il accomplit son caractère, qu'il creuse ses passions, qu'il raffine ses appétits, qu'il s'endurcit et se consume dans la sécheresse et la sensualité de tête, il cherche plus résolûment de ce côté l'assouvissement de je ne sais quels sens dépravés et qui ne se plaisent qu'au mal. La méchanceté, qui était l'assaisonnement, devient le génie de l'amour. Les « noirceurs » passent de mode, et la « scélératesse » éclate. Il se glisse dans les relations d'hommes à femmes quelque chose comme une politique impitoyable, comme un sys-

---

(1) Œuvres de Crébillon le fils.

tème réglé de perdition. La corruption devient un art égal en cruautés, en manques de foi, en trahisons, à l'art des tyrannies. Le machiavélisme entre dans la galanterie, il la domine et la gouverne. C'est l'heure où Laclos écrit d'après nature ses *Liaisons dangereuses*, ce livre admirable et exécrable qui est à la morale amoureuse de la France du dix-huitième siècle ce qu'est le traité du *Prince* à la morale politique de l'Italie du seizième.

Aux heures troubles qui précèdent la Révolution, au milieu de cette société traversée et pénétrée, jusqu'au plus profond de l'âme, par le malaise d'un orage flottant et menaçant, on voit apparaître, pour remplacer les petits maîtres sémillants et impertinents de Crébillon fils, les grands maîtres de la perversité, les roués accomplis, les têtes fortes de l'immoralité théorique et pratique. Ces hommes sont sans entrailles, sans remords, sans faiblesse. Ils ont l'amabilité, l'impudence, l'hypocrisie, la force, la patience, la suite des résolutions, la constance de la volonté, la fécondité d'imagination. Ils connaissent la puissance de l'occasion, le bon effet d'un acte de vertu ou de bienfaisance bien placé, l'usage des femmes de chambre, des valets, du scandale, toutes les armes déloyales. Ils ont calculé de sang-froid tout ce qu'un homme peut se permettre « d'horreurs », et ils ne reculent devant rien. Ne pouvant prendre d'assaut, dans un secrétaire, le secret d'un cœur de femme, ils se prennent à regretter que le talent d'un filou n'entre pas dans l'éducation d'un homme qui se mêle d'intrigues. Leur grand principe est de ne jamais finir une aventure avant d'avoir en main de quoi déshonorer la femme : ils ne séduisent que pour perdre, ils ne trompent que pour corrompre. Leur joie, leur bonheur c'est de faire « expirer la vertu d'une femme dans une lente agonie et de la fixer sur ce spectacle » ; et ils s'arrêtent à moitié de leur victoire, pour faire arrêter celle qu'ils ont attaquée à chaque degré, à chaque station de la honte, du désespoir, lui faire savourer à loisir le sentiment de sa défaite, et la conduire à la chute assez doucement pour que le remords la suive pas à pas. Leur passe-temps, leur distraction dont ils rougissent presque, tant elle leur a peu coûté, est de subjuguer par l'autorité une jeune fille, un enfant, d'emporter son honneur en badinant, de la dépraver par désœuvrement ; et c'est pour eux comme une malice de faire rire cette fille des ridicules de sa mère, de sa mère couchée dans la chambre à côté et qu'une cloison sépare de la honte et des risées de son sang ! — Le dix-huitième siècle a marqué là, à ce dernier trait, les dernières limites de l'imagination dans l'ordre de la férocité morale.

La femme égala l'homme, si elle ne le dépassa, dans ce libertinage de la méchanceté galante. Elle révéla un type nouveau, où toutes les adresses, tous les dons, toutes les finesses, toutes les sortes d'esprit de son sexe, se tournèrent en une sorte de cruauté réfléchie qui donne l'épouvante. La rouerie s'éleva, dans quelques femmes rares et abominables, à un

degré presque satanique. Une fausseté naturelle, une
dissimulation acquise, un regard à volonté, une physionomie maîtrisée, un mensonge sans effort de tout
l'être, une observation profonde, un coup d'œil pénétrant, la domination des sens, une curiosité, un
désir de science, qui ne leur laissaient voir dans l'a-
mour que des faits à méditer et à recueillir, c'étaient
à des facultés et à des qualités si redoutables que
ces femmes avaient dû, dès leur jeunesse, des talents
et une politique capables de faire la réputation d'un
ministre. Elles avaient étudié dans leur cœur le cœur
des autres ; elles avaient vu que chacun y porte un
secret caché, et elles avaient résolu de faire leur
puissance avec la découverte de ce secret de chacun.
Décidées à respecter les dehors et le monde, à s'en-
velopper et à se couvrir d'une bonne renommée, elles
avaient sérieusement cherché dans les moralistes
et pesé avec elles-même ce qu'on pouvait faire, ce
qu'on devait penser, ce qu'on devait paraître. Ainsi
formées, secrètes et profondes, impénétrables et in-
vulnérables, elles apportent dans la galanterie, dans
la vengeance, dans le plaisir, dans la haine, un cœur
de sang-froid, un esprit toujours présent, un ton de
liberté, un cynisme de grande dame, mêlé d'une
hautaine élégance, une sorte de légèreté implacable.
Ces femmes perdent un homme pour le perdre. Elles
sèment la tentation dans la candeur, la débauche
dans l'innocence. Elles martyrisent l'honnête femme
dont la vertu leur déplaît ; et, l'ont-elles touchée à
mort, elles poussent ce cri de vipère : « Ah ! quand

une femme frappe dans le cœur d'une autre, la blessure est incurable..... » Elles font éclater le déshonneur dans les familles comme un coup de foudre :
elles mettent aux mains des hommes les querelles
et les épées qui tuent. Figures étonnantes qui fascinent et qui glacent ! On pourrait dire d'elles, dans
le sens moral, qu'elles dépassent de toute la tête la
Messaline antique. Elles créent en effet, elles révèlent, elles incarnent en elles-mêmes une corruption supérieure à toutes les autres et que l'on serait
tenté d'appeler une corruption idéale : le libertinage
des passions méchantes, la Luxure du Mal !

Et que l'on ne croie pas que ces types si complets,
si parfaits, soient imaginés. Ils ne sortent pas de la
tête de Laclos, ils ne sont pas le rêve d'un romancier ; ils sont des individualités de ce monde, des
personnages vivants de cette société. Les autorités
du temps sont là pour attester leur ressemblance et
pour mettre sur ces portraits les initiales de leurs
noms. Le seul embarras est qu'on leur trouve trop de
modèles. Valmont ne fait-il pas nommer un homme
fameux ? M. de Choiseul n'a-t-il pas commencé sa
grande carrière par ce rôle d'homme à bonnes fortunes, de méchant impitoyable, de roué consommé,
marchant à son but avec l'air étourdi, n'avançant ni
un pas, ni une parole sans un projet contre une
femme, s'imposant aux femmes par le sarcasme, les
menaçant de son esprit, en triomphant par la peur ?
Mais que parle-t-on de Choiseul ? Laclos n'avait-il
pas sous les yeux le prototype de sa création dans la

figure effrayante du marquis de Louvois, dans la figure de ce comte de Frise s'amusant à torturer
Mme de Blot? — Et pour la femme que Laclos a
peinte et à laquelle il a attribué tant de grâces et de
ressources infernales, n'en avait-il pas rencontré
l'original, et ne l'avait-il pas étudiée sur le vif? Le
prince de Ligne et Tilly n'affirment-ils pas, d'après
la confidence de Laclos, qu'il n'a eu qu'à déshabiller
la conscience d'une grande dame de Grenoble, la
marquise *L. T. D. P. M.*, qu'à raconter sa vie, pour
trouver en elle sa marquise de Merteuil?

A quoi cependant devait aboutir cette méchanceté
dans l'amour, dont nous avons essayé de suivre dans
le siècle l'effronterie, la profondeur, les appétits
croissants et insatiables? Devait-elle s'arrêter avant
d'avoir donné comme une mesure épouvantable de
ses excès et de son extrémité? Il est une logique
inexorable qui commande aux mauvaises passions
de l'humanité d'aller au bout d'elles-mêmes, et
d'éclater dans une horreur finale et absolue. Cette
logique avait assigné à la méchanceté voluptueuse du
dix-huitième siècle son couronnement monstrueux.
Il y avait eu dans les esprits une trop grande habitude de la cruauté morale, pour que cette cruauté
demeurât dans la tête et ne descendît pas jusqu'aux
sens. On avait trop joué avec la souffrance du cœur
de la femme pour n'être pas tenté de la faire souffrir plus sûrement et plus visiblement. Pourquoi,
après avoir épuisé les tortures sur son âme, ne pas
les essayer sur son corps? Pourquoi ne pas cher-

cher tout crûment dans son sang les jouissances que
donnaient ses larmes? C'est une doctrine qui naît,
qui se formule, doctrine vers laquelle tout le siècle
est allé sans le savoir, et qui n'est au fond que la
matérialisation de ses appétits ; et n'était-il pas fatal
que ce dernier mot fût dit, que l'éréthisme de la férocité s'affirmât comme un principe, comme une révélation, et qu'au bout de cette décadence raffinée
et galante, après tous ces acheminements au supplice
de la femme, un de Sade vînt pour mettre, avec le
sang des guillotines, la Terreur dans l'Amour?

C'en est assez : ne descendons pas plus bas, ne
fouillons pas plus loin dans les entrailles pourries du
dix-huitième siècle. L'histoire doit s'arrêter à l'abîme
de l'ordure. Au delà, il n'y a plus d'humanité ; il n'y
a plus que des miasmes où l'on ne respire plus rien,
où la lumière s'éteindrait d'elle-même aux mains
qui voudraient la tenir.

Remontons vers ce qui est la vie, vers ce qui est
le jour, vers ce qui est l'air, vers la Nature, vers la
Passion, vers la Vérité, la santé, la force et la grâce
des affections humaines. Aussi bien après cette
longue exposition de toutes les maladies et de toutes
les hontes des plus nobles parties du cœur, après
cette démonstration des plaies et des corruptions de
l'amour, on a besoin de secouer ses dégoûts. Il
semble qu'on ait hâte de sortir d'une atmosphère
empoisonnée. L'âme demande une hauteur où elle
reprenne haleine, un souffle qui lui rende le ciel, un

rayon qui la délivre, une image qui la console, et où elle retrouve la conscience de ses instincts droits, de ses purs attachements, de ses élévations tendres, de ses immortelles illusions, de sa vitalité divine. Il est temps de chercher le véritable amour, de le retrouver, et de montrer ce qu'il garda d'honneur, de sincérité, de dévouement, ce qu'il imposa de sacrifices, ce qu'il coûta de douleurs, ce qu'il arracha de vertus aux faiblesses de la femme dans un siècle de caprice, de libertinage et de rouerie.

Pour n'avoir pas eu la même publicité, la même popularité que la galanterie, pour apparaître au second plan des aventures du temps, hors du cadre des mœurs générales, des théories régnantes, des habitudes morales et de la pratique journalière, l'amour véritable n'en a pas moins eu sa place dans le dix-huitième siècle. Que l'on prenne en ce temps l'homme qui a le mieux peint l'impudence de l'amour en vogue, l'élégance de son cynisme, la politesse de son libertinage, le romancier qui a écrit le *Sopha*, les *Égarements du cœur et de l'esprit*, la *Nuit et le Moment;* que trouve-t-on derrière son œuvre et au fond de sa vie? une mystérieuse passion, un bonheur et une religion voilés, l'amour de Mlle de Stafford (1).

(1) C'est une curieuse histoire que ces amours de Crébillon et de Mlle de Stafford. Le succès des romans de Crébillon fils à Londres est tel qu'une jeune Anglaise, d'une naissance distinguée, vivant très-retirée et par là-dessus très-dévote, se monte la tête pour l'écrivain et que, pour le voir, elle fait le voyage de Paris. Elle rencontre l'auteur du *Sopha* chez Mme de Sainte-Maure, en tombe subitement amoureuse, l'épouse secrètement et renonce pour lui à son nom, à sa famille, à sa patrie. Crébillon vit à Paris dans la plus grande retraite en même temps

— Voilà le siècle : il a affiché le scandale, mais il a connu l'amour.

Il est au commencement du siècle une femme qui retrouve les larmes de l'amour. Elle rend à l'amour son honneur, sa poésie, en lui rendant le dévouement et la pudeur. Elle laisse au seuil du dix-huitième siècle un de ces tendres souvenirs dont le cœur humain fait ses légendes et vers lesquels les amoureux de tous les siècles vont en pèlerinage. Elle lègue à l'avenir un de ces humbles romans qui survivent au temps, et, cachés sur les côtés de l'histoire, à son ombre, loin de la politique et de la guerre, semblent des chapelles où l'imagination se repose du bruit du grand chemin, oublie ce qui passe et ce qui meurt, se recueille, s'attendrit et se rafraîchit.

C'est en pleine licence, en pleine Régence, que cette femme aime ainsi. C'est en pleine Régence qu'elle montre en elle les plus nobles et les plus touchantes vertus de l'amour. C'est au milieu des scandales du Palais-Royal, au travers des chansons des roués, que s'élève cette plainte, ce gémissement, ce cri de souffrance et de tendresse, le cri d'une colombe blessée dans un bois plein de Satyres ! C'est tout près de Mme de Parabère, à ses côtés, que

---

que dans l'union la plus parfaite avec cette créature, douce, aimante, sensée, laide et louche, peu riche et vivant d'une pension de mille écus que lui faisait mylord Stafford et qu'il payait comme et quand il pouvait. Un garçon, l'unique enfant né de la liaison du romancier et de l'Anglaise, avant que les mauvais propos des parents de la demoiselle eussent fait déclarer le mariage, mourait en 1750, et la mère était morte avant l'année 1771. (Correspondance de Grimm, vol. VII. Journal et Mémoires de Collé, vol. I.)

Mlle Aïssé se donne tout entière au chevalier d'Aydie. Elle écrit : « Il y a bien des gens qui ignorent la satisfaction d'aimer avec assez de délicatesse pour préférer le bonheur de ce que nous aimons au nôtre propre ; » et toute sa vie n'est qu'un sacrifice au bonheur de ce qu'elle aime. Aimée du chevalier, elle s'impose le devoir et le courage de refuser la main qu'il lui offre : « Non, j'aime trop sa gloire, » dit-elle, en détournant les yeux de ce trop beau rêve. « Rendre la vie si douce à celui qu'elle aime qu'il ne trouve rien de préférable à cette douceur, » elle ne connaît d'autre art ni d'autre ambition. La douceur, c'est le mot qui de son cœur tombe sans cesse sous sa plume, et donne à toutes ses lettres leur immortel accent de caresse. Comme Mme de Ferriol lui demandait un jour si elle avait ensorcelé le chevalier, elle lui répondit simplement, naïvement : « Le charme dont je me suis servi est d'aimer malgré moi et de lui rendre la vie du monde la plus douce. » Son âme, sa vie est dans cette réponse ; et cette séduction de sa personne est le charme de sa mémoire. Elle aime, elle n'a pu résister à l'amour, et elle veut s'en arracher. Née pour la vertu, l'image de la vertu ne lui est apparue que dans la passion, et elle n'a connu le devoir qu'après la faute. Elle se débat, elle succombe, elle recommence à se combattre. Elle craint tout ce qui l'approche du chevalier, et elle se trouve malheureuse d'en être éloignée. « Couper au vif une passion violente... c'est effroyable ; la mort n'est pas pire... Je doute de m'en tirer la vie sauve, » écrit-elle à l'amie qui la soutient, la console, la conseille et l'exhorte ; et elle fait pour se vaincre des efforts qui la déchirent. Son cœur saigne goutte à goutte. C'est un regret si douloureux, une honte si sincère, si ingénue, que le remords prend chez elle par moments un caractère angélique, et que le repentir lui donne comme une seconde innocence. Sa beauté s'en va, sans qu'elle songe à la regretter ; elle perd ses forces et sa santé, et les laisse aller sans les retenir. La maladie l'apaise et l'approche de la grâce. Le sacrifie la tue ; mais elle espère en la miséricorde de Dieu qui voit sa bonne volonté. Et cependant que d'amour encore pour cet homme auquel elle cache ses maux, dont elle n'ose regarder les yeux pleins de larmes de peur de trop s'attendrir, et dont elle écrit de son lit d'agonie : « Il croit qu'à force de libéralité, il rachètera ma vie ; il donne à toute la maison, jusqu'à ma vache à qui il a donné du foin ; il donne à l'un de quoi faire apprendre un métier à son enfant, à l'autre pour avoir des palatines et des rubans, à tout ce qui se rencontre et se présente à lui ; cela vise quasi à la folie. Quand je lui ai demandé à quoi cela était bon : à obliger tout ce qui vous environne, à avoir soin de vous (1). » Puis un prêtre vient ; elle se détache de la terre, elle sourit au bonheur de quitter ce misérable corps, elle s'élève vers le Dieu que son cœur voit tout bon : c'est l'amour qui meurt en état de grâce. Et il

---

(1) Lettres Mlle de Aïssé à Mme Calandrini. *Paris*, 1846.

semble qu'à la fin du siècle, quelque chose de cette âme de femme, qui s'envole comme une âme de vierge, reparaîtra dans la robe blanche de Virginie.

Après s'être montré chez Mlle Aïssé dans son jour tendre, dans son émotion douce et recueillie, dans une langueur passionnée, l'amour paraît avec éclat chez une femme d'un tempérament tout contraire : Mlle de Lespinasse. Chez celle-ci, le sentiment est une ardeur dévorante, un feu toujours agité, toujours ravivé qui se retourne, se remue et s'agite sans cesse sur lui-même. Il vit d'activité, d'énergie, de violence, de fureur, de déchaînement, de tout ce que la passion avait de trop viril et de trop orageux pour l'âme d'une Aïssé. Il dure en s'usant, et interrogez-le : il vous palpitera sous la main comme le plus fort battement de cœur du dix-huitième siècle. Car ce n'est pas seulement la fièvre d'une femme que cet amour de Mlle de Lespinasse, il montre aussi le malaise et l'aspiration de ce temps. Il révèle la secrète souffrance de ce petit nombre de personnes supérieures, trop richement douées pour ce siècle, qui ont, presque du premier coup, tout poussé jusqu'au bout, épuisé d'un trait les saveurs du monde, et goûté jusqu'au fond tout ce que le plaisir, le bonheur, l'activité de la société pouvaient leur donner d'occupation et leur apporter de plénitude. Arrivées en quelques pas à la fin des choses et à leur dégoût, blessées dans toutes les parties de leur être par le vide que leur esprit a fait de tous les côtés de la vie commune, elles se découvrent, dans cette atmos-

phère de sécheresse et d'égoïsme, un irrésistible et
furieux besoin d'aimer, d'aimer avec folie, avec transport, avec désespoir. Elles veulent rouler dans l'a-
mour comme dans un torrent, s'y plonger tout entières, et le sentir passer de tout son poids sur leur
cœur. Elles l'avouent, elles le proclament bien haut :
il ne s'agit pas pour elles de plaire, d'être trouvées
belles, spirituelles, d'avoir ce grand honneur du
temps, l'honneur d'une préférence, de jouir des cha-
touillements de la vanité : elles ne veulent que des
succès de cœur. C'est leur orgueil et leur affaire que
d'aimer. Tout ce qu'elles ambitionnent, c'est d'être
jugées capables d'aimer et dignes de souffrir. Elles
ne font que répéter : « Vous verrez comme je sais bien
aimer, je ne fais qu'aimer, je ne sais qu'aimer... »
Être remuées, attendries, passionnées, voilà le désir
fixe de ces âmes impatientes d'échapper aux froideurs
de leur siècle, tout empressées à se débarrasser du
monde et à faire en elles-mêmes une pensée unique.
Et comme généralement ces femmes, à l'heure de l'enfance et de la première jeunesse, n'ont point eu les
amollissements et les ravissements religieux, comme
elles ont résisté aux tendresses et aux émotions de
la piété, elles arrivent à l'amour comme à une foi.
Elles y apportent l'agenouillement, une sorte de
dévotion prosternée. Ces âmes de pure raison qui
n'ont eu jusque-là de sens moral, de conscience et
de maître que l'intelligence, ces âmes si fières, habituées à tant de caresses, un moment si vaines, perdent aussitôt qu'elles sont touchées le sentiment de

leur valeur et de leur place dans l'opinion ; et elles
se précipitent à des humilités de Madeleine et de
courtisane amoureuse. Leur amour-propre, ce grand
ressort de tout leur être, elles le mettent sous les
pieds de l'homme aimé ; elles prennent plaisir à le
lui faire fouler. Elles se tiennent auprès de lui,
comme devant le dieu de leur existence, soumises
et se mortifiant, baissant la tête, résignées à tout
sans plainte, presque joyeuses de souffrir.

Cette soumission absolue, on la trouve si marquée
chez Mlle de Lespinasse qu'elle paraît, de son amour,
un caractère encore plus accusé que le transport et la violence. Comment reconnaître la maîtresse d'un des premiers salons de Paris dans cette
femme qui se fait si petite dans l'amour, qui dé-
mande si timidement et à voix si basse la moindre
place dans le cœur de son amant, qui remercie si
vivement du ton d'intérêt avec lequel on veut bien
lui écrire, qui s'excuse si doucement d'écrire trois
fois la semaine? Si peu qu'on lui accorde, elle le
reçoit comme une faveur qu'elle ne mérite pas ; et
elle se trouve froide dans la reconnaissance alors
même qu'elle y met toutes ses tendresses. Rien ne
la sort de cette attitude courbée et suppliante, et
toutes les marques d'amour qui lui sont données ne
peuvent l'enhardir à cette confiance qui fait qu'on
exige ce qu'on désire de ce qu'on aime. Elle s'abaisse
sans cesse devant M. de Guibert ; et l'abandon qu'elle
fait de sa volonté dans la sienne, d'elle-même en lui,
est si absolu qu'elle ne se trouve plus à l'unisson de

la société, à l'accord du ton et des sentiments du monde. Le plaisir, la dissipation, les distractions qu'elle rencontre encore autour d'elle n'ont plus rien à son usage ; et devant cet amour qui la remplit, le jugement public lui paraît si peu, qu'elle est prête à braver l'opinion pour continuer de voir M. de Guibert et de l'aimer à tous les moments de sa vie. Il y a en elle un élancement prodigieux, une élévation suprême, une aspiration constante ; et de toutes ses pensées, de toutes les forces de son âme, de toutes les puissances de son cœur, il s'échappe ce cri de tendresse et de délire : — une prière qui tend un baiser !

« *De tous les instants de ma vie,* 1774. Mon ami, je souffre, je vous aime et je vous attends. »

L'amour absorbé dans son objet n'a pas dans l'humanité moderne de plus grand exemple que cette femme rapportant à son amant tous ses sentiments et tous ses mouvements intérieurs, lui donnant ses pensées dont, selon sa délicate expression, « elle ne croit s'assurer la propriété qu'en les lui communiquant, » se défendant toute chose où il n'est pas, satisfaite de ne vivre que de lui, dépouillée de sa personnalité propre et comme morte à elle-même, se refusant à parler, fermant la porte aux visites de Diderot, à sa causerie qui, dit-elle, force l'attention, et demeurant seule sans livres, sans lumière, silencieuse, tout entière à jouir de cette âme nouvelle que M. de Guibert lui a créée avec ces trois mots : « Je vous aime, » et si profondément enfoncée dans

cette jouissance, qu'elle en perd la faculté de se rappeler le passé et de prévoir l'avenir. Et quand le pauvre homme qu'elle a grandi de tout son amour passe
de l'indifférence à la brutalité, quelles luttes, quelles
souffrances, quelles révoltes d'un moment, suivies
aussitôt d'abaissements et de soumissions pitoyables!
quel douloureux travail pour réduire un cœur qui
déborde à la mesure des arrangements, des commodités de M. de Guibert! Il faut l'entendre solliciter
de lui des confidences d'amour, et se vanter, la malheureuse! de n'avoir pas besoin d'être ménagée.
Quel rôle, quelle vie, le long martyre! Lui demander
de l'abandonner à elle-même, se raccrocher à sa
passion, affirmer qu'elle en est maîtresse, retomber
dans les convulsions du désespoir, tous les soirs s'a-
bîmer dans cette musique d'*Orphée* qui la déchire,
tous les soirs écouter ce : « J'ai perdu mon Eury-
dice! » qui semble remuer au fond d'elle la source
des larmes, du regret, de la douleur; solliciter de
cet homme un mot, un mot de haine s'il le veut, lui
promettre de ne plus le troubler, de ne jamais exiger
rien, s'occuper de le marier richement, de le donner
à une autre femme jeune et belle; pour cet homme,
marcher, courir, visiter, intriguer, malgré la faiblesse et la toux; à la pièce de cet homme, prier le
succès à deux genoux; mendier, auprès de la charité de cet homme qu'elle sert de toutes façons,
l'aumône de ce dont elle a besoin pour ne pas
mourir de douleur; se rattacher encore une fois à
lui, implorer son portrait, chercher à lui faire en-

tendre qu'elle meurt, sans trop attaquer sa sensibilité, le supplier de se rencontrer avec elle à quelque
dîner, lui répéter : « Quand vous verrai-je? Combien
vous verrai-je? » lui écrire de ce lit qu'elle sait être
son lit de mort : « Ne m'aimez pas, mais souffrez que
je vous aime et vous le dise cent fois; » — c'est le
long, l'effroyable martyre de cette femme si bien
prédestinée à être le modèle du dévouement de l'a-
mour, que son agonie sera comme une transfiguration de la passion. D'une main touchant déjà au
froid de la tombe, elle écrira : « Les battements de
mon cœur, les pulsations de mon pouls, ma respiration, tout cela n'est plus que l'effet de la passion.
Elle est plus marquée, plus prononcée que jamais,
non qu'elle soit plus forte, mais c'est qu'elle va s'a-
néantir, semblable à la lumière qui revit avec plus
de force avant de s'éteindre pour jamais (1)... »

La passion! elle a laissé dans ce temps assez de
grands exemples, assez de traces adorables pour
racheter toutes les sécheresses du siècle. Elle a été
dans quelques cœurs élus comme une vertu, comme
une sainteté; elle a été, dans bien des âmes faibles,
comme une excuse et comme un rachat. Que de
beaux mouvements, que de généreux élans elle a
inspirés même à celles qui ont cédé à l'amour à la
mode, et dont les fautes ont fait éclat au milieu de
l'éclat des mauvaises mœurs! Que de pages elle a
dictées à l'adultère, encore toutes chaudes aujour-

---

(1) Lettres de Mlle de Lespinasse. *Paris, Collin,* 1809. — Nouvelles
Lettres de Mlle de Lespinasse. *Paris, Maradan,* 1820.

d'hui, et dont l'encre jaunie semble montrer une
traînée de sang et de larmes ! Après les lettres d'une
Aïssé à un chevalier d'Aydie, d'une Lespinasse à un
Guibert, qu'on écoute ces deux lettres d'une malheureuse femme qui aima, avec l'impudeur de son
temps, l'homme aimé par son temps ; qu'on lise ces
lettres de madame de la Popelinière à Richelieu :
quels baisers de feu ! quel retour incessant de ce
mot : *mon cœur*, répété toujours et toujours comme
une litanie pénétrante, continue, machinale, pareil
au geste d'une mourante qui se cramponne à la vie !
La flamme court dans ces lignes, une flamme qui
consume et purifie ; et n'est-ce pas la Passion sauvant l'Amour dans le scandale même de l'Amour?

« Mon cher amant mon cher cœur pourquoy
« m'escris-tu si froidement moy qui ne respire que
« pour toy qui t'adores mon cœur je suis injuste je
« le sens bien tu as trop d'affaires et qui ne te lais-
« sent pas la liberté de m'escrire qui te tourmentent
« j'en suis sure mon cœur mais je n'ay pas trouvé
« dans ta lettre ces expressions et ces sentiments
« qui partent de l'âme et qui font autant de plaisir
« à escrire qu'à lire je sens une émotion en t'escri-
« vant mon cher amant qui me donne presque la
« fièvre qui m'agite de mesme. Je n'ay pu apprendre
« que le courier n'estoit pas party sans m'aban-
« donner à t'escrire encore ce petit mot cy pour ré-
« parer ma lettre froide et enragée que je t'ay escrit
« hier je sens plus le mal que je te fais que les plus

« vives douleurs, je t'aime sans pouvoir te dire com-
« bien mon cher amant mon cœur tu ne peux m'ai-
« mer assés pour sentir comme je t'aime mon cher
« cœur je me meurs de n'estre pas avec toy, mes
« glandes ne vont pas bien elles grossissent du
« double (1) et j'en ai de nouvelles je commence un
« peu à m'inquiéter pour cela seulement car le
« fonds de ma santé est invulnérable ce ne sera ce-
« pendant rien à ce que j'espère. Surtout fiés vous
« en à moy et ne vous inquiestés pas. Mon cher
« amant ton absence me coûtera la vie je me déses-
« père. Je n'ay jamais rien aimé que toy mon cœur
« je suis la plus malheureuse du monde hélas, mon
« cher cœur m'aimes tu de mesmes de bonne foy je
« ne le crois pas vous ne sentés pas si vivement je
« le sçais. Mais au moins aimes moy autant que tu
« le pourras... »

« Mon cœur, vous m'aimés mieux que tout ce que
« vous avés aimé, cela est-il vray je crains toujours
« que ce ne soit la bonté de vostre cœur qui vous
« dicte ces choses la pour me consoler et me faire
« prendre patience mon cœur que tu pers de ca-
« resses cela est irréparable. J'ai oublié de vous dire
« hier que l'on fait mon portrait mais mon cœur je

(1) Un personnage ridicule, nommé Balot, et connu par ses comparaisons malheureuses, disait en 1748, en parlant de la guérison du cancer
de Mme de la Popelinière : « Ces guérisons sont assez communes; j'ai
connu des femmes qui avaient des glandes, enfin qui avaient le sein
comme un sac de cavagnole. » Métra nous apprend que le médecin à la
mode pour les maladies du sein des femmes était le bourreau de Paris·

« ne puis vous en envoyer de copies, le peintre est
« un nommé Marolle qui pratique dans la maison
« toute la journée, de plus je ne crois pas qu'il me
« ressemble, vous avés raison ma phisionomie a trop
« de variantes c'est pour mon frère si cependant il
« vous convient quand vous l'aurez vu à vostre re-
« tour il ne sera pas difficile que mon frère vous le
« donne il sera bien aise de m'en faire le sacrifice
« mais vous n'en aurés plus affaire en tenant le mo-
« dèle mon cœur que je vous désire je donnerois un
« bras pour vous avoir tout à l'heure ouy je le don-
« nerois je vous jure je vous désire avec l'impatience
« la plus vive et elle s'augmente chaque jour à ne
« savoir comment je feray pour attraper la nuit et
« la nuit le jour puis la fin de la semaine du mois
« ah mon cœur quel tourment ma vie est affreuse.
« Vous ne pouvés l'imaginer je ne l'aurois jamais pû
« croire il n'y a aucune diversion pour moy n'en par-
« lons pas davantage cela vous afflige sans me con-
« soler et rien ne vous ramenera plutost mon cœur
« je me flatte quelque fois que si je vous mandois
« venés mon cœur à quelque prix que ce fut vous
« viendriés mais il faudroit que je fusse bien malade
« pour vous proposer de tout quitter je vous exhorte
« au contraire à rester mais mon cœur le moins que
« vous pourrés je vous en prie (1). »

Est-ce là tout l'amour du temps (2)? Non. Parmi

---

(1) Lettres autographes de Mme de la Popelinière à Richelieu, conservées à la bibliothèque de Rouen. Collection Leber.
(2) A ces amours un livre tout nouvellement publié : *Correspondance de*

les amours historiques de ce siècle, n'avons-nous pas
un amour plus passionné dans sa pureté que celui
de Mme de la Popelinière, un amour plus noblement
dévoué encore que celui de Mlle de Lespinasse, un
amour enfin plus chaste que celui de la pauvre
Aïssé ? Et, cet amour, c'est dans l'orgueilleuse maison de Condé que nous le trouvons.

La princesse de Condé, à la suite d'une chute où
elle s'était démis la rotule, se trouve aux eaux de
Bourbon l'Archambault, en 1786. La vie des eaux
suspendait les exigences de l'étiquette et des présentations, et la princesse, qui avait vingt-sept ans,
cause, déjeune, se promène avec les baigneurs qui
lui agréent. Parmi les hommes qui lui offrent le
bras et guident sa marche mal assurée, à travers la
pierraille des vignes, se rencontre un jeune homme
de vingt-un ans. Une phrase que la princesse laisse
un jour tomber sur l'ennui des grandeurs amène
l'intimité entre les causeurs, et au bout de trois jours
l'intimité est de l'amour.

La saison finie, on se sépare. La princesse écrit.
Elle écrit des lettres toutes pleines de gentillesses
de cœur presque enfantines, mêlées à des tendresses
mystiques de style qui semblent mettre la dévotion
de l'amour dans sa correspondance. A chaque page
elle se plaint de ce grand monde, « qui l'empêche de
penser tout à son aise, à ce qu'elle aime. » A chaque

la comtesse de Sabran avec le comte de Boufflers ajoute un tendre et passionné chapitre, un chapitre que raconte mieux que toute parole cet
adieu de la fin d'une lettre : « Adieu, mon époux, mon amant, mon
ami, mon univers, mon âme, mon Dieu ! »

page, elle répète à l'homme aimé : « Vous êtes toujours avec moi, vous ne me quittez pas un instant. » Ici elle se refuse à lire Werther qui lui prendrait de son intérêt, « tout son intérêt étant pour son ami, tout son cœur, toute son âme. » Là, elle se fâche presque d'être trouvée jolie, voulant qu'il n'y ait que son ami qui aime sa figure.

Et toujours au milieu des fêtes de Chantilly et de Fontainebleau le ressouvenir d'Archambault revient dans ce refrain : *Oh! les petites maisons des vignes!*

Aimer à distance ; aimer un homme qu'elle n'a guère l'espérance de rencontrer plus de trois ou quatre fois dans tout le cours de l'année, et encore, sous les regards d'un salon ; aimer de cet amour désintéressé qui se repaît de souvenirs et de la lecture de quelques lettres, cela suffit à cette nature de pur amour qui écrit : « Je sens mon cœur qui aime, cela fait un bonheur, je me livre à ce bonheur. » Et la femme n'est-elle pas tout entière dans ce portrait tracé d'elle-même au milieu d'une autre lettre : « Je suis bonne et mon cœur sait bien aimer, voilà tout. »

Chez ce fier sang des Condé, c'est un phénomène que l'humilité de cette princesse dans l'amour, la belle et volontaire immolation qu'elle fait de son rang et de sa grandeur, l'étonnante abnégation avec laquelle elle remet son bonheur aux mains de ce petit officier lui disant : « Mon ami, le bonheur de votre *bonne* est entre vos mains, c'est de vous qu'il

dépend à présent ; l'instant où vous ne voudrez pas
qu'elle en jouisse, la précipitera dans un abîme de
douleur. » Il y a dans ces lettres un adorable art
féminin pour s'abaisser, se diminuer, se faire pour
ainsi dire toute petite, pour hausser l'homme aimé
jusqu'à la princesse. Deux mois et demi, il dure,
mouillé de larmes heureuses, ce candide rabâchage
du « je vous aime » où la femme ne cherche à faire
montre ni d'intelligence, ni d'esprit, mais bien seulement de son cœur. Elle ne laisse échapper de sa
pensée réfléchie que par hasard et comme à son
insu une page comme celle-ci : « Nous, mon ami,
nous naissons faibles, nous avons besoin d'appui ;
notre éducation ne tend qu'à nous faire sentir que
nous sommes esclaves et que nous le serons toujours. Cette idée s'imprime fortement dans nos
âmes destinées à porter le joug ; celui qu'on impose à nos cœurs paraît doux : d'ailleurs peu de
sujets de distraction ; contrariées perpétuellement
dans nos goûts, nos amusements par les préjugés,
les bienséances et les usages du monde, nous n'a-
vons de libres que nos sentiments, encore sommes-
nous obligées de les renfermer en nous-mêmes :
tout cela fait que nous nous attachons, je crois, plus
fortement ou du moins plus constamment. » Le sentiment éprouvé par Mlle de Condé est un sentiment
si vrai, si sincère, si profond, si pur, si extraordinaire dans la corruption du siècle, que ceux de sa
famille qui l'ont percé sous les troubles, les faciles
rougeurs, les absorptions de l'amoureuse, tout Condé

qu'ils sont, en ont au fond d'eux-mêmes une secrète compassion.

Un jour son frère, le duc de Bourbon, s'approchait d'elle, la fixait quelque temps, lui serrait les mains, et l'embrassait avec des yeux rouges, la plaignant délicatement avec son émotion. Le prince de Condé lui-même, malgré l'affectueuse guerre faite d'abord à ce penchant, un moment gagné donnait presque les mains au passage du jeune officier de carabiniers dans les gardes françaises, passage qui devait lui ouvrir l'hôtel de Condé et Chantilly.

Mais, au moment où le rêve des deux amants allait se réaliser, quelques allusions alarmaient la craintive princesse. Des scrupules « malgré l'extrême innocence de ses sentiments » pour M. de la Gervaisais naissaient en elle. Elle tombait malade de ces combats intérieurs. Dans cet état d'ébranlement moral, une femme de sa société venait à lui raconter que depuis trois ans elle aimait un homme, son proche parent; que, pendant deux ans et demi, tous deux avaient cru que c'était de l'amitié et s'étaient livrés à ce sentiment, mais que, depuis six mois. les combats qu'ils avaient à soutenir leur prouvaient combien ils s'étaient aveuglés sur l'espèce de sentiment qu'ils avaient l'un pour l'autre; elle ajoutait qu'elle adorait cet homme, qu'elle ne se sentait pas le courage de ne plus le voir, qu'elle comptait sur sa force pour résister, mais..., puis tout à coup elle interrompait cette confidence par cette apostrophe qu'elle jetait à la princesse : « Vous êtes bien heureuse, vous ; vous ne connaissez pas tout cela ! »

Cette apostrophe, les conseils que cette femme réclamait d'elle, réveillaient la princesse de son doux rêve. La religion lui parlait. Et, victorieuse d'elle-même, la future Supérieure des dames de l'Adoration Perpétuelle écrivait la lettre qui commence ainsi : « Ah ! qu'il m'en coûte de rompre le silence que j'ai observé si longtemps ! Peut-être vais-je m'en faire haïr ? haïr ! ô ciel ! mais oui, qu'il cesse de m'aimer, ce que j'ai tant craint, je le désire à présent, qu'il m'oublie et qu'il ne soit pas malheureux. O mon Dieu ! que vais-je lui dire ? Et cependant il faut parler, et pour la dernière fois ! »

Elle le suppliait de ne plus l'aimer, de ne plus chercher à la voir et terminait par ces lignes suprêmes : « Voilà la dernière lettre que vous recevrez de moi ; faites-y un mot de réponse, pour que je sache si je dois désirer de vivre ou de mourir. Oh ! comme je craindrai de l'ouvrir ! Écoutez, si elle n'est pas trop déchirante pour un cœur sensible comme l'est celui de votre *bonne, ayez, je vous en conjure, l'attention de mettre une petite croix sur l'enveloppe ;* n'oubliez pas cela, je vous le demande en grâce (1). »

Ainsi finit, en ce dix-huitième siècle, ce roman qui a l'ingénuité d'un roman d'amour d'un tout jeune siècle.

---

(1) Lettres écrites en 1786 et 1787: *Paris, Benjamin Duprat,* 1838.

V

LA VIE DANS LE MARIAGE

A l'exemple de l'amour qui garde au milieu de la corruption des mœurs les vertus qui l'excusent, la constance, le dévouement, le sacrifice, un reste d'honneur, le mariage du dix-huitième siècle conserve, malgré le temps et la mode, les vertus qui l'honorent. Le mariage sauve ses devoirs, comme la passion sauve ses droits, par de grands exemples.

Il serait injuste de ne pas le reconnaître : si grand qu'ait été généralement au dix-huitième siècle le détachement des époux, si relâché qu'apparaisse le lien conjugal, si commune que soit dans le mariage une vie libre, affranchie, dissipée, qui paraît n'avoir pas d'intérieur, pas de centre, et ne réunir de loin en loin près d'un foyer sans chaleur que la politesse de deux indifférences, — les traditions, les joies de cette union intime, où deux existences se mêlent et se confondent, n'en ont pas moins été conservées religieusement par beaucoup de ménages. Les félicités domestiques, les fidélités héroïques, le tête à tête du bonheur, les douceurs et l'habitude de l'amour, la communion du cœur, de l'âme, de l'esprit, de toutes les affections, de toutes les pensées, le Mariage du dix-huitième siècle les a connus : il en a donné au plus haut de ce monde le spectacle rare et inattendu ; il en a laissé l'image sereine et consolante.

Les mémoires de la vie privée du temps nous montrent des ménages étroitement unis, des adorations de jeune mari et de jeune femme, des époux vieillissant l'un auprès de l'autre, des couples qui vivent sans se quitter, des liens que la mort même ne dénoue pas, des cœurs que le désespoir rattache à celui qui n'est plus. Il reste de beaucoup d'unions un souvenir pareil à un beau roman ou à un conte du vieux temps. Et n'est-ce pas en ce siècle que l'amour conjugal trouvera ce trait de tendresse d'une délicatesse si ingénieuse, si touchante? Une femme condamnée par les médecins n'avait plus que quelques jours à vivre. Son mari sentait qu'elle lisait sa mort dans la tristesse, dans les larmes qu'il essayait de lui cacher. Il va acheter un collier de diamants de 48,000 livres, l'apporte à la mourante, lui parle du jour où elle le mettra, du bal de la cour où elle le montrera ; et, faisant briller le collier sur son lit, faisant luire devant son âme l'espoir, la convalescence, la guérison, la vie, l'avenir, il endort son

agonie dans un rêve! Et ce mari, le marquis de
Choiseul, était pauvre : il avait engagé une terre
pour acheter ces diamants qui devaient, par une
clause de son contrat de mariage, revenir à la
famille de sa femme (1). Au milieu de tant de
femmes, si faciles à la séduction, quand le séduc-
teur est le Roi, ne verra-t-on point une comtesse
de Périgord repousser l'amour du Roi, essayer de
l'arrêter par un respect glacial, le fuir par un exil
volontaire dans une terre près de Barbézieux? Et de
cet exil qui durait de longues années, elle ne sortait
que sur cette lettre, où Louis XV lui envoyait les
excuses d'un roi, lors de la mort de la dame d'honneur
de Mesdames : « Mes filles viennent de perdre leur
dame d'honneur : cette place, Madame, vous appartient autant par vos hautes vertus que pour le nom
de votre maison (2). » Et si le mariage a ses héroïnes,
il a aussi ses martyrs : la Trémouille s'enferme avec
sa femme malade de la petite vérole, et meurt avec
elle.

Le dévouement, l'amour, se rencontrent et se retrouvent jusque dans les ménages où le temps fait
les séparations à la mode, jusque dans les mariages
dénoués par l'inconstance et l'indifférence de l'un
des époux. Ils persistent malgré les froideurs, les
infidélités, les outrages. Ils pardonnent souvent
avec les suprêmes caresses de la duchesse de Richelieu à son mari, à ce mari que l'amour de toutes les

(1) Souvenirs de Félicie.
(2) Mémoires de Mᵐᵉ Campan. *Baudouin*, 1822, vol. III.

femmes semblait devoir garder de l'adoration de la
sienne. Mme de Richelieu venait d'être confessée par
le père Ségaud, et comme Richelieu lui demandait
si elle en était bien contente : « Oh! oui, mon bon
ami, lui dit-elle en lui serrant la main, car il ne m'a
pas défendu de vous aimer... » Et tout près d'expirer, elle rassemblait ses forces et sa vie pour l'embrasser, pour essayer de l'étreindre en lui répétant
d'une voix pleine de larmes, d'une voix déchirée et
mourante, qu'elle avait désiré toute sa vie mourir
dans ses bras (1)!

Mais les plus grands, les plus éclatants exemples
de l'amour dans le mariage, du bonheur dans le
ménage, vous apparaîtront en ce temps dans les
mariages et dans les ménages de ministres, dans ces
intimes unions de tant d'hommes d'État du siècle
avec une femme entièrement associée à leurs projets, à leur fortune, à leur gloire, souvent à leurs
travaux. D'un bout à l'autre du siècle, le ministre
apparaît ayant à ses côtés la force et l'appui des
joies de l'intérieur, les inspirations de l'imagination
d'une femme ou les consolations de ses tendresses.
Où retrouve-t-on les cinquante ans de ménage et de
bonheur du marquis de Croissy? Dans le ménage de
M. et de Mme de Maurepas, qui faisait songer au ménage Philémon et Baucis. A la mort de M. de Maurepas, n'échappait-il point à sa femme ce beau cri
« qu'ils avaient passé cinquante-cinq ans sans s'être

(1) Mémoires du maréchal de Richelieu, vol. III.

quittés une journée ? » Et que d'autres ménages pareillement unis ! C'est le ménage du maréchal et de la maréchale de Beauvau ; c'est le ménage Chauvelin, où le mari poussait jusqu'à la fanfaronnade le respect de la foi conjugale ; c'est le ménage Vergennes ; c'est ce ménage où, malgré les écarts du mari, la femme reste si indulgente, si aimable, si pure, le ménage Choiseul, où par l'enjouement, les épanchements du cœur, les effusions de l'humanité, l'amitié tendre, l'égalité de caractère, la fécondité de l'esprit, Mme de Choiseul met un peu de ces vertus dans le caractère de M. de Choiseul (1), tant d'agrément et de repos dans les fatigues de sa vie ministérielle, tant de consolations dans son exil. C'est enfin le ménage de M. et de Mme Necker où le bonheur est un peu mêlé d'enthousiasme, l'union d'orgueil, et l'amour de la femme d'idolâtrie pour le mari.

Ainsi se conserve au dix-huitième siècle l'institution du mariage. Un certain nombre de ménages, osant se mettre au-dessus de l'opinion publique, lui demandent encore le bonheur. Quelques maris vont même plus loin : par le contraste le plus étrange avec les idées du temps, ils exigent du mariage plus que la paix de l'amour, ils prétendent lui imposer la passion. Ils veulent être aimés comme ils aiment. Leur jalousie réclame de la femme un abandon complet d'elle-même, les ardeurs et les sacrifices d'un

(1) Le Parallèle vivant des deux sexes. *Dufour*, 1769.

cœur qui s'est donné tout entier et qui ne s'appartient plus. Ils ne lui permettent pas les amitiés pour d'anciennes amies ; à peine s'ils l'autorisent à aimer sa mère. La femme doit vivre, selon eux, uniquement occupée de son mari ; et s'ils ne trouvent point dans le mariage une femme qui se plie à leurs exigences, ils s'écrient « que leur femme ne les aime point, qu'elle ne vit point pour eux, qu'ils ne sont pas pour elle ce qu'elle a de plus cher au monde » : telle était la lamentation sincère, la désolation désespérée de ce malheureux frère de Mme de Pompadour, le marquis de Marigny.

Devoirs, plaisirs, le cœur même du mariage, nous allons le retrouver dans cette suite d'estampes où Moreau a peint le foyer du temps, ses fêtes et ses grands jours. Là nous verrons l'autre côté des Baudoin et des Lavreince, la femme et l'homme unis par le présent, par l'avenir, par ces petits êtres sur la tête desquels leurs regards, leurs baisers et leurs âmes se rencontrent. D'abord ce sera la femme en toilette de matin souriant sous son joli bonnet de linge de nuit, souriant comme on sourit à un songe, aux paroles du docteur qui va prendre sa canne à bec de corbin, et lui annonce qu'elle est mère. Ici la voilà dans son costume lâche et flottant, tout entourée et soutenue d'oreillers, à demi couchée sur le lit de repos dont le fond est une glace. Elle ne descend plus l'escalier qu'appuyée sur le bras de son mari ; elle ne va plus à l'église, aux Tuileries que portée doucement dans sa chaise par deux

grands valets picards (1). En dépit de Tronchin qui
veut qu'elle marche et coure seule, qui la plaisante
si par hasard il la rencontre, elle ne fait plus qu'une
courte promenade où, pour un petit caillou qui lui
roule sous le pied, son mari devient pâle. Nulle privation ne coûte au mari ni à la femme pour faire venir
au monde en bonne santé cet enfant auquel ils commencent à s'attacher par les sacrifices, et pour lequel
la femme est heureuse de souffrir déjà. Parties charmantes de jeu, de veille, de courses, amusements,
récréations, la femme quitte tout, elle renonce au
monde pour se vouer à sa grossesse ; elle fait contraste avec ces femmes qui portent si impatiemment
cet état, et qui avec tant d'ennui, tant de fatigue,
tant de regret d'un plaisir dérangé, ou d'un souper
abrégé, donnent le jour à un être « économisé dès
sa conception » (2) : elle est mère du jour où elle
le devient. — Bientôt la lingère apporte la layette
dans un grand coffret de dentelles, et fait l'étalage
de sa belle lingerie, de ses layettes en point d'Ar-
gentan. Après l'accouchement, la femme reste quatorze jours sur sa chaise longue, les pieds et les
jambes couverts d'un de ces couvre-pieds qui sont
la coquetterie des accouchées ; et, le quatorzième
jour, elle sort pour une visite à l'église et un remer-
cîment à Dieu.

Une fois mère, la femme veut nourrir ; car elle ne

_____

(1) Tableaux de la vie, ou les Mœurs du dix-huitième siècle. A Neu-
wied.

(2) Éloge de l'impertinence.

se croit plus dispensée de ce devoir et de ce dévouement si doux, par les raisons que les belles dames se donnaient tout à l'heure en disant : « Allaiter un enfant ! le bel emploi, l'aimable passe-temps ! J'aime à jouir la nuit d'un sommeil tranquille... Le jour je reçois des visites et j'en rends... Je vais montrer une robe d'un nouveau goût au Petit-Cours, à l'Opéra, quelquefois même à la comédie; je joue, je danse (1)... » La femme commence à s'affranchir de la mode, de l'usage. Elle passe, comme Mᵐᵉ d'Épinay, par-dessus l'étonnement que fait dans sa société, dans sa famille, sa résolution de nourrir son enfant. Les craintes de sa mère, la singularité qu'elle va se donner, les ridicules que le monde lui prêtera si elle est obligée de renoncer à une entreprise au-dessus de ses forces, rien ne l'arrête (2) : hier, malgré toutes les représentations, toutes les menaces des médecins, elle eût, pour ne pas nourrir, compromis sa santé (3) en portant au cou quelque poudre de Lecrom ou de quelque autre charlatan privilégié du Roi qui lui promettait de lui faire passer son lait en deux fois vingt-quatre heures (4) : aujourd'hui il lui semblerait n'être qu'à moitié mère si elle ne nourrissait pas. Les médecins n'avaient fait que l'effrayer : Rousseau l'a touchée (5).

(1) Les Mœurs. 1755.

(2) Mémoires de Mᵐᵉ d'Epinay, vol. I.

(3) Dissertation sur ce qu'il convient de fair pour faire diminuer le lait des femmes de Paris. 1763.

(4) Mercure de France. *Janvier*, 1720.

(5) Du reste, l'allaitement par les parisiennes n'eut pas tout le succès

Si elle est trop délicate pour nourrir, elle veut du moins avoir son enfant près d'elle. Et l'enfant grandit sous ses yeux, contre son sein, à portée de ses caresses, la faisant vivre dans ce bonheur de tous les instants, dans ces saintes délices, les *Délices de la Maternité*, dont le siècle nous a laissé un tableau si lumineux, si doucement égayé de verdure et de soleil, si gracieusement animé par le rire qui va d'une bouche d'enfant aux yeux de ses parents. Dans un beau jardin, au-dessous d'une statue de Vénus fouettant l'Amour avec un bouquet de roses, serrée contre son mari qui tient un hochet au-dessus de sa tête, élevant, soulevant dans ses bras un tout petit enfant, sorti de sa barcelonnette, à peu près nu, la courte chemisette remontée aux épaules par l'effort qu'il fait vers le hochet, — c'est ainsi qu'est peinte, dans sa joie et son triomphe, la Maternité du temps, la mère des dernières années du siècle.

Et bientôt ce ne sera plus assez pour la mère de garder l'enfant auprès d'elle, de le voir grandir sur ses genoux, d'entendre son rire mettre une gaieté dans son bonheur : elle va vouloir lui donner les soins qui forment l'homme ou la femme, en ébauchant dans un petit être l'intelligence et la conscience. Elle sera jalouse de faire elle-même son

que s'en étaient promis les partisans de Rousseau. Les femmes ne prenant que le plus aisé de leur rôle de nourrices, il arrivait qu'un grand nombre d'enfants nourris avec un sang âcre et échauffé périssaient, et que les médecins étaient obligés de défendre aux femmes de nourrir. Les Contemporaines, vol. VI. *La belle laide.*

éducation, de l'instruire, d'être, à l'exemple de
Mme de Montullé, l'institutrice de ses enfants (1).

Il y a, dans l'éducation de la première moitié du
dix-huitième siècle, un sens nettement indiqué par
l'institution de la femme telle que la comprenait,
telle que la pratiqua sur sa petite-fille la grand'mère
de Mme Geoffrin (2). Cette éducation est avant tout
une éducation morale. Elle ne s'attache pas à ce
qu'on est convenu d'appeler *instruction :* avant d'*instruire,* elle veut *élever*. Elle ne surcharge pas la jeune
fille d'études, elle n'accable pas sa mémoire de leçons; elle ne vise pas à la remplir de toutes sortes
de connaissances : elle a là-dessus la prudence du
temps, et sa grande peur est de faire de son élève
une savante. Ce qu'elle cherche à développer dans la
femme qui grandit sous sa tutelle sans rigueur, c'est
la femme elle-même, c'est la personnalité d'un être
qui sent et qui pense par lui-même. Pensée, sentiment, voilà ce que cette éducation guide, ce qu'elle
encourage, ce qu'elle fait lever et redresse dans
l'âme et dans le cœur des enfants confiés à ses soins,
comme une force et une conscience individuelles,
sincères et libres. Elle raisonne avec les premières
idées, avec l'enfance de la raison avec la jeunesse
de l'intelligence; et sans imposer à la femme les
ennuis, les dégoûts et les servitudes de la science
des livres, elle affermit peu à peu son esprit en le

(1) Mémoires d'un père, par Marmontel. *Paris,* an XIII.
(2) Éloges de Mme Geoffrin, par M. Morellet, Thomas et d'Alembert.
Nicole, 1812.

laissant jouer sur lui-même avec ses réflexions, son imagination, son ignorance même. Éducation élémentaire, sans fatigue, sans assujettissement, à laquelle la femme du temps doit plus que ses facultés, son caractère ; et n'est-ce pas elle qui fonde cette indépendance d'idées et d'expressions, cette vive et profonde originalité d'âme que montreront d'un bout à l'autre du siècle toutes ces femmes qui semblent faire leur esprit avec des fautes d'orthographe, leur bon sens avec de l'expérience, leur science avec du goût ?

Lorsque le zèle des éducations maternelles éclate, cet esprit, ce sens pratique disparaît de l'institution de la femme. A l'ancienne éducation qui laissait l'enfant, l'abandonnait presque à ses instincts, succède une éducation pédagogique. Un génie de maîtresse d'école se révèle dans la mère et se personnifie dans ces deux femmes qui représentent si complétement l'éducation philosophique et l'éducation *romancée* de la fin du dix-huitième siècle : Mme de Genlis et Mme d'Épinay. Que l'on parcoure ces livres, ces manuels modestement annoncés comme échappés au cœur d'une mère pour le bien moral, l'avancement intellectuel d'une fille ; que l'on feuillette ces traités visant, sous ce voile et cette excuse de l'affection et de la sollicitude maternelles, à devenir la règle des idées des filles nées depuis 1770, — à peine si l'on trouvera une pensée, une leçon qui ne passe pas par-dessus la tête d'un enfant. Leur forme seule s'adresse à l'enfance ; et c'est toujours, comme dans les *Conversations d'Émilie*, au nom d'abstractions métaphysiques qu'ils font appel aux sentiments d'une petite fille de cinq ans et demi. Ils lui forment l'âme, ils lui développent le cœur, comme on bâtit un système sur des principes. Et ne veulent-ils pas faire de la petite fille, non une femme, mais une *réfléchissante?* Pour la rendre sage, ils lui parleront, par exemple, de l'accomplissement du devoir comme d'un parfait moyen pour arriver au bonheur. Pour la rendre patiente, ils lui démontreront la nécessité d'avoir des contrariétés par des arguments tirés de la morale stoïcienne. A propos d'un singe, ils apprendront à l'enfant que ce singe est un être organisé qui vit, qui sent, qui se meut. La petite fille se réjouit-elle de mettre une robe neuve? ils lui feront honte, en trois points, de mettre son bonheur dans une robe. Ils lui donneront encore des recettes pour diriger sa conduite morale, les titres de prééminence des qualités du caractère sur la beauté, l'explication de l'homme et de l'animal raisonnable; ils iront jusqu'à lui définir l'auteur « un homme qui prend le public pour confident de ses pensées! » Éducation qui ne laisse que des mots à la mémoire de l'enfant et qui lui force la cervelle comme sa toilette lui brise la taille; c'est l'utopie de la Pédanterie formulée comme en un premier catéchisme de cette Raison qui sera à la fin de ce siècle la dernière religion de la France.

Prenons garde pourtant de nous laisser tromper

par ces jolis tableaux du ménage inspirés bien plutôt par les aspirations que par les mœurs du temps. Ces grâces, ces vertus, ces beaux exemples du ménage, ce zèle de la maternité, ne doivent point nous voiler le Mariage même tel qu'il se révèle dans la généralité de sa pratique, dans l'essence de son principe. Ils ne doivent point nous faire oublier la forme d'habitude du ménage, le type de la société conjugale que montrent et qu'attestent par tant de traits, par l'exagération même et la caricature, les anecdotes, les brochures, les satires, tous les témoignages de l'histoire morale d'une époque.

Ainsi considéré, le Mariage du dix-huitième siècle ne semble plus une institution ni un sacrement, mais seulement un contrat en vue de la continuation d'un nom, de la conservation d'une famille, un contrat qui n'engage ni la constance de l'homme ni la fidélité de la femme. Il ne représente point pour la société de ce temps ce qu'il représente pour la société contemporaine. Il n'évoque point chez l'homme, chez la femme même, les émotions que donne la conscience d'un engagement du cœur. Il n'implique pas l'idée de l'amour, et c'est à peine s'il la comporte : là est son grand signe, son mal originel, et aussi son excuse.

Tout d'ailleurs dans le siècle conspire contre le Mariage. Il a contre lui les relâchements, les accommodements de la morale sociale, la liberté chaque jour plus grande des habitudes privées. La Régence passée, il fallait, au commencement du siècle, une certaine énergie, une force de volonté pour avoir un amant. Pour se voir, pour se rencontrer, il était besoin de vaincre de grands obstacles, d'imaginer des moyens, de tromper les yeux du monde : une faute demandait de l'audace pour son accomplissement. Le scandale était un risque, l'effronterie ne sauvait pas encore du déshonneur. Avec le temps, ces obligations cessent, ce reste de retenue s'oublie. La jeune femme reçoit les jeunes gens de son âge. Elle va au spectacle en petite loge seule avec des hommes. Au bal de l'Opéra, elle n'emmène que sa femme de chambre. La mode lui donne le droit de toutes ces démarches qui autrefois auraient fait noter une femme de légéreté (1). Rendez-vous, occasions, toutes les facilités, elle les a sous la main ; elle ne va plus à l'adultère, l'adultère vient à elle.

Le Mariage a encore contre lui les arrangements du monde, les obligations de la vie et des places du temps, ces absences du mari qui si souvent laissent l'épouse à elle-même, et l'abandonnent à sa vertu. Emplois à Versailles, gouvernements en province, garnisons, services auprès du Roi, service à l'armée, enlèvent à tout moment, dans les ménages de la noblesse, le mari à sa femme. Le mari appartient à la cour, à la guerre, avant d'appartenir au mariage. Pendant qu'il fait les campagnes, qu'il suit l'armée du Roi dans les Flandres, en Allemagne, en Italie, la femme, libre et ennuyée, reste à Paris livrée aux

(1) Mémoires de Mme de Genlis, *passim.*

plaisirs du monde ; ou bien elle se retire dans une
terre qui, loin de la mettre à l'abri des séductions,
lui apporte les tentations de la solitude et les promesses du mystère. Et l'épreuve de ces séparations
exposant à tant de périls l'honneur du mari, exi-
geant de la femme tant de patience, de courage, de
résolution dans le devoir, dure pendant presque
tout le siècle. Mme d'Avaray, la sœur de Mme de Cois-
lin, est la première qui donne, en suivant son mari
dans sa garnison, un exemple d'abord fort critiqué,
puis adopté par la mode, par les plus grandes dames,
les plus jeunes, les plus jolies, que l'on voit suivre
leurs maris aux manœuvres commandées par le
maréchal de Broglie en 1778, manœuvres où la
grande table est tenue par une femme, la maréchale
de Beauvau (1).

Mais le lien conjugal dut surtout son relâchement
à certaines idées propres au dix-huitième siècle, à
de singuliers préjugés régnant et réglant presque
absolument le train des unions. L'amour conjugal
est regardé par le temps comme un ridicule et une
sorte de faiblesse indigne des personnes bien nées :
il semble que ce soit un bonheur roturier, bourgeois,
presque avilissant, un bonheur fait pour les petites
gens, un sentiment bas, en un mot, au-dessous
d'un grand mariage et capable de compromettre la
réputation d'un homme ou d'une femme usagés.
Plus que de tout le reste, du libertinage flottant dans

(1) Mémoires de Mme de Genlis, vol. I.

l'air, de la corruption ambiante, des séductions, le mariage souffrit de ces paradoxes de la mode, de ces théories du bon ton, plus effrontées, plus parées et relevées d'esprit, plus charmantes, plus effrayantes de légèreté et d'impudence à mesure que le siècle vieillit et se raffine. C'est leur esprit qui met entre la femme et le mari cette froideur de détachement, cette intimité de glace, ces façons qui ne dépassent point la politesse. L'indifférence, il ne restera bientôt que cette amabilité aux deux époux. Et l'insouciance deviendra la vertu du mari. Elle sera sa vanité même, la consolation de son bonheur, sa dignité. Elle sourira sur les lèvres des époux trompés avec une ironie si leste, des mots si dégagés, d'un tel sang-froid, et d'apparence si naturels, que ces époux auront l'air d'être le public de leur honte : ils sembleront assister passivement ou complaisamment à l'inconduite de leurs femmes. Ils joueront l'amitié pour les amants qu'elle aura, la familiarité avec les amants qu'elle aura eus : et, dans l'oubli d'eux-mêmes et de leur bien, ils iront jusqu'à la parole fameuse, la parole sublime de cynisme et de présence d'esprit qui résume, selon le temps, toute la philosophie et toutes les grâces du rôle de mari en bornant la vengeance d'un homme surprenant sa femme à cette réflexion : « Quelle imprudence, Madame ! Si c'était un autre que moi (1)!.... »

L'honneur du mari paraît alors un honneur de

---

(1) Œuvres complètes de M. de Chevrier. *Londres, chez l'éternel Jean Nourse*, l'an de la vérité 1774.

l'homme passé d'usage, tombé en discrédit, une tradition perdue, un sentiment effacé. « J'en étais à mon déshonneur, tranchons le mot, » dit nettement le marquis des *Dialogues d'un Petit-Maître ;* et il expose au chevalier les seules convenances que le mari peut exiger en pareil cas. Qu'une femme « ait quelqu'un », il n'est qu'un mal pour son mari dans ces sortes d'arrangements : c'est l'éclat. Si donc tout se passe « dans l'ordre des ménagements, si la femme s'observe et ne se permet en public que les égards que ce même public l'autorise à accorder à son amant », si en un mot la chose toute vraisemblable qu'elle paraisse n'est pas démontrée, le mari est un sot de se fâcher (1). Telle est la doctrine nouvelle, doctrine commode qui dispense l'homme de la jalousie, l'épouse des vertus de la maîtresse, et ne laisse plus entre eux comme devoir commun du mariage, que le devoir des égards, unique rapprochement de ces ménages où il n'y a plus d'autre retenue que le respect du public! Un jour arrive où le mari dit ou fait entendre à sa femme : « Madame, l'objet du mariage est de se rendre heureux. Nous ne le sommes pas ensemble. Or il est inutile de nous piquer d'une constance qui nous gêne. Notre fortune nous met en état de nous passer l'un de l'autre et de reprendre cette liberté dont nous nous sommes fait imprudemment un mutuel sacrifice. Vivez chez vous, je vivrai chez

---

(1) Dialogues moraux d'un petit maître philosophe.

moi (1)... » Et le mari et la femme se mettent à vivre ainsi, chacun de leur côté. Ils laissent aux époux bourgeois l'ennui de se trouver tous les jours au lit, à table, en tête à tête ; et hors le dîner, où encore ils sont rarement seuls, ils ne se retrouvent guère (2), ils se rencontrent à peine, et ils s'oublient quand ils ne se voient pas. Il n'y a plus de maris à *résidence*, plus de maris « cousus aux jupes de leurs femmes ». On passe six mois à l'armée, on revient à Paris : Madame y est-elle ? on va à la cour ; vient-elle à la cour ? on retourne à Paris, et l'on est presque un bon mari, lorsqu'on donne dans un an quarante jours à sa femme (3). De la part de la femme, aussi bien que de la part du mari, il y a comme une vanité, comme une ostentation dans ce détachement. « Eh ! bien, va-t'en... » dit une femme à son mari qui lui demandait de le tutoyer. « Je vous écris parce que je n'ai rien à faire. Je finis parce que je n'ai rien à vous dire. Sassenage, très-fâchée d'être Maugiron, » c'est toute la lettre d'une comtesse de Maugiron à son mari (4). Si le mari n'est pas curieux, la femme, même lorsque par miracle elle est vertueuse, n'est pas jalouse ; et elle ne s'occupe de la maîtresse de son mari, que si elle en voit percer l'influence dans la manière d'être de ce mari à son égard : que la personne lui convienne, ou

(1) Contes moraux de Marmontel. *Merlin*, vol. II.
(2) Tableaux de la bonne compagnie. *Paris*, 1787.
(3) Œuvres de Dancourt, 1742, vol. II. *La Femme d'intrigue*
(4) Paris, Versailles et les Provinces. 1823, vol. III.

cherche à lui être agréable, la femme mariée ira au besoin, s'il y a menace d'un nouvel attachement, jusqu'à donner à cette autre femme, par l'entremise d'un tiers, des conseils pour reprendre son mari (1).

Cette séparation dans l'union, cette réciprocité de liberté dans le ménage, cette tolérance absolue n'est pas un trait du mariage, elle en est le caractère. Il n'y a plus guère de ménage sans *coadjuteur* (2). Un amant ne déshonore plus, le choix seul de l'amant excuse ou compromet. Là-dessus écoutez un petit livre, une espèce de conseiller moral écrit par une femme : « Le monde parle. Madame a-t-elle un amant? L'on demande quel est-il? Alors la réputation d'une femme dépend de la réponse que l'on va faire. Je vous le répète encore, dans le siècle où nous vivons, ce n'est pas tant notre attachement qui nous déshonore que l'objet. » Ce train des mœurs est accepté par toute la société. L'adultère trouve partout la complicité, partout l'impunité, partout le sourire avec lequel le mari lui pardonne. Il trouve une indulgence voilée d'ironie, jusque dans la famille où le beau-père répond aux plaintes du gendre sur les désordres de sa fille : « Vous avez raison, c'est une femme qui se conduit mal, et je vous promets de la déshériter (3). » Ne sommes-nous pas au temps où le monde et le mari lui-même verront

Collection complète des œuvres de M. de Crébillon le fils. *Londres,* 1772, vol. VII. *Lettres de la duchesse de *** au duc ***.*

(2) Mémoires secrets de la République des lettres, vol. XIV.

(3) Revue rétrospective, vol. XIV. *Journal de Paris.*

sans se scandaliser M. Lambert de Thorigny s'enfermer avec Mme Portail attaquée de la petite vérole,
et mourir dans la maison du premier président du
Parlement (1)? L'on dirait que le dix-huitième siècle
se conforme à cet article de loi que dans un conte
du temps un Roi d'allégorie fait lire aux maris par
son chancelier : « Que chacun ait une femme pour
être celle d'un autre; et tout rentrera dans l'ordre,
telle est la volonté de l'amour. » Et veut-on toute la
morale du mariage de ce temps? la voici « On parle
du bon vieux temps. Autrefois une infidélité mettoit
le feu à la maison; l'on enfermoit, l'on battoit sa
femme. Si l'époux usoit de la liberté qu'il s'étoit réservée, sa triste et fidèle moitié étoit obligée de dévo-
rer son injure, et de gémir au fond de son ménage
comme dans une obscure prison. Si elle imitoit son
volage époux, c'étoit avec des dangers terribles. Il
n'y alloit pas moins que de la vie pour son amant et
pour elle. On avoit eu la sottise d'attacher l'honneur
d'un homme à la vertu de son épouse; et le mari
qui n'en étoit pas moins galant homme en cherchant
fortune ailleurs, devenoit le ridicule objet du mépris
public au premier faux pas que faisoit Madame. En
honneur, je ne conçois pas comment dans ces siècles barbares on avoit le courage d'épouser. Les
nœuds de l'hymen étoient une chaîne. Aujourd'hui
voyez la complaisance, la liberté, la paix régner au
sein des familles. Si les époux s'aiment, à la bonne

(1) Journal de Barbier, vol. I.

heure, ils vivent ensemble, ils sont heureux. S'ils
cessent de s'aimer, ils se le disent en honnêtes gens,
et se rendent l'un à l'autre la parole d'être fidèles.
Ils cessent d'être amants ; ils sont amis. C'est ce que
j'appelle des mœurs sociales. des mœurs douces (1)... »

A tant de mariages dissous pour ainsi dire par
une tolérance mutuelle, à tant de ménages désunis
par l'esprit du temps, il faut joindre tous ces mariages dont les liens se brisaient, où la séparation se
faisait en dehors de ces causes premières, et par d'autres préjugés sociaux, par des préjugés de caste :
les mariages entre la noblesse et l'argent. Un homme
né, réduit à donner sa main à une fille de la finance,
à la fille d'un homme d'argent, croyait avoir, en lui
donnant son nom, payé et au delà, l'argent qu'elle
lui apportait. Ses devoirs et sa complaisance s'arrê-
taient là, à cet apport de sa noblesse, à cette prostitution de son titre ; et il se jugeait, par ce sacrifice
de son nom, exempté de tout ce qu'un mari reste
devoir à sa femme le lendemain, le soir même de
son mariage, de toute preuve d'amour et même de
toute marque d'égards. Dans cet ordre des alliances
de vanité voulant s'ouvrir la cour, et des mésalliances
de nécessité épousant « un lingot d'or », il arrivait
souvent que les filles de la grande finance étaient
traitées comme la fille du millionnaire Crozat par
son mari, ce comte d'Évreux qui avant son mariage

---

(1) Contes moraux de Marmontel, vol. II. *La Bonne Mère.*

n'eût pu trouver une boîte d'allumettes à crédit, et qui du jour au lendemain, riche des douze cent mille livres en argent comptant de la dot de sa femme, riche de l'expectative de la succession du père, une succession de vingt et un millions, ne daigna pas toucher à Mlle Crozat. Pourtant Mlle Crozat était jeune, belle, bien faite ; et le comte d'Évreux la trouvait telle. Volontiers, il en eût fait sa maîtresse, mais elle était roturière ; et en sa qualité d'époux, il lui était venu, disait-il, un sentiment de répugnance. De ce dédain outrageant, auquel certains maris ajoutaient des grossièretés impossibles à dire, la femme du comte d'Évreux se vengea en donnant deux enfants à son mari. Le comte en prit un peu d'humeur, afficha la duchesse de Lesdiguières, gagna subitement des millions dans le système, et se vengea en remboursant la dot de sa femme : il garda seulement les intérêts pour l'honneur qu'elle retirait de porter son grand nom (1).

Le dédain n'affectait point toujours cette insolence princière. Il se pliait à des formes moins insultantes chez la plupart des hommes de grande maison qui épousaient quelque fille de fermier général. Mais la pauvre petite personne présentée dans le monde et trouvée *gauche* lorsqu'elle n'était que modeste, avait à souffrir des plaisanteries désagréables, des persiflages qu'elle entendait murmurer à l'oreille de son mari et que ce mari s'amusait à faire

(1) Mémoires de Richelieu, vol. V. — Revue rétrospective, vol. XIII. *Journal de Paris*, 1722.

retomber sur elle. Parfois tant de dégoûts l'abreu-
vaient, le monde lui faisait boire le mépris à si longs
traits, qu'elle était forcée de prendre un parti désespéré, et de se retirer chez son père (1). Et si les
choses n'allaient point jusque-là, si le mari lui faisait une position tolérable, ce mari s'occupait si peu
d'elle, il s'inquiétait si peu de sa personne et de sa
conduite, il la négligeait avec si peu d'excuses, il la
trompait avec si peu de mystère, que le ménage
devenait un mauvais ménage exemplaire, qui se
distinguait entre tous les autres par une impudeur de détachement particulière.

Sur ce fond de tolérance, d'indifférence, le fond
de tant de ménages, on voit se détacher çà et là dans
le siècle une violence, une vengeance. Pris d'une
soudaine jalousie, ou plutôt blessé, humilié, bien
moins dans son honneur que dans l'orgueil de son
nom, par la bassesse des goûts de sa femme, quelquefois un mari se réveillait par un coup de foudre.
La femme, prise au lit le matin, était jetée dans un
fiacre qui roulait sous l'escorte de quatre hommes
armés, et conduite par un exempt au couvent du
Bon-Pasteur, espèce de couvent de correction (2).
Souvent même, elle était enlevée à un souper brillant, arrachée brutalement au plaisir, comme cette
Mme de Stainville, la folle amoureuse de Clairval,
qu'on venait saisir toute parée au milieu des répétitions pour un bal de la duchesse de Mirepoix : on

(1) Œuvres de Chevrier, vol. III.
(2) Id.

la séparait de ses femmes, on enfermait sa femme
de chambre de confiance à Sainte-Pélagie, et on la
conduisait elle-même aux filles de Sainte-Marie à
Nancy, où elle ne devait pas avoir à sa disposition
un écu. Ainsi se faisait l'enlèvement de la présidente
Portail, l'enlèvement de Mme de Vaubecourt, l'enlèvement de Mme d'Ormesson. Ainsi était jetée, du
monde plein de bruit, de lumière, d'espace, entre
les murs d'une cellule, cette Mme d'Hunolstein qui,
enfermée et convertie, devait faire une si exemplaire
pénitence : au couvent elle se soumit à un maigre
perpétuel et ne voulut porter qu'une robe de bure.
A la révolution, recueillie par son mari, elle lui
demanda de continuer cette vie d'expiation, et au
moment d'expirer, elle se fit mettre sur la cendre (1).

Ces enlèvements, ces emprisonnements de l'épouse
coupable dans un cloître, étaient le droit du mari
du dix-huitième siècle. Le mari avait dans sa main
ces punitions soudaines et redoutables. Au milieu
du relâchement des mœurs et de toutes les complaisances de la société pour le scandale, il demeurait
armé par la loi. Une lettre de cachet obtenue sur la
preuve d'adultère lui suffisait pour faire enfermer
sa femme dans un couvent jusqu'à la fin de ses
jours. Quelquefois encore, recourant à la justice, il
la faisait condamner à deux années de couvent,
années pendant lesquelles il gardait la liberté de la
revoir et de la reprendre. Les deux ans écoulés, s'il

(1) Mémoires de Mme de Genlis, vol. II.

ne faisait point d'acte de réclamation, la femme
était condamnée à être rasée et enfermée le restant
de ses jours. De plus, elle était déclarée déchue de
de ses biens dotaux adjugés en usufruit au mari, à
la charge par lui, de lui payer une rente de 1,200 livres (1). Mais ce droit du mari, malgré ses réveils
et quelques grands coups d'éclat, était presque dans
la société une lettre morte : le mari d'ordinaire le
laissait dormir, et la femme y échappait le plus
souvent par une séparation volontaire, obtenue
doucement à la manière de Mme du Deffand, avec un
air si résigné, si triste, si ennuyé, que le mari prenait un soir le parti de s'en aller et de ne jamais
revenir (2).

La séparation consacrée par l'usage, établie de
fait dans tant de ménages, la séparation volontaire
consentie de part et d'autre, dont l'habitude se répandait, devait nécessairement, fatalement aboutir
à la séparation légale. C'est la grande fin de la communauté conjugale au dix-huitième siècle. Elle sourit aux femmes comme l'entière délivrance du mari,
de sa présence, de sa surveillance, comme la pré-
servation absolue et définitive de ces boutades de
jalousie qui de temps en temps jettent de l'effroi
dans l'adultère. Elle est une garantie, une impunité :
elle est plus, elle est, à de certaines années du
siècle, une affaire de ton, une mode. La séparation

---

(1) Mémoire de Jean-Baptiste de Trémolet de Montpezat, marquis de
Montmoirac, contre dame Olympe de Saint-Auban.
(2) Lettres de Mlle Aïssé.

judiciaire devient une ambition de la femme, presque une idée fixe ; et tout à coup, à propos de prétexte, de la moindre scène, un mari entend dire à sa femme. « Je me séparerai, mais très-exactement... Je reprends mes *pactions* et on me réintègre dans la succession de mon père (1). » Le nombre des demandes en séparation sollicitées par des femmes devient énorme : le Châtelet, les Requêtes du Palais, la Grand'Chambre ne retentissent plus que de ces débats scandaleux, où la femme reprend sa liberté en laissant aux mains du public sa pudeur ou son honneur. Un moment, trois cents demandes s'entassent au greffe ; et le Parlement effrayé se voit forcé, pour arrêter le mal, d'user de sévérité dans l'examen des causes et de faire des exemples : Mme de Chambonas est condamnée à un an de clôture exacte, après quoi elle aura le choix de retourner avec son mari ou de passer le reste de ses jours dans un couvent (2).

A toutes ces demanderesses en séparation étaient affectés des couvents spéciaux, le Précieux-Sang, la Conception, Bon-Secours, où elles se retiraient par décence, en attendant patiemment la décision des juges au milieu des distractions de ces maisons peu sévères : on y jouait, on y chantait, on y tenait table ouverte (3). Mais le couvent préféré, l'asile par excellence des femmes dans cette situation, était le couvent de Saint-Chaumont, rue Saint-Denis, maison

(1) Œuvres de Chevrier, vol. II.
(2) Correspondance secrète, vol. II.
(3) Mémoires de la République des lettres, vol. V.

d'élection des plaideuses où les maris n'étaient jamais appelés que des « adversaires », où depuis le matin jusqu'à dix heures et demie, jusqu'à la fermeture des portes, les pas, les voix des hommes de loi couvraient tous les autres bruits; maison-mère de la séparation, où les femmes groupées, rangées contre un même ennemi, se prêtaient mutuellement leurs conseils, leurs avocats, leurs défenseurs, leurs voies de droit, toutes embrassant la cause de chacune et travaillant avec autant de zèle contre le mari d'une autre que contre le leur (1). Et pourtant, malgré toutes ses ressources, ses consultations, ses lumières, le couvent de Saint-Chaumont n'était point la plus grande école de la séparation : cette école était au Palais même, où les assauts d'éloquence de Maître Gerbier et de Maître de Bonnières étaient suivis comme des leçons par un grand nombre de femmes venant étudier les moyens à employer pour occuper convenablement la scène à leur tour (2).

Le veuvage est entouré au dix-huitième siècle d'un appareil de regrets qui semble une mode antique gardée d'un autre temps, d'un temps sévère, religieux et profond dans ses douleurs : il a des dehors plus sérieux qu'il ne lui appartient, des affiches de retraite et de renoncement qui sont en désaccord avec le tempérament des âmes. Le deuil extérieur qui enveloppe la veuve, la désolation des choses

(1) Tableau de Paris, vol. XII.
(2) Mémoires de la République des lettres, vol. XXIX.

tout autour d'elle, cette sorte d'ensevelissement étendu aux objets et qui paraît enfermer le regard aussi bien que l'avenir de la femme dans la tombe du mari, toute cette rigueur de l'étiquette mortuaire n'est plus qu'une obligation de tradition, mais elle demeure une convenance sociale. Le mari mort, les tableaux, les glaces, les meubles de coquetterie, tout ce qui est aux murs une espèce de vie et de compagnie, tout est voilé (1). Dans la chambre de la femme, une tenture noire recouvre les lambris. A la fin du siècle seulement, la nuit des murailles sera un peu moins sombre, et, la mode de la mort se relâchant de sa sévérité, la chambre de la veuve n'aura plus, pendant l'année du veuvage, qu'une tenture grise. Le mari mort, la femme met sur sa tête, jette sur ses cheveux le petit voile noir que gardent toute leur vie et partout, même dans leurs toilettes de cour, les veuves non remariées, et, tout habillée de laine noire, elle demeure dans l'appartement en deuil, dont la porte ne s'ouvre qu'aux visites de condoléance et aux salutations de la parenté (2). Il est d'usage qu'elle se tienne quelque temps ainsi renfermée. La pudeur de l'habit qu'elle porte lui ferme les promenades publiques, et l'Allée des Veuves est le seul endroit public où elle ose se montrer.

(1) Lettres juives, vol. I.

(2) Mémoires de Mme de Genlis. Dictionnaire des étiquettes. — Les deuils, diminués de moitié par l'ordonnance de 1716, étaient, pendant toute la durée du dix-huitième siècle, pour une femme qui perdait son mari, d'un an et six semaines; elle portait quatre mois et demi le manteau, la robe et le jupon d'étamine, quatre mois et demi la crêpe et la

Dans cet étalage de la douleur et du regret, l'oubli, les idées de liberté, les projets d'avenir consolaient bien des femmes. La coquetterie se cachait sous les larmes, et bien des douleurs ressemblaient à l'habit de deuil de la veuve des *Illustres Françoises*, laissant apersevoir à demi, sous son jupon de crépon noir, une jarretière d'écarlate attachée avec une boucle de diamants. Mais pour quelques-unes le deuil du temps n'avait rien d'exagéré ni d'emphatique : il était au-dessous du deuil de leur cœur. Le veuvage d'alors a ses fanatiques, ses recluses, ses saintes. Il montre des folies et des héroïsmes de désespoir. C'est une maréchale de Müy qui veut se précipiter par une fenêtre et qu'on est obligé d'arracher au suicide (1). D'autres veuves s'abîment, s'anéantissent dans une contemplation inerte comme cette autre maréchale, la maréchale d'Harcourt, cloîtrée dans cet appartement où elle vit avec la figure de cire de son mari (2). La vieille marquise de Cavoix passe plusieurs heures par jour à converser avec l'ombre de son mari (3). Des princesses, à ce déchirement de la moitié d'elles-mêmes, repoussent le monde, et, courant à Dieu, s'oubliant et se répandant en œuvres de charité, vont laver les pieds des pauvres en compagnie de cette autre veuve, Mme de Mailly.

---

laine, trois mois la soie et la gaze et six semaines le demi-deuil. (*Cabinet des modes*, 1786.)

(1) Mémoires de la République des lettres, vol. VIII.

(2) Correspondance secrète, vol. IX.

(3) Revue rétrospective, vol. XV. *Journal de Paris.*

VI

LA FEMME DE LA BOURGEOISIE

Dans la bourgeoisie, la fille vit avec la mère, toujours près d'elle, sous son cœur, sous ses leçons. La mère la couve et l'élève, la portant vraiment de ses mains de l'enfance à la jeunesse. Chardin, ce peintre intime de la bourgeoisie, nous montre toujours la petite fille à côté de cette mère dévouée et laborieuse, grandissant, déjà sérieuse et simple, comme à l'ombre des vertus du ménage. Ce n'est point une petite « pomponnée » : la voici avec son gros bourrelet carré, son *juste* à manches courtes, une jupe et un tablier à bavolet ; et il ne lui faudra point d'autres joujoux qu'un tambour, un moulin, une raquette, des quilles, les joujoux de la rue et du peuple. Pour toute gouvernante, elle aura sa mère. C'est sa mère qui l'élèvera dans cet intérieur à son image, commode et rangé, où tout semble avoir la solidité, la netteté, l'ordre du bonheur bourgeois : les gros

meubles, le parquet lavé, les grands fauteuils d'a-
plomb sur leurs pieds tournés, l'armoire de noyer
avec, au-dessus la bouteille de cassis (1) et dans laquelle dorment les almanachs des années passées,
marquant les morts et les naissances, gardant toute
l'histoire de la famille (2). C'est sa mère qui lui fera
joindre ses petites mains pour le *Benedicite,* avant de
lui donner une assiette de la soupe, que la petite, de
sa chaise basse, voit fumer sur la table dans la sou-
pière d'étain. C'est sa mère qui, arrêtant le dévidoir
et laissant sur la table le rouet chargé de sa que-
nouille, la coiffera devant sa toilette, et, lui arran-
geant sur le front un nœud de rubans, la fera belle
pour les dimanches. C'est elle qui lui fera répéter
son catéchisme et ses leçons ; et, si par hasard elle
se fait remplacer, ce sera par une sœur aînée qui
jouera un moment auprès de la petite fille le personnage de sa mère. Ici, dans les familles de labeur,
les enfants ne sont pas détachés des mères par la
dissipation et les exigences du monde : filles ou garçons, ils sont une aide, une compagnie, un courage
de plus à la maison. La maternité n'a pas de fausse
honte : elle aime à les aimer, à les aimer de tout
près. D'ailleurs, aux mères bourgeoises, les enfants
ont moins coûté qu'aux autres : elles n'ont pas été
obligées de se retrancher de leurs plaisirs, de ne
plus vivre pour donner la « vie à ces importuns petits êtres ». Habituées qu'elles sont au foyer, l'en-

(1) Tableau de Paris, vol. XII.
(2) Les Illustres Françoises, vol. III.

fantement n'a pas été pour elles un sacrifice, et le rôle de mère, au lieu d'être une charge, est comme le devoir qui les récompense de l'accomplissement de leurs autres devoirs. Les filles bourgeoises restent donc attachées à la mère. Elles grandissent, modestes et retenues, dans une toilette où la coquetterie même est sobre, où l'économie fait des *rentraitures* au fichu ; elles grandissent, portant sur la jupe ces outils du travail des femmes, des ciseaux et une pelote, comme le signe de leur vocation (1). On les voit croître en santé et en force, respirant le bonheur de leur âge auprès de cette mère qui les rapproche encore d'elle par la douce familiarité du tutoiement. A sept ans, la petite fille entrait dans l'âge de raison, ou plutôt les parents se plaisaient à le lui attribuer, dans la pensée de la faire plus sage, en lui donnant par une haute idée de sa petite personne une conscience précoce. La mère lui disait pour la punir « Mademoiselle », et la petite fille commençait à comprendre qu'il est dans la bouche d'une mère des mots qui font plus de mal que les verges dans sa main. On la jugeait assez grande pour la mener en visite chez les grands parents, à la promenade, et l'on commençait à l'envoyer au catéchisme qui devait la préparer à la confirmation.

Chaque dimanche, dans quelque coin d'église, chapelle ou charnier, dans quelque bas-côté tout plein d'entre-colonnements, la petite fille allait s'as-

---

(1) Voyez les gravures d'après Chardin : Le *Benedicite*, la *Toilette du matin*, la *Bonne Éducation*, la *Maîtresse d'école*, la *Mère laborieuse*, etc.

seoir sur les longs bancs de bois où les petites filles
se faisaient face, les plus grandes jouant de l'éventail, les plus petites caquetant, se cachant derrière
le dos du premier rang, et se riant tout bas à l'oreille.
Au bout du passage laissé entre les bancs, un vieux
prêtre se tenait assis dans un grand fauteuil de bois,
ses besicles à la main, laissant à ses côtés un joli
petit clerc, aux gestes onctueux, faire la leçon sous
les yeux des mères et des bonnes femmes de la pa-
roissse, interroger les petites filles, leur faire répéter à chacune l'évangile du jour, l'épître, l'oraison
et le chapitre du catéchisme indiqué le dimanche
précédent. Parfois un curé venait, devant lequel on
faisait lever toutes les petites. Il interrogeait les
plus savantes, et se retirait au milieu des révérences
des mères flattées à fond, et se rengorgeant dans les
belles réponses de leurs enfants (1).

Mais le moment venait où, si jalouses qu'elles
fussent de l'éducation de leurs filles, les mères cédaient à l'usage, les envoyaient dans une pension
conventuelle finir leur instruction religieuse, et
achever de se former sous la direction des sœurs.
Quand la petite fille avait passé par toutes les leçons
graduées du catéchisme, on la mettait, d'ordinaire,
dans un couvent, vers ses onze ans, pendant un an,
pour faire avant sa confirmation, qui précédait alors
la première communion, ses derniers exercices de
piété. Après une visite générale à tous les grands

(1) Mémoires de Mme Roland publiés par Barrière, vol. I. — Le Catéchisme à Saint-Sulpice, peint par Baudouin, gravé par Moitte.

parents, la petite entrait dans une maison religieuse et passait, non sans larmes, le seuil de la porte de clôture.

C'étaient de tranquilles maisons que celles où la bourgeoisie mettait ses filles, humbles écoles qui avaient une salle où les sœurs instruisaient gratuitement les petites filles du peuple, communautés modestes, reléguées d'ordinaire dans un lointain faubourg, où la pension coûtait de 250 à 350 livres par an : l'abbaye des Cordelières, rue de l'Ourcine, la maison Saint-Magloire, rue Saint-Denis, les Chanoinesses de Saint-Augustin, faubourg Saint-Antoine, les dames Filles-Dieu, près la porte Saint-Denis, les Bénédictines du Saint-Sacrement, rue Cassette, les Religieuses de la Croix, rue de Charonne, les filles de la Sainte-Croix, les filles de la Sainte-Croix-Saint-Gervais, les Dames Annonciades de Popincourt, les Religieuses de la Congrégation Notre-Dame, la Congrégation Sainte-Aure, rue Neuve-Sainte-Geneviève (1), où fut élevée Mme du Barry. Tout en obéissant aux modes du temps, tout en formant la jeune fille aux arts d'agrément, à la danse, à la musique, apprises alors jusque dans les maisons d'éducation de pure charité (2), ces maisons n'avaient rien du faste ni de la vanité des couvents où les filles de la noblesse grandissaient

_____

(1) État ou Tableau de la ville de Paris, par de Jèze. *Paris, Prault,* 1761.

(2) Mémoires de Maurepas, vol. II. — Mémoires de la République des lettres, vol. VI.

dans l'impatience et l'appétit de la société qu'elles sentaient autour d'elle. Ce n'étaient, dans ces écoles religieuses de la bourgeoise, que paix, silence, douceur; elles semblaient aussi loin des agitations mondaines qu'elles étaient à l'écart des bruits de Paris. Le petite fille cédait bientôt au charme, et caressée par les sœurs, bientôt amie des autres enfants, placée à la grande table, elle se trouvait heureuse. Une sérénité inconnue lui venait de toutes choses, de cette vie réglée, de cette discipline apaisante, de tout ce qui était autour d'elle comme l'ombre de la grande allée de tilleuls où elle se promenait pendant les récréations avec une camarade de son choix. Rien ne lui apportait la pensée du monde qu'elle ne connaissait pas. La messe de chaque matin, les méditations et l'étude de tous les jours, les leçons qu'un maître de musique venait lui donner au parloir, la menaient sans ennui jusqu'au dimanche où ses parents enaient la chercher pour la promenade. Dans cet isolement si peu sévère, dans ce recueillement aimable, l'imagination de l'enfant avivait sa piété. Sa sensibilité naissante se tournait vers Dieu, et s'élevait à lui avec de secrètes effusions. Et les fêtes de couvent, le spectacle d'une prise de voile, mille pratiques, tant d'images, la faisaient arriver à la communion tremblante, ravie et enflammée (1).

Le passage au couvent, ces quelques années de retraite, d'éducation, de leçons religieuses dans les

(1) Lettres inédites de M^{le} Phlipon adressées aux demoiselles Cannet de 1772 à 1780, publiées par Breuil, 1841.

pensions conventionnelles, marquaient profondément l'âme des jeunes filles de la bourgeoisie. La femme bourgeoise en gardait toute sa vie un souvenir, une consécration, comme une ombre : un goût de discipline, un fond de piété, une certaine sévérité de foi lui restaient, qui devaient, exaltés par les disputes du temps, la passionner à froid et la mener au rigorisme. Dans sa dévotion, il y avait un secret caractère de rigidité, un instinctif besoin de doctrine qui la poussait au Jansénisme. Elle en fut le grand appui : et ce fut en elle que le Jansénisme trouva ces passions et ces dévouements qui, en 1758, mettaient les filles du procureur Cheret, les petites filles du fameux traiteur Cheret, à la tête d'une petite église tenant hautement la tête au curé de Saint-Séverin (1).

Les mères de la petite bourgeoisie, qui avaient besoin de l'aide de leurs filles au logis, ne les laissaient presque jamais, passé douze ans, au couvent ou dans ces pensions bourgeoises qui apprenaient en cinq ans à lire, écrire, compter, coudre, broder et tricoter (2). Aussitôt qu'elle était grandelette, la petite fille était reprise par ses parents. L'éducation qu'elle recevait en rentrant dans la maison paternelle se ressentait de la position intermédiaire que la bourgeoisie occupait dans la société. Née dans cet ordre flottant, et sans limites précises, qui tou-

---

(1) Journal historique de Barbier, vol. IV.
(2) Paris tel qu'il était avant la révolution, par M. Thiéry. *Paris, an IV*, vol. I.

chait au peuple par le travail, à la noblesse par
l'aisance, la jeune fille était formée à la fois pour les
obligations du ménage et pour les plaisirs de la société. Elle recevait une éducation moitié populaire,
moitié mondaine, qui l'approchait de tout sans l'empêcher de descendre à rien, et qui faisait de sa personne comme une image de cette classe tournée vers
deux horizons, et tâchant de joindre les devoirs d'en
bas aux agréments d'en haut. Sa vie était partagée
en deux moitiés : l'une était donnée à l'étude des
arts et des talents de la femme, l'autre aux travaux
manuels, aux soins, aux fatigues domestiques d'une
servante ; contraste singulier qui la faisait passer
sans cesse et souvent plusieurs fois en un jour du
rôle de virtuose au rôle de Cendrillon. Un maître
amenait l'autre à la maison ; après le maître d'écriture venait le maître de géographie ; après celui-ci
le maître de musique ; et le maître de danse, payé
par le petit peuple même trente sous par mois (1),
le maître de danse arrivait, la joue gauche contre
sa pochette pour apprendre à faire les révérences de
cour. Mais ces belles leçons de loisir ressemblaient
aux belles robes de la jeune fille, à la mise élégante,
même riche, qui, les jours de fête, la mettait au-
dessus de son état : elle les quittait pour aller, en
petit fourreau de toile, au marché avec sa mère.
Elle descendait de ces agréables études pour acheter, à quelque pas du logis, du persil ou de la sa-

(1) Œuvres de Chevrier, vol. III.

lade : et tout en lui donnant ces grâces de salon, on lui faisait garder l'habitude d'aller à la cuisine faire une omelette, éplucher des herbes ou écumer le pot. Un fond sévère, pratique, grossier, un ornement mondain, léger, galant, c'est le double caractère de cette éducation des filles qu'on dirait élevées par la Bourgeoisie avec le bon sens de Molière, et par le Dix-huitième siècle avec la grâce de Mme de Pompadour.

La vie de la jeune fille bourgeoise ressemblait en plus d'un point à son éducation. Foncièrement simple, concentrée, attachée au terre à terre et à la régularité des existences ouvrières, cette vie, si bornée d'apparence, avait ses échappées au dehors. Elle avait pour cercle ordinaire et journalier le cercle étroit de la famille, trois ou quatre parents, à peu près autant d'amis, quelques relations de voisinage ; mais elle n'y était pas exclusivement et rigoureusement enfermée. La jeune fille demeurait dans la solitude ; mais elle était, selon le mot d'une jeune personne d'alors « sur les confins du monde ». La bourgeoisie, ce Tiers-état des aptitudes et des talents, avait par ses mille métiers, par le rayonnement des affaires, par tout ce qu'elle maniait et tout ce qu'elle approchait, une expansion trop grande, une force d'ascension trop active, pour que ses filles restassent, sans la franchir, sur cette limite de la société. De loin en loin, la jeune bourgeoise poussait la porte dérobée derrière laquelle s'agitaient les salons, la vie bruyante, les amusements de la richesse et du loisir. Elle touchait, en passant, aux mœurs, aux modes, aux élégances de la noblesse. Elle goûtait à ses plaisirs. Et si on ne la menait guère à l'Opéra avant vingt ans, le théâtre de société si répandu, dans les classes bourgeoises, lui donnait son émotion, son enivrement, l'élevait au rire de la comédie, au cri de la passion, et la conviait souvent à la curiosité des chefs-d'œuvre. D'ailleurs, quelle maison bourgeoise ne tenait par quelque aboutissant, quelque connaissance, quelque lien de parenté ou d'amitié à ce monde magique du théâtre? Entrez dans l'honnête et laborieuse demeure du ménage Wille : vous y trouverez Carlin. Un goût de théâtre, un souffle d'art, venant souvent d'un état qui touche à l'art, un sentiment des lettres, c'est en ce temps l'ennoblissement de la plus petite bourgeoisie que l'on rencontre menant ses filles à toutes les expositions de peinture. Et de tous les côtés de ce monde, affolé de plaisirs polis, que de réunions ouvertes à la jeune fille bourgeoise accompagnée de sa mère, concerts de Mme Lépine, assemblées de M. Vase, où elle peut prendre sa part des plus délicates jouissances de son temps, saisir à la dérobée tant de points de vue et tant de ridicules du monde, écouter des beaux esprits, voir des figures connues, coudoyer de jolis abbés, de vieux chevaliers, « de jeunes plumets », — oublier en un mot pendant quelques heures qu'elle n'est pas née *demoiselle* (1)!

---

(1) Mémoires de Mme Roland, vol. I.

Pourtant ce ne sont là que les accidents, les éclairs de la vie bourgeoise. Les jours sont rares et semés de loin en loin qui sortent la jeune fille de sa sphère et de son centre, la mettent un instant au-dessus d'elle-même, et, en lui ouvrant des aperçus sur le monde, lui donnent le goût des récréations spirituelles du temps, l'intelligence de ses arts, de son esprit, de ses modes élégantes. La jeune fille vit le reste du temps dans l'ombre et la retraite de l'intérieur, dans la monotonie des passe-temps familiers et des plaisirs réglés, assez enfermée, sortant peu. Et quand elle sort, elle va à de traditionnelles promenades, à ces jardins consacrés où les filles semblent mettre, en suivant le pas de leurs mères, le pied sur la trace de leurs grand'mères : c'est le jardin de l'Arsenal, le jardin du Roi, et ce jardin du bon vieux temps où l'on tricote encore (1), le jardin du Luxembourg, ami de la rêverie, ou bruit si doucement à l'oreille des jeunes personnes le *frisselis* des feuilles agitées par le vent (2). Quelquefois cependant l'on s'échappe de Paris, et comme l'on est fatigué des taillis uniformes du Bois de Boulogne et des décorations de Bellevue, l'on pousse jusqu'à la campagne, et tout un jour, passé à l'air, sous le ciel libre, dans de hautes futaies et de vrais bois, donne à ces jeunes filles, naïves et fraîches, recueillies et tendres, des joies pareilles au voile de gaze dont se

---

(1) **Paris en miniature** d'après les dessins d'un nouvel Argus. *Londres*, 1784.

(2) **Lettres de M**{lle} **Phlipon aux demoiselles Cannet**

parait la petite Phlipon pour aller à Meudon, des
joies qui leur caressent le front et flottent tout autour d'elles sous un souffle. La fille de la petite bourgeoisie a devant la nature des sensations et des
perceptions qu'elle connaît seule, des voluptés refu-
sées à la jeune fille de la société élevée par le monde
et pour le monde, dans l'air factice et vicié de ses
préjugés, de ses mensonges, de son *antinaturalisme*.
Son cœur se gonfle d'un vague besoin d'admiration
et d'adoration. Étangs solitaires, retraites où l'on
cueille les brillants *orchis*, repos dans les clairières
sur un amas de feuilles, il y a là pour elle, comme
a dit l'une, « le charme d'un paradis terrestre (1) ».

« Où irons-nous demain s'il fait beau? » se de-
mande-t-on dans les familles le soir des samedis
d'été; et si ce n'est Meudon et Villebonne qu'on
choisit, ce sera au moins le Pré Saint-Gervais où
l'on ira gaiement déjeuner sur l'herbe et « casser
l'éclanche » avec une compagnie d'amis, ou bien
Saint-Cloud, le voyage ordinaire des dimanches de
la bourgeoisie. Les eaux jouent, il y aura du monde;
et l'on part le lendemain s'embarquer dans ces ba-
telets où tiennent huit personnes et qui, contre le
quai, attendent leur nombre complet de voyageurs.
La jeune fille, sur pied depuis cinq heures, en habit
simple, léger et coquet, parée de fleurs, entre gaiement au bras de son père dans cette société du ba-
telet; et en route, ce sont des connaissances, sou-

(1) Mémoires de Mᵐᵉ Roland, vol. I.

vent la rencontre d'un prétendu, une occasion de
mariage. Laisse-t-on perdre l'occasion ? On la retrouve
sur le pas de la porte où les jeunes filles bourgeoises
prennent le frais le soir, à la fenêtre où elles passent
les jours fériés sur des accoudoirs, sur le Rempart
où l'on va par bandes d'amies rire et chanter (1).
On la retrouve à l'Octave de la Fête-Dieu très-suivie
par la petite bourgeoisie : c'est le grand moment des
amoureux et des épouseurs. L'on a encore si l'on
n'est pas accordée dans sa parenté ou dans ses connaissances, la ressource du carnaval pour rencontrer
et choisir un mari parmi ces sociétés de masques
auxquelles la liberté des jours gras accorde le droit
de courir les maisons du quartier.

Ces rencontres, la facilité des mœurs bourgeoises,
l'habitude des parents de laisser les filles, une fois
grandes, prendre sous un prétexte leur mantelet et
leur coiffe pour courir la rue et ses aventures, remplaçaient pour la jeune personne les occasions de
mariage du monde et de la société. Mais souvent, à
chercher ainsi un mari à l'aventure, la jeune fille
courait bien des dangers. Suivie par quelque joli
homme de qualité, elle acceptait des rendez-vous
innocents dans l'ombre de quelque église ; puis un
soir elle ne reparaissait plus à la maison paternelle.
Cependant un petit nombre seulement se laissait
ainsi séduire : la plupart de celles qui cédaient à
l'entraînement, à l'amour, étaient trompées. En se

---

(1) Les Illustres Françoises, vol. II.— Les Contemporaines, vol. VIII.

donnant à un amant, elles croyaient confier leur honneur à un mari. Elles étaient abusées par des apparences d'union, par des simulacres de mariage, par ces mariages de cœur et d'intention consacrés encore alors par les traditions des vieilles habitudes et par les complaisances de l'Église. Elles avaient foi dans ces promesses de mariage, si communes au commencement du siècle, échangées entre promis, souvent écrites et signées de leur sang : l'amour écrivait ainsi volontiers au dix-huitième siècle : et ne mettait-il pas de pareille écriture jusque sous les pieds des danseuses à un bal de la Reine ? Parmi ces jeunes filles, il en était de si ingénues ou de si faciles, de si naïves ou de si imprudentes, qu'il leur suffisait, pour s'estimer mariées, d'entendre une messe. « Je vous prends pour mon époux, disaient-elles au jeune homme dont elles prenaient la main au moment de l'élévation. J'en prends à témoin le Dieu que j'adore, et en face de ses autels je vous jure une fidélité éternelle. » A quoi le jeune homme répondait, en pressant à son tour la main de la jeune fille : « Je vous jure sur tout ce qu'il y a de plus saint et de plus sacré que jamais je n'aurai d'autre épouse que vous. » Quelques-unes plus exigeantes, éprouvant le besoin d'un sacrement plus formel, demandaient et obtenaient un mariage secret, un mariage fort à la mode en ce temps, même à la cour (1). Elles pensaient mettre leur religion et leur faiblesse à couvert, se défendre

1) Revue rétrospective, vol. IX.

du courroux des parents, lier l'homme par cet engagement sacré qu'elles avaient l'espérance de déclarer
un jour avec l'aide du temps et de la Providence. Ce
mariage secret, qui suffisait à rassurer leur conscience,
car elles y mettaient sincèrement le vœu de leur vie,
n'était point un de ces mariages de comédie célébré
par un laquais déguisé en prêtre : il était un véritable
mariage consacré par l'unique légalisation du temps,
la bénédiction et la sanctification de l'Église. On se
mettait en quête d'un pauvre prêtre, presque toujours
d'un prêtre normand : la Normandie était renommée
pour fournir les plus pauvres et les plus accommo-
dants. L'argent, et aussi l'amour des deux jeunes gens,
touchaient le bonhomme : il consentait à marier les
deux amants et à leur donner un certificat de mariage,
à la condition qu'ils se feraient, sous sa dictée, une
promesse mutuelle et qu'ils s'engageraient, chacun
de leur côté, à rectifier par une nouvelle cérémonie
cette première célébration de leur mariage, aussitôt
qu'ils ne seraient plus tenus au secret. Les deux promesses devaient être signées non-seulement des deux
amants, du prêtre, mais encore des témoins assistant
au mariage. En outre, la promesse du fiancé devait
être cachetée de son cachet, et porter sur l'enveloppe
la reconnaissance par deux notaires que ce qui y était
renfermé contenait la déclaration de la pure et franche
volonté de l'épouseur. La veille du mariage, après une
exhortation religieuse, avait lieu la confession. Les
amants prêtaient entre les mains du prêtre le serment
de tenir bon et valable le sacrement qu'il allait leur

conférer ; et l'on prenait un rendez-vous pour le lendemain matin. Ce jour-là, en quelque chapelle basse et retirée d'une paroisse éloignée, derrière une grille fermée et rouverte aussitôt après une messe publique, le prêtre célébrait la messe de mariage. Puis les époux sortis de l'église remettaient au prêtre leurs promesses datées et signées, certifiées par quatre témoins, authentifiées par acte de notaire (1). Mais la femme par cette cérémonie n'était guère mariée que devant Dieu : elle n'avait d'autre recours contre l'homme qu'un serment et une parole. Et que de maris ainsi liés, cédant à l'inconstance, aux conseils d'une famille, à l'intérêt d'un riche mariage, déchirant cet engagement comme une page de roman, laissant à la honte celle qu'ils avaient cru aimer ou dont ils s'étaient joués !

Plus ordinairement, le prétendu trouvé ici ou là, en promenade, à l'église ou au bal, ce sont les trois endroits qui font le plus de noces bourgeoises, le prétendu frappe à la porte de la jeune fille qui lui est facilement ouverte. Il a demandé dans une rencontre, souvent à la première, la permission de rendre une visite. Il est reçu ; et, après une partie de *mouche*, il obtient la permission de revenir. La cour à la jeune personne se fait sous les yeux des parents ; on s'aime et on se le dit au milieu des jeux innocents auxquels les jeunes filles apportent un rire d'enfance, une gaieté qu'échappe à leur âge ; et de quels jolis petits cris de

(1) Les Illustres Françoises, vol. II.

souris, elles animent l'amusant cache-cache du jeu de
cligne-musette ! Mais le jeu préféré des amoureux est
quelque petit jeu de commerce, où l'amende pour les
demoiselles, en cas d'absence, est un baiser, et où la
perte de chacun forme un trésor pour fêter la Saint-
Martin. Et le trésor ouvert à la Saint-Martin, la soirée
est si charmante, que les amoureux prennent la résolution de jouer encore pour avoir de quoi faire la messe
de minuit, deux ou trois fois les Rois, et terminer par
un bon souper et un petit bal aux jours gras. Puis les
étrennes arrivent, et le galant en profite pour donner
une paire d'Heures et des gants (1). Car, malgré la
facilité de la bourgeoisie à ouvrir sa porte aux épouseurs, à leur donner les moyens de plaire, les mariages
ne se concluent point chez elle si vite, d'une façon
si expéditive, si brusque que chez les gens de noblesse
et dans la haute société. Chose singulière ! dans cette
classe laborieuse, les convenances, les avantages
même de fortune ne décidaient pas seuls l'union de
la femme et de l'homme. Il y avait besoin, pour qu'un
mariage s'accomplît, sinon d'un commencement de
passion, au moins d'une certaine sympathie de la
jeune fille pour le jeune homme qui se présentait à
elle, et qu'elle aimait à voir jouer « le Céladon ». La
personnalité du prétendu, son caractère, étaient plus
pesés, plus étudiés, plus analysés dans la bourgeoisie
qu'ailleurs. La jeune fille, moins dissipée, plus tendre,
garée des exemples qui désillusionnent et des am-

---

(1) Les Illustres Françoises, vol. II.

bitions qui dessèchent, voulait trouver, sinon un
amant dans son mari, au moins un homme qu'elle
pût aimer. Et comme elle était dans la famille une
personne émancipée, dont les parents n'auraient osé
forcer la volonté, comme, dans cette grosse affaire
de son mariage, elle était laissée presque toujours
maîtresse absolue de sa décision, elle ne se refusait
point d'éprouver, de faire parler et de faire attendre
« le Monsieur » dont son père lui avait montré la
lettre de demande. En robe de toile, les cheveux sans
poudre, négligemment coiffée en *baigneuse*, elle
prenait plaisir à recevoir ses hommages ; et il fallait
une longue suite de visites et une cour filée pour
qu'elle lui permît d'aller acheter au quai des Orfévres
l'anneau et la médaille de mariage (1).

Quoi d'étonnant à cette exigence, à ce retard, à
ces épreuves, à cette lente méditation du mariage,
qui chez quelques-unes dégénère en répugnance ?
C'est le sérieux de la vie, le labeur, les responsabitités
et les esclavages du foyer que cette jeune fille va
embrasser dans cet engagement. Ce qu'il y avait dans
sa vie d'ouverture sur le monde, de liberté, d'insouciance, de tranquillité, de petits plaisirs, il faut le
quitter. Ici, en effet, le mariage est le contraire de ce
qu'il est plus haut : il est un lien au lieu d'être une
libération ; il donne des devoirs à la femme, au lieu
de lui apporter des droits : il lui ferme le monde au
lieu de le lui ouvrir. Il finit sa vie brillante, égayée,

(1) Mémoires de Mme Roland, vol I.

légère, tandis que là-haut, c'est avec le mariage que
commence l'émancipation de la femme et que s'anime
son existence. En dehors de ces images sévères qu'il
évoque dans l'idée de la jeune fille bourgeoise, le
mariage lui paraît encore redoutable par la gravité
de ses vœux. La femme et l'homme destinés à vivre
ensemble dans la bourgeoisie sont appelés à demeurer
réellement l'un auprès de l'autre. Le mariage n'y a
point les commodes arrangements de la séparation
décente : il est véritablement une union de deux existences aussi bien que de deux intérêts. Pour la femme
de noblesse qu'y a-t-il en jeu dans son ménage ? Son
bonheur. Mais pour la femme de la bourgeoisie, il y
a quelque chose de plus encore. En prenant un mari,
il faut qu'elle soit assurée de prendre un homme qui
ne compromettra point l'argent du ménage, un homme
qui ne mettra pas en péril le pain de ses enfants. Un
vice ne ferait qu'un peu de désordre en haut : ici il ferait de la misère. Le choix est donc plein de gravité :
il décide de tout l'avenir, de la fortune d'une famille.
A tant de considérations qui arrêtent la jeune fille
et la font hésitante et pensive devant ce grand engagement de la vie, ajoutons-en une dernière : elle a
vu, en voyant vivre ses parents, que le mari a conservé, dans la bourgeoisie, l'autorité de l'homme sur
la femme. Il n'est pas le mari que lui montrent la
la cour et la noblesse, faisant de la femme qu'il épouse
son égale, lui laissant sa volonté pour garder sa liberté,
lui abandonnant le commandement de l'intérieur.
Dans son ordre, elle le sait, il est d'autres traditions,

d'autres habitudes ; et se donner un mari, c'est se donner un maître (1).

La femme bourgeoise est l'exemple, la représentation vivante de la diversité d'occupations, de fortune, de rang même, qui met tant de degrés dans la bourgeoisie, tant de distance entre le haut et le bas de cet ordre moyen embrassant l'État tout entier. Dans la classe qui est avec la haute finance le sommet de la bourgeoisie, dans la haute magistrature, la femme affecte un air de rigidité et de sécheresse, un maintien physique et une attitude morale où la dignité tourne à la raideur, la vertu à l'intolérance. Le devoir semble être en elle à la place du cœur. Mères, ces femmes de magistrats exercent la maternité comme une justice, sans entraînements, sans indulgence pour toutes ces petites faiblesses qu'on passe à une fille et dont une femme se fait souvent une sorte de mérite et de grâce (2). Droites, raides, encore belles, mais d'une beauté sérieuse, presque chagrine, le visage maussade et sans flamme, la toilette nette et sombre, les bras au repos, la main longue et mince sur un livre de piété, on les revoit, elles revivent dans la planche où Coypel a montré cette mère tenant sous son regard une enfant aux yeux baissés, au cœur gros, qui travaille tristement (3).

(1) Lettres inédites de Mlle Philipon.— Les Parisiennes, vol. II.
(2) Œuvres de d'Aguesseau, vol. I.
(3) *L'Éducation sèche et rebutante*, peinte par Ch. Coypel, gravée par Desplaces.

Sécheresse, raideur, morgue (1), s'effacent, à mesure qu'on descend dans la robe, chez les femmes de
procureurs, de notaires. Elles disparaissent presque
entièrement chez les femmes d'avocats, au frottement
des clients qu'elles reçoivent, des gens titrés qui parfois
les sollicitent, au souffle de l'air mondain qui pénètre
au logis (2). En opposition à la robe, à côté d'elle, la
classe des femmes et des filles d'artistes affiche une
allure libre, l'indépendance du ton, la personnalité
de la façon d'être, des goûts et des airs de garçon, la
gaieté et l'amour du plaisir (3). Puis vient ce grand
corps de la bourgeoisie féminine, les marchandes,
ce monde de femmes si habiles, si séduisantes, si bien
douées du génie parisien de la vente, inimitables dans
le jeu de l'emplette forcée, armées de ce babil et de
ces cajoleries irrésistibles avec lesquelles, selon le
mot du temps, « elles endorment votre intérêt comme
les chirurgiens qui, avant de vous saigner, passent la
main sur votre bras pour l'endormir (4) ».

Et dans ce commerce avec l'acheteur et les ache-
teuses du plus grand monde, quelles coquetteries ne
prennent-elles pas ? Quelles manières, quelle élé-

---

(1) Voici la peinture que tracent, des bourgeoises, *les Bijoux indiscrets*.
« Je vis des bourgeoises que je trouvais dissimulées, fières de leur
beauté, toutes grimpées sur le ton de l'honneur et toujours obsédées par
des maris sauvages et brutaux ou par certains pieds plats de cousins
qui faisaient des jours entiers les passionnés auprès de leurs cousines,
survenant perpétuellement, dérangeant un rendez-vous, se fourrant
dans la conversation. »

(2) Tableau de Paris, vol. III. — Les Nouvelles Femmes. *Genève.*
1761.

(3) Les Parisiennes, vol. I.

(4) Œuvres de Marivaux. Pièces détachées.

gance, quelle politesse leur échappe? Charmantes
entre toutes les bourgeoises, elles l'emportent même
sur les grandes dames, par un air d'abandon, par le
débarras de la recherche et de l'apparat, par une certaine volupté qui semble s'étendre de leur personne à
leur parure. Le dix-huitième siècle ne trouve que chez
elles cette souplesse de la grâce : le *moelleux* (1).

Du grand commerce, de ces délicieuses marchandes,
allons jusqu'au bout de ce monde de la boutique,
tout au bas de la bourgeoisie : nous trouvons le type
crayonné d'après nature par Marivaux, Mme Dutour,
la marchande de toiles ; une grosse commère réjouie,
aimant la joie, aimant les bons morceaux, et fêtant
plutôt deux fois qu'une sa fête et celle de sa bonne
Toinon, toute ronde, d'une franchise brutale, d'une
affabilité bruyante qui met la boutique sens dessus
dessous. Et qu'elle ait son fichu des dimanches sui
le dos, elle ne craindra pas de « donner de la gueule »
après les fiacres, en se traitant bien haut de Mme Dutour:
car elle croit que plus on se fâche, plus on montre
de dignité. Une bonté de peuple, des apitoiements
tant qu'on veut, des larmes pour un rien, — et ne
voilà-t-il pas la meilleure femme du monde? Pourtant
la marchande est là-dessous : la larme à l'œil, la
brave femme trouve bon tout ce qui est à prendre,
arrange par d'admirables compromis sa délicatesse
avec son amour du gain, et ne manque pas de fair)
une petite affaire en faisant du dévouement (2).

(1) Les Contemporaines, vol. XVIII.
(2) La Vie de Marianne, par Marivaux.

De la même race, presque du même sang, est cette madame Pichon, qui fait, dans un roman de Duclos, le bruit d'une fille de Mme Dutour ; une jeune et jolie femme qu'on veut avoir à tous les repas du quartier, toujours à rire, à chanter, à agacer, vive jusqu'à la brusquerie, libre, plaisante et bruyante, plus joyeuse que délicate, et tenant tête au plus long souper, sans laisser entamer sa raison (1).

La bourgeoisie va en s'éloignant, pendant tout le siècle, du temps où elle mettait son orgueil et tout son luxe à étaler aux veilles des Rois ou de la Saint-Martin la plume d'un dindon et d'une oie devant sa porte (2) ; du temps où elle habillait ses femmes et ses filles avec la défroque des dames de qualité, avec ce *hasard*, encore coquet, mais tout passé, que les plus élégantes bourgeoises achetaient à la foire Saint-Esprit tenue tous les lundis à la Grève (3).

Dès le commencement du siècle, l'auteur des *Illustres Françoises* s'élève contre l'ambition et la hauteur des vanités bourgeoises, contre ce nom nouveau, cette qualification de dames nobles : *Madame,* que se donnent et se font donner les femmes de secrétaires, de procureurs, de notaires, de marchands un peu aisés. Peu à peu, les mots, la langue, les modes, les airs, les ostentations de la noblesse, descendent dans toute la bourgeoisie, et de la plus haute vont jusqu'à la

(1) Les Confessions du comte de ***, vol. I.
(2) Tableau de Paris, vol. I.
(3) Les Petits Soupers et les Nuits de l'hôtel de Bouillon. — Les Contemporaines, vol. XXVI.

plus basse. Ce n'est bientôt plus un étonnement pour le temps d'entendre dire à une servante d'une voix dolente par une bourgeoise prête à se mettre à table : « Eh ! mon Dieu ! où est donc mademoiselle ? Allez lui dire que nous l'attendons pour dîner... » On est habitué à voir prendre à la bourgeoisie bien autre chose que le ton du monde : n'en a-t-elle pas déjà tous les goûts et toutes les élégances ? Elle se ruine dans son habillement (1). Elle dépense une année de son revenu pour la robe de ses noces. Et le bon bourgeois Hardy est seul à se scandaliser devant le détail du trousseau royal de Mlle Jouanne « qu'il transmet, dit-il, comme un exemple du faste de la bourgeoisie (2). » Les bourgeoises ne s'avisent-elles pas de

(1) Rétif de la Bretonne, dans les *Mariées de Paris*, assure avoir vu rue Saint-Jacques la fille d'un boulanger, qui apportait quinze mille livres de dot à un mercier, en dépenser huit en robes et en bijoux. Il assure avoir connu rue Saint-Honoré la prétendue d'un bijoutier qui préleva sur la fortune de son mari vingt mille livres pour sa parure sous prétexte qu'il fallait briller dans sa boutique ; elle alla à l'autel couverte de diamants. (*Les Parisiennes*, vol. II.)

(2) Dans ce mariage entre Mlle Jouanne et M. Trudon fils, possesseur de la manufacture de bougies au village d'Antoni, les présents faits à la demoiselle en bijoux consistaient en : 1º une montre d'or garnie en diamants ; 2º un étui d'or garni en diamants ; 3º une boîte à mouches garnie en diamants ; 4º une tabatière de cristal de roche garnie en or ; 5º deux couteaux à manche d'or dont un pour la viande et l'autre pour le fruit ; 6º des boucles d'oreilles de diamants de la somme de six mille livres ; 7º une applique de diamants avec la croix branlante ; 8º une bague de diamants ; 9º des bracelets, des boucles à souliers, des agrafes de corps, aussi de diamants ; 10º un trousseau des plus complets, et de très-belles dentelles, et trois robes dont la première, qui était en gros de Tours, avait coûté quarante livres l'aune et la seconde trente. Elle recevait une bourse de mariage de deux cents louis. Le repas de noces coûtait trois mille livres, et l'on mettait à chacun des cierges de l'offrande quatre louis : Hardy fait la remarque qu'au mariage du duc de

porter les deuils de cour, quand Helvétius n'ose pas
porter le deuil d'un prince dont il est parent par sa
femme ? Chaque jour, c'est une nouvelle élévation,
une satisfaction de vanité, une usurpation. A la fin
du siècle, à peine si l'on distingue la bourgeoise de
la grande dame. La bourgeoise a le même coiffeur,
le même tailleur, le même accoucheur. Et que reste-
t-il encore des simplicités de la vie bourgeoise, du
tumulte des noces, de la jovialité des fêtes, de l'intimité même des ménages ? Partout s'établit l'usage
du lit séparé qui signifiait autrefois querelle, rupture,
et annonçait le procès en séparation (1). Ce n'est
plus le pauvre intérieur décrit par Marivaux : Madame
a son feu comme Monsieur a le sien. Les conseillères
de l'Élection du Châtelet, les conseillères de Cour
souveraine portent des diamants. Elles ne peuvent
plus s'habiller seules : une femme de chambre leur
est nécessaire. Hier leurs bras, qui paraissaient si
longs, ne connaissaient point les *engageantes :* aujourd'hui elles changent, comme des duchesses, trois
fois de toilette par jour. Elles font sonner leur dîner,
elles font annoncer les gens. Le temps est passé de
la partie de Madame jouée par quelques avocats en
cheveux longs : maintenant ce sont des concerts
suivis d'une bouillotte. Une bourgeoise soupe en ville,
elle rentre à deux heures après minuit, elle donne
le matin des audiences en manteau de lit. Plus d'en-

Chartres avec Mlle de Penthièvre il n'en avait été mis que cinq. (*Journal de Hardy*, Bibliothèque imp., M. S. F., 1886.)
    (1) Procès d'adultère contre la femme Boudin.

tente, plus d'accommodement avec la cuisinière,
pour enfler la dépense et tirer de la bourse, tenue par
le mari, quelques louis pour les caprices et les coquetteries : elle invite, ordonne, achète et renvoie
les mémoires à son mari. Avec les servantes, elle n'a
plus les gronderies moitié fâchées, moitié riantes de
la bourgeoise d'autrefois, épiloguant sur les dépenses
et la cherté de la vie à propos d'une chaussure neuve
de six livres perdue par les boues de Paris, ou d'une
robe tachée par une éclaboussure. Les réprimandes
ne sont plus adoucies par la familiarité de l'appellation : *ma fille*, qui tombait au bout des reproches (1);
la bourgeoise a pris le grand ton. C'est une femme
qui lit des romans, les juge, les trouve superbes ou
horribles, et met sa fille au couvent dès le plus bas
âge, pour être libre. Les rangs, les façons, les mœurs
ne se reconnaissent plus ; et voyez ces femmes qui
vont à la messe suivies d'un laquais portant le grand
livre en maroquin : ce sont des marchandes de la
rue Saint-Honoré, dont le mari est marguillier (2).

Malgré tout, il y a dans la bourgeoisie du dix-huitième siècle comme une santé de l'honneur qui résiste
à toutes ces corruptions de la mode. Les vertus du
mariage, du ménage, de la famille, se réfugient dans
cet ordre moyen et s'y conservent. Otez un certain
nombre de marchandes, dont souvent le mari lui-

(1) Les Parisiennes, vol. I.
(2) Les Nouvelles Femmes. *Genève*, 1761. — Éloge de l'Impertinence.
— Tableau de Paris, vol. III.

même encourage les coquetteries pour achalander son commerce, sa boutique, les bourgeoises, pour parler la langue du temps, sont « grimpées sur le ton de l'honneur ». Dans le mariage bourgeois, dont l'engagement est si grave, et où tout est sérieux, jusqu'au bonheur, l'adultère est rare. Et là où il est, il n'est ni un jeu, ni un caprice. Il se montre comme un emportement de la passion ou plutôt comme un entraînement de la faiblesse qui ravit tout le cœur de la femme, fait taire un moment sa honte, puis la laisse tomber, d'un moment de plaisir, dans un avenir de remords. Ce que l'adultère fait perdre à la bourgeoise, ce n'est pas ce que les grandes dames appellent de ce grand mot : l'honneur ; c'est ce que les petites gens appellent de ce mot étroit, mais précis : l'honnêteté. Élevées dans une décence sévère, pliées dès l'enfance au devoir, pieuses d'ordinaire avec régularité et simplicité, les bourgeoises cèdent, succombent avec une sorte de dégoût d'elles-mêmes. N'ayant pu résister à la tentation, elles semblent résister à la faute dans la faute même. Il y a des larmes de pudeur et de terreur dans les baisers qu'elles donnent à l'amour : leur cœur se déchire en se livrant. La séduction qui les enivre leur laisse, après l'étourdissement, le trouble et le malaise d'un poison lent et mortel : aux dernières entrevues, sans forces, et déjà froides, elles s'arrachent les complaisances. Puis on les voit sous la flétrissure, languissantes et malades, s'enfonçant dans le repentir, s'éteignant dans le désespoir. Parfois, à la dérobée, leur douce agonie baise

encore un souvenir comme on baise un portrait. Et
elles meurent de regrets, d'amour et de remords,
exhalant le pardon avec leur dernier souffle.

Ainsi aime, ainsi meurt, la femme du miroitier de
la rue Saint-Antoine, Mme Michelin, la blonde de
dix-huit ans, séduite par Richelieu. D'abord ce n'est
qu'une habitude de voir tous les matins à la messe,
à Saint-Paul, un inconnu bien tourné. Puis, dès qu'elle
a rougi à un compliment banal, Richelieu est chez
elle, marchandant des glaces au mari. Et presque
aussitôt, trompée par un faux billet de duchesse qui
l'amène dans une petite maison de Richelieu, la
voilà face à face avec l'homme qu'elle aime, mais
qu'elle aime innocemment, et comme elle dit « sans
vouloir faire le mal ». De ce jour, que de larmes,
essuyées seulement par la vanité d'appeler « Monsieur
le Duc » l'amant qui joue si cruellement et si effron-
tément avec ses scrupules, ses tortures, ses dernières
innocences ! La pauvre petite bourgeoise commence à
dépérir. Richelieu lui-même s'aperçoit qu'elle change.
Elle essaye de s'oublier ; mais, dans le plaisir, cette
plainte lui échappe : « Ah ! c'en est fait, je suis malheureuse ! » et, baisant la main de son amant, elle le quitte
pour toujours, elle le quitte pour s'en aller mourir.—
Richelieu, à quelque temps de là, accrocha avec sa voiture un homme en grand deuil : c'était Michelin ; il y
avait deux jours qu'il avait enterré sa femme. Richelieu
le fit monter à côté de lui pour l'écouter pleurer (1).

_____

(1) Vie privée du maréchal de Richelieu, contenant ses amours et
ses intrigues. *Paris, Buisson,* 1791, vol. III.

C'est peut-être la plus douce et la plus touchante figure du temps que cette figure de la petite bourgeoise aimante et tendre, dont il semble entendre le soupir dans l'ombre, le repentir dans un soupir, la mort dans une prière. Elle conduit ces ombres charmantes et voilées qu'on saisit çà et là dans le siècle, au travers des mémoires scandaleux qu'elles éclairent et purifient un instant avec les modesties de l'amour. Ainsi apparaît encore, dans *Monsieur Nicolas*, cette blanche madame Parangon, lys souillé qui reste si noble en s'inclinant ! Quelle fraîcheur, quelle pureté, quelle attention souriante dans sa protection au petit apprenti, au jeune Rétif ! Elle le surveille, elle le fait asseoir à sa table, elle l'exempte des commissions, elle lui conseille ses lectures, elle lui donne des pièces à lire ; et les jolies scènes où, appuyée contre le fauteuil où elle l'a fait asseoir, l'effleurant de son bras, elle lui fait lire *Zaïre*, en lui donnant de temps en temps l'intonation de la Gaussin, avec une voix qui passe comme une haleine dans les cheveux du lecteur ! Puis, se défiant d'elle ou de lui, — elle l'a vu peut-être embrasser un soir la *respectueuse* qu'elle lui donnait à poser sur sa toilette, — elle veut le marier. Rêvant son bonheur, le voulant heureux, riche, avec une jolie femme, elle lui propose sa sœur, et, baissant cent fois les yeux, elle lui donne les leçons du monde. Parfois, quand elle rentre par les grands froids, l'enfant se jette à ses genoux pour la déchausser : « Vous êtes un enfant... » lui dit-elle ; et elle se force à lui sourire comme une sœur à son frère. Vient le jour

de la chambre haute dont elle sort, après la violence
de Rétif, pleurant et riant, délirante, folle ! Quand
elle revient à elle, sa vertu pardonne, mais ne s'hu-
milie pas ; son cœur oublie, mais les larmes de sa
honte et la dignité de sa pudeur défendent jusqu'au
désir au jeune homme. Elle ne veut plus avoir, elle
n'a plus pour lui que les saintes tendresses d'une
mère. Elle lui donne la montre qu'il attache en cadeau
de noces à la taille de sa sœur ; elle les fiance tous
deux devant le portrait de son père. Et quand Rétif
est loin de la maison de Parangon, il voit en se retournant une forme si blanche sur le pas de la porte
qu'elle lui semble couverte d'un linceul : c'est Mme
Parangon qui le regarde une dernière fois, — et qui
va mourir (1).

(1) M. Nicolas, ou le Cœur humain dévoilé, publié par lui-même, imprimé à la maison, 1779. Parties I à VI.

VII

LA FEMME DU PEUPLE. — LA FILLE GALANTE.

Que l'on descende des tableaux de Chardin aux
scènes de Jeaurat, des *Illustres Françoises* aux *Bals de
bois*, aux *Fêtes roulantes*, aux *Écosseuses*, à l'*Histoire
de M. Guillaume le cocher*, à toutes ces images vives,
à toutes ces peintures grasses de la rue, à ces croquis de verve et d'un accent si dru jetés par Caylus
au revers d'un poëme de Vadé, — une femme se
dessinera au-dessous de la petite bourgeoisie, tout
au bas de ce monde, et comme en dehors du dix-
huitième siècle, une femme qui semblera d'une
autre race que les femmes de son temps. Dans les
rudes métiers de Paris, dans les commerces en plein
vent, dans les durs travaux qui forcent les membres
de la femme au travail de l'homme, depuis la ven-
deuse du marché et des Halles jusqu'à la misérable
créature qui crie toute la journée au quai Saint-Ber-

nard la voie de bois à vendre, un être apparaît qui
n'est femme que par le sexe, et qui est peuple
avant d'être femme. Bouchardon, dans ses *Cris de
Paris,* en a saisi la silhouette forte, la carrure *hom-
masse;* ses dessins puissants montrent, sous le lai-
nage et la bure solides et rigides, la grossièreté
virile, la masculinité de toutes ces femmes de
peine (1). Et consultez le temps : au moral comme
au physique, la femme du peuple est à peine dégros-
sie. Au milieu de la pleine civilisation de l'époque,
au centre même des lumières et de l'intelligence,
elle est, au témoignage de l'auteur des *Parisiennes,*
un être dont la cervelle ne renferme pas plus d'idées
qu'une Hottentote, un être enfoncé dans la matière
et la brutalité, auquel la notion du gouvernement
est donnée par l'exécution de la place de Grève, la
notion de la force publique par le guet, la notion de
la justice par le commissaire, la notion du christia-

(1) Dans ses *Mélanges militaires et sentimentaires* le prince de Ligne
dit que les femmes du peuple de Paris étaient la terreur des étrangers;
et parmi ces femmes il cite surtout les poissardes pour l'engueulement
desq velles la police avait alors une sorte de tolérance. Les poissardes
tiraient de leur première place avec les charbonniers, dans les corpo-
rations de la populace, un orgueil qui, toujours un peu enflammé par
une *topette de sacré chien,* se dépensait en un dégoisement d'injures
qui ne finissait pas, et qui ne respectait aucun rang, aucune puissance
dans la société. On connaît la phrase menaçante d'une harengère à la
princesse Palatine, mère du régent, lors de l'agio de la rue Quincam-
poix : « Je ne mangeons pas de papier, que ton fils prenne garde à lui! »
Ces femmes tiennent, pendant tout le siècle, à leur rudesse, à leurs habitudes canailles, à leurs vêtements peuple, et en 1783 trois cents poissardes ou femmes de la Halle attendaient à la sortie de Saint-Eustache
une jeune mariée de leur classe, qui s'était permis la frisure et les rubans d'une bourgeoise.

nisme par neuf tours autour de la châsse de la
bonne sainte Geneviève. Parfois seulement, son
cœur un instant s'éclaire : l'attendrissement, le chagrin, la pitié, l'indignation y passent et le traversent
d'un coup. Élans passagers, et contre lesquels tout
endurcit la femme du peuple, la rigueur de la vie
quotidienne, le train du ménage où les querelles et
les colères roulent dans cette langue inventée, répandue par cette grande corporation, les Poissardes,
un ordre dans le peuple. Des disputes, des coups,
des batailles, c'est le foyer. Les enfants grandissent
sous ces violences qui s'agitent au-dessus de leurs
têtes, et rejaillissent sur eux en éclats. Ils grandissent dans la terreur de ces mains toujours levées
pour frapper, opprimés, comprimés, resserrés sur
eux-mêmes, sans dégagement. Contrairement aux
enfants des classes aisées qui sont hommes trop tôt,
ils restent, selon la remarque d'un observateur,
enfants trop tard : on dirait que leur âme et leur
intelligence demeurent enveloppées, prisonnières
sous le maillot banal, le linge de mousseline servant à tous les enfants pauvres, la *tavayolle* dans
laquelle on les a portés, vagissants, à l'église (1).
Que de ténèbres, quelle profondeur d'ignorance chez
les filles qui n'apprennent point toujours à lire chez
les sœurs! Et quel plus bel exemple d'ingénuité
dans l'idiotisme que l'histoire de cette Lise dont le
ciseau d'Houdon fit le buste de la Sottise? Se présen-

(1) Tableau de Paris, vol. IX.

tant pour être mariée, lors des mariages de la ville à
l'occasion du mariage du comte d'Artois, et l'employé lui demandant si elle avait un amoureux :
« Je n'en ai point, répondit-elle tout étonnée, je
croyais que la ville fournissait de tout... »

La consolation, la force morale et la résistance
physique, l'oubli des maux, l'oubli des fatigues et de
la froidure, le courage, la patience, l'étourdissement,
toutes ces femmes de la populace les demandent à
ce feu qui les soutient, les réconforte et les enfièvre,
au rogomme, à l'eau-de-vie, — l'eau-de-vie que les
marchandes crient dans les rues, en l'appelant de ce
nom populaire d'une signification si terrible : *La
vie! la vie!* L'ivresse pour tout ce monde, c'est la
grande fête et le seul rêve. Dans le dimanche, il n'y
a que l'abrutissement qui lui sourit. Les souvenirs
de la famille remontent et s'arrêtent au vin bleu qui
a coulé à la noce dans quelque guinguette de banlieue (1); ses plaisirs tournent autour du broc d'étain où les mères, les grandes filles, les marmots
même vont, aux jours de repos et de réjouissance,
boire une grosse joie ou puiser l'ébriété batailleuse.
Puis, le dimanche cuvé, recommence pour la femme
le labeur, la misère de la vie, de la maladie, des
privations, des jours sans feu, des enfants sans pain,
l'existence implacable, écrasante, qui à la longue

(1) Rétif nous a conservé la formule d'invitation d'une de ces noces :
« Le festin aura lieu au Petit Gentilly, guinguette du Soleil d'Or; le
lendemain sera à la générosité des convives. » Les Contemporaines,
vol. XXVII. -- L'on trouve dans le quatrième chant de la *Pipe cassée*
une mise en scène assez vraie du repas des noces.

amène chez les vieilles femmes du peuple cet hébé-
tement de la raison, des idées et du cœur, des
facultés, des sentiments, dont on trouve une expression si complète, une note véritablement parlante
dans ces regrets de l'une d'elles sur la mort de « son
homme », un invalide. A cette question : « Comment
se porte votre mari? — Bien. Monsieur, bien, oh!
très-bien. Le pauvre cher homme! il a été enterré
hier... C'est jeudi matin qu'il dit : j'étouffe! — Tu
étouffes, pauvre Jacques, je l'appelois quelquefois
comme ça par drôlerie. Je te l'avois bien dit : c'est
ton asthme. Mais pourtant respire..... — Je ne peux
pas. — Ah! que si, ne fais donc pas tant le douil-
let; mon Dieu, que je suis fâchée de lui avoir dit ça!
car il ne pouvoit pas, ça le tenoit comme un plomb.
Je lui fis boire la *portion de confession* d'hyacinthe que
le chirurgien m'avoit donnée. Ça coûtoit trente-deux
sous ni plus ni moins, sans que je lui reproche au
pauvre cher homme : mais ça ne passoit pas. Quand
je vis ça, je lui dis : Eh bien Jacques, si j'envoyois
chercher un prêtre? — Comme tu voudras. — J'en-
voyai chercher le prêtre; il se confessa, le pauvre
cher homme. Il n'avoit pas plus de malice qu'un
enfant, c'étoit tout un. Quand il fut confessé : Eh
bien, vois-tu, mon mari? c'est toujours une sûreté,
vois-tu? on ne sait ni qui meurt ni qui vit, tu le
vois. Ça ne fait ni bien ni mal. On lui porta le bon
Dieu à dix heures. Il étoit assez tranquille. Je
croyois qu'il alloit s'endormir. Un petit moment
après : Ma femme, ma femme! — Eh bien! que veux-

tu? — Ah! mon Dieu! je vois les poêlons qui tournent. C'est que j'avons quelques poêlons attachés à
la muraille vis-à-vis de son lit. Ah! mon Dieu! je me
sauve, je cours appeler des voisines; je reviens. Il
étoit déjà mort. On ne l'auroit jamais dit, le pauvre
homme! il n'a pas eu d'agonie. Il n'a pas fait de
frime du tout; me voilà toute seule, sans homme...
Je voyois bien qu'il n'iroit pas loin. Le jour de
notre délogement, qui étoit donc il y a eu mardi
huit jours, il n'a jamais pu porter que quatre chaises; encore il suoit. Il étoit fainéant, c'est vrai;
mais ne me disoit rien. Le veux-tu blanc, le veux-tu
noir? c'étoit tout un, et il faut que je rende tout à la
Compagnie, jusqu'à ses cravates; j'en ai égaré deux,
ou peut-être les a-t-il vendues, le pauvre homme,
pour boire un coup d'eau-de-vie. Il n'avoit que ce
défaut-là. Plus d'homme, ô ciel! plus d'homme! il
ne disoit pas grand'chose, mais encore c'étoit une
consolation de l'avoir là. Il me l'avoit toujours bien
dit : Va, cet asthme me jouera quelque tour. Eh
bien, le v'là, le tour.... le v'là. Encore si c'étoit un
homme comme un autre, on diroit : mais jamais
rien. Il ne m'a cassé qu'un miroir en vingt ans;
encore, c'est que je l'avois obstiné, et moi je l'appelois quelquefois grand couard, grand lâche; il ne
répondoit pas plus que ce chenet. Je me le reproche
bien à présent. Eh! mon Dieu, plus d'homme! je
n'en trouverai jamais un comme cela; mais ce n'est
pas tout encore, il emmènera quelqu'un de la
famille, car il avoit une jambe plus longue que

l'autre, quand on l'a mis dans la bière. Il n'y a rien de plus sûr et certain….. (1) ».

C'est de là pourtant, du plus bas peuple, de ces créatures disgraciées et flétries dans tout leur être, que sortait tout ce monde de femmes, les enchanteresses du temps, les reines de la beauté et de la galanterie, une Laguerre, fille d'une marchande d'oublies, une Quoniam, fille d'une rôtisseuse (2), une d'Hervieux, fille d'une blanchisseuse, une Contat, fille d'une marchande de marée (3). Sophie Arnould presque seule s'échappera d'une famille à peu près bourgeoise : toutes les autres n'auront que la Halle pour berceau, et monteront du ruisseau.

Dès l'enfance, ces filles du peuple croissent pour la séduction, dans le cynisme, les sentiments ignobles, la langue nue et crue, les exemples, les spectacles qui les entourent. Rien ne les défend, rien ne les protége ; rien ne dépose, rien ne conserve en elles le sens de l'honneur. Leur pudeur est violée à peine formée. De la religion, elles retiennent seulement quelques pratiques superstitieuses, l'usage par exemple de faire dire une messe à la vierge tous les samedis, usage qu'elles garderont secrètement au plus fort de leur libertinage (4). L'idée du devoir, l'idée de la vertu de la femme, ne leur est donnée

(1) Correspondance secrète, vol. IV.
(2) Journal historique de Barbier, vol. II.
(3) Chronique arétine, ou Recherches pour servir à l'histoire des mœurs du dix-huitième siècle. A *Caprée,* 1789.
(4) Les Bagatelles morales. *Londres,* 1755.

que par les censures des voisins, les moqueries, les
plaisanteries, les cornes faites dans la rue aux
jeunes filles qui se conduisent mal, à celles qui
sont, comme dit le peuple, « à l'enseigne de la
veuve : *j'en tenons.* » L'image même du mariage ne
s'offre à elles que sous sa forme répugnante, par le
ménage bruyant d'injures et de coups.

Aux tentations qui assaillaient cette jeune fille sans
frein, sans appui, sans force et sans conscience
morale, sans illusion même, se joignaient les licences
de la vie-populaire, la liberté des plaisirs dont les
parents donnaient l'habitude et le goût à leurs enfants. Que d'occasions, de dangers ! la guinguette,
les dimanches passés depuis le matin dans ces
salons de Ramponneau où, sur les murs comme
dans les bouches, l'Ivresse jouait avec l'Obscénité !
Quelles écoles, toutes ces Courtilles où les petites
filles s'essayaient sur leurs petites jambes à danser
la Fricassée ! La femme s'éveillait là chez l'enfant ;
ses sens, ses coquetteries, ses ambitions y naissaient
comme dans une atmosphère chaude et corrompue,
chargée d'une odeur de gros vin et des fumées de
la goguette. C'était là que venait à la jeune fille le
désir de *fringuer;* c'était là qu'elle paraissait et pa-
radait bientôt

> Avec le bonnet à picot
> Monté tout frais en misticot,

la gorgerette de linon ou de mignonnette,

> La coiffe faisant le licou,
> Par derrière nouée en chou,

le long juste de drap sur lequel un étroit mouchoir

Dit aux galants : venez y voir,

la breloque à l'oreille, le tablier de mousseline, le clavier de la ceinture à la pochette, le bouquet à la bavette, la courte cotte brune ou rouge, les mitaines de fin tricot, le crucifix d'or à coulant, le bas à coin, et le soulier à la boucle de Tombacle (1).

Que la fille fût un peu bien tournée, qu'elle eût du goût à la danse, elle devenait vite une des célébrités de l'endroit. Elle prenait le ton, l'allure de ce grand personnage du plaisir populaire que nous a peint Rétif de la Bretonne, « la danseuse de guinguette » dont il nous a gardé le cri : « Garçon ! un canard, et que cela soit du bon, ou je te *cogne!* » Elle devenait dans le salon du Grand Vainqueur le boute-en-train des *dansées vigoureuses,* une achalandeuse qui avait le droit d'amener qui elle voulait, d'être servie au prix coûtant, et de faire un bon souper à deux pour dix-huit sols.

L'auteur des *Contemporaines* nous les montre encore, les jolies vendeuses, les jolies crieuses de la rue, les jolies poissardes, allant goûter soit à la *Maison Blanche,* soit à la *Glacière,* et ne demandant qu'à *bâfrer* et à se secouer le cotillon. On les voit dans leurs déshabillés de toile à carreaux rouges avec un grand tablier de taffetas noir à poches de six doigts plus long que la jupe courte, avec leurs bas de laine

---

(1) Amusements rhapsodi-poétiques. *Les Porcherons.*

blanche à coins rouges ; on les voit dans leur casa-
quin blanc sur une jupe de taffetas cramoisi ; on
les voit dans leur jupe à courtes basques faite d'une
indienne à mouches rouges avec un tablier de burat
vert. On les entend chanter au *Pavillon Chinois*, leur
cabaret de prédilection :

> Je suis une fille d'honneur,
> Ainsi, comme l'était ma mère ;
> J'ai pris naissance d'un malheu
> Qui fait que j'ignore mon père.

> . . . .

ou bien :

> En revenant de *Saint-Denis*
> Où l'on boit à grande mesure,
> J'allais pour regagner Paris
> Un peu poussée de nourriture.

> . . . .

ou bien encore :

> Il m'a démis la luette.
> Ah ! ah ! qui me la remettra ?

> . . . .

Et ces coureuses de guinguettes, on les retrouve
dansant, chantant, buvant au *p'tit trou*, au *Pont au
Bled*, au *Petit-Gentilly*, au *Grand Vainqueur* de la
barrière des Gobelins.

Cette vie n'allait guère sans une liaison avec quelque joli coureur, quelque laquais, quelque sergent
aux gardes, quelqu'un de ces recruteurs, véritables
roués de la canaille, corrupteurs épouvantables de

toute cette jeunesse des marchés et des bals. De ces liaisons, de ce libertinage, beaucoup de filles descendaient au métier du vice. Elles tombaient à quelque taudis de la rue Maubuée ou de la rue Pierre-au-lard. Elles hasardaient un : *chit! chit!* à la fenêtre d'une rue obscure. Elles devenaient, dans le crépuscule, ce que le siècle appelait « des ambulantes ». Les plus heureuses, les moins éhontées, obtenaient de quelque élève en chirurgie, d'un procureur infidèle à sa femme, le petit mobilier, la tenture de siamoise ou de Bergame, l'ambition et l'envie de la fille du peuple. D'autres s'élevaient jusqu'à une demi-lune du Pont-Neuf, dont un amoureux leur payait le fonds. D'autres encore, retirées de l'infamie, étaient mises dans un couvent par un vieillard, usant, disait le temps, de la méthode des jardiniers qui chauffent le céleri (1) ; el couvent les dépouillait de leurs anciennes habitudes, les décrassait, lavait le plus gros de leur passé, les formait à la tenue d'une *fille du monde*.

Peu de filles, il est juste de le reconnaître, tombaient d'elles-mêmes dans les hontes dernières du vice. Bien souvent la misère les y poussait par degrés ou les y plongeait d'un seul coup; et l'on trouve dans toute cette corruption comme un premier fond de désespoir. Dix à douze sous, c'était alors le salaire d'une journée de femme, et ce dont il allait qu'elle vécût. (2). Encore ce salaire était-il

(1) Les Contemporaines, vol. XV. *La Fille à la mode.*
(2) Rétif de la Bretonne nous apprend que les maîtresses couturière

précaire, menacé, rogné à la fin du siècle par une
mode presque générale : l'immixtion de l'homme,
dans les travaux, dans les ouvrages les plus propres
à la main de la femme, toutes ces créations de cordonniers pour femmes, tailleurs pour femmes, coiffeurs pour femmes. Et quel gagne-pain restait à la
femme, lorsque Linguet dénonçait la concurrence
faite à ce travail essentiellement féminin, la broderie, par ces laquais brodant à l'antichambre, par ces
grenadiers faisant du *filé* aux corps de garde, et fati-
guant les habitants de leur garnison avec les offres
des manchettes et des bouffantes dont étaient bour-
rées les poches de leurs uniformes (1) ?

Sur la tête de toutes ces femmes de débauche (2),
échappant à la misère, sortant du peuple, s'élevant à
un commencement de fortune, prenant peu à peu,
d'aventures en aventures, une sorte de rang dans le
vice, une espèce de place dans la société, il y avait
toujours suspendu la main et la menace de la police,

ne donnaient à leurs ouvrières que de 10 à 12 sous par jour quand il
était établi que leur nourriture, leur logement, leur entretien, montaient à 20 sous. Il y avait des journées de femmes, par exemple comme
les journées d'une écosseuse de pois, qui étaient payées 8 sous.

(1) *Causes du désordre public par un vrai citoyen. Avignon*, 1784.
La même plainte se retrouve dans le *Mariage de Figaro.* « MARCE-
LINE.... Est-il un seul état pour les malheureuses filles ? Elles avaient
un droit naturel à toute la parure des femmes : on y laisse former mille
autres ouvriers de l'autre sexe. — FIGARO. Ils font broder jusqu'aux
soldats ! »

(2) *Les Etrennes morales utiles aux jeunes gens* élèvent à 40,000 le
nombre des filles que renfermait Paris ; un autre livre porte à 60,000 ce
nombre en y ajoutant 10,000 filles privilégiées, et parle de 22,000 con-
trats déposés chez les notaires en 1760, leur donnant un revenu annuel
de dix millions.

le aprice, l'arbitraire de ses sévérités et de ses brutalités. A l'horizon de sa vie, au bout de ses pensées, la fille entretenue voyait toujours se dresser cette maison de la Salpêtrière dont les portes s'ouvraient si facilement devant elle pour un *bacchanal* dont elle était innocente, pour l'amour d'un fils de famille qu'elle accueillait, parfois pour une bagatelle, souvent pour un soupçon. Par elle-même ou par le récit de ses compagnes, elle savait ce qu'était le terrible Hôpital ; elle savait la façon expéditive des sentences du tribunal de Police, et comment après cette lecture de l'huissier : « Une telle arrêtée à 10 heures du soir, faisant telle chose », ou simplement : « Un etelle accusée de telle chose, arrêtée», — ce mot, ce seul mot : A l'hôpital ! à l'hôpital ! à l'hôpital ! tombait de la bouche d'une justice sourde aux pleurs, aux gémissements, aux sanglots qui succédaient, dans la voix des condamnées, aux insolences des filles de la Régence (1). L'Hôpital, c'étaient les rigueurs d'un autre siècle, une discipline presque barbare ; la femme y était rasée (2), et, en cas de récidive, elle était soumise à des châtiments corpo-

(1) Les Contemporaines, vol. XXIII. *La Jolie Fille tapissière.*

(2) Deux estampes caricaturales du dix-huitième siècle nous représentent cette exécution si cruelle pour la femme. Dans l'une sur le pas d'une porte donnant dans une cour, un commissaire inflexible est imploré par une femme agenouillée pendant qu'un garçon perruquier, armé d'un rasoir, fait tomber ses grandes boucles à terre. Une brouette est déjà chargée des chevelures coupées. Sur les murs on lit des affiches portant : *Ordonnance de police concernant les femmes débauchées. Nouveaux bonnets très-élégants pour les têtes rasées. Vente de cheveux.*

La seconde qui porte pour titre : *la Désolation des filles de joie,* représente la comparution devant le commissaire dont le secrétaire assis

rels. L'indulgence des mœurs avait beau corriger la lettre des lois ; si rassurée qu'elle fût par la tolérance ordinaire du pouvoir dont elle dépendait, par ses accommodements et ses facilités, la fille n'oubliait point que cette sévérité, qu'on laissait dormir, pouvait se réveiller tout à coup. La police pouvait un matin être forcée de faire du zèle par un livre lancé contre l'administration, par le cri d'un « ami des mœurs » la rendant responsable des désordres qu'amenaient les filles dans les familles, que sais-je ? par un mandement d'archevêque. Il suffisait d'un de ces coups de fouet pour qu'à l'improviste, sans cause, sans motif, on fît main basse sur toutes les filles arrêtées en masse, chez elles, à la sortie des spectacles, aux foires, — à l'exception de celles-là seules qui avaient la voiture au mois.

Mais, en contradiction avec les lois policières, il y avait d'autres lois bien plus effectives, bien mieux appuyées sur l'assentiment du public, qui soustrayaient la fille entretenue à ces sévérités accidentelles, à ces enlèvements qui peuplaient la Salpêtrière, Saint-Martin et Sainte-Pélagie. Jusqu'en novembre 1774 (1), il suffisait à une femme de l'*encataloguement*, de l'inscription à l'opéra ou à la Comédie-Française, pour ne plus être soumise au

---

à une petite table écrit sur un papier où on lit : *Julie, Barbe, Louison.* Des gardes françaises traînent devant le tribunal de suppliantes femmes à hautes coiffures. Dans le fond, un tombereau rempli de femmes à la tête rasée se dirige vers un vieux bâtiment au toit couvert de chouettes sur lequel il y a : *Maison de santé.*

(1) Mémoires de la République des lettres, vol. VII.

bon plaisir de la police, pour jouir de l'inviolabilité
commune, et entrer pour ainsi dire dans une possession absolue de sa personne. La dernière des filles
de chœur, de chant ou de danse, la dernière des
figurantes était émancipée de droit : un père, une
mère, indignés de son inconduite, ne pouvaient
plus exercer sur elle l'autorité paternelle; et il lui
était permis de braver un mari, si elle était mariée (1). Aussi, de la part de toutes ces femmes,
demi-castors, filles de vertu mourante, quelles aspirations vers ces planches qui donnaient l'affranchisse-
ment, qui délivraient du pouvoir de la famille, qui
sauvaient des rapports de l'inspecteur Quidor!
Monter là c'était l'effort et l'ambition de chacune.
Toutes les protections qu'elles pouvaient capter,
elles les mettaient en jeu pour arriver jusqu'à un
Thuret ou jusqu'à un de Vismes, pour franchir la
porte de ce cabinet fameux et redoutable, le cabinet
du directeur. Et n'est-ce pas là, sous les pilastres
aux feuilles d'acanthe, au-dessous des nymphes nues
dormant dans les grands cadres, dans le boudoir
majestueux où le maître tout-puissant trône en robe
de chambre auprès du bureau chargé de faisceaux
de licteurs, de casques à panaches, de brocarts, de
partitions ouvertes de Castor et Pollux, n'est-ce pas
là que Baudouin, le peintre et l'historien de la
demi-vertu, a placé le *Chemin de la fortune?* Géné-

_____

(1) Représentation à M. le lieutenant-général de police de Paris sur
les courtisanes à la mode et les demoiselles du bon ton, à Paris. *De
l'imprimerie d'une société de gens ruinés par les femmes,* 1762.

ralement le directeur est un homme; sur une mine
de jeunesse, sur un joli sourire, sur un bout de
jambe, sur un peu de gentillesse et beaucoup de
bonne volonté qu'on lui montre, il consent à recevoir
et à agréer. Une fois le maître séduit, la femme est
inscrite; et quelque peu douée qu'elle soit, Maltaire
le Diable, ou quelque autre habile homme la mettra,
au bout de trois mois, en état de paraître sur ses
jambes dans un ballet. C'est alors qu'elle se montrera dans les « espaliers » vêtue de soie couleur de
ciel et couleur d'eau, habillée en ruisseau, déguisée
en fleur, en rayon, enveloppée de gaze, couronnée
de guirlandes, demi-nue et le corps visible à travers
le nuage écourté, la jupe de rubans, la petite tenue
de déesse que le fripon crayon de Boquet excelle à
dessiner; et les aventures ne tarderont pas à venir.
Mais encore mieux qu'aux représentations, la petite
danseuse prendra les cœurs pendant les répétitions,
les longues répétitions d'hiver. Sur une chaise con-
quise, non sans peine, tout au bord de l'orchestre,
la jambe nonchalamment croisée sur le genou, enveloppée d'hermine et de martre zibeline, les pieds
sur une chaufferette de velours cramoisi, faisant
d'un air distrait des nœuds avec une navette d'or,
ouvrant ses tabatières, aspirant les sels d'un flacon
de cristal de roche, jetant mille regards à la dérobée,
et comme échappés, dans la coulisse pleine d'hommes, elle aura tout son prix. La haute finance, les
riches étrangers, ne tarderont pas à l'apprécier.
Et, à la suite d'une de ces répétitions, la fortune

arrivera chez la fille d'Opéra sous la figure d'un traitant (1).

C'était là le grand pas, l'envolée de la fille galante
vers le grand monde, vers la haute sphère des *demoiselles du bon ton*, un monde auquel rien ne manquait,
qui avait ses poëtes, ses artistes, ses médecins, ses
salons, ses directeurs même et une église (2)! des
heiduques dont la taille étonnait la rue (3), des loges
d'apparat aux représentations courues, des places
aux séances de l'Académie où il trônait dans une
lumière de diamants! Le salon de peinture était
rempli des images de ce monde; l'art lui demandait ses modèles; la sculpture lui modelait dans le
talc (4) une immortalité légère, la seule qu'il pût
porter! Les Vauxhall, les Colisées ne semblaient
s'élever que pour lui; les architectes rêvaient des
Parthénons en son honneur. Son luxe passait dans
les promenades publiques comme un triomphe :
ses voitures de porcelaine, aux traits de marcassite,
émerveillaient Longchamps. Ce n'était que richesse
autour de lui, que magnificence sous sa main ; si
bien qu'aux encans publics, les femmes les plus
titrées et les plus opulentes se disputaient ses dé-
pouilles et les choses à sa marque. Par ce qu'il
répandait de splendeur et d'éclat, par le spectacle

(1) Margot la ravaudeuse, par M. de M..... *Hambourg*, 1777.
(2) Étrennes morales utiles aux jeunes gens. *A Lacédémone, pour la
présente année.*
(3) Correspondance secrète, vol. VIII.
(4) Mémoires de la République des lettres, vol. XV.

prodigieux qu'il donnait, par ses mille éblouisse-
ments, son bruit, son mouvement, ses élévations
subites, ses changements imprévus, ce monde ressemblait à une féerie. Par tout ce qu'il touchait,
tout ce qu'il approchait, ce qu'il séduisait, il s'élevait à la puissance. Il occupait et distrayait le coucher du Roi qui s'amusait de ses anecdotes, et
feuilletait en souriant le roman libre de ses jours
et de ses nuits. Il intéressait la cour; il passionnait
Versailles où l'exil d'une Razetti faisait une
émeute (1). Il était presque un pouvoir, un pouvoir
qui comptait des créatures et des victimes, un
pouvoir qui poussait Rochon de Chabannes dans la
diplomatie, un pouvoir qui obtenait une lettre de
cachet contre Champcenets!

Chose singulière! toutes les femmes de ce monde
s'élèvent avec leurs aventures. De la prostitution,
elles dégagent la grande galanterie du dix-huitième
siècle. Elles apportent une élégance à la débauche,
parent le vice d'une sorte de grandeur, et retrouvent dans le scandale comme une gloire et comme
une grâce de la courtisane antique. Venues de la
rue, ces créatures, tout à coup radieuses, adorées,
semblent couronner le libertinage et l'immoralité
du temps. En haut du siècle, elles représentent la
Fortune du Plaisir. Elles ont la fascination de tous
les dons, de toutes les prodigalités, de toutes les
folies Elles portent en elles tous les appétits du

(1) Représentation à M. le lieutenant-général.

temps ; elles en portent tous les goûts. L'esprit du
dix-huitième siècle montre en elles sa séduction
suprème et sa fleur de cynisme. Elles répandent
l'esprit, elles l'accueillent, elles le caressent et
l'enivrent. Elles jettent, à la façon de Sophie
Arnould, sur les hommes et les choses, ces mots,
ces pensées qu'on dirait jetées par Chamfort dans
le moule d'un jeu de mots ; elles écrivent ces lettres
sans art qui s'élèvent chez l'une au ton gras de
Rabelais, chez l'autre à l'enjouement de la Fontaine.
Elles se donnent sur leurs théâtres l'amusement de
la comédie inédite, le régal des plus fines débauches
de l'esprit français. Elles vivent dans l'atmosphère
de l'opéra du jour, de la pièce nouvelle, du livre de
la semaine. Elles touchent aux lettres, elles s'entourent d'hommes de lettres. Des écrivains leur
doivent leur premier amour, des poëtes leur apportent leur dernier soupir. A leurs soupers, aux sou-
ers des Dervieux, des Duthé, des Julie Talma, des
Guimard, les philosophes se pressent, apportant le
rêve de leurs idées, buvant à l'avenir devant la
Volupté (1). Auprès d'elles s'empressent et s'agitent
les plus grands noms, les plus grandes passions, les
princes, les idées, les cœurs, les intelligences. Véritables favorites de l'opinion publique, chaque jour
elles grandissent par leurs amants, par leur popularité, par la renommée de leur atticisme dans toute
l'Europe ; et la curiosité, l'attention, le génie même

(1) Correspondance secrète, vol. XIV. — Mélanges (par le prince de
Ligne), vol. XXVII

du dix-huitième siècle, tourne un moment autour de ces filles célèbres, comme autour de ses muses et de ses patronnes familières.

Par les chanteuses, les danseuses, les comédiennes, toutes les femmes de théâtre qui, avec leurs talents et leur renom, lui donnaient un si grand lustre, ce monde des *impures* fameuses est entré, dès le commencement du siècle, dans la société même et au plus haut de la bonne compagnie. Le dix-huitième siècle, qui refuse aux comédiennes la bénédiction nuptiale (1), qui jette aux borges de la Seine le cadavre des plus illustres, le dix-huitième siècle n'a point pour la femme de théâtre le mépris et, si l'on peut dire, le dégoût de ses lois. La femme de théâtre ne trouve pas autour d'elle la répulsion des préjugés bourgeois. La société, loin de se fermer devant elle, la recherche, la caresse, l'adule, va au-

---

(1) Lorsqu'une comédienne ou un comédien voulaient se marier, ils étaient obligés de renoncer au théâtre. Mais il arrivait que, la renonciation faite, le premier gentilhomme de la chambre envoyait à la nouvelle bénie un ordre du Roi de remonter sur le théâtre, et l'actrice obéissait à l'ordre du Roi. L'archevêque de Paris déclarait alors qu'il n'accorderait à aucun comédien ou comédienne la permission de se marier, à moins que le marié ou la mariée ne lui apportassent une déclaration signée par les quatre premiers gentilshommes de la chambre comme quoi ils ne lui donneraient plus un ordre du Roi de remonter sur le théâtre. La permission fut ainsi refusée à Molé et à M⟨ᵐᵉ⟩ d'Épinay, qui n'apportaient pas à l'archevêque la déclaration signée de quat. gentilshommes. Il est vrai que, par l'intermédiaire d'amis, cette permission, glissée au milieu d'autres, fut signée par l'archevêque de Paris sans défiance; mais, instruit de la supercherie, l'archevêque, ne pouvant retirer le sacrement, interdisait le prêtre qui avait donné la bénédiction nuptiale, pour qu'à l'avenir son clergé, dans les cas de cette importance, ne s'en rapportât pas à une permission signée. (Correspondance de Grimm, vol. VI.)

devant de son intelligence, de sa gaieté, de son esprit. Mlle Lecouvreur raconte dans une lettre d'une naïveté charmante le grand et le continuel effort qu'il lui faut faire pour se dérober à des invitations de grandes dames, jalouses de la posséder, se disputant, s'arrachant sa personne, l'enlevant à cette vie d'intimité et de bonne amitié si douce et si chère à son cœur (1). C'est à l'hôtel Bouillon que la Pélissier débite ses meilleures et ses plus grosses bêtises. On voit le plus grand monde se rendre à un bal champêtre donné par Mlle Antier, pour la convalescence du Roi, dans la prairie d'Auteuil; un bal où les dames du plus beau nom dansent jusqu'au matin sous les saules illuminés (2).

Pendant une partie du siècle, les femmes les mieux nées iront s'asseoir à cette table de mademoiselle Quinault, où elles entendront causer et rire toutes les idées et toutes les ivresses du temps. Le rapprochement est continu, journalier; et c'est à peine s'il reste encore une distance entre la présidente Portail et Sophie Arnould, quand elles ont entre elles cette conversation que Paris répète, et dont l'actrice sort avec le beau rôle, à la joie de Diderot. Le mariage ouvrait encore la société à ces femmes et les établissait à la cour même; un homme follement amoureux, ou bien un homme ruiné, n'ayant plus d'honneur à perdre et n'ayant plus que son nom à vendre, les sortait de leur passé, les éle-

(1) Le Conservateur, ou Bibliothèque choisie. 1787, vol. I.
(2) Mercure de France. Août 1721.

vait aux honneurs, aux priviléges de la femme titrée, aux droits même de la marquise : droit à la livrée, au porte-robe, au sac, au carreau à l'Église (1).

A côté de cette galanterie triomphante, éblouissante, et qui faisait tant de bruit dans un si grand jour, à côté de ces femmes de plaisir, donnant en spectacle toutes les débauches de la grâce, de l'esprit, du goût, couronnées d'impudeur et de folie, cyniques et superbes, il se trouvait une autre galanterie. D'autres femmes galantes, moins en vue, se dessinent à demi dans une lumière sans éclat qui leur donne une douceur et semble leur laisser une modestie. L'amour vénal qu'elles représentent emprunte à la jeunesse de leurs goûts, à l'air qu'elles respirent, à la campagne qu'elles habitent je ne sais quelle innocence légère mêlée à un vague parfum d'idylle. Ça et là dans leur vie, des coins de pastorale se montrent qui font repasser devant les yeux un paysage de Boucher que traverse une bergère enrubannée; ou plutôt le souvenir vous revient d'une de ces esquisses volantes où Fragonard peint, en écartant les branches d'arbres, la Volupté courant sur l'herbe en habit de villageoise.

De ces femmes, il faut aller chercher le type dans cette aimable personne à la taille fine, à la main si petite, aux yeux vifs et parlants, au nez un peu re-

---

(1) Mémoires de la République des lettres, vol. III.

troussé, au menton troué d'une fossette (1); il faut
en demander le charme à cette petite personne élégante, gracieuse et vive, la courtisane Mazarelli, que
l'on voit toujours à l'ombre des grands arbres, sur
les prés, le soir, assise sur les meules de foin, regardant la nuit venir, marchant au bord de l'eau,
disparaissant au milieu des roseaux des îles de la
Seine près de Charenton, puis reparaissant dans ce
joli bateau dont souvent, par jeu, ses mains touchent
les rames; courses, promenades, fêtes sur l'herbe,
fêtes sur l'eau, où promenant à sa suite, dans le décor
de l'été ou du printemps, la gaieté et les coquetteries
des ballets champêtres de l'Opéra Italien qu'elle vient
de quitter, elle se fait accompagner des jeunes filles
des deux rives, habillées comme elles en paysannes,
mais en paysannes dont un dessinateur des Menus
aurait enjolivé la rusticité. Et c'est ainsi qu'elle les
mène aux foires des environs, les précédant ainsi que
la fée du bal. Sa maison est tantôt à Noisy-le-Sec,
tantôt au village de Carrières, où elle a sa petite
chaise, ses deux chevaux, ses trois domestiques, et
où elle appelle, dans son jardin ouvert à toute heure,
la danse et les violons, le village et tous les amoureux. Elle préside aux réjouissances du pays, elle
lui donne ses joies, ses amusements, ses jeux innocents; si bien que le jour de sa fête, le jour de la
Sainte-Claire, sa maison se remplit de gâteaux, de
fleurs, de présents apportés par les gens de cam-

---

(1) Portrait de mademoiselle,,. (Mazarelli) par elle-même. *Mercure
de France, mars* 1751.

pagne, tandis que la rivière retentit des boîtes d'ar-
tifices tirées en son honneur par les mariniers du
lieu. Et n'est-elle pas la patronne de l'endroit? N'en
a-t-elle point la seigneurie de fait? A la fête de Carrières, on la sollicite pour qu'elle rende le pain
bénit, et les marguilliers lui envoient la clef du banc
de l'église (1).

Au fond de cette figure de femme entretenue, si
gaie, si jeune, fraîche sous son rouge comme une
joie de campagne, et si heureuse de répandre le
plaisir, il y a un petit air rêveur, une petite coquetterie penchée, une pensée qui joue avec un peu de
tristesse et qui semble avoir besoin de s'étourdir.
C'est par là surtout qu'elle attire, par un caractère
de tendresse mélancolique, peut-être tirée d'un roman, et devenue en elle un jeu naturel, une habitude du ton, de l'esprit et de l'âme; comédie de
bonne foi, qui est sa grande séduction et qui inspire
au marquis de Beauvau ce prodigieux amour, un
amour qui supplie la Mazarelli d'accepter le nom de
Beauvau! Et quelles lettres, humiliées dans la passion, agenouillées dans la prière, arrivent, de tous
les camps de la Flandre, à cette femme que le marquis en campagne appelle « son Dieu, son univers,
sa *petite femme!* » Quels pleurs pendant sept ans,
quand il la croit irritée contre lui ! Quelles insomnies lorsqu'il attend ses réponses ! Quelles menaces

---

(1) Mémoire pour Mlle Claire Mazarelli, fille mineure, accusatrice
contre le sieur Lhomme, écuyer, ancien échevin de la ville de Paris et
ses fils et complices accusés.

de s'enterrer dans un couvent, de se cacher aux yeux
du monde, si elle refuse de l'épouser! Et le marquis
de Beauvau mort, cette femme garde un tel charme,
qu'après des procès retentissants, après une liaison
publique avec Moncrif, elle devient la baronne de
Saint-Chamond.

Le dix-huitième siècle cache parmi ses courtisanes
toute une petite famille de femmes semblables, qui
sauvent tout ce que la femme peut sauver d'apparences dans le vice aimable, tout ce qu'elle peut
garder de décence dans le commerce de la galanterie, de constance dans l'amour qui se livre et qui
s'attache. Aux agréments spirituels, à l'indulgence
native, à la bonté expansive, à l'attitude rêveuse, à
des dehors et à un certain goût de sentiment, elles
joignent un certain respect du monde qui leur donne
une sorte de respect d'elles-mêmes. Souffrant,
comme l'a dit l'une d'elles, de l'injustice d'un public « qui, jugeant les unes sur les infâmes mœurs
des autres, les met au rang des objets mépri-
sables » (1), elles gardent une pudeur devant l'opinion publique. Et peu s'en faut que la corruption
du temps ne fasse tenir un peu de l'honneur de
l'amour et quelques-unes de ses vertus dans ces
femmes entourées des plus ardentes, des plus délicates, des plus flatteuses adorations. Et n'est-ce pas
une d'entre elles, cette autre bergère qui inspira à
Marmontel sa *Bergère des Alpes*, et qui, elle aussi, se

(1) Portrait de Mlle Mazarelli.

mariera et deviendra la comtesse d'Hérouville? N'est-
ce pas Lolotte qui entendra de la bouche du grand
seigneur qui la paye la plus belle parole d'amour
que le dix-huitième siècle ait entendue ? « Ne la regardez pas tant, ma chère, je ne puis pas vous la
donner, » lui dit un soir lord d'Albermale, un soir
que dans la campagne elle regardait fixement une
étoile (1).

Toutes ces figures de courtisanes rayonnantes
ou modestes, attendrissantes ou cyniques, une
figure les voile, les efface, les poétise. Leurs ombres
en passant devant les yeux évoquent dans le souvenir un nom qui fait oublier leurs noms, et dès qu'on
remue cette histoire des filles du passé, ces cendres
du vice, cette poussière du scandale, on voit se lever
doucement, comme un parfum qui sortirait d'une
corruption, cette héroïne d'un immortel roman :
Manon Lescaut. Gardons-nous pourtant des séductions d'un chef-d'œuvre. Démêlons la vérité, l'observation de la création, de l'invention de l'écrivain.
Manon Lescaut est un type romanesque, avant d'être
un type historique ; et il faut se défendre de voir en
elle une représentation complète de la prostitution
galante du dix-huitième siècle, une image fidèle du
caractère moral de la courtisane du temps. Sans
doute, il y a toute une partie de sa figure, toute une
moitié de sa vie, éclairées par les bougies des tripots

(1) Correspondance secrète, vol. XVI. — Mémoires de Marmontel,
vol. I.

et des lustres des soupers, que Prévost a saisies sur
le vrai, sur le vif. Qu'on la suive, depuis la cour du
coche d'Arras à Amiens jusque sur la route de
l'exil, elle agit, elle parle, elle charme comme la fille
du temps ; elle en a les jolis côtés de fraîcheur, les
premières apparences de grisette, puis les facilités,
les naïvetés d'impudeur, les faiblesses devant l'argent, les perfidies naturelles et comme ingénues.
Elle descend peu à peu, elle enfonce dans le vice
naturellement, sans remords ; elle cède sans révolte
instinctive, sans répugnance d'âme aux nécessités de
la vie, aux leçons de son frère, aux offres de M. G. M.
Elle va du rire aux larmes, de la délicatesse à l'infamie, gardant pour l'homme qu'elle entraîne un fond
d'attachement sincère mais sensuel, et qui ne l'élève
point jusqu'au remords. Cette Manon, la Manon qui
ne veut que « du plaisir et des passe-temps », Prévost l'a peinte d'après nature, et c'est l'âme de la
fille que l'on retrouve en elle. Mais arrêtez-vous à
la transfiguration, à l'expiation par le malheur, la
torture, l'humilité, la honte, l'agonie : la Madeleine
que Desgrieux suit sur la route d'Amérique, la femme
dont il creuse la fosse avec cette épée qui est tout
ce que son amour lui a laissé du gentilhomme, cette
courtisane qui expire en se confessant à l'amour dans
un dernier souffle de passion, cette Manon repentie
et martyre, Prévost l'a tirée de son cœur, de son
génie : le dix-huitième siècle ne l'a pas connue.

Un portrait où revit la véritable physionomie de la
fille du monde nous sera donné dans un petit livre,

une historiette vive, piquante, touchée finement et librement à petits coups spirituels, à la manière d'une gouache. *Thémidore*, qu'on pourrait appeler la vérité sur Manon Lescaut, nous montrera ces femmes aux grâces de bonne fille, relevées d'agrément, de sentiment, et seulement du caprice de la passion, les Argentine, les Rozette, « filles adorables, et qui, au libertinage près, ont les meilleures inclinations du monde. » On les voit, en robe détroussée de moire citron, avec une coiffure qui demande à être chiffonnée, passant gaiement et insouciamment leur temps dans l'air léger des plaisirs faciles, dans l'étourdissement du bruit des petites maisons, dans une sorte d'orgie fine, élégante, délicieuse. Jeux charmants, propos lestes, esprit polissonnant à la ronde, badinages, chansons, chère exquise et irritante, bouchons qui sautent, verres et porcelaines qu'on casse, c'est le tapage et l'amusement qui remplit leurs jours, leurs nuits, leur esprit, jusqu'à leur cœur. Elles ne s'occupent qu'à effleurer un roman, qu'à parler dentelles, étoffes ; ou bien elles trichent au *médiateur*. Elles vont, viennent, passent, sourient, jettent un regard, un baiser, tendent la joue ; et les hommes qui les aiment veulent-ils les oublier et les remplacer ? ils se font donner le matin dans leur lit un carton d'estampes libres et plaisantes : ils retrouvent, en images, le plaisir que ces femmes donnent en passant ! Retranchez parmi ces femmes quelques conversions, la conversion de Mlle Gautier, racontée par Duclos,

celle de Mlle Luzi, celle de Mlle Basse qui se fait carmélite; retranchez encore quelques rares élans de
tendresse, une trace de passion semée de loin en loin,
l'attendrissant épisode de la mort de Zéphyre voulant
mourir sur le cœur de son amant (1), — point de noir,
à peine des larmes dans l'histoire de ces femmes que
la vie traite en enfants gâtés; point de dévouement,
point de sacrifices, point de catastrophes, mais seulement de petits malheurs, quelque lettre de cachet qui
les enferme au couvent où elles babillent à peu près
comme Ververt, et dont elles sortent en embrassant
les sœurs. Le soir même de leur sortie, elles ressus-
citent au monde, dans un gai souper, un verre de
champagne à la main; elles recommencent à pleurer
quand un amant les quitte, et à se consoler quand
il ne revient pas. Puis ont-elles gagné quelques

---

(1) Voici le récit de Rétif dans *M. Nicolas ou le Cœur humain dévoilé :* « Je
trouvai ma pauvre amie dans un profond accablement. Elle étouffait.
Cependant elle sourit en me voyant : elle me prit la main, et me dit :
« Ce n'est rien. » Je la crus..... Je l'embrassai. Elle me sourit encore.
On m'apporta ce qu'elle devait prendre. Elle le reçut de ma main et le
reçut avec une sorte d'avidité. Je dis que je ne la quitterais pas.....
Zoé resta seule avec moi...... Dès que nous ne fûmes que nous trois, ma
jeune amie voulut avoir sa tête sur mon cœur et elle dit qu'elle respirait mieux. Je me découvris la poitrine et je l'y plaçai... Elle parut
s'endormir. Peut-être s'assoupit-elle. Elle m'aimait si tendrement que
son âme comblée ne sentait plus la souffrance. Je restais ainsi ; j'étais
immobile, craignant de faire le plus léger mouvement. Vers les trois
heures du matin, nous voulûmes lui faire prendre quelque chose. Elle
ne put avaler. Alors Zoé, qui se connaissait en agonie, m'embrassa vivement et voulut m'obliger à poser la tête de mon amie sur l'oreiller
« Non ! non ! » répondis-je vivement. La malade me regarda. Ce fut son
dernier regard..... Elle me baisa la main. Je collai ma bouche sur ses
lèvres décolorées. Elle poussa un grand soupir... que je reçus... C'était
son âme... Elle me la donna tout entière. »

mille livres? elles épousent quelque marchand : elles s'attachent à leur commerce, à leur mari même. Entre leur fin et celle de Manon, il y a la distance des sables de la Nouvelle-Orléans au ruisseau de la rue Saint-Honoré.

On ne voit guère que dans le roman un grand malheur ou un grand sentiment régénérer ces femmes. Vivant par le plaisir, elles semblent créées uniquement pour lui, animées seulement par lui. Leur âme ne semble pas avoir le ressentiment des misères de leur corps, des souillures de tout leur être. L'infamie de leurs amours les enveloppe sans les toucher. Elle ne paraissent sensibles qu'aux choses qui les affectent dans leurs sens, aux brutalités de la main de l'homme, aux duretés de la prison, aux rigueurs matérielles qui les atteignent. L'inconscience est en elles à la place de la conscience, les courbant sans discernement, sans dégoût et sans révolte, sous la fatalité de ce qu'elles font et de ce qui leur arrive. Lorsqu'on les mène à la Salpêtrière (1), il ne leur monte pas de honte au front de vant les engueulements et les gestes de risée que leur jettent les commères de la Halle : elles gardent pendant toute leur vie et en toute occasion la passivité irréfléchie, presque animale, de créatures sans personnalité, possédées par des instincts. On dirait qu'elles se savent uniquement mises au monde comme la fleur, pour sourire, embaumer et pourrir.

_____

(1) *Le Transport des filles de joye à l'hôpital,* par Jeaurat, gravé par Le Vasseur.

Le siècle lui-même n'encourageait-il pas à cette insouciance d'immoralité, à cette sereine inconscience, la débauche de la femme? L'indulgence n'était-elle point partout autour de la fille comme une complicité? Et n'y avait-il point pour elle dans les idées du temps une sorte de douceur tolérante, et presque une sympathie sociale? Il semble que le dix-huitième siècle respecte encore le sexe de la femme dans celles qui le déshonorent, et l'amour dans celles qui le vendent. Ici, nous touchons à des idées qui ne sont plus, et la difficulté est grande pour en retrouver l'accent et la mesure. L'historien marche aisément d'un fait à un autre sur le terrain des documents : les actes de l'humanité laissent, comme la vie civile de l'individu, des témoignages positifs, matériels; mais que l'historien veuille pénétrer jusqu'au caractère d'un siècle, qu'il tente d'interroger sur les choses d'un temps les sentiments du temps, qu'il essaye de retrouver, sur un point, l'intime conscience d'une société qui n'est plus, une disposition générale des âmes, ce qui devient un préjugé après avoir été une opinion, une tendance, une idée, il n'en saisira dans l'histoire qu'un vestige, un souvenir effacé, un peu moins que ce qu'un usage garde d'une tradition; lacune énorme, et que l'on sent à chaque pas fait en avant dans cette ancienne société où les mœurs, a-t-on dit si justement, remplaçaient les lois.

Pour retrouver la morale du dix-huitième siècle à l'égard des filles, il faut dépouiller notre morale

moderne, faire abstraction de tout ce que le dix-neuvième siècle a apporté aux mœurs générales de pudeur au moins apparente, et se replacer dans le
milieu et au point de vue d'une société galante. La
conscience publique d'alors mettait bien la fille hors
la loi ; mais elle ne la mettait pas hors l'humanité,
elle la mettait à peine hors la société. La dureté de
la police, qui chaque jour du reste s'adoucit dans le
siècle (1), la flétrissure de l'Hospice général étaient
la seule dureté et la seule flétrissure auxquelles la
fille était exposée : le monde n'y ajoutait ni l'injure,
ni même la honte. Il ne s'associait point à la répres-
sion de la prostitution ; il la tolérait sans la provo-
quer. Rien de plus rare dans tout le siècle qu'une
parole de colère, de malédiction, d'outrage contre la
femme de débauche presque toujours appelée par
euphémisme *fille du monde ;* le maréchal de Richelieu ne demandait-il pas pour elle des égards à la
galanterie française, en l'appelant « plus femme
qu'une autre » ? Son métier ne lui imprimait point
une tache originelle : le contact de l'impure ne
souillait point ; et le nom de la plus misérable maî-

(1) Il y a des plaintes très-vives dans ce temps sur ce qu'il ne restait
plus rien d'afflictif dans la peine, et que la police, par l'adoucissement
des punitions, semblait faire elle-même tout ce qu'il fallait pour ôter la
honte inséparable du châtiment ; on s'indignait de ce que les condamnées à l'hôpital, qui avaient autrefois la tête rasée, qui étaient habillées
d'une robe de serge, qui étaient logées dans la chambre commune, qui
étaient presque au pain et à l'eau, qui étaient assujetties à un travail
manuel ; trouvaient la plupart le moyen de s'exempter de la coupe des
cheveux, obtenaient des chambres particulières, se nourrissaient
comme elles voulaient, échappaient au travail forcé. (Représentations
au lieutenant général de police.)

tresse, souvent ramassée dans les boues de Paris, ne salissait point le grand nom du prince du sang ou du héros qui l'élevait jusqu'à lui. Une pitié presque caressante, voilà ce que rencontrait, dans toute sa vie et de tous côtés, la femme qui, aux yeux du temps, représentait le Plaisir, et à laquelle le Plaisir donnait comme une consécration. Et ce n'était pas seulement la société qui lui était douce; la religion même paraissait désarmée devant elle : un fond de miséricorde pour les Madeleines était dans le cœur du catholicisme d'alors qu'une rigueur, moins catholique que protestante, moins française que génevoise, n'avait point encore fait sévère aux égarements de la femme. La vertu même des plus honnêtes femmes avait pour ces malheureuses une commisération de charité et d'attendrissement. Une Manon était encore une femme pour elles ; et elles laissaient tomber leur intérêt et leurs larmes sur le roman de sa vie comme sur les misères de leur sexe. Et comment le pardon de la fille ne serait-il pas partout dans ce siècle où le scandale la porte en triomphe jusqu'au trône des maîtresses de roi ? Dans la majesté des fortunes de la corruption, dans le trouble que fait au fond des âmes la royauté du vice, quand une des femmes les plus pures du temps, Mme de Choiseul affirme « avoir de l'estime pour Mme de Pompadour » (1), quels principes restent debout, au milieu de la débauche de Versailles, pour condam-

(1) Correspondance inédite de Mme du Deffand, vol. I.

ner en leur nom et juger sans merci la débauche des rues?

Mais, mieux que les déductions et lesmots, un tableau va nous peindre ces sentiments, ces idées du temps sur la fille, et la fille elle-même. Voyez ces centaines de couples qui descendent de l'église du Prieuré de Saint-Martin des Champs, cette file de charrettes emplies d'une grosse gaieté, ce troupeau de filles, toutes ces têtes qui rient sous les fontanges, au milieu de mille rubans et de mille faveurs jonquille : quel bruit! quels éclats! c'est un passant que d'une charrette une voix appelle par son nom; c'est un petit collet auquel toutes les voix jettent des quolibets. Point de remords, point de souci dans toutes ces créatures : qu'elles sont loin de l'attitude de rêverie et de mélancolie que l'imagination de l'abbé Prévost donne au corps vaincu et désespéré de son héroïne sur la paille de la charrette qui va au Havre! Elles défilent ainsi, précédées de leurs hommes qui portent leurs couleurs, la cocarde jonquille au chapeau; ou bien, liées à celui qu'elles ont choisi pour mari, elles s'en vont deux à deux, accouplées, le pied léger, essayant de danser, lançant des drôleries qui font rire le public et les soldats aux gardes, usant largement de la liberté qu'on laisse à la dernière récréation des condamnés. Voilà l'allure et le spectacle d'une exécution de police au dix-huitième siècle : cela, c'est le départ des filles, mariées aux voleurs, pour le Mississipi. La Police elle-même sourit en les châtiant. Il y a une dernière miséricorde dans ce carnaval qu'on leur permet, dans cette mascarade d'une noce qui les étourdit sur l'exil. Les oripeaux cachent les chaînes, les rubans empêchent de sentir les cordes. Et puis on n'est pas seule ! C'est le départ de la Salpêtrière pour Cythère, parodie d'une fête galante de Watteau, dont Watteau laissera le souvenir dans son œuvre ; et n'était-ce pas lui qui devait dessiner dans ce siècle l'*Embarquement pour les Isles* (1) ?

(1) Journal manuscrit de la Régence. Bibliothèque impériale. S. F. 1886. Le manuscrit dit qu'en une seule fois on mariait, dans l'église du Prieuré de Saint-Martin-des-Champs, 180 filles avec autant de voleurs tirés des prisons.

VIII

LA BEAUTÉ ET LA MODE

Quel est au dix-huitième siècle cette forme matérielle de la femme, périssable et charmante, qui
paraît suivre les modes humaines et dont chaque
société semble renouveler le moule entre les mains
divines, image de l'âme de la femme qui est la figure
d'un temps : la beauté ?

Demandez à l'art, ce miroir magique où la Coquetterie du passé sourit encore ; visitez les musées, les
cabinets, les collections, promenez-vous dans ces
galeries où l'on croirait voir un salon d'un autre
siècle, rangé contre les murs, immobile, muet, et
regardant le présent qui passe ; étudiez les estampes,
parcourez ces cartons de gravures où, dans le vent
du papier qu'on feuillette, passe l'ombre de celles
qui ne sont plus ; allez de Nattier à Drouais, de
Latour à Roslin ; et que, dans ces mille portraits qui
rendent un corps à l'histoire, une personnalité phy-

sique à tant de personnages disparus, la femme du dix-huitième siècle vous apparaisse, qu'elle ressuscite pour vous, que vos yeux la retrouvent, et qu'elle leur soit présente, — trois types se dessineront, au bout de votre étude, comme exprimant et résumant les trois caractères généraux de la beauté du dix-huitième siècle et ses trois expressions morales.

Le premier de ces types sera la femme sortant du siècle de Louis XIV. Qu'on la prenne au hasard dans cet Olympe de princesses, avant-garde effrontée du siècle de Louis XV, s'avançant sur les nuages d'un triomphe mythologique, la patte du lion de Némée sur la gorge, ou l'aiguière d'Hébé à la main, c'est un front petit, étroit et bas, un front fier et court. La dureté du sourcil, épais et large, ajouté à la dureté de l'œil rond, grand, ouvert, presque fixe. Le regard, que les cils n'adoucissent pas, mêle une effronterie impérieuse à l'ardeur sourde du désir entêté. Le nez est léonin, la bouche forte et charnue; et le menton n'allonge point l'ovale ramassé qui s'élargit aux pommettes. Ce sont là les belles inhumaines du beau temps, beautés bien nourries, dont la santé allume les joues sous les plaques du rouge vif. Elles n'attirent point; elles fascinent par une certaine majesté d'impudeur, par des attraits de force, de volonté, de hardiesse. Une sérénité païenne les tient dans un repos superbe : on dirait que, repues, elles couvent encore l'amour. Leur air bovin fait songer à Junon et à Pasiphaé; et il y a dans ces bâtardes de la Fable et de la Régence je

ne sais quelle grâce antique alourdie qui appelle les
comparaisons d'Homère et de Virgile et les fait venir
naturellement à la bouche du temps, à la bouche du
Président Hénault appelant celle-ci « Vénus de l'Énéi-
de », appelant celle-là « Cléopâtre piquée par l'aspic ».

Ce type que le temps efface et qui disparaît presque avec les orgies du Palais-Royal, on le retrouve
plus tard dans le siècle ; mais alors il a perdu son
expression, sa dureté, sa grandeur : il est devenu
poupin, mignard, enfantin. Le rêve du peintre lui
donne le sourire, et, de ses traits, Boucher fait le
masque de ses amours. Puis un sculpteur à la fin du
siècle reprend encore le visage de la femme de la
Régence ; et, lui donnant la jeunesse, la légèreté, la
lascivité, tout en respectant ses lignes, tout en lui
laissant le front court et les yeux écartés, Clodion
fait de cette tête de bacchante au repos une tête de
nymphe folâtre et vive.

Mais déjà, au milieu des déités de la Régence, apparaît un type plus délicat, plus expressif. On voit
poindre une beauté toute différente des beautés du
Palais-Royal dans cette petite femme peinte en buste
par la Rosalba et exposée au Louvre. Figure charmante de finesse, de sveltesse et de gracilité ! Le
teint délicat rappelle la blancheur des porcelaines
de Saxe, les yeux noirs éclairent tout le visage ; le
nez est mince, la bouche petite, le cou s'effile et
s'allonge. Point d'appareil, point d'attributs d'Opéra :
rien qu'un bouquet au corsage, rien qu'une couronne de fleurs naturelles, effeuillée dans ses che-

veux aux boucles folles. C'est une nouvelle grâce qui
se révèle et qui semble, même avec ce petit singe
grimaçant qu'elle tient contre elle de ses doigts
fluets, annoncer les mines et les attraits chiffonnés
dont va raffoler le siècle. Peu à peu, la beauté de la
femme s'anime et se raffine. Elle n'est plus physique,
matérielle, brutale. Elle se dérobe à l'absolu de la
ligne ; elle sort, pour ainsi dire, du trait où elle était
enfermée ; elle s'échappe et rayonne dans un éclair.
Elle acquiert la légèreté, l'animation, la vie spirituelle que la pensée ou l'impression attribuent à
l'air du visage. Elle trouve l'âme et le charme de la
beauté moderne : la physionomie. La profondeur,
la réflexion, le sourire viennent au regard, et l'œil
parle. L'ironie chatouille les coins de la bouche et
perle, comme une touche de lumière, sur la lèvre
qu'elle entr'ouvre. L'esprit passe sur le visage, l'efface, et le transfigure : il y palpite, il y tressaille, il
y respire ; et, mettant en jeu toutes ces fibres invisibles qui le transforment par l'expression, l'assou-
plissant jusqu'à la manière, lui donnant les mille
nuances du caprice, le faisant passer par les modu-
lations les plus fines, lui attribuant toutes sortes de
délicatesses, l'esprit du dix-huitième siècle modèle
la figure de la femme sur le masque de la comédie
de Marivaux, si mobile, si nuancé, si délicat, et si
joliment animé par toutes les coquetteries du cœur,
de la grâce et du goût.

La mode façonne le visage de la femme ; la nature
elle-même semble le former à l'image du temps et

de la société. Le plaisir joue dans ses traits, la fièvre d'une vie mondaine brille dans son regard. Ses yeux deviennent, selon l'expression contemporaine, « des yeux armés » : ils ont du trait, du feu ; ils prennent ce que la langue du dix-huitième siècle appelle du *vif*, du *sémillant,* un *lumineux particulier* (1), une « poignance », dit un observateur anglais (2). C'est un visage toujours vivant, toujours éclairé, sans cesse traversé de ces lueurs d'un instant qui font comparer la figure de Mme de Rochefort à l'éveil d'un matin (3). Vivacité, mobilité, variété d'expression, on ne reconnaît plus que ces charmes de physionomie si délicatement décrits par Bachaumont dans le portrait de sa mère : « ... Si elle n'estoit point tout à fait une belle personne, sa gentillesse l'avoit approchée tout auprès. Un teint de brune clair, vif et net, les cheveux du plus beau noir, les plus beaux yeux du monde et qui d'ailleurs estoient tout ce qu'elle vouloit qu'ils fussent suivant les occasions. Un nez fin et noble au plus joly et dans lequel il se passoit certain petit jeu imperceptible qui animoit sa physionomie et indiquoit, ce semble, la finesse des mouvemens qui se passoient au dedans d'elle à mesure qu'elle parloit ou qu'elle écoutoit... (4). » Il y a là, dans ce croquis,

(1) Théâtre de Marivaux.

(2) Essai sur le caractère et les mœurs des François comparés à celles des Anglois. *A Londres,* 1776.

(3) Correspondance de Mme du Deffand avec d'Alembert, etc. *Paris,* 1809, vol. II.

(4) Portraits intimes du dix-huitième siècle, par Edmond et Jules de Goncourt.

une parfaite indication de l'agrément rêvé, recherché,
poursuivi par la femme du règne de Louis XV. La
beauté n'est pas l'envie de cette femme qui gesticule
au lieu d'agir, qui lorgne pour regarder, qui marche
en voltigeant. Elle ne craint rien tant que la majesté.
Des joies, des surprises, les changements d'impressions dont parle le prince de Ligne, « les cent mille
choses qui se passent dans la région supérieure de son
visage, » doivent l'empêcher d'être une beauté et lui
donner une figure *au-dessus du joli* (1). Tristesse et
joie, accablement et folie, le visage doit montrer, sur
le moment, toutes les humeurs, toutes les pensées,
le flux et le reflux d'inconstances valant à la femme
du temps l'appellation de femme « à giboulées, qui
grêle, qui éclaire, qui tonne, qui fait tous les temps (2). »
La grande victoire n'est plus de plaire ni de séduire : il
faut avant tout *piquer* par la mine, par une légère irrégularité des lignes, par la fraîcheur, l'enjouement, l'é-
tourderie, par tout ce qui sauve de l'admiration ou du
respect. Des petits yeux à la chinoise, un nez retroussé,
et tout à fait tourné « du côté de la friandise », un
minois de fantaisie, un air chiffonné, et même de la
maigreur (3), en un mot, « un visage de goût », voilà
le type qui règne, et qui répand, sur tous les visages,
je ne sais quelle mutinerie badine et coquine, quelle
jeunesse effrontée, quelle malice pareille à une perfi-

---

(1) Mélanges par le prince de Ligne, vol. XX.

(2) Lettres récréatives et morales sur les mœurs du temps, par Caraccioli. *Paris*, 1767.

(3) Les Bijoux indiscrets, vol. II. --- L'Ami des femmes, 1758.

die d'enfant (1); voilà cette grâce qu'on dirait crayonnée par Gravelot en marge des *Bijoux indiscrets*.

Pour animer encore ce visage, pour lui donner une vie factice, on a le rouge, dont le choix est une si grosse affaire (2). Car il ne s'agit pas seulement d'être peinte: le grand point est d'avoir un rouge « qui dise quelque chose (3) ». Il est encore nécessaire que le rouge annonce la personne qui le porte ; le rouge de la femme de qualité n'est pas le rouge de la femme de cour ; le rouge d'une bourgeoise n'est ni le rouge d'une femme de cour, ni le rouge d'une femme de qualité, ni le rouge d'une courtisane : il n'est qu'un soupçon de rouge, une nuance imperceptible (4). A Versailles au contraire les princesses le portent très-vif et très-haut en couleur, et elles exigent que le rouge des femmes présentées soit le jour de la présentation plus accentué qu'à l'ordinaire (5). Malgré tout, le rouge éclatant de la Régence, empourprant les portraits de Nattier, et dû sans doute au rouge de Portugal en tasse, va s'éteignant sous Louis XV, et ne se montre plus qu'aux joues des actrices, où il forme cette tache brutale que Boquet ne manque pas d'indiquer dans tous ses

(1) Mémoires de Tilly, vol. II.

(2) *Les Mille et une Folies* nous apprennent que les femmes mettaient un demi-rouge pour la nuit.

(3) Bibliothèque des Petits-Maîtres.

(4) Tableau de Paris, par Mercier, vol. IX.

(5) Correspondance inédite de Mme du Deffand. *Michel Lévy*, 1859, vol. 1. — Une lettre de Voltaire atteste toute la peine qu'eut Marie Leczinska lors de son arrivée en France à prendre l'habitude de cette enluminure. Une page de Bachaumont raconte toute la répugnance que l'usage du rouge vif de Versailles inspira à Mme de Provence. (Mémoires de la République des lettres, vol. V.)

dessins de costumes d'Opéra. Mais l'usage en est toujours universel, le débit énorme. C'est un objet d'une
consommation si grande qu'une compagnie offre en
juin 1780 cinq millions comptant pour obtenir le
privilége de vendre un rouge supérieur comme qualité à toutes les espèces de rouge connues jusqu'alors.
Et l'année suivante le chevalier d'Elbée, qui évaluait
à plus de deux millions de pots la vente annuelle, demandait qu'un impôt de vingt-cinq sols fût levé sur
chaque pot pour former des pensions en faveur des
femmes et des veuves pauvres d'officiers (1). Il y eut
dans le siècle des tentatives pour varier le rouge.
Paris s'entretint pendant huit jours tout au moins
d'un fard lilas qui avait fait son apparition au jardin
du Palais-Royal (2). Puis vint un nouveau rouge qui
dura plus, qui conquit la vogue et la garda : ce fut
le *serkis*, un rouge qui avait la couleur des autres ;
mais l'inventeur le disait adouci et rendu sans danger
par l'introduction de ce serkis dont le koran fait la
nourriture des houris célestes, et qui dans le sérail
rend à la peau des sultanes le velouté de la jeunesse (3).
Et au serkis succédait le rouge, le fameux rouge de
Mme Martin.

---

(1) Dans sa brochure, le chevalier d'Elbée disait qu'un marchand de
rouge de la rue Saint-Honoré, nommé Montclar, lui avait déclaré fournir au sieur Dugazon trois douzaines de pots de rouge par an, six douzaines à sa femme, autant à Mlle Bellioni, autant à Mme Trial. « Voilà
entre un acteur et trois actrices seulement deux cent cinquante-deux
pots chaque année ; encore est-ce six francs le pot..... »

(2) Bibliothèque des Petits-Maîtres.

(3) Abrégé du *Journal de Paris*, vol. I. — Magasin des modes nouvelles, françoises et angloises, 1787.

Le rouge choisi, posé, gradué, la toilette du visage n'était qu'à moitié faite : il restait à lui donner l'esprit, le piquant. Il restait à disposer, à arranger, à semer comme au hasard, avec une fantaisie provocante, tous ces petits morceaux de toile gommée appelés par les poëtes « des mouches dans du lait » : les *mouches*. C'était le dernier mot de la toilette de chercher, de trouver la place à ces grains de beauté d'application, taillés en cœur, en lune, en comète, en croissant, en étoile, en navette. Et quelle attention à jeter joliment ces amorces d'amour, sorties de chez le fameux Dulac de la rue Saint-Honoré, la *badine*, la *baiseuse*, l'*équivoque* (1) ; à poser, selon les règles, l'*assassine* au coin de l'œil, la *majestueuse* sur le front, l'*enjouée* dans le pli que fait le rire, la *galante* au milieu de la joue, et la *coquette*, appelée aussi *précieuse* et *friponne* auprès des lèvres ! La mode alla plus loin : un moment, les femmes portèrent à la tempe droite des mouches de velours de la grandeur d'un petit emplâtre. Et l'on vit même un jour sur la tempe de la jolie madame Cazes cette singulière mouche entourée de diamants (2).

Vers la fin du siècle, la mode change absolument. Le charme de la femme n'est plus dans les grâces piquantes, mais dans les grâces touchantes. Emportée par le grand retour du règne de Louis XVI vers la sensibilité, la femme rêve un nouvel idéal de sa beauté dont elle compose les traits d'après les livres

(1) Bibliothèque des Petits-Maîtres. — La Toilette de Vénus, 1771
(2) Souvenirs de Félicie.

et les tableaux, d'après les types des peintres et les
héroïnes des romanciers. Elle cherche à remplacer
sur sa figure l'expression de l'esprit par l'expression
du cœur, le sourire qui vient de la pensée par le
sourire qui vient de l'âme. Elle vise à l'ingénuité, à
la candeur, à l'air attendrissant. Elle demande des
coquetteries qu'elle croit naïves à la jeune fille de la
Cruche cassée. Elle apaise et adoucit sa physionomie;
elle la fait tendre, languissante ; elle la voudrait
presque mourante et rappelant l'agonie de Julie. Ce
qu'elle travaille à se donner, c'est le regard noyé
des figures de Greuze, le regard « lent et traînant »
que Mirabeau adorait dans sa maîtresse. Son ambition n'est plus de séduire, mais de laisser une
émotion ; sa coquetterie se voile de faiblesse et d'une
sorte de pudeur défaillante qu'on pourrait appeler
l'innocence de la volupté.

La beauté brune, qui était parvenue après bien des
efforts à se faire accepter, retombe alors dans un discrédit absolu. Les yeux bleus, les cheveux blonds
sont seuls à plaire ; et, dans ce grand élan d'amour
pour la couleur blonde, la mode va jusqu'à réhabi-
liter la couleur rousse, une couleur qui jusque-là
déshonorait en France (1), et qui avait valu au Dauphin,
père de Louis XVI, tant de taquineries et de plaisanteries de sa sœur Mme Adélaïde sur sa femme, la
princesse de Saxe qu'il attendait (2). Les rousses
l'emportaient même un moment sur les blondes ; et

(1) Mémoires de d'Argenson, vol. II.
(2) Mémoires du maréchal de Richelieu, vol. VIII.

l'on voyait la vogue de cette poudre qui donnait une nuance ardente aux cheveux (1).

C'est une entière révolution du goût. Il n'est plus d'hommages, plus de succès que pour le genre de beauté proscrit sous Louis XV, pour les *figures à sentiment* (2). Cette beauté, la femme la veut à tout prix. Elle se fait saigner comme Mme d'Esparbès pour y atteindre par la pâleur et l'alanguissement (3). Elle la cherche dans ces coiffures avancées et légères, enveloppant son visage d'une demi-ombre, mettant autour de ses traits la douceur d'un nuage, sur son t   la transparence d'un reflet (4). Et elle ne cesse de la poursuivre dans cette mode nouvelle, une mode à la fois virginale et villageoise, qui la caresse tout entière de linons et de gazes, la pare de simplicité, la voile de blancheur,

La mode suit à peu près dans ce siècle les transformations de la physionomie de la femme. Elle accompagne la beauté, elle se plie à ses changements, elle s'accommode à ses goûts, elle lui donne l'accomplissement des choses qui l'encadrent, des étoffes qui lui conviennent, des arrangements, de la couleur, du dessin, de toutes les imaginations, et de toutes les coquetteries appropriées qui mettent autour du

(1) Tableau de Paris, par Mercier, vol. VII. Voir dans le *Diable au corps* une curieuse exaltation de la femme rousse.

(2) Ah! Quel conte!

(3) Mémoires de Mme de Genlis, vol. I.

(4) Les Chiffons, ou Mélanges de raison et de folie, par Mlle Javotte. Premier paquet. *Paris,* 1787.

type de la femme une sorte de style dans le caractère de sa parure et de son habillement.

Au sortir du règne de Louis XIV, la femme semble
prendre ses habits et ses voiles, le patron de sa toilette de bal et de triomphe, au vestiaire des Immortelles, dans l'Olympe d'Ovide. L'Allégorie tient les
ciseaux qui taillent ses robes. Les couleurs que la
femme porte sont les couleurs d'un élément: l'Eau,
l'Air, la Terre, le Feu, qu'elle représente, dessinent
son costume, dénouent son corsage, lui posent au
front l'étoile d'un diamant, lui nouent à la ceinture
une couronne de fleurs, lui jettent au corps la chemise aérienne de Diane. Habits superbes et célestes
qui donnent aux femmes un air de déités volantes,
et les sortent d'une nuée, la gorge effrontée et nue,
la main tendant à l'aigle de Jupiter une coupe de
nacre et d'or! Ce n'est que gaze, or et brocart; ce
n'est que soie modelée par le corps seul, obéissant
au vent qui lutine ses plis libres. La Beauté flotte
dans le manteau léger, impudique et resplendissant
de la Fable. Elle sourit dans ces toilettes de nymphes
assises près des sources, et dont la jupe de satin blanc
couleur d'eau imite les méandres de l'onde. Négligés
mythologiques, carnaval païen de la Régence s'habillant pour les fêtes antiques, pour les Lupercales
données par Mme de Tencin au Régent!

En descendant du nuage et de cette mode, la
femme prend l'habillement usuel du dix-huitième
siècle : la grande robe venue des tableaux de Watteau,
et reparaissant en 1725 dans les «Figures françoises

de modes » dessinées par Octavien (1), la grande robe partant du dos, presque de la nuque, où elle fronce comme un manteau d'abbé, du reste libre dans son ampleur, presque sans forme, flottant comme une large robe de chambre (2) ou comme un domino étoffé qui laisserait échapper les bras nus d'*engageantes* de dentelles. Voyez les Iris et les Philis du peintre de Troy : elles sont toutes vêtues de ce costume du matin qui se garnit de boutons et de boutonnières en diamants, aussitôt que sont retiréesles ordonnances sur les pierreries du 4 février et du 4 juillet 1720 (3). Sur la tête, elles n'ont qu'un petit bonnet de dentelle aux barbes retroussées dans la coiffe, pliées en triangle, avançant en pointe sur une coiffure basse à petites boucles toutes frisées ; ou bien elles portent le *coqueluchon*, qui sera plus tard la *Thérèse*. Au cou, elles ont une collerette à grands plis tombants, ou bien un fichu qui joue sur la peau, ou encore un fil de perles. Puis, de la gorge jusqu'au bout des mules à fleurettes relevant de la pointe et sans talons, la grande robe enveloppe et cache tout le corps de la

---

(1) Paris. *Surugue*, 1725.

(2) « A présent la commodité paraît être le seul but que les dames parisiennes ont en s'habillant : on ne voit guères dans les promenades publiques celles qui sont d'un rang un peu distingué qu'en corset et en pantoufles ; elles portent toutes sur elles, comme des arlequins, un air de bonne fortune prochaine... Paris est devenu, contre la nature du terroir, fécond en tailles épaisses et massives, aussi bien qu'en gorges grosses et pendantes. Il ne faut pas s'en étonner ; le déshabillé, qui est la parure ordinaire de ces dames, donne à leurs membres toute la liberté remarquable de s'étendre et de grossir. » *La Bagatelle*, 11 juillet 1718.

(3) Les Maîtresses du Régent, par M. de Lescure. *Dentu*, 1860.

femme dans les flots de l'étoffe ; au corsage seulement, elle laisse voir, en s'entr'ouvrant, les nœuds de rubans du corset disposés souvent en échelle au-dessous du *parfait contentement*. La femme ne semble pas tenir à cette robe immense, si lâche, et qui va en s'évasant si largement autour d'elle. Et elle a trouvé le secret d'être voilée sans être habillée dans ce costume sans adhérence, débordant à droite et à gauche, roulant sur les lignes du corps ainsi qu'une onde, détaché de ses membres et cependant suivant ses mouvements à peu près comme la mule avec laquelle joue le bout de son pied.

Cette toilette, avec son incroyable déploiement de jupe, représente le *panier* dans l'ampleur, la grandeur, l'énormité de son développement. Le panier, que les princesses du sang vont bientôt porter si large qu'il leur faudra un tabouret vide à côté d'elles (1), le panier commence à grandir sur le modèle des paniers de deux dames anglaises venues en France en 1714 ; et chaque année, il est devenu plus usité, plus exagéré, plus extravagant. Il s'est étoffé de façon à couvrir les grossesses de la Régence : il s'est répandu par toute la France, comme un masque de débauche, pendant ces jours de folie. Une caricature de 1719 nous montre une foire de boutiques et d'étalages de paniers que marchandent et se disputent des bourgeoises trompant leurs maris pour en acheter, des cuisinières « ferrant la mule » pour en avoir un, des mon-

---

(1) Journal historique de Barbier. vol. I.

treuses de marmottes, et même des vieilles dont, le
pas traînant s'aide d'une béquille (1) ; car c'est une
fureur dont l'âge ne préserve pas, et qui atteint dans
ce siècle jusqu'aux centenaires : le journal de Verdun
du mois d'octobre 1737 n'annonce-t-il pas que Louise
de Bussy, âgée de cent onze ans, est morte d'une
chute faite en voulant essayer un panier ? Après la
caricature viennent les satires, les chansons, les
canards, « la Poule Dinde en falbala » et la « Mie
Margot » qui compare l'élégante, avec sa tête très-
tignonnée, son corps fluet, sa carrure, à un oranger
en caisse ; et ce refrain court les rues :

> Là, là, chantons la pretintaille en falbalas,
>   Elles tapent leurs cheveux ;
>   L'échelle à l'estomac,
>   Dans le pied une petite mule
>   Qui ne tient pas,
>   Habit plus d'étoffe
>   Qu'à six carrosses
>   Pretintailles (2)

Après les chansons, arrive la comédie ; et dans les
Paniers de la vieille précieuse (1724), l'on entend Arlequin costumé en marchande de vertugadins et de

---

(1) Cabinet des Estampes, Histoire de France, vol. 53. Marché aux
paniers et cerceaux rétably par arrest de Vénus en faveur des filles et
des femmes, rendu en 1719.

(2) Bibliothèque de l'Arsenal. *Manuscrits, B. L. F. 77 bis.* — Une ca-
lotine du temps, *Ordonnance burlesque de la reyne des modes au sujet des
paniers et cerceaux, et vertugadins et autres ajustements des femmes,* s'élevant contre l'usage pernicieux des dames de courir les rues et promenades publiques en robe détroussée, la gorge et les épaules découver-
tes, voulait et ordonnait que le collet monté de Quentin, l'Agrafe,

paniers crier : « J'ay des bannes, des cerceaux, des
paniers, des vollans, des criardes, des matelas piqués,
des sacrissins. J'en ay de solides qui ne peuvent se lever
pour les prudes, de plians pour les galantes, de mixtes
pour les personnes du tiers état... J'en ay, grâce à
Dieu, de toutes les espèces, à l'angloise, à la françoise,
à l'espagnole, à l'italienne... J'en fais en cerceaux de
porteur d'eau pour les tailles rondelettes, en bannes
pour les minces, en lanternes pour les Vénus... »
Mais la mode était sourde à toutes ces railleries. Elle
résistait même aux condamnations de l'Église mettant
dans la bouche de ses prédicateurs et de ses docteurs
des anathèmes à la Menot, appelant les porteuses de
paniers « guenuches » et « huissiers de diable ». Et
les curés de paroisse avaient beau, du haut de la
chaire, représenter aux femmes, non-seulement tout
le scandale, mais encore tout le ridicule de leur costume, les comparer à des porteuses d'eau ayant deux

le Lacet, la Fraise, les anciens vertugadins, les souliers à la Pontlevis,
les Steinkerques fussent rétablis dans leur forme, usages de modes et
façons à peine de 3,000 livres d'amende. Une ordonnance faite au *Palais du plaisir*, le 16 octobre 1719, signé de Vénus, attaquant l'ordonnance burlesque, voulait et ordonnait que les femmes et les filles con-
tinuassent à courir les rues et les promenades publiques en robe
détroussée et portant paniers, cerceaux, criardes. Un petit écrit prenait plus sérieusement la défense des prétintailles, des falbalas, des
paniers si rudement maltraités; il attaquait les modes masculines, les
culottes des hommes en fourreau de pistolet, les casaques de laquais,
faites en houppelandes avec le grand collet pendant, dont les hommes
du temps se paraient, les chapeaux pliés en oublies, les perruques en
toupet avec quatre cheveux par devant. Il terminait en disant qu'avec
la nouvelle mode, les femmes étaient habillées en peu de temps sans
secours, et habillées pour ainsi dire en déshabillé (Apologie ou la Défense des paniers. *A Paris, de l'imprimerie de Valeyre*, 1727).

seaux sous leurs jupes, ou à des tambourineuses cachant un tambour de chaque côté d'elles, les femmes continuaient à fréquenter les églises, à revenir aux sermons en tenant leurs paniers à deux mains, et en laissant voir un cercle de bois sous leur jupe « arrogante et fastueuse (1) ». Convaincues que cet arrangement donnait à leur taille l'élégance et la majesté, à toute leur personne un air de rondeur opulente, elles couraient à toutes les inventions de paniers que mettait au jour l'imagination des faiseurs et des faiseuses. Et que de formes, que de façons de paniers ! Il y en avait en *gondole :* c'étaient ceux-là qui faisaient ressembler les femmes à des porteuses d'eau ; d'autres, n'étant pas plus larges en bas qu'en haut, donnaient l'apparence d'un tonneau. Il y en avait qu'on appelait *cadets,* parce qu'ils n'avaient pas la grandeur légitime : ils descendaient de deux doigts seulement au-dessous du genou. Les paniers à *bourrelets* avaient au contraire au bas un gros bourrelet qui évasait la jupe. Aux paniers à *guéridon,* on préférait d'ordinaire les paniers à *coudes,* paniers plus larges par le haut, formant mieux l'ovale, et sur lesquels les coudes pouvaient se reposer : ces paniers avaient cinq rangs de cercles, dont le premier s'appelait le *traquenard* (2), c'est-à-dire trois rangs de moins que les paniers à l'anglaise. Pour les *cri-*

---

(1) Discours sur les femmes, par Achille de Barbantane. *Avignon,* 1754. — Entretien d'une dame de qualité avec son directeur sur les paniers

(2) Satire sur les cerceaux, paniers, criardes et manteaux volants des femmes et sur les autres ajustements. *Paris, Thiboust,* 1827.

ardes, ainsi nommées du bruit de leur toile gommée, elles n'étaient portées que par les actrices sur le théâtre et les dames du plus grand air. D'ailleurs, elles disparaissent bientôt dans la mode définitive du panier appelé proprement *panier* à cause de sa ressemblance avec l'espèce de cage où l'on met la volaille. Au milieu du siècle, le panier était fait d'une jupe de toile sur laquelle on appliquait des cercles de baleine (1).

Cependant la caricature continue sa guerre à coups de crayon contre « les troussures équivoques ». En 1735, elle dessine la *distribution des paniers à la mode par ma mie Margot aux environs de la ville de Paris* (2), où se voient des paniers de trois aunes. Mais la pauvre gravure n'a pas grand succès. Elle tire si peu qu'avec quelques changements et la rajoute d'une couronne sur la tête de ma mie Margot, elle reparaît en 1736 comme une figuration allégorique de la réunion de la Lorraine à la France. Le temps devait mieux que la caricature ruiner la mode des paniers. En 1750, on ne voyait plus guère que des *jansénistes* (3), c'est ainsi qu'on appelait les demi-paniers. Une dizaine d'années après, un faiseur honoré de la clientèle de la plupart des grandes dames de la cour, l'homme qui avait inventé des robes ornées de fleurs artificielles dont chacune avait l'odeur d'une fleur naturelle, le sieur Pamard

---

(1) Petite Bibliothèque amusante. *Londres,* 1781. Deuxième partie.

(2) Cabinet des Estampes, Histoire de France, vol. LVIII.

(3) Histoire générale du Pont-Neuf en six volumes in-fol. *Londres,* 1750.

portait le dernier coup aux paniers par la création des *considérations* soutenant gracieusement la robe, sans le secours d'un certain nombre de jupons ou d'un panier (1) ; et les *considérations* faisaient disparaître les *jansénistes,* uniquement réservés aux cérémonies de la cour.

Les *jansénistes !* la Mode du temps a l'habitude de ces appellations singulières, échos moqueurs des passions d'un temps. Événements et scandales, toutes les grandes et petites choses qui firent battre le cœur ou sourire l'ironie de la France, ont comme une trace de leur bruit, comme une lueur d'immortalité, dans ces riens légers et volants, un ruban, un bonnet, une coiffure, baptisés avec un nom fameux ou ridicule, avec une victoire ou un désastre, avec une joie publique ou une vengeance nationale, avec un mot, un sentiment, une idée, un engouement, l'occupation ou le jouet de l'imagination d'un peuple. Les couleurs de l'Histoire portées par la Folie, voilà la mode, voilà cette mode par excellence : la mode du dix-huitième siècle.

Dès le commencement du siècle, la mode touche à l'intérêt du moment. A la suite du procès du père Girard, paraissent les rubans *à la Cadière,* dont il existe trois échantillons dans les portefeuilles de la Bibliothèque impériale : dans l'un on voit la Cadière donnant un petit coup sur la joue du Révérend ; un

(1) La Feuille nécessaire. 3 septembre 1759

autre montre la Cadière et le père Girard en buste,
séparés par une pensée. Et des éventails succèdent
aux rubans. De l'incendie qui avait brûlé trente-deux
rues à Rennes en 1721, il était sorti des bijoux et des
parures de femmes, faits des pierres calcinées et des
vitrifications du feu (1). Quand vient Law et son système, on invente les galons « du système ». Un terme,
le terme « d'allure » court-il tout à coup de bouche
en bouche, en 1730 ? vite, ce sont des éventails et
des rubans *à l'allure,* si goûtés qu'on les porte même
pendant le deuil pris à la cour pour la mort du roi
de Sardaigne. Le passage du Rhin effectué par le maréchal de Berwick et les troupes du Roi, le 4 mai 1734,
est célébré par les taffetas du *passage du Rhin,* ondés
comme l'eau d'un fleuve, et par les rubans du *passage
du Rhin,* qui font voir, dessiné grossièrement et
comme tatoué sur la soie, un mousquetaire blanc ou
bleu de ciel entre une tente blanche et une tente
couleur rubis ou émeraude.

Sur le goût de la reine Marie Leczinska pour le jeu
du quadrille, il naît des rubans nommés *quadrille de
la reine.* En 1742, l'apparition d'une comète amène
toute une mode *à la comète.* Quelques années après,
la venue d'un rhinocéros en France met toute la mode
au rhinocéros (2). Et que de modes disparues, em-
portées par le caprice qui les avait apportées, ab-

(1) Histoire de la régence, par Lemontey. — Mémoires de Saint-Simon, vol. XVIII.

(2) *Le Rhinocéros,* poëme en prose divisé en six chants, 1750, di
l'affluence du public emplissant le parquet, l'enceinte, les balustrades
de tout ce que Paris avait d'aimable. Il fait l'énumération des *berlingots*

sorbées par une de ces grandes modes générales, une de ces modes à *la Pompadour* qui embrassent toutes les fanfioles de la toilette, et dont on peut voir l'étendue et l'universalité dans la brochure publiée à la Haye sous ce titre : *La Vie à la Pompadour, ou la quintessence de la mode, revue par un véritable Hollandois!* Fontenoy fait naître des cocardes, Lawfeld des chapeaux (1). On voit des bonnets à la Crevelt, des rubans à la Zondorf et des éventails à la Hokirchen (2). Les querelles du Parlement font naître le *parlement,* espèce de fichu en taffetas avec capuce (3). Vers 1750, l'abandon par l'architecture du style rocaille pour le style grec, la construction du Garde-Meuble amène cette première furie du goût antique qui met à *la grecque* les toilettes et les coiffures de la femme ; grande mode, que raille Carmontelle avec ses projets d'habillements d'hommes et de femmes uniquement composés d'ornements de cinq ordres grecs employés dans la décoration des édifices (4). En 1768, la débâcle de la Seine fait paraître chez les modistes les bonnets à *la débâcle.* Linguet est-il rayé du tableau des avocats ? On ne vend plus que des

de coquettes, des *carrosses-coupés,* des voluptueux *vis-à-vis,* des *remises* de provinciales, des *demi-fortunes de messieurs,* des *soupirs* assiégeant la porte de la baraque.

(1) L'Europe française, par Caraccioli. *Paris,* 1778.

(2) Le Livre à la mode.

(3) Galerie des modes et Costumes françois dessinés d'après nature et coloriés avec le plus grand soin par Mme Le Beau. *A Paris, chez les sieurs Esnauts et Rapilly, rue Saint-Jacques, à la ville de Coutances, avec privilége du Roi.*

(4) Correspondance de Grimm, vol. III.

étoffes, des rubans *rayés* (1). Que dans un Mémoire Beaumarchais immortalise la silhouette de Marin, la mode invente aussitôt le *quesaco* que Mme du Barry est presque la première à porter. Qu'à l'avénement de Louis XVI l'espérance du peuple salue la résurrection d'Henri IV, les tailleurs et les couturières cherchent à remettre en honneur le costume à la Henri IV. En mai 1775, les troubles venus à la suite de la cherté et de la disette du blé font imaginer les bonnets à *la révolte* (2). En novembre 1781, la naissance du Dauphin met en vogue la nuance *caca Dauphin*, et change en Dauphins les Jeannettes que tontes les femmes portaient au cou (3). Le ministère de Turgot répand, dans le monde des femmes qui prennent du tabac, les tabatières à *la Turgot* qu'on appelle *platitudes*. Le ministère ballotté de Monteynard inspire l'idée des écrans à *la Monteynard*, établis sur une base mobile mais plombée, et se relevant d'eux-mêmes (4). Plus tard, un bonnet sans fond est un bonnet à *la caisse d'escompte*, un bonnet envolé est un bonnet à la Montgolfier. Bientôt, sur l'éventail porté par les dévotes elles-mêmes, Figaro va paraître à côté de la chanson des ballons (5). Et ce siècle, qui commence par les rubans à la Cadière,

---

(1) Correspondance littéraire de la Harpe, vol. I.

(2) Correspondance secrète, vol. I.

(3) Mémoires de la République des lettres, vol. XVIII.

(4) *Id.*, vol. XXVII.

(5) Les Entretiens du Palais-Royal, 1786. Deuxième partie. — La vogue de la chanson de Malborough avait fait naître des rubans, des coiffures, des chapeaux à la Malborough.

finira par les rubans *à la Cagliostro* où l'on verra des pyramides sur fond rose (1).

Nous avons laissé la mode à de Troy; reprenons-la à Lancret : nous la retrouverons dans les deux belles pièces gravées d'après lui par Dupuis, le *Glorieux* et le *Philosophe marié*. La coiffure est toujours une coiffure basse sur laquelle est jeté, avec quelques fleurs, un petit bonnet de dentelle s'envolant de chaque côté et pointant sur le front. La femme porte au cou trois rangs de perles d'où pend une grosse perle, et d'où descend en rivière le collier glissant entre deux seins et faisant sur le corsage deux ou trois nœuds lâches. Le corsage s'ouvre sur un *corps* garni d'une échelle de rubans. Au côté gauche, la femme porte un de ces énormes bouquets, un de *ces fagots de fleurs* qui montent au-dessus de l'épaule. Des manchettes d'Angletere à trois rangs avancent sur ses bras, sur ses gants qui vont jusqu'aux coudes. Sa robe fermée, tombant à plis larges, solides et superbes, est chargée, ornementée, agrémentée de dessins en chenille et en plumetis relevés de gros nœuds. Parfois, elle est faite d'une de ces étoffes que montrent à Versailles les portraits de Marie Leczinska, d'un de ces brocarts de pourpre et d'or (2) qui mettent au corsage de la femme les rayons d'une cuirasse et sèment sur sa

---

(1) Le Cabinet des modes, 1786.
(2) On alla jusqu'à faire des robes d'étoffe d'or sans couture que Marie Leczinska refusa à cause de la cherté du prix. (Revue rétrospective, vol. V).

jupe les pivoines et les coquelicots épanouis, les
soleils en feu, les grappes de raisin, comme une
orfévrerie de fleurs, de fruits, de feuilles, de bran-
chages, de torsades et de ramages, versée sur un
tapis de soie. Souvent aussi sa robe est de ce joli
satin gris de lin et or dont Nattier aime à habiller
ses modèles et l'auteur d'*Angola* ses héroïnes ; ou
bien ce sera un brocart bleu rayé argent avec un
corset de même couleur, un jupon de satin blanc à
dentelle et franges d'argent, une jupe pareille à la
robe avec dentelle d'Espagne et *campagne* d'argent :
et la jupe en se relevant laissera voir un bas de soie
noire avec un fil d'argent sur les côtés et le derrière, un soulier de maroquin noir avec une tresse
d'argent et une boucle de diamants. Une coquetterie
fastueuse ; un étalage de richesse, une majesté de
magnificence, un ensemble de raideur, de grandeur
et de splendeur, tels sont les caractères de cette toilette parée de la femme, le *grand habit* de la Française du dix-huitième siècle, qui, malgré toutes les
innovations de détails et d'ornementation, conserve
un aspect et des lignes consacrés, se règle sur un
patron d'étiquette, et garde jusqu'au dernier jour de
la monarchie une forme traditionnelle, presque
hiératique. Un recueil de modes va nous en donner le dessin, l'exemple et le type.

Dans l'habillement appelé proprement le *grand
habit à la françoise*, la robe décolletée et busquée,
plissée par derrière, sans aucun pli par devant, faisait paraître le corps isolé et comme au centre d'une

vaste draperie représentée par la jupe. La robe, qui n'était plus la robe fermée et d'une seule pièce, s'ouvrait en triangle sur une sorte de robe de dessous, en évasant de chaque côté du triangle une large bande appelée *parement*, toute bouillonnée, coupée par des barrières, enjolivée de glands et de bouquets de fleurs. Le *falbala*, c'est-à-dire le triangle formé par la robe de dessous laissée à jour, était coupé par des barrières en croissant; un bouquet, tenu en arrêt par un gland flottant, faisait son milieu. Les manches courtes de la robe avaient des manchettes à trois rangs. Du dos, une collerette ou *médicis* de blonde noire s'élevait et en enveloppait la nuque. L'arrangement de la tête répondait à cette toilette imposante, théâtrale et royale tout à la fois : la femme était coiffée *à la physionomie élevée*, avec quatre boucles détachées, et le *confident* abattu devant l'oreille gauche (1); elle avait des perles aux oreilles et un rang de perles mis en bandeau se balançait sur ses cheveux.

Que d'inventions pourtant dans ce cadre invariable! Que de fantaisies, que de recherches de goût, quel génie de luxe variant sans cesse cette toilette réglée et fixée, ajoutant encore à son faste! C'étaient des robes de satin blanc broché, cannelé et rayé, couvertes de rosettes lamées or et chenille; des robes lamées d'argent et semées de fleurs,

---

(1) On appelait *physionomie* et *coque* la partie de la coiffure qui s'élevait du front; *confident*, la boucle lâche qui descendait et venait se dénouer sur le cou.

ornées de bouquets de plumes lilas et argent; des
robes aux guirlandes de roses brodées en nœuds de
paillons roses, et pailletées d'or et d'argent; des
robes au fond d'argent rayé de grosses lames d'or,
rebrodé et frisé d'or avec des guirlandes d'œillets et
des paillettes d'or nué; des robes de satin mosaïque,
pailletées d'argent, rayées et guillochées d'or avec
des guirlandes de myrte. C'étaient des robes où la
mode un moment mettait en garniture la dépouille
de quatre mille geais, des robes où Davaux faisait
courir des broderies resplendissantes, où Pagelle, le
modiste des *Traits galants*, jetait les blondes d'argent, les barrières de chicorée relevées et repincées
avec du jasmin, les petits bouquets attachés avec
des petits nœuds dans le creux des festons, et les
bracelets et les pompons (1), et tous les prodigieux
enjolivements qui faisaient monter une robe au prix
de 10,500 livres, qui en faisaient payer une à Mme de
Matignon 600 livres de rentes viagères à sa couturière (2)! — moins cher peut-être que la duchesse
de Choiseul ne payait celle qu'elle se faisait faire
pour le mariage de Lauzun : une robe de satin
bleu, garnie en martre, couverte d'or, couverte de
diamants, et dont chaque diamant brillait sur une
étoile d'argent entourée d'une paillette d'or (3).

Cependant cette mode de parade, de magnificence,

---

(1) Les Maîtresses de Louis XV, par Edmond et Jules de Goncourt
(*sous-presse*).

(2) Mémoires de la République des lettres, vol. XX.

(3) Lettres d'Horace Walpole, *Janet,* 1818.

d'éclat, imposée par l'étiquette aux femmes de la
cour, ne se soutient que par la tradition. Elle lutte,
depuis le commencement jusqu'à la fin du siècle,
contre une mode contraire qui chaque jour gagne
du terrain. L'imagination de parure, le véritable
goût de la femme est tourné, pendant tout ce temps
qui recherche les habillements de toile peinte (1),
vers la coquetterie du déshabillé, vers le charme du
négligé. Son ambition, son rêve, son effort, est de
paraître avant tout une femme à son lever. Il lui
semble qu'à cela elle aura plus de profit; et elle se
décide à revenir aux grâces naturelles par mille
petites raisons d'une finesse si ténue et d'une rouerie
si savante que Marivaux seul a pu les pénétrer et les
démêler. Avec le négligé, elle sera moins belle,
mais plus dangereuse. Elle sera, selon l'expression
du temps, moins précieuse, mais plus touchante.
Elle plaira sans secours étranger, par elle-même,
ou du moins par ce qui la déguise le moins. Elle
pourra dire : Me voilà telle que la nature m'a faite.
Ce qu'elle laissera voir comme par négligence, par
mégarde, aura le charme irritant d'une copie modeste et voilée de l'original; et le voile qu'elle gar-

(1) Il semble que cette mode des toiles peintes est encore excitée,
irritée, avivée par la sévérité de ses arrêts prohibitifs, par les lois de
protection en faveur des manufactures de laine et de soie, par la rigueur des ordres donnés aux commis et gardes de barrière d'arracher
ces toiles sur le dos des femmes, par les amendes atteignant les comédiennes qui en portent sur le théâtre; et c'est un goût général, protégé
par la cour, autorisé par l'exemple de Mᵐᵉ de Pompadour, qui n'aura
pas dans son château de Bellevue un seul meuble qui ne soit de contre-
bande. (Correspondance de Grimm, vol. XVI.)

dera sera si léger, si transparent, qu'il ne sera
presque pas un obstacle pour l'imagination de
l'homme (1).

Que l'on suive en dehors de ses formes de représentation et de convention le costume féminin dans
le dix-huitième siècle : ce costume tend au négligé
dès les premières années du règne de Louis XV.
La femme cherche la liberté, l'aisance, le piquant et
le provoquant du déshabillé, qu'elle n'ose encore
afficher, dans la mode intime de l'intérieur et de la
chambre. Vous la trouvez chez elle dans un manteau de mousseline collant sur un corset décolleté,
dans un jupon court dont les falbalas découvrent
le bas de la jambe. Un *désespoir* couleur de rose,
noué coquettement sous son menton, remonte en
fanchon sur son charmant *battant l'œil* (2). Ou bien,
coiffée d'un bonnet rond du plus beau point du
monde, monté avec des rubans couleur de rose, elle
laisse voir, sous un manteau de lit de la plus fine
étoffe, un corset garni sur le devant et sur toutes
les coutures d'une dentelle frisée, mêlée d'espace en
espace de touffes de *soucis d'hanneton* (3) aux couleurs des rubans de son bonnet, aux couleurs des

(1) Œuvres de Marivaux, *passim.*
(2) Le Grelot.
(3) Les *soucis d'hanneton* faisaient presque naître le corps des *agrimi-
nistes*, appelés d'abord modestement découpeurs, et qui par la vogue
qu'obtenait ce travail de passementerie, par les inventions, les perfec-
tionnements que la mode générale lui imposait, arrivaient à occuper un
grand nombre d'ouvriers, d'ouvrières des faubourgs Saint-Denis et
Saint-Martin. Outre la chenille, le cordonnet, la milanèse, l'argent, les
perles, ils fabriquaient des aigrettes, des pompons, des bouquets de

nœuds de ses manchettes, couleur de rose comme toute sa toilette, comme les garnitures de son lit, de son couvre-pied, de ses oreillers. Car la *fontange*, cette mode qui commence par une jarretière nouée autour d'un bonnet, est aujourd'hui la mode de toutes choses, De la tête, où l'ont remplacée les fleurs et les diamants, elle est descendue et s'est répandue sur tout le corps et dans toute la toilette de la femme; elle enrubanne d'un bout à l'autre les habillements parés ou négligés : elle est de toute la toilette, cet ornement obligé et cet achèvement suprême que le dix-huitième siècle appelait *petite oye* (1).

Peu à peu la femme s'enhardit au négligé. Elle commence les renouvellements de son costume, avant le règne de Louis XVI, par les robes à la Tronchin, par ces robes à la Hollandoise apportées en France, selon la chronique, par la belle Mᵐᵉ Pater. Elle fait fête à tout ce qui découvre sa taille, à tout ce qui lui ôte l'air « d'une mouche à miel ambulante (2) »; et de là bientôt la vogue universelle des *polonaises*, des *circassiennes*, des *caracos*, des *lévites*

côté, des bouquets à mettre dans les cheveux, etc., et ces agréments nommés *fougères*, à cause de leur parfaite ressemblance avec la plante de ce nom. (Dictionnaire historique de la ville de Paris et de ses environs, par Hurtaut et Magny. 1779, vol. I.)

(1) « Petite oie se dit fréquemment des rubans et garnitures et ornements qui rendent un habillement complet. *Ornatus adjectus.* La *petite oie* coûte souvent plus que l'habit. La *petite oie* consiste dans les rubans pour garnir le chapeau, le nœud d'épée, les bas, les gants, etc. Que vous semble de ma *petite oie?* Molière. » (Dictionnaire de Trévoux.)

(2) Les Contemporaines, vol. I.

et des *chemises* adoptés par les femmes de toutes les conditions, appropriés à chaque rang et dont le perpétuel changement vidait la bourse de tous les maris. Les caracos, pris aux bourgeoises de Nantes lors du passage du duc d'Aiguillon en 1768, arrivent les premiers. Porté d'abord très-long, puis coupé à l'ouverture des poches du jupon, le caraco, plissé dans le dos comme la robe à la française, n'est au fond que le haut de cette robe. C'est un costume de promenade que les femmes portent en tenant d'une main une haute canne d'ébène à pomme d'ivoire, en serrant de l'autre sous leur bras un petit chien au toupet relevé par une bouffette de faveur rose (1). Au caraco succède la polonaise galante et leste, portée comme petite toilette du matin ou de campagne. La polonaise était une sorte de robe de dessus, agrafée sous le parfait contentement, retroussée par derrière, tantôt la queue épanouie, tantôt la croupe arrondie avec les ailes très-étendues. Généralement on la faisait en taffetas des Indes à petites raies, garnie de gaze unie, d'un volant de gaze bouillonnée, et de *sabots* de gaze bouillonnée aux manches. Ajoutez à cette toilette un chapeau en tambour de basque, le collier de gaze à garniture frisée, le nœud sur le devant : voilà la toilette complète. Il y avait encore la polonaise d'hiver, polonaise à poche et à coqueluchon décorée d'un grand volant et de sabots à *petits bonshommes*. Un petit man-

(1) Galerie des modes chez Esnauts et Rapilly.

chon (1), un chapeau à la biscaïenne à trois plumes
d'autruche, le cordon de montre sur le ventre, garni
de bouffettes de cheveux et d'or avec des *apanages* en
breloque, accompagnaient celle-ci. Puis venait la
polonaise *à sein ouvert*, indiscrète et voluptueuse,
laissant entrevoir la gorge à demi voilée par un
fichu de gaze replié. A ces polonaises, il faut ajouter les demi-polonaises, ou polonaises *à la liberté*,
que l'on copiait sur les bas de la robe inventés
depuis longtemps par les dames de la cour, obligées
par étiquette de paraître en public le matin : la
demi-polonaise était simplement une jupe sur laquelle on attachait une queue de polonaise retroussée à l'ordinaire, et qui donnait à une femme l'air

(1) Les fourrures ont été un grand luxe des Parisiennes, au temps où
la mode était d'arriver à l'Opéra vêtue des plus superbes et des plus
rares, et de les dépouiller peu à peu, avec un art de coquetterie. La
vogue de la martre zibeline, de l'hermine, du petit gris, du loup cer-
vier, de la loutre, est indiquée dans les *Étrennes fourrées dédiées aux
jeunes frileuses. Genève*, 1770. Les manchons ont toute une histoire, depuis ceux que déconsidère un fourreur, en en faisant porter un par le
bourreau, un jour d'exécution, — ce devait être des *manchons à la jé-
suite*, des manchons qui n'étaient pas en fourrure et contre lesquels
une plaisanterie du commencement du siècle, *Requête présentée au pape
par les maîtres fourreurs*, sollicite l'excommunication, — jusqu'aux manchons en poils de chèvres d'Angora, immenses manchons qui tombaient
à terre, jusqu'aux petits manchons de la fin du siècle, baptisés *petit
baril*, comme la palatine était appelée *chat*. La mode des traîneaux,
alors fort répandue, ajoutait encore à la mode des fourrures. Une eau-
forte de Caylus, d'après un dessin de Coypel fait vers le milieu du
siècle, nous montre dans un traîneau posé sur des dauphins, — un
de ces traîneaux que l'on payait dix mille écus,— une jolie dame toute
habillée de fourrure, la tête coiffée d'un petit bonnet de fourrure à ai-
grette, emportée dans un traîneau que conduit, hissé par derrière, un
cocher costumé à la Moscovite. A propos de fourrures apprenons que
la *palatine* doit sa fortune et son nom à la duchesse d'Orléans, mère
du régent, connue sous le nom de la princesse Palatine.

d'être habillée lorsqu'elle ne l'était pas. La circas-
sienne, taillée sur la soubreveste à longues manches
de la Circassie, s'écartait peu du dessin de la polonaise. On la faisait le plus généralement d'une robe
de gaze à trois brandebourgs d'or, relevée par des
bouquets de fleurs, ouvrant sur une jupe qui voilait
une jupe de dessous de couleur différente : la couleur de cette jupe de dessous était rappelée par la
pointe de la soubreveste. On ne jetait rien, ni mantelet, ni fichu, ni bouffante, sur cette toilette
aérienne, faite pour les grandes chaleurs de l'été et
livrant au regard le sein nu. Quelques élégantes y
ajoutaient seulement un collier en or et cheveux
tombant avec deux glands dans les brandebourgs.
Pour la coiffure de ce costume, c'était un chapeau *à
la coquille* ou *au char de Vénus* (1). Après les circassiennes, les couturières retrouvaient la robe de la
tribu consacrée à la garde de l'arche, la robe dont
les plis balayaient le pavé du temple de Jérusalem (2),
la *lévite,* simple fourreau qui enveloppait le corps
en en dessinant les formes. La vicomtesse de Jaucourt essayait de la relever par une queue bizarre-
ment tortillée ; mais son invention faisait un tel
attroupement au Jardin du Luxembourg que les
suisses de Monsieur la priaient de sortir (3), et la
lévite à *queue de singe* ne durait qu'un jour. Enfin
paraissaient les *chemises,* cette mode qui semble être

---

(1) Galerie des modes.
(2) Tableau de Paris, par Mercier, vol. II.
(3) Mémoires de la République des lettres, vol. XVII.

le premier essai et le commencement d'audace des modes du Directoire : les chemises à *la Jésus*, les chemises à *la Floricourt*, les chemises doublées en rose, avec lesquelles les femmes jouaient la nudité (1).

Le goût de la France plane et vole alors sur l'étranger, sur toute l'Europe. Toute l'Europe est à *la françoise*. Toute l'Europe est asservie et soumise à nos modes, tributaire de notre art, de notre commerce, de notre industrie ; séduction, domination sans exemple du génie français que *la Galerie des modes* attribue non au caprice, mais « à l'esprit inventif des dames françoises pour tout ce qui concerne la parure et surtout à ce goût fin et délicat qui caractérise les moindres bagatelles échappées de leurs mains ». Toute l'Europe a les yeux tournés vers la fameuse poupée de la rue Saint-Honoré (2), poupée de la dernière mode, du dernier ajustement, de la dernière invention, image changeante de la coquetterie du jour figurée de grandeur naturelle (3), sans cesse habillée, déshabillée, rhabillée au gré d'un caprice nouveau, né dans un souper de petites maîtresses, dans la loge d'une danseuse d'Opéra ou d'une actrice du Rempart, dans l'atelier d'une bonne faiseuse (4). Répétée, multipliée, cette poupée

(1) Correspondance secrète, vol. XIV.
(2) Tableau de Paris, vol. II.
(3) Les Modes. Épître à Beaulard.
(4) Angola, vol. II.

modèle passait les mers et les monts ; elle était expédiée en Angleterre, en Allemagne, en Italie, en Espagne : de la rue Saint-Honoré, elle s'élançait sur le monde et pénétrait jusqu'au sérail. Et lorsque les journaux de modes se fondent, ces journaux spéculent bien plus sur cette clientèle de l'Europe que sur le public français. Leur ambition, leur espérance est de remplacer la poupée de la rue Saint-Honoré, et leur préface annonce « que, grâce à eux, les étrangers ne seront plus obligés à faire des poupées, des mannequins toujours imparfaits et très-chers qui ne donn nt tout au plus qu'une nuance de nos modes (1). »

Dans ce triomphe universel, tyrannique, absolu du goût français, quelle fortune des marchands, des marchandes, et des grandes faiseuses ! Quel gouvernement que celui d'une Bertin appelée par le temps « le ministre des modes » ! Et quelles vanités, quelles insolences d'artistes ! Les anecdotes et les souvenirs du siècle nous ont gardé sa réponse à une dame, mécontente de ce qu'on lui montrait : « Présentez donc à madame des échantillons de mon dernier travail avec Sa Majesté (2) ; » et son mot superbe à M. de Toulongeon se plaignant de la cherté de ses prix : « Ne paye-t-on à Vernet que sa toile et ses couleurs (3)? » C'est le temps des grandes fortunes de la mode, le temps où l'on parle de la

---

(1) Cabinet des modes, année 1786.
(2) Mémoires de la République des lettres, vol. XVII.
(3) Mélanges de Mᵐᵉ Necker, vol. III.

société de la marchande de rouge de la Reine, du cercle de Mme Martin au Temple (1). Nous entrons dans le règne des artistes en tout genre, des modistes de génie, aussi bien que des cordonniers sublimes, uniques pour *monter* un pied et le faire valoir, lui donner la petitesse, la grâce, la tournure, la « lesteté » si vantée, si goûtée, si souvent chantée par le dix-huitième siècle, le je ne sais quoi enfin de ce pied de Mme Lévêque, la marchande de soie à la *Ville de Lyon*, qui inspire à Rétif de la Brètonne le *Pied de Fanchette* (2). Du pied de la femme, l'adoration du temps va aux hommes qui la chaussent avec ces charmants souliers de toutes couleurs, à bouffettes, à languettes, à boucles, à broderies, avec ces souliers de droguet blanc aux fleurs d'or, ou ces souliers au *venez-y-voir* garni d'émeraudes (3). Et voulez-vous l'air, le train, le ton de ces ouvriers gâtés par la mode et qui n'ont plus d'autre modestie que l'impertinence d'un petit-maître? Allant commander chez l'un d'eux une paire de souliers pour une dame qui était à la campagne, le chevalier de la Luzerne est introduit dans un cabinet charmant. Il y admire une commode du travail le

(1) Mémoires de la République des lettres, vol. XXXII.
(2) M. Nicolas, par Rétif de la Bretonne, vol. XV.
(3) Les Modes. — Le *Venez-y-voir* était la couture du talon. Les souliers, comme les robes, comme les chapeaux, recevaient leur ornementation des choses et des événements politiques. C'est ainsi qu'en 1781, lors de la naissance du dauphin, en même temps que des dauphins remplaçaient au cou des femmes les *Jeannettes* enrichies de diamants, leurs souliers étaient décorés d'un nœud à quatre rosettes surmontées d'une couronne dans le centre de laquelle était un dauphin.

plus riche, garni dans ses compartiments de portraits des premières dames de la cour : c'est la princesse de Guéménée, c'est Mme de Clermont. Tandis
qu'il s'extasie : « Monsieur, vous êtes bien bon de
faire attention à ces choses-là, » dit en entrant,
dans le négligé le plus galant, l'artiste, le grand
Charpentier. Et comme M. de la Luzerne s'exclame :
« Ah ! quel goût, quelle élégance ! — Monsieur, vous
voyez, reprend Charpentier, c'est la retraite d'un
homme qui aime à jouir... Je vis ici en philosophe.
Ma foi ! Monsieur, il est vrai que quelques-unes de
ces dames ont des bontés pour moi, elles me donnent leurs portraits ; vous voyez que je suis reconnaissant, et que je ne les ai pas mal placés. » Puis
sur le modèle de souliers que lui présente le chevalier : « Ah ! je sais ce que c'est, je connais ce joli
pied, on ferait vingt lieues pour le voir ; savez-vous
bien qu'après la petite Guéménée, votre amie a le
plus joli pied du monde ? » Et comme le chevalier
va se retirer : « Sans façon, si vous n'êtes pas engagé, restez à manger la soupe. J'ai ma femme qui
est jolie, j'attends quelques autres femmes de notre
société fort aimables, nous jouons Œdipe après
dîner... (1) » Et cette impertinence suprême, Charpentier n'est pas seul à l'avoir, il la partage avec
ses rivaux, avec Bourbon, le cordonnier de la rue
des Vieux-Augustins qui fournit la cour et chausse
le joli pied de Mme de Marigny. En habit noir, en

---

(1) Mémoires d'un voyageur qui se repose, par Dutens, vol. II.

veste de soie. en perruque bien poudrée, il faut entendre celui-ci dire à une grande dame : « Vous
avez un pied *fondant,* Mme la marquise... » Et de
quel air, il prend le soulier fait par son devancier et
lance le mot de mépris : « Mais où avez-vous été
chaussée (1)? »

Qu'est pourtant cet orgueil, cette fortune du cordonnier du dix-huitième siècle, auprès de l'orgueil
et de la fortune du coiffeur? C'est une vanité, une
importance non-seulement d'artiste, mais d'inventeur, qui semble dépasser les prétentions de l'artiste
en chaussure de toute la hauteur qu'il y a du pied à
la tête de la femme. Le coiffeur ! Il se juge, il s'appelle « un créateur » dans ce temps où, de toutes
les modes, la mode des cheveux est celle qui vieillit
le plus vite, — si vite que Léonard avait pris l'habitude de dire *autrefois* pour *hier !*

En 1714, à un souper du Roi à Versailles, les deux
dames anglaises dont on allait copier les paniers,
attiraient les regards du Roi avec leurs coiffures
basses qui avaient fait scandale et manqué de les
faire renvoyer. Il tombait de la bouche du Roi
que si les Françaises étaient raisonnables, elles ne se
coifferaient pas autrement. Le mot était recueilli ;
et la nuit se passait à retrancher aux coiffures trois
étages de cornettes ; on ne leur en laissait qu'un
qu'on abaissait encore, de façon que le lendemain
les femmes de la cour assistaient à la messe du Roi

(1) Les Contemporaines, vol XII. — Tableau de Paris. vol. XI.

avec des coiffures à la mode anglaise, sans souci du
rire des dames à haute coiffure qui n'étaient pas dans
le secret de la veille. Un compliment adressé par le
Roi, au sortir de la messe, aux dames qui avaient
fait rire achevait la métamorphose de la cour :
toutes les hautes coiffures disparaissaient (1).

Les femmes étaient amenées par cette mode des
coiffures basses à se faire couper les cheveux à trois
doigts de la tête. Elles rejetaient leur cornette, l'at-
tachant seulement avec des épingles au haut de la
tête très en arrière, et se faisant friser en grosses
boucles à l'imitation des hommes ; elles appelaient
à les coiffer des perruquiers d'hommes. Mme de
Genlis se trompe, lorsqu'elle parle de Larseneur
comme du premier coiffeur qui coiffa des femmes
se résignant à laisser la main d'un homme toucher
à leurs cheveux le jour de leur présentation. Larseneur eut un précurseur, un précurseur célèbre
appelé d'un nom prédestiné ; Frison, mis au jour
par Mme de Cursay, mis en vogue par Mme de Prie ;
Frison, le perruquier à la mode, l'habile homme
qui avait seul la confiance des femmes de la cour, le
coiffeur par excellence auquel s'adressait la Dodun,
la femme du contrôleur général, enflée de son marquisat tout frais, le marquisat d'Herbault, et se mo-
quant de la chanson :

(1) Mémoires de Maurepas, vol. III. Saint-Simon nous apprend qu'en
1719 les femmes portaient des coiffures qu'on appelait *commodes,* qui ne
s'attachaient point et qui se mettaient comme des bonnets de nuit
d'hommes.

La Dodun dit à Frison :
Coiffez-moi avec adresse,
Je prétends avec raison.
Inspirer de la tendresse.
Tignonnez, tignonnez, bichonnez-moi,
Je vaux bien une duchesse,
Tignonnez, tignonnez, bichonnez-moi,
Je vais souper chez le Roi!

Et ce Frison, qui ne fit pas d'élèves, fit tant de jaloux qu'on vit Guigne, le barbier du Roi, se déguiser en laquais de Mme de Resson pour surprendre son secret et le voir à l'œuvre ; mais Frison le reconnut, et le mystifia en coiffant la dame le plus mal qu'il put (1). A Frison succède Dagé, lancé par Mme de Châteauroux, protégé par la Dauphine, belle-fille de Louis XV, Dagé à qui Mme de Pompadour fut obligée de faire des avances pour obtenir d'être coiffée par lui. Ce fut lui qui répondit à la favorite lui demandant la raison de sa réputation : « Je coiffais *l'autre*, » un mot qui fit fortune dans l'entourage de la Dauphine (2).

Ce grand succès, cette gloire des premiers coiffeurs de dames furent, il faut le dire, achetés à peu de frais, et l'on exigea des coiffeurs de la fin du dix-huitième siècle de bien autres talents que les talents de Frison, tournant sans cesse dans le même cercle de simplicité, ne s'exerçant que sur des coiffures sans apprêt, et se pliant presque servile-

(1) Mémoires de Maurepas, vol. II.
(2) Mémoires historiques et politiques du règne de Louis XVI, par Soulavie. *Paris, an X*, vol. I.

ment à la nature. En effet, pendant tout le commencement du dix-huitième siècle, l'arrangement de la
tête est presque stationnaire (1) : il consiste presque
uniquement dans une coiffure basse aux boucles
frisées sur laquelle on jette une plume, un diamant,
un petit bonnet à plumes pendantes (2). L'abandon
des boucles frisées et une élévation presque insen-
sible de la coiffure qui reste plate, c'est tout le
changement qu'y amène le temps, jusqu'à la venue
du révélateur qui commence la grande révolution
des modes de la tête : Legros paraît. De la cuisine,
des fourneaux du comte de Bellemare, il s'élève à
cette académie où il tient trois classes, où il montre,
pour valets de chambre, femmes de chambre, coiffeuses, cet art de *coëffer à fond,* auquel on se faisait
la main sur la tête de jeunes filles du peuple qu'on
payait vingt sols (3). Dès 1763, il s'annonce, il affiche
ses principes avec trente poupées toutes coiffées
exposées à la foire Saint-Ovide. En 1765, cent poupées exposées chez lui montrent comme le corps de

(1) Une de ces rares gravures de modes gravées par Caylus, d'après
Coypel, nous montre cependant, à la date de mai 1726, une femme entourée de têtes à perruques, coiffées différemment et étiquetées *Dormeuse, Grande Coiffure, Papillon, Équivoque, Vergette, Maron.* (Cabinet
des Estampes. Histoire de France.) — Les *Causeries d'un curieux,* de
M. Feuillet de Conches, disent que, vers 1740, la Française se prit de
passion pour les cheveux coupés courts et roulés en boucle, autour de
la tête, en façon de perruque : une coiffure appelée par les plaisants
mirliton.

(2) Dans *le Recueil de coiffures du costume actuel françois* nous trouvons
comme coiffure, de 1740 à 1750, des cheveux roulés sous un petit bonnet à barbes pendantes. Caraccioli nomme en 1759 des coiffures qui
l'appelaient des *lésardes* et des *séduisantes.*

(3) Tableau de Paris par Mercier.

doctrine de ce nouvel art basé sur la proportion de
la tête et l'air du visage. La même année, il publie
son *Art de la coëffure des dames françoises*, où il se
vante de l'invention de quarante-deux coiffures ap-
plaudies par la cour et la ville, et où il démontre
par vingt-huit estampes tous les heureux contrastes
que peuvent faire, avec *un tapé* dans la coiffure
encore basse et aplatie, les boucles biaisées, les
boucles en marrons, les boucles brisées, les boucles
en béquilles, les boucles frisées imitant le point de
Hongrie, les boucles renversées, les boucles en
coquilles, les boucles en rosette, les boucles en
colimaçon (1), coiffures maigres et compliquées qui
semblent faire descendre une *dragonne* et ses deux
boucles déroulées sur une épaule d'une tête d'impératrice romaine à petites frisures. Mais c'est un
essor qui commence, c'est le premier vol de la
mode nouvelle, c'est le point de départ des inventions et des théories qui vont approprier la parure à
ce nouveau caractère de la grâce, la physionomie de
chaque femme. Une philosophie de la toilette va
donner à la coquetterie des conseils et des lois
d'esthétique. Le siècle est en train de découvrir que
la toilette d'une belle femme doit être entièrement
épique, épique comme la Muse de Virgile, débarrassée de toute espèce de chiffon, de tout pompon-
nage, de tout ce qui ressemble aux *concetti* moder-

(1) Livre d'estampes de l'art de la coëffure des dames françoises gravées sur les dessins originaux, d'après mes accommodages, par Legros,
coëffeur de dames. *Paris*, 1765. Il a paru des suppléments.

nes, absolument contraire en un mot à la toilette de la jolie femme. Que le charme d'une femme vienne d'un certain air, d'un rien répandu dans toute sa personne, de ce qu'on est convenu d'appeler « le je ne sais quoi », elle est indigne de plaire, si elle ne cherche toutes les fantaisies susceptibles d'agrément, si elle ne montre dans son ajustement tantôt le goût du sonnet, tantôt le goût du madrigal ou du rondeau, et le piquant même de l'épigramme, toutes les grâces du petit genre faites pour sa mine chiffonnée et ses yeux sémillants (1).

En 1763, la même année où Legros exposait ses poupées à la foire Saint-Ovide, paraissait l'*Enciclo-pédie carcassière, ou tableau des coiffures à la mode gravées sur les desseins des petites-maîtresses de Paris,* un petit livre devenu aujourd'hui une rareté. Était-ce une ironie que ce livre baroque qui avait pour soustitre : *Introduction à la connoissance intime des allonges, pompons, papillottes, blondes, marlis, carmin, blanc de céruse, mouches, grimaces pour pleurer, grimaces pour rire, billets doux, billets amers et toute l'artillerie de Cupidon.* L'Encyclopédie carcassière était ornée de quarante-quatre coiffures dont les plus curieuses étaient : *à la Cabriolet, à la Maupeou, à la Baroque, à l'Accouchée, à la Petit-Cœur, à la Pompadour, à la Chausse-Trappe, à la Jamais vu.*

Ainsi renouvelé dans son principe, l'art de la coiffure devient le champ des imaginations et des ému-

---

(1) Correspondance de Grimm, vol. IX.

lations. On voit se lever la célébrité d'un autre coiffeur de dames, Frédéric, qui fait une terrible concurrence à l'ex-cuisinier, dont les dames du grand air n'ont jamais voulu reconnaître le goût; d'ailleurs elles lui gardent rancune d'avoir révélé qu'elles perdaient une grande partie de leurs cheveux par leur paresse à peigner leur chignon natté, gardé par elles souvent huit ou quinze jours sans un coup de peigne. Les coiffures de Legros sont bientôt abandonnées aux filles, aux courtisanes, et Legros lui-même disparaît au milieu de tous les coiffeurs en veste rouge, en culotte noire, en bas de soie gris (1) qui percent, remplissent Paris, coiffent à Versailles. La vogue en est si grande, le nombre en croît tellement que le corps des perruquiers en possession du privilége de coiffer les dames fait mettre à l'amende et emprisonner plusieurs coiffeurs. Aussitôt paraît un *Mémoire des coiffeurs des dames de Paris contre la communauté des maîtres barbiers, perruquiers, baigneurs, étuvistes*, mémoire assimilant l'art libéral du coiffeur de dames à l'art du poëte, du peintre, du statuaire, énumérant tout ce qu'il lui faut de talents, « de science du clair obscur », de connaissance des nuances, pour concilier la couleur de l'accommodage avec le ton de chair, pour distribuer les ombres, pour donner plus de vie au teint, plus d'expression aux grâces. Ce mémoire où les coiffeurs se réclamaient d'un astre, la chevelure de Bérénice, était

(1) Galerie des modes, par Esnauts et Rapilly.

appuyé par un poëme : *l'Art du coiffeur des dames contre le méchanisme des perruquiers à la toilette de Cythère,* 1765, qui demandait qu'on laissât croupir les perruquiers, « ces mécaniques ouvriers, dans la crasse,

Entre le savon et la tignasse. »

Suivait bientôt un second mémoire où les coiffeurs des dames de Paris, se portant au nombre de 1,200, et se donnant le titre de « premiers officiers de la toilette d'une femme », arguaient contre les perruquiers de la fréquence de changement des garçons perruquiers passant à chaque instant d'une boutique à une autre, et ne présentant par là nulle garantie suffisante pour un ministère de confiance tel que le leur. La querelle devenait un gros procès dans lequel entraient jusqu'aux coiffeuses. Un mémoire se publiait à Rouen où les *Coëffeuses, bonnetières et enjoliveuses,* réclamant l'exécution des statuts rédigés en leur faveur l'an 1478, déclaraient hautement qu'il y avait profanation à laisser les mains d'un perruquier toucher à une tête de femme. Le parti des coiffeurs, grandissant chaque jour, soutenu par les femmes, par toutes les élégantes de Paris (1), remportait à la fin une victoire éclatante : une Déclaration donnée à Versailles et enregistrée au Parlement, laissant

---

(1) Mémoires de la République des lettres, vol. IV. — Le Parfait ouvrage ou Essai sur la coëffure, traduit du persan par le sieur l'Allemand, coëffeur, neveu du sieur André, perruquier. . . . . *A Césarée,* 1776.

subsister les coiffeuses pour le peuple et la bourgeoisie, agrégeait six cents coiffeurs de femmes à la communauté des maîtres barbiers et perruquiers. Et pour ramener les coiffeurs à ce nombre fixe de six cents, pour les empêcher de mettre sur leurs enseignes : *Académie de coiffure,* il faudra bientôt un Arrêt du Conseil (1).

Pendant cette grande lutte, Legros était mort. Il avait été étouffé sur la place Louis XV dans les fêtes données pour le mariage de Marie-Antoinette; Paris ne l'avait guère plus regretté que sa femme, et le nom de Léonard, le nom de Lagarde, le *Traité des principes de l'art de la coiffure des femmes* par Lefèvre, achevaient l'oubli de son nom et de son livre en ouvrant la nouvelle ère de la coiffure française. Imaginez la plus étourdissante, la plus folle, la plus inconstante, la plus extravagante des modes de la tête, une mode ingénieuse jusqu'à la monstruosité, une mode qui tenait de la devise, du *sélam,* de l'allusion, de l'à-propos, du *rébus* et du portrait de famille; imaginez cette mode, le prodigieux pot-pourri de toutes les modes du dix-huitième siècle, travaillée, renouvelée, sans cesse raffinée, perfectionnée, maniée et remaniée tous les mois, toutes les semaines, tous les jours, presque à chaque heure, par l'imagination des six cents coiffeurs de femmes, par l'imagination des coiffeuses, par l'imagination de la boutique des *Traits galants,* par l'imagination de

(1) **Mémoires de la République des lettres, vol. X.**

toutes ces marchandes de modes qui doivent donner
du nouveau sous peine de fermer boutique! Ce qui
vole dans le temps, ce qui passe dans l'air, l'événement, le grand homme de l'instant, le ridicule courant, le succès d'un animal, d'une pièce ou d'une
chanson, la guerre dont on parle, la curiosité à laquelle on va, l'éclair ou le rien qui occupe une société
comme un enfant, tout crée ou baptise une coiffure.
On est loin du temps où la mode s'espaçait d'années
en années, où il fallait la fondation du *Courrier de
la mode* (1768) pour tirer de titres d'opéras-comiques
trois bonnets en un an, les bonnets à *la Clochette*, à
la Gertrude, à *la Moissonneuse* (1). Au temps où nous
sommes, à la mort de Louis XV, qu'est-ce que trois
coiffures pour toute une année? A chaque coup
de vent on voit changer les noms et les formes de
ces manières d'architectures qui grandissent toujours aux grands applaudissements des hommes.
Les hautes coiffures, au jugement du temps, prêtent
une physionomie aux figures qui n'en ont point;
elles atténuent les traits, elles arrondissent la forme
trop carrée du visage des Parisiennes, qu'elles al-
longent en ovale, et dont elles voilent l'irrégularité
ordinaire (2).

---

(1) En 1772, dans l'*Éloge des coiffures adressé aux dames*, le chevalier de l'ordre de Saint-Michel, après une longue énumération de coiffures, dit n'avoir fait usage que du trente-neuvième cahier des coiffures à la mode « qui contient seul 6 estampes, et chaque estampe
16 figures : total pour un seul cahier, 96 manières de se coiffer et pour
les trente-neuf cahiers, 3,744 modes, seulement pour la tête ».

(2) Correspondance de Grimm, vol. V.

L'allégorie règne dans la coiffure qui devient un poëme rustique, un décor d'Opéra, une vue d'optique, un panorama. La mode demande des parures de tête aux jardins, aux serres, aux vergers, aux champs, aux potagers, et jusqu'aux boutiques d'herboristerie : des groseilles, des cerises, des pommes d'api, des bigarreauxet même des bottes de chiendent jouent sur les cheveux ou sur le bonnet des femmes. La tête de la femme se change en paysage, en plate-bande, en bosquets où coulent des ruisseaux, où paraissent des moutons, des bergères et des bergers. Il y a des bonnets au *Parterre,* au *Parc anglais* (1). Cette folie prodigieuse des accommodages composés, machinés, arrangés en tableaux, dessinés en culs-de-lampe de livres, en images de villes, en petits modèles de Paris, du globe, du ciel, le coiffeur Duppefort la peint d'après nature dans la comédie des *Panaches,* lorsqu'il parle d'élégantes voulant avoir sur la tête le jardin du Palais-Royal avec le bassin, la forme des maisons, sans oublier la grande allée, la grille et le café ; lorsqu'il parle de veuves lui demandant un catafalque de goût et des petits Amours jouant avec des torches d'hyménée, de femmes désirant porter tout un système céleste en mouvement : le soleil, la lune, les planètes, l'étoile poussinière et la voie lactée ; d'amantes qui veulent se montrer aux yeux de leur amant coiffées d'un bois de Boulogne garni d'animaux, ou d'une revue de la

---

(1) Correspondance secrète, vol. I. — Les Modes.

Maison du Roi (1). Et comment crier à l'exagération, à la caricature? Ne dit-on point que Beaulard vient d'imaginer et de mettre sur la tête de la femme d'un amiral anglais la mer! une mer de Lilliput, faite de bouillons de gaze, une mer avec une flotte microscopique, bâtie de chiffons, l'escadre de Brimborion! Et ne voit-on point au commencement de 1774 dans les salons, dans les spectacles, cette coiffure incroyable, « infiniment supérieure, disait le temps, à toutes les coiffures qui l'ont précédée par la multitude de choses qui entrent dans sa composition et qui toutes doivent toujours être relatives à ce qu'on aime le plus; » ne voit-on pas cette coiffure du cœur, le *Pouf au sentiment*? Décrivons, pour en donner l'idée, celui de la duchesse de Chartres. Au fond est une femme assise dans un fauteuil et tenant un nourrisson, ce qui représente monsieur le duc de Valois et sa nourrice. A droite on voit un perroquet becquetant une cerise, à gauche un petit nègre, les deux bêtes d'affection de la duchesse. Et le tout est entremêlé des mèches de cheveux de tous les parents de madame de Chartres, cheveux de son mari, cheveux de son père, cheveux de son beaupère, du duc de Chartres, du duc de Penthièvre, du duc d'Orléans (2)! La vogue est aux coiffures parlantes : voici, à la mort de Louis XV, les coiffures à *la Circonstance* qui pleurent le Roi au moyen d'un

---

(1) Les Panaches ou les Coiffures à la mode. Comédie en un acte représentée sur le grand théâtre du monde. Londres, 1778.

(2) Mémoires de la République des lettres, vol. VII.

cyprès et d'une corne d'abondance posée sur une gerbe de blé ; voici les coiffures à l'*Inoculation* où le triomphe du vaccin est figuré par un serpent, une massue, un soleil levant et un olivier couvert de fruits (1) !

Il semble que la France en ces années soit jalouse des inventions de la vieille Rome, des trois cents coiffures de la femme de Marc-Aurèle. Essayez de compter celles qui ont laissé un nom : les coiffures à *la Candeur*, à *la Frivolité*, le *Chapeau tigré*, la *Baigneuse*, coiffure des migraines, le bonnet au *Colisée*, à *la Gabrielle de Vergy*, à *la Corne d'abondance*, le bonnet *au Mystère*, le bonnet *au Becquot*, le bonnet à *la Dormeuse*, à *la Crête de coq*, le *Chien couchant*, le chapeau à *la Corse*, à *la Caravane*, le pouf à *la Puce*, le pouf à *l'Asiatique*, la coiffure *aux Insurgents* figurant un serpent si bien imité que le gouvernement, pour épargner les nerfs des dames, en défendait l'exposition (2). C'est le *casque anglais* orné de perles, le bonnet à *la Pouponne*, le bonnet *au Berceau d'amour*, à *la Bastienne*, le bonnet à *la Crèche*, le bonnet à *la Belle-Poule* qui portait une frégate, toutes voiles dehors ; la coiffure à *la Mappemonde* qui dessinait exactement sur les cheveux les cinq parties du monde, *la Zodiacale* qui versait sur un taffetas bleu céleste le ciel, la lune et les étoiles, et *l'Aigrette-parasol* qui s'ouvrait et garantissait du soleil. Ce sont les coiffures à *la Minerve*, à *la Flore*, à toutes les déesses de l'antiquité, les coiffures baptisées par

---

(1) Correspondance secrète, vol. I.
(2) Mémoires de la République des lettres, vol. X.

Colombe, par Raucourt, par la Granville, par la Cléophile, par Voltaire et par Jeannot des Variétés amusantes. Et il y a encore la *Parnassienne*, la *Chinoise*, la *Calypso*, la *Thérèse* qui est la coiffure de transition entre la coiffure de l'âge mûr et celle de la vieillesse, la *Syracusaine*, les *Ailes de papillon*, la *Voluptueuse*, la *Dorlotte*, la *Toque chevelue* (1); enfin cette coiffure qui tue les mantelets et les coqueluchons : la *Calèche*, dont la fille de Diderot, encore enfant, expliquait si bien les avantages à son père. « Qu'as-tu sur la tête, demandait le père, qui te rend grosse comme une citrouille? — C'est une calèche. —Mais on ne saurait te voir au fond de cette calèche, puisque calèche il y a. — Tant mieux : on est plus regardée. — Est-ce que tu aimes à être regardée?— Cela ne me déplaît pas. — Tu es donc coquette? — Un peu. L'un vous dit : Elle n'est pas mal; un autre : Elle est jolie. On revient avec toutes ces petites douceurs-là, et cela fait plaisir. — Ah ça! va-t'en vite avec ta calèche. — Allez, laissez-nous faire, nous savons ce qui nous va, et croyez qu'une calèche a bien ses petits avantages. — Et ces avantages? — D'abord, les regards partent en échappade; le haut du visage est dans l'ombre; le bas en paraît plus blanc; et puis l'ampleur de cette machine rend le visage mignon (2). »

(1) Galerie des modes, chez Esnauts et Rapilly. — Manuel des toilettes. — Éloge des coiffures adressé aux dames par un chevalier de l'ordre de Saint-Michel, 1782.

(2) Mémoires, Correspondance et Ouvrages inédits de Diderot. *Garnier*, 1841, vol. II.

Un moment cette furie des coiffures extravagantes était menacée, arrêtée par la vogue du *hérisson*, une coiffure relativement simple qui cerclait d'un simple ruban les cheveux relevés et se dressant en pointes. Mais aussitôt les modistes effrayées, les boutiques désertes, redoublaient d'efforts et d'étalages (1). La mode repartait plus folle et faisait monter à deux cent trente-deux livres un chignon fourni par le perruquier de l'Opéra à la Saint-Huberti (2). C'étaient de nouvelles surcharges, de prodigieux empanachements qui enrichissaient les plumassiers (3), qui leur valaient d'un seul coup, d'une seule ville de l'étranger, de Gênes où la duchesse de Chartres montrait ses panaches, une commande de 50 mille livres (4). Les échafaudages de cheveux montaient et montaient encore : ils arrivaient à dépasser en hauteur ces coiffures *à la Monte-au-ciel,* figurées sur de grands mannequins exposés en août 1772 dans un café de la foire Saint-Ovide, qui avaient tant donné à rire au peuple accouru (5). C'est l'époque des coiffures si majestueusement monumentales que les femmes sont obligées de se tenir pliées en deux dans leurs carrosses, de s'y agenouiller même ; et les caricatures françaises et anglaises exagèrent à peine en montrant les coiffeurs perchés sur une échelle pour donner le dernier coup de peigne et couronner leur

(1) Correspondance secrète, vol. IV.
(2) Revue rétrospective, vol. VIII.
(3) Tableau de Paris, par Mercier, vol IX.
(4) Mémoires de la République des lettres, vol. IX.
(5) Id., vol. XXIV.

œuvre. À peine si les portes d'appartements sont assez élevées pour laisser passer ces édifices ambulants qui sont à la veille de faire brèche partout où ils passent, quand Beaulard remédie à tout par un trait de génie : il invente les coiffures mécaniques qu'on fait baisser d'un pied en touchant un ressort, pour passer une porte basse, pour entrer dans un carrosse; coiffures qu'on appelle *à la grand'mère*, parce qu'elles préservent des réprimandes des grands parents : une jeune personne se présente à eux, le ressort poussé, la coiffure basse; puis le dos tourné à la vieille femme, « à la fée Dentue », comme dit le temps, la coiffure en un clin d'œil remonte d'un pied, ou même de deux (1).

Beaulard! ne passons pas devant ce grand nom sans nous y arrêter un moment. Il est en ce temps le modiste sans pareil, le créateur, le poëte qui mérite l'honneur de la dédicace du poëme des *Modes* par ses mille inventions et ces délicieuses appellations de fanfioles, qu'on dirait apportées de Cythère par le chevalier de Mouhy ou Andréa de Nerciat : les rubans *aux soupirs de Vénus*, les diadèmes *arc-en-ciel*, *le désespoir d'opale*, *l'instant*, *la conviction*, *la marque d'espoir*, les garnitures *à la composition honnête*, *à la grande réputation*, *au désir marqué*, *aux plaintes indifférentes*, *à la préférence*, *au doux sourire*, *à l'agitation*, et l'étoffe *soupirs étouffés* garnie *en regrets inutiles*, sans compter toutes les nuances combinées, disposées, imaginées par son goût, sortant

(1) Les Modes. Épître à Beaulard.

de cette boutique assiégée d'où partent les couleurs qu'il faut porter, la couleur *vive bergère*, la couleur *cuisse de nymphe émue*, la couleur *entrailles de petit-maitre* (1) !

Car au milieu de cette mode qui change, roule et se déplace sans cesse, il y a de temps en temps comme de grands courants de couleur qui passent et pèsent sur elle. Un ton règne tout à coup partout. C'est tantôt la couleur *boue de Paris*, tantôt la couleur *merde d'oie* (2), tantôt la *couleur puce*, une couleur qu'il suffit de porter en 1775, au dire de Besenval, pour faire fortune à la cour, une couleur rappelée à toutes les pages de *Vulsidor et Zulménie*, le roman de Dorat, une couleur nommée par Louis XVI, et multipliée par l'imagination des teinturiers en toutes sortes de nuances et de dérivés : *ventre de puce en fièvre de lait, vieille puce, jeune puce, dos, ventre, cuisse, tête de puce* (3).

Mais voilà qu'au plus beau moment de son triomphe, la couleur puce est tuée par la couleur *cheveux de la Reine*, une couleur qui naît d'une comparaison délicate trouvée par Monsieur à propos de satins présentés à Marie-Antoinette. Sur le mot de

(1) Les Modes. — Les Numéros, troisième partie. — La Matinée, la Soirée, la Nuit des boulevards. Ambigu de scènes épisodiques. 1776.

(3) Correspondance secrète, vol. X.

(4) Les Numéros. Troisième partie. — Voir dans l'*Almanach svelte*, 1779, l'origine de la mode de cette couleur, dans l'exclamation de cette femme considérant « sur son ongle d'un blanc animé, bordé d'incarnat plus vif, » le cadavre de la bestiole sans vie : « Voyez, mesdames, la couleur de cette puce ! C'est un noir qui n'est pas noir, c'est un brun qui est trop brun, mais voilà en vérité une couleur délicieuse..... »

Monsieur, une mèche d'échantillon de ces jolis cheveux blond cendré est envoyée aux Gobelins, à Lyon, aux grandes manufactures; et la nuance, pareille à l'or pâle, que les métiers renvoient, habille pendant tout un an la France aux couleurs de la Reine (1). Ce n'est pas la seule invention de la mode à laquelle la grâce de Marie-Antoinette sert de marraine et donne la fortune. Dès son arrivée en France, elle avait fait adopter, sous le nom de coiffure *à la Dauphine,* cette coiffure qui donnait à la chevelure élevée et s'épanouissant au-dessus du front l'apparence d'une queue de paon (2). En 1776, les femmes se disputaient la coiffure appelée le *Lever de la Reine* et le *Pouf à la Reine* (3). Les fichus larges et bouffants, les fichus que l'on comparait à des pigeons pattus, se taillaient sur les fichus portés par la Reine à ses relevailles de couches. Le nom de la Reine était donné à une robe qu'inventait Sarrazin, « costumier de Leurs Altesses Nosseigneurs les Princes et directeur ordinaire du salon du Colisée »; et lorsqu'elle avait un second fils, cette robe prenait une garniture au *Nouveau Désiré.* Enfin aux brocarts, aux pompons, aux plumets, à la folie d'ornements du grand habit de cour, elle faisait succéder, par l'influence de son exemple, la mode des volants de dentelles étagés sur une robe de satin uni (4).

(1) Mémoires de la République des lettres, vol. VIII.
(2) Manuel des toilettes.
(3) Recueil des coiffures. — En 1871, après ses couches, elle mettra encore à la mode, avec ses cheveux coupés, la coiffure *à l'enfant.*
(4) Galerie des modes, chez Esnauts et Rapilly.

Vers 1780, une grande révolution s'accomplit dans la mode : la révolution de la simplicité, au milieu de laquelle Walpoole, passant dans une voiture décorée de petits Amours se fait à lui-même l'effet du grand-père d'Adonis. A côté des hommes abandonnant l'usage de l'habit à la française, du chapeau sous le bras, de l'épée au côté, et ne se montrant plus guère dans ce grand costume qu'aux assemblées d'apparat et de noces, aux bals parés, aux repas de cérémonie, les femmes quittent les robes de grande parure. Se couvrant la gorge et le col, elles coupent ces queues de robes qui traînaient d'une aune derrière elles. Elles mettent à bas les grands paniers; et c'est à peine si, pour se donner une certaine ampleur, elles portent de petits *coudes* aux poches. Le costume, la toilette n'est plus un décor magnifique, plein d'enflure, majestueux par le développement et l'extravagance d'ornements : la femme renonce même aux échafaudages de cheveux, elle se coiffe en bonnet, et, de toute l'ancienne toilette française, elle ne garde que le *corps*. Le renouvellement est complet. Il va de la tête aux pieds. Sur la tête, la femme ne porte plus une livre de poudre blanche. Elle s'est enfin laissé persuader que cette profusion de poudre grossit et durcit les traits, qu'elle affadit le visage des blondes, qu'elle noircit le teint des brunes. Et ce n'est plus, dans les coiffures, qu'un soupçon de poudre, encore atténué, éteint avec de la poudre blonde ou rousse. Enfin, dernier changement qui désole Rétif de la Bretonne, les

femmes ne portent plus de souliers à hauts talons.
Qui sait si la mode n'a pas été touchée de l'observation de l'anatomiste Winslow, que les hauts talons
font remonter le mollet trop haut chez les femmes
du monde, déplacement qui n'a pas lieu chez les
danseuses, usant de souliers plats? Des souliers
plats, c'est le nouveau goût de la femme faisant succéder à sa démarche voluptueuse et balancée par les
mules, la démarche courante et l'allure cavalière
de l'homme. La mode féminine ne s'ingénie plus
qu'à être simple. Elle ne fait plus travailler les couturières et les tailleuses que sur la mode masculine
ou la mode anglaise, ses deux patrons de simplicité.
Ce ne sont plus que robes simples, les *chemises*, les
robes *à l'anglaise, à la turque, à la créole, à la janséniste*, et les robes *à la Jean-Jacques Rousseau* « analogues aux principes de cet auteur », robes de burat
avec une alliance d'or au cou. Les cheveux s'ar-
rangent en catogan, à la conseillère, en manière de
perruques d'hommes de robe; et sur les cheveux,
plus de lourds chapeaux, mais seulement une guirlande de roses. La redingote, le gilet coupé, et la
cravate au col en guise de mouchoir, tel est le costume courant, à cette heure où la tenue du matin
devient la tenue de la journée, où les femmes se
présentent en casaquins à l'audience des ministres.
La cour elle-même, la femme de cour est obligée de
céder à ce grand mouvement de simplicité. Elle ne
porte plus que des paniers moyens, des garnitures
de jupes, des manches posées à plat et ne formant

qu'un seul falbala ; on lui voit même, innovation inouïe, un jupon et un corset qui ne sont pas de la même couleur. Des mères, la mode va aux enfants ; on cesse d'en faire ces poupées et ces miniatures de grandes personnes que montrent jusque-là les gravures du siècle : ils prennent le chapeau de jonc, la veste et le gilet de la marinière. Les petites filles, les cheveux sans poudre et seulement retenus par un ruban bleu, n'ont plus qu'un fourreau blanc de mousseline sur un dessous de taffetas rose (1), toilette sans façon comme leur âge, laissant à leur vivacité, à leur activité, une liberté qui scandalise les vieilles gens habitués aux grands habits de l'enfance (2).

Au milieu de cette mode rejetant tous les produits de Lyon, les lampas, les superbes droguets, les persiennes, les étoffes brochées en soie, en argent ou en or, éclate le goût des batistes et des linons, mode apportée à la France par la jeunesse d'une Reine. La femme se voue au blanc. Partout se montrent ces grands tabliers, ces amples fichus sur la gorge qui lui donnent un air piquant de chambrière et de tourière moqué par Mᵐᵉ de Luxembourg (3), chanté par le chevalier de Boufflers (4).

(1) Galerie des modes, chez Esnauts et Rapilly.

(2) Mémoires sur le règne de Louis XVI, par Soulavie, vol. VI.

(3) La maréchale de Luxembourg envoyait à sa petite-fille la duchesse de Lauzun, pour étrennes et comme un persiflage de son engouement de cette mode, un tablier en toile d'emballage, garni d'une superbe dentelle.

(4) Correspondance secrète, vol. XII. — Mémoires de la République des lettres, vol. XX.

Puis à la simplicité des étoffes blanches, se mêle la
simplicité de cette paysannerie qui remplit alors les
romans, les imaginations, les cœurs. Les bijoux rustiques en acier, les croix et les médaillons balancés
à un cordon de cou, prennent la place des diamants
qu'on n'ose plus porter. Chapeau *à la laitière*, *à la
bergère*, *à la vache*, coiffures *à l'ingénue*, bonnets *à la
Jeannette*, souliers *à la Jeannette*, habit de bal *à la
paysanne*, c'est une garde-robe qui semble sortir de
la corbeille de noces de l'*Accordée de village*. Et dans
le zèle de ce retour au naturel, de ce furieux effort
vers la naïveté du costume, vers l'ingénuité des
dehors, la femme ne s'arrête pas là : il arrive, avant
la révolution, un moment où toute la mode de la
femme, tout ce qui l'habille et la pare, est *à l'enfant*.

IX

LA DOMINATION ET L'INTELLIGENCE DE LA FEMME.

Chaque âge humain, chaque siècle apparaît à la postérité dominé, comme la vie des individus, par un caractère, par une loi intime, supérieure, unique et rigoureuse, dérivant des mœurs, commandant aux faits, et d'où il semble à distance que l'histoire découle. L'étude à première vue discerne dans le dix-huitième siècle ce caractère général, constant, essentiel, cette loi suprême d'une société qui en est le couronnement, la physionomie et le secret : l'âme de ce temps, le centre de ce monde, le point d'où tout rayonne, le sommet d'où tout descend, l'image sur laquelle tout se modèle, c'est la femme.

La femme, au dix-huitième siècle, est le principe qui gouverne, la raison qui dirige, la voix qui commande. Elle est la cause universelle et fatale, l'origine des événements, la source des choses. Elle préside au temps, comme la Fortune de son histoire.

Rien ne lui échappe, et elle tient tout, le Roi et la France, la volonté du souverain et l'autorité de l'opinion. Elle ordonne à la cour, elle est maîtresse au foyer. Les révolutions des alliances et des systèmes, la paix, la guerre, les lettres, les arts, les modes du dix-huitième siècle aussi bien que ses destinées, elle les porte dans sa robe, elle les plie à son caprice ou à ses passions. Elle fait les abaissements et les élévations. Elle a, pour bâtir les grandeurs et pour les effacer, la main de la faveur et les foudres de la disgrâce. Point de catastrophes, point de scandales, point de grands coups qui ne viennent d'elle dans ce siècle qu'elle remplit de prodiges, d'étonnements. et d'aventures, dans cette histoire où elle met les surprises du roman. Depuis l'exaltation de Dubois à l'archevêché de Cambrai jusqu'au renvoi de Choiseul, il y a derrière tout ce qui monte et tout ce qui tombe une Fillon ou une du Barry, une femme, et toujours une femme. D'un bout à l'autre du siècle, le gouvernement de la femme est le seul gouvernement visible et sensible, ayant la suite et le ressort, la réalité et l'activité du pouvoir, sans défaillance, sans apathie, sans interrègne : c'est le gouvernement de Mme de Prie; c'est le gouvernement de Mme de Mailly; cest le gouvernement de Mme de Châteauroux; c'est le gouvernement do Mme de Pompadour; c'est le gouvernement de Mme du Barry. Et plus tard, l'amitié succédant aux maîtresses, ne verra-t-on point le règne de Mme de Polignac ?

L'imagination de la femme est assise à la table du conseil. La femme dicte, selon la fantaisie de ses goûts, de ses sympathies, de ses antipathies, la politique intérieure et la politique extérieure. Elle donne ses instructions aux ministres, elle inspire ses ambassadeurs. Elle impose ses idées, ses désirs à la diplomatie, son ton, sa langue même et le sans façon de ses petites grâces, à la langue diplomatique qui ramasse sous elle, dans les dépêches de Bernis, des mots de ruelle et des familiarités de caillette. Elle ne manie pas seulement les intérêts de la France, elle dispose de son sang; et ne voulant absolument rien laisser à l'action même de l'homme qu'elle n'ait dessiné et conduit, marqué de l'empreinte de son génie, signé sur un coin de toilette de la signature de son sexe, elle commande jusqu'aux défaites de l'armée française avec ces plans de bataille envoyés aux quartiers généraux, ces plans où les positions sont figurées par des *mouches* (1)!

La femme touche à tout. Elle est partout. Elle est la lumière, elle est aussi l'ombre de ce temps dont les grands mystères historiques cachent toujours dans leur dernier fond une passion de femme, un amour, une haine, une lutte pareille à cette jalousie de Mme de Prie et de Mme de Pléneuf qui cause la chute de Leblanc (2).

Cette domination des femmes, qui monte jusqu'au Roi, est répandue tout autour de lui. La famille ou

(1) Mémoires de Mme de Genlis, vol. X. Dictionnaire des étiquettes.
(2) Revue rétrospective, vol. XV.

l'amour met auprès du ministre une femme qui s'empare de lui et le possède : le cardinal de Tencin obéit à Mme de Tencin, Mme d'Estrades dispose du comte d'Argenson, le duc de Choiseul est mené par la duchesse de Gramont, sans laquelle peut-être il aurait accepté la paix que lui offrait la du Barry, Mme de Langeac a voix délibérative sur les lettres de cachet que Terray lance, Mlle Renard sur les promotions d'officiers généraux que M. de Montbarrey fait signer au Roi, Mlle Guimard sur les bénéfices ecclésiastiques que Jarente distribue. Des ministres, la domination de la femme descend aux bureaux des ministères. Elle enveloppe toute l'administration du réseau de ses mille influences. Elle s'étend sur tous les emplois, sur toutes les charges qui s'arrachent à Versailles. Par l'empressement des démarches, par l'étendue des relations, par l'adresse, la passion, l'opiniâtreté des sollicitations, la femme arrive à remplir de ses créatures les services de l'État. Elle parvient à devenir la maîtresse presque souveraine de la carrière de l'homme, une espèce de pouvoir secret qui dispense à chacun l'avancement selon ses mérites d'agrément. Qu'on écoute un témoin du temps sur l'universalité et la force de sa puissance : « Il n'y a personne, dit Montesquieu, qui ait quelque emploi à la cour, dans Paris, ou dans les provinces qui n'ait une femme par les mains de laquelle passent toutes les grâces et quelquefois les injustices qu'il peut faire. Ces femmes ont toutes des relations les unes avec les autres et

forment une espèce de république dont les membres toujours actifs se secourent et se servent mutuellement : c'est comme un nouvel État dans l'État ;
et celui qui est à la cour, à Paris, dans les provinces, qui voit agir des ministres, des magistrats, des
prélats, s'il ne connaît les femmes qui les gouvernent, est comme un homme qui voit bien une
machine qui joue, mais qui n'en connaît point les
ressorts (1). »

Régnant dans l'État, la femme est maîtresse au
foyer. Le pouvoir du mari lui est soumis comme le
pouvoir du Roi, comme le pouvoir et le crédit des
ministres. Sa volonté décide et l'emporte dans les
affaires domestiques comme dans les affaires publiques. La famille relève d'elle : l'intérieur semble
être son bien et son royaume. La maison lui obéit
et reçoit ses ordres. Des formules, inconnues jusqu'alors, lui attribuent une sorte de propriété
des gens et des choses de la communauté, dont
le mari est exclu. Dans la langue du temps, ce
n'est plus au nom du mari, c'est au nom de la femme
que tout est rapporté ; c'est au nom de la femme que
se fait tout le service : on va voir Madame, faire la
partie de Madame, dîner avec Madame, on sert le
dîner de Madame (2), — expressions nouvelles, dont
la lettre suffit pour donner l'idée de la décroissance
de l'autorité du mari, du progrès de l'autorité de la
femme.

(1) Lettres persanes. *Amsterdam*, 1731.
2 Les bagatelles morales.

Cette influence, cette domination sans exemple, cette souveraineté de droit presque divin, à quoi faut-il l'attribuer? Où en est la clef et l'explication? La femme du dix-huitième siècle dut-elle seulement sa puissance aux qualités propres de son sexe, aux charmes de sa nature, aux séductions habituelles de son être? La dut-elle absolument à son temps, à la mode humaine, à ce règne du plaisir qui lui apporta le pouvoir dans un baiser et la fit commander à tout, en commandant à l'amour? Sans doute, la femme tira de ses grâces de tous les temps, du milieu et des dispositions particulières de son siècle, une force et une facilité naturelles d'autorité. Mais sa royauté vint avant tout de son intelligence, et d'un niveau général si singulièrement supérieur chez la femme d'alors qu'il n'a d'égal que l'ambition et l'étendue de son gouvernement. Que l'on s'arrête un moment aux portraits du temps, aux peintures, aux pastels de Latour : l'intelligence est là dans ces têtes de femmes, sur ces visages, vivante. Le front médite. L'ombre d'une lecture ou la caresse d'une réflexion y passe, en l'effleurant. L'œil vous suit du regard comme il vous suivrait de la pensée. La bouche est fine, la lèvre mince. Il y a dans toutes ces physionomies la résolution et l'éclair d'une idée virile, une profondeur dans la mutinerie même, je ne sais quoi de pensant et de perçant, ce mélange de l'homme et de la femme d'État dont vous retrouverez les traits jusque sur la figure d'une comédienne, de la Sylvia. A étudier ces visages qui deviennent sérieux à mesure qu'on les regarde, un caractère net et décidé se montre sous la grâce ; la pénétration, le sang-froid et l'énergie spirituelle, les puissances et les résistances de volonté de la femme que ces portraits ne voilent qu'à demi, apparaissent : l'expérience de la vie, la science de toutes ses leçons, se font jour sous l'air enjoué, et le sourire semble être sur les lèvres comme la finesse du bon sens et la menace de l'esprit.

Quittez les portraits, ouvrez l'histoire : le génie de la femme du dix-huitième siècle ne démentira pas cette physionomie. Vous le verrez s'approprier aux plus grands rôles, s'élargir, grandir, devenir, par l'application, l'étude, la volonté, assez mâle ou du moins assez sérieux pour expliquer, légitimer presque ses plus étonnantes et ses plus scandaleuses usurpations. Il s'élèvera au maniement des intérêts et des événements les plus graves, il touchera aux questions ministérielles ; il s'interposera dans les querelles des grands corps de l'État, dans les troubles du royaume ; il prendra la responsabilité et la volonté du Roi ; il montera sur les hauteurs, il descendra aux détails de cet art redoutable et compliqué du gouvernement, sans que l'ennui l'arrête, sans que le vertige le trouble, sans que les forces lui manquent. La femme mettra ses passions dans la politique, mais elle y mettra aussi des talents sans exemple et tout inattendus. Son esprit montrera, comme son visage, certains traits de l'homme d'État ; et l'on s'étonnera de voir par instants la maîtresse du Roi faire si dignement le personnage de son premier ministre.

Le succès, il est vrai, a manqué aux projets conçus ou accueillis par ces femmes qui en gouvernant la volonté royale ont gouverné les destins de la monarchie; leurs plans, leurs innovations, les systèmes de leurs conseillers, poursuivis par elles avec la constance de l'entêtement, leurs illusions opiniâtres ont abouti à des revers, à des défaites, à des malheurs. Mais les hommes politiques qui ont laissé un nom dans le dix-huitième siècle ont-ils été plus heureux que les femmes politiques? Qui a réussi parmi eux? Qui a commandé aux événements? Qui a fait l'œuvre qu'il voulait? Qui, parmi les plus fameux, n'a pas laissé derrière lui un héritage de ruine? Est-ce Choiseul? Est-ce Necker? Est-ce Mirabeau? Pour avoir eu contre elle la force qui en politique condamne et ne juge pas : la fortune, la femme du dix-huitième siècle n'en a pas moins déployé de remarquables aptitudes, de singuliers talents, d'étonnantes capacités sur le théâtre des plus grandes affaires. Elle y a apporté une grandeur supérieure aux instincts de son sexe; et l'on ne peut nier qu'elle ait possédé ce qui est le cœur du politique, ce qui fait l'élévation morale de l'ambition : l'amour de la gloire, et sinon le respect, au moins la préoccupation de la postérité. Elle y a apporté avant tout, elle y a fait paraître les deux qualités qui sont devenues, depuis elle, les deux forces des gouvernements modernes, le secret et

l'art de régner : la séduction des hommes et l'éloquence.

Ces dons, la séduction, l'éloquence, un ministre
du temps les a-t-il poussés plus loin que cette
femme qui personnifie au dix-huitième siècle la
femme d'État, que Mme de Pompadour? Un précieux
témoignage va nous donner la mesure de son
adresse politique, le ton de sa grâce insinuante,
l'accent de sa voix, de cette voix de femme et de
ministre qui se plie à tout et monte à tout, s'assou-
plit jusqu'à la caresse, se raidit jusqu'au commandement, répond, discute, et couvre tout à coup le
raisonnement de son adversaire avec la réplique
inspirée d'un grand orateur. Ce témoignage est le
récit dialogué qu'un de ses ennemis, un parlementaire, le président de Meinières, a laissé des deux
entrevues qu'il eut avec elle au sujet des affaires du
Parlement. Qu'on le lise : on sortira de cette lecture
comme M. de Meinières sort de l'antichambre où
la favorite lui a parlé, avec l'étonnement et l'admiration. Tout d'abord, quelle attitude qui impose
le respect! quel regard tombant de haut! puis quels
yeux appuyés sur les yeux de l'homme qui lui parle!
Le parlementaire, habitué pourtant à parler, rompu
à l'assurance, cherche ses mots; sa voix tremble.
Mme de Pompadour n'a pas une hésitation : elle dit
ce qu'elle veut, et ne dit que ce qu'elle veut. Elle
laisse engager M. de Meinières, elle l'encourage en
le complimentant, elle l'arrête en lui opposant les
dispositions du Roi, du Roi dont elle affirme avec

une expression souveraine l'autorité royale. Quels
retours habiles, lorsque dans cet homme, qui est
le Parlement, et avec lequel elle veut traiter,
elle cherche le cœur du père qui a son fils à placer,
et qu'on peut par là plier aux accommodements,
décider peut-être à abandonner les engagements
de son corps, à écrire au Roi une lettre particulière de soumission! Aux objections de Meinières,
comme tout de suite, après un mot de bienveillance, elle se relève, ramasse le mot *honneur* que
lui oppose le parlementaire, s'étend en termes superbes sur l'honneur qu'il y a à faire ce que le Roi
désire, ce qu'il ordonne, ce qu'il veut! Puis lancée,
entraînée, s'abandonnant à ses idées, et trouvant
toujours le mot juste, elle jugeait toute la conduite
du parlement, toute l'affaire des démissions, avec
une parole courante, passant de la plus haute ironie
aux plus heureux mouvements d'interpellation, aux
questions pressantes, aux exclamations échappées de l'âme. Et la discussion reprenant, Mme de
Pompadour faisait encore intervenir le Roi, elle le
faisait pour ainsi dire apparaître en le dégageant de
ses ministres, en lui attribuant une volonté personnelle : et c'était le droit de Louis XV, son pouvoir,
qui semblaient parler dans sa voix; c'était, dans sa
bouche, la colère d'un Roi qui se retourne contre
une révolte, lorsqu'elle demandait à Meinières :
« Mais, je vous demande un peu, messieurs du Parlement, qui êtes-vous donc pour résister comme
vous faites aux volontés de votre maître? » Et la

voilà lui exposant la position du Parlement de 1673 à 1715, se rappelant les dates, l'ordonnance de 1667, le lit de justice de 1673, n'oubliant rien, ne brouillant rien, toujours claire, rapide, vive, accablant le parlementaire qui sort de l'entrevue, troublé, déconcerté, extasié, poursuivi par la tentation et la majesté de cette parole de femme (1).

Avant Mme de Pompadour, sur une scène moins brillante, au second plan des événements, derrière les courtisans et les maîtresses, le dix-huitième siècle n'avait-il point déjà montré une femme d'une activité prodigieuse, d'un esprit souple et hardi, d'une imagination fertile en toutes sortes de ressources, alliant le sang-froid à la vivacité, joignant à l'invention des expédients la vue d'ensemble d'une situation, possédant à la fois la largeur des conceptions et la science des moyens, mesurant les hommes, éclairant les choses, menant de l'ombre, où elle s'agite et travaille, du fond des mines qu'elle pousse de tous côtés sous la cour, la faveur des hommes et la faveur des femmes? Je veux parler de cette petite femme nerveuse et frêle, à la mine d'oiseau : Mme de Tencin, ce grand ministre de l'intrigue, qui un moment enveloppe tout Versailles et tient le Roi par les deux côtés, par le caprice et par l'habitude, par Richelieu et par Mme de Châteauroux. Mais aussi que de menées secrètes, que de mouvements auxquels

_____

(1) Mélanges de littérature et d'histoire recueillis et publiés par la Société des Bibliophiles français. *Paris, Techener,* 1856. — Mémoires du maréchal de Richelieu, par Soulavie, 1793, vol. VIII.

suffisent à peine le jour et la nuit de cette femme
employée, agitée, et s'avançant par ce qu'elle appelle
« tous les souterrains possibles ! » Ce n'est point,
comme une Mme de Pompadour, une comédienne
sublime et jalouse d'éblouir : c'est une ambitieuse
enragée, adroite, infatigable, conduisant sourdement
et à couvert la guerre contre les ministres et contre
tout ce qui est à la cour un empêchement à la fortune de son frère. Et voyez-la marquer les positions
sur la carte de la cour, percer les apparences, son-
der les capacités, peser les réputations, les popula-
rités, les ministres enflés et gonflés « de cent pieds
au-dessous de leurs places », le génie des Belle-Isle,
le talent des Noailles, elle ramène tout au juste point,
elle conseille, elle avertit, elle dessine l'attaque, elle
devine la défense avec une sagacité toujours nette,
une lucidité à laquelle rien n'échappe, et qui saisit
tout dans sa source. C'est cette femme, c'est Mme de
Tencin, qui la première apprécie toute la vie que
retire à un gouvernement l'apathie de son chef, cet
embarras que met dans tous les rouages de l'administration l'indifférence du prince, cette léthargie
qui du trône se répand dans toute la monarchie.
C'est elle qui souffle son rôle à Mme de Châteauroux
et lui inspire la grande pensée de son règne, en lui
faisant passer l'idée d'envoyer son amant à la guerre ;
c'est elle qui, par les mains de la maîtresse, pousse
Louis XV à l'armée et lui envoie prendre en Flandres
cette robe virile d'un roi de France : la Gloire. Et
là-dessus, quelles paroles elle a, quel jugement pra-

tique et qui dépouille l'illusion pour toucher la
vérité ! « Ce n'est pas que, entre nous, dit-elle de
Louis XV, il soit en état de commander une compagnie de grenadiers, mais sa présence fera beaucoup. Les troupes feront mieux leur devoir, et les
généraux n'oseront pas manquer si ouvertement au
leur. Dans le fait, cette idée me paraît belle, et c'est
le seul moyen de continuer la guerre avec moins de
désavantage. Un roi, quel qu'il soit, est pour les soldats et le peuple ce qu'était l'arche d'alliance pour
les Hébreux ; sa présence seule annonce des succès (1). »

Éloquence, intelligence, discernement du nœud
des questions, éclairs du raisonnement, puissance
de la déduction, imagination des solutions, habileté
stratégique, science des marches et des contre-marches sur le terrain mobile de la cour, où le pied glisse
et ne peut poser, toutes ces qualités, tous ces
dons obéissent, chez ces femmes, à une force
supérieure qui règle leur emploi, les régit, leur
commande, leur donne le mot d'ordre et le point
d'appui. Cette faculté morale et véritablement supérieure, qui dépasse même, chez les mieux douées,
les facultés spirituelles, est la pénétration des caractères et des tempéraments, la perception des
ambitions, des intérêts, des passions, du secret des
âmes, en un mot, cette intuition native que déve-

(1) Correspondance du cardinal de Tencin et de M™ᵉ de Tencin, sa
sœur, sur les intrigues de la cour de France, 1790. — Lettres de M™ᵉˢ de
Villars, la Fayette, de Tencin, 1823.

loppent l'usage, l'expérience, la nécessité, la connaissance des hommes. La connaissance des hommes, voilà la science véritablement propre à la
femme du dix-huitième siècle, l'aptitude la plus
haute de sa fine et délicate nature, l'instinct général de son temps, presque universel dans son sexe,
qui révèle sa profondeur et sa valeur cachées. Car, si
elle éclate chez beaucoup de femmes, cette connaissance se laisse apercevoir chez presque toutes. Si
elle ne s'affirme pas par des lettres, des mémoires,
des conférences, elle s'échappe dans la causerie par
des paroles, par des mots. Aux femmes d'État, aux
femmes d'affaires, les femmes de cour ne le cèdent
point en pénétration. Elles aussi sous leur air de
futilité font leur étude de l'homme. Dans cet air
subtil de Versailles, leur observation s'exerce tout
autour d'elles et ne repose point un instant. Elles
creusent tout ce qui est apparence, elles percent
tout ce qui est dehors; elles interrogent les gens à
leur portée, elles les tâtent, elles les reconnaissent,
et elles arrivent à préjuger leurs mouvements, leurs
résolutions, leurs façons d'agir dans telle ou telle
circonstance, à fixer, comme dans un cercle de pro-
babilités presque infaillibles, leurs inconstances,
même le battement et le jeu de leur cœur. Mme de
Tencin laissera de la faiblesse royale de Louis XV
un portrait que nul historien n'égalera; mais qui
dira le dernier mot sur la faiblesse humaine de ce
Roi? Qui le jugera à fond? Qui indiquera avec une
vivacité et une précision admirables la physionomie

de l'homme et de l'amant? Qui connaîtra Louis XV
mieux que Mme de Pompadour elle-même? La femme
que Mme du Hausset appelle « la meilleure tête du
conseil de Mme de Pompadour, » la maréchale de
Mirepoix, qui, lors des alarmes données à la favorite
par Mlle de Romans, rassure ainsi son amie : « Je
ne vous dirai pas qu'il vous aime mieux qu'elle, et
si, par un coup de baguette, elle pouvait être trans-
portée ici, qu'on lui donnât ce soir à souper, et
qu'on fût au courant des ses goûts, il y aurait
peut-être pour vous de quoi trembler. Mais les
princes sont avant tout des gens d'habitude. L'amitié du Roi pour vous est là même que pour votre
appartement, vos entours ; vous êtes faite à ses manières, à ses histoires ; il ne se gène pas, ne craint
pas de vous ennuyer : comment voulez-vous qu'il
ait le courage de déraciner tout cela en un jour (1)? »

Hors de Versailles même, au-dessous de la sphère
des affaires et des intrigues, au foyer, dans la
famille, dans le ménage, cette perspicacité était
encore une arme et une supériorité de la femme.
Jeune fille, elle en avait déjà fait usage pour juger
les partis qu'on lui offrait, découvrir sous le sourire des hommes qui cherchaient à lui plaire les in-
dices d'une humeur violente, de la jalousie, de l'injustice, les menaces d'une tyrannie. Mariée, elle ne
gardait pas une illusion sur son mari ; elle le voyait
à fond, elle le mettait à jour, elle le jugeait froide-

(1) Mémoires de Mme du Hausset.

ment, sans passion comme sans pitié. Souvent, elle le connaissait mieux qu'il ne se connaissait lui-même; et quel portrait elle en faisait d'une parole légère et volante! L'analyse en courant mettait l'homme à nu tout entier. Chaque mot touchait un ridicule, une fibre molle; chaque mot montrait quelle expérience la femme avait des goûts, des caprices, de la volonté, des complaisances, des chimères de ce mari qu'elle démontait sentiment à sentiment, et dépouillait pièce à pièce, ne lui laissant pas même l'amour qu'il croyait avoir pour elle et qu'il n'avait pas. « M. de Jully serait bien étonné, disait Mme de Jully à sa belle-sœur, si on venait lui apprendre qu'il ne se soucie pas de moi. Ce serait un cruel tour à lui jouer et à moi aussi, car il serait homme à se déranger tout à fait si on lui faisait perdre cette manie (1)... »

Toutes ces clairvoyances si fines, appelées par un contemporain « des lisières pour conduire les hommes (2) », la femme du dix-huitième siècle les possède donc. Les plis de l'amour-propre, le secret des modesties, le mensonge des grandeurs, les affectations de noblesse, ce que l'homme cache, ce qu'il simule, toutes les manières de légéreté, les moindres nuances des physionomies morales n'ont rien qui échappe à son coup d'œil. Occupées sans cesse à observer, forcées par les besoins de leur domina-

---

(1) Mémoires de Mme d'Épinay, vol. I.

(2) Essai sur le caractère, les mœurs et l'esprit des femmes dans les différents siècles, par Thomas. Paris, 1772.

tion, par leur place dans la société, par les intérêts
de leur sexe, par l'inaction même, à ce travail continu, incessant, presque inconscient, du jugement,
de la comparaison, de l'analyse, les femmes de ce
temps arrivent à cette sagacité qui leur donne le
gouvernement du monde, en leur permettant de
frapper juste et droit aux passions, aux intérêts, aux
faiblesses de chacun; tact prodigieux, que les femmes d'alors acquièrent si vite, et dont l'éducation
leur coûte si peu, qu'il semble en elles un sens naturel. Et ne dirait-on pas qu'il y a de l'intuition
dans l'expérience de tant de jeunes femmes possédant cet admirable don de la femme du dix-huitième
siècle : la science sans étude, la science qui faisait
que les savantes savaient beaucoup sans érudition,
la science qui faisait que les mondaines savaient
tout sans avoir rien appris? « Les jeunes intelligences devinaient plutôt qu'elles n'apprenaient, »
a dit d'un mot profond Sénac de Meilhan.

Ce génie, cette habitude de perception, de pénétration, cette rapidité et cette sûreté du coup d'œil
mettaient au fond de la femme une raison de conduite, un esprit souvent caché par les dehors du
dix-huitième siècle, mais qu'il est pourtant facile de
discerner par tous les traits qu'il a laissé échapper.
Cet esprit était la personnalité et la propriété du jugement appliqué à la vérité des choses, rapporté
à la réalité de la vie : l'esprit pratique. Quand on
fouille l'intelligence des femmes de ce temps, c'est
là ce qu'on trouve, au bout de la légèreté, un terrain

ferme, froid et sec, où s'arrêtent tous les préjugés,
toutes les illusions, souvent toutes les croyances.
Un « épais bon sens », c'est l'âme de cette intelligence, une âme que rien n'échauffe, mais qui éclaire
tout. Un homme lui demandera-t-il conseil? Ce bon
sens de la femme lui répondra « de se faire des
amies plutôt que des amis. Car au moyen des femmes
on fait tout ce que l'on veut des hommes ; et puis ils
sont les uns trop dissipés, les autres trop préoccupés
de leurs intérêts personnels, pour ne pas négliger
les vôtres, au lieu que les femmes y pensent, ne
fût-ce que par oisiveté. Mais de celles que vous croi-
rez pouvoir vous être utiles, gardez-vous d'être
autre chose que l'ami (1). »

Que de leçons, quelle finesse, parfois quelle
effrayante profondeur et quelles extrémités dans ce
positivisme de l'appréciation et de l'observation,
dans ce scepticisme imperturbable et qui paraît naturel ! Cette sagesse désabusée de Dieu, de la société, de l'homme, de la foi en quoi que ce soit,
faite de toutes les défiances et de toutes les désillu-
sions, absolue et nette comme la preuve d'une opération mathématique, n'ayant qu'un principe, la
reconnaissance du fait, cette sagesse mettra dans
la bouche d'une jeune femme : « C'est à son amant
qu'il ne faut jamais dire qu'on ne croit pas en Dieu ;
mais à son mari, cela est bien égal, parce qu'avec
un amant il faut se réserver une porte de dégage-

---

(1) Mémoires de Marmontel, vol. II.

ment. La dévotion, les scrupules coupent court à tout (1). » Elle fera dire à la femme de Piron, à laquelle Collé vantait un jour la probité d'un homme : « Quoi! un homme qui a de l'esprit comme vous donne-t-il dans le préjugé du *tien* et du *mien* (2)? » Elle donnera enfin à la femme ce mépris complet de l'humanité, cette incrédulité à l'honneur des hommes qui fit sortir du cœur de Mme Geoffrin le mot trouvé sublime par le comte de Schomberg. Mme Geoffrin avait fait à Rulhière des offres très-considérables pour qu'il jetât au feu son manuscrit sur la Russie. Rulhière s'indignait à la proposition, déployait de l'éloquence, lui démontrait avec feu l'indignité et la lâcheté de l'action qu'elle lui demandait. Mme Geoffrin le laissa parler ; puis, quand il eut fini : « En voulez-vous davantage? » Ce fut toute sa réponse (3).

Telle est la valeur morale de la femme au dix-huitième siècle. Étudions maintenant sa valeur intellectuelle, spirituelle, littéraire. Une parole, un livre, des lettres, les goûts de son sexe vont nous la montrer.

Le premier trait de cette intelligence de la femme dans la compréhension et le jugement des choses de l'esprit est un sens correspondant à ses facultés morales : le sens critique. Un conseil de femme du dix-huitième à un débutant qui lui avait lu une comédie fera paraître mieux que toute appréciation

(1) Mémoires de Mme d'Épinay, vol. I.
(2) Journal de Collé, vol. I.
(3) Correspondance de Grimm, vol. X.

dans toute son étendue, dans toute sa force, ce sens
rare et d'apparence contraire au tempérament de
la femme. « A votre âge, lui dit cette femme après la
lecture, on peut faire de bons vers, mais non une
bonne comédie ; car ce n'est pas seulement l'œuvre
du talent, c'est aussi le fruit de l'expérience. Vous
avez étudié le théâtre; mais, heureusement pour vous,
vous n'avez pas encore eu le temps d'étudier le
monde. On ne fait point de portraits sans modèles.
Répandez-vous dans la société. L'homme ordinaire
n'y voit que des visages, l'homme de talent y démêle
des physionomies; et ne croyez pas qu'il faille vivre
dans le grand monde pour le connaître, regardez
bien autour de vous, vous y apercevrez les vices et
les ridicules de tous les états. A Paris surtout, les
sottises et les travers des grands se communiquent
bien vite aux rangs inférieurs, et peut-être l'auteur
comique a-t-il plus d'avantage à les y observer, par
cela même qu'ils s'y montrent avec moins d'art et
des formes moins adoucies. A chaque époque il y a
dans les mœurs un caractère propre et une couleur
dominante qu'il faut bien saisir. Savez-vous quel est
le trait le plus marquant de nos mœurs actuelles? —
Il me semble que c'est la galanterie, dit le débutant.
— Non, c'est la vanité. Faites-y bien attention, vous
verrez qu'elle se mêle à tout, qu'elle gâte tout ce
qu'il y a de grand, qu'elle dégrade les passions,
qu'elle affaiblit jusqu'aux vices (1). » Où trouver du

(1) Mélanges de littérature, par Suard. *Paris*, 1805, vol. I.

théâtre comique une appréciation plus haute et plus juste? Où trouver un *Art poétique* de la comédie aussi bref, et lui montrant avec une telle précision sa proie, son but, ses couleurs, ses matériaux, la grande idée sociale qu'elle doit saisir sur le vif, sur le vrai de la nature et de l'humanité contemporaine?

Expérience de la société, peinture des portraits d'après les modèles, étude des physionomies démêlées sous les visages, ce que cette femme indique fera dans ce siècle le génie d'écrivain d'une femme. Un chef-d'œuvre sortira en ce temps d'une main féminine; et ce n'est point l'imagination qui inspirera ce chef-d'œuvre: c'est l'observation qui le dictera, l'observation qui y fera parler le cœur même, l'observation psychologique qui y descendra jusqu'au fond de la passion, et l'interrogera jusqu'au bout. La femme qui écrira ce livre étrange et charmant, Mᵐᵉ d'Épinay, l'écrira séduite et tentée par un roman de Rousseau : elle-même croira écrire un roman; et ce sera sa vie qu'elle ouvrira, son temps qu'elle mettra à nu. Elle aura voulu s'approcher de la *Nouvelle Héloïse :* elle atteindra aux *Confessions.*

Il y a un homme dans les *Confessions* de Rousseau ; il y a une société dans les Mémoires de Mᵐᵉ d'Épinay. Le mariage, le ménage, l'amour, l'adultère, les institutions et les scandales établis y passent, y revivent, s'y déroulent et s'y développent. Autour de chaque fait l'air du temps circule ; les conversations ont un bruit de voix : on entend le tapage de la table de Quinault. On écoute aux portes cette scène de jalousie entre Mme d'Épinay et Mme de Vercel, scène admirable, supérieure en naturel, en dramatique voilé, à tous les dialogues de notre théâtre. Les figures de femmes qui défilent dans le livre se détachent du papier : Mme d'Arty, Mme d'Houdetot, Mme de Jully, Mlle d'Ette, sont des personnages qui respirent, leur souffle passe dans leurs paroles. Duclos effraye, et Rousseau ressemble à faire peur ; les petits hommes, les Margency apparaissent, fouillés d'un mot, esquissés jusqu'à l'âme en passant. Confessions sans exemple, où de l'étude du monde qui l'entoure, de son mari, de son amant, de ses amis, de sa famille, la femme qui revient sans cesse à l'étude d'elle-même, à l'aveu de ses faiblesses, creuse son esprit, creuse son cœur, en raconte les battements, en expose les lâchetés ! La connaissance de soi-même, la connaissance des autres, n'ont peut-être jamais été si loin sous la plume d'un homme : elles n'iront pas plus loin sous une plume de femme.

Mais le livre n'est en ce temps que la manifestation accidentelle de l'intelligence de la femme. Sa pensée, sa force et sa pénétration d'esprit, sa finesse d'observation, sa vivacité d'idée et de compréhension, éclatent à tout instant sous une forme tout autre, dans le jet instantané de la parole. La femme du dix-huitième siècle se témoigne avant tout par la conversation.

Cette science qui se dérobe à toutes les analyses, dont les principes échappent à tous ceux qui l'étudient en ce siècle, à Swift comme à Moncrif, à Moncrif comme à Morellet : ce talent indéfinissable, sans principes, naturel comme la grâce, ce génie social de la France, l'art de la conversation est le génie propre des femmes de ce temps. Elles y font entrer tout leur esprit, tous leurs charmes, ce désir de plaire qui donne l'âme au savoir-vivre et à la politesse, ce jugement prompt et délicat qui embrasse d'un seul coup d'œil toutes les convenances, par rapport au rang, à l'âge, aux opinions, au degré d'amour-propre de chacun. Elles en écartent le pédantisme et la dispute, la personnalité et le despotisme. Elles en font le plaisir exquis que tous se donnent et que tous reçoivent. Elles y mettent la liberté, l'enjouement, la légèreté, le mouvement, des idées courantes et volant de main en main. Elles lui donnent ce ton de perfection inimitable, sans pesanteur et sans frivolité, savant sans pédanterie, gai sans tumulte, poli sans affectation, galant sans fadeur, badin sans équivoque. Les maximes et les saillies, les caresses et la flatterie, les traits de l'ironie se mêlent et se succèdent dans cette causerie, qui semble mettre tour à tour sur les lèvres de la femme l'esprit ou la raison. Point de dissertation : les mots partent, les questions se pressent, et tout ce qu'on effleure est jugé. La conversation glisse, monte, descend, court et revient ; la rapidité lui donne le trait, la précision la mène à l'élégance. Et quelle aisance de la femme, quelle facilité de parole, quelle abondance d'aperçus, quel feu, quelle verve pour faire passer cette causerie coulante et rapide sur toutes choses, la ramener de Versailles à

Paris, de la plaisanterie du jour à l'événement du moment, du ridicule d'un ministre au succès d'une pièce, d'une nouvelle de mariage à l'annonce d'un livre, d'une silhouette de courtisan au portrait d'un homme célèbre, de la société au gouvernement ! Car tout est du ressort et de la compétence de cette conversation de la femme ; qu'un propos grave, qu'une question sérieuse se fasse jour, l'étourderie délicieuse fait place, chez elle, à la profondeur du sens ; elle étonne par ce qu'elle montre soudainement de connaissances et de réflexions imprévues, et elle arrache à un philosophe cet aveu : « Un point de morale ne serait pas mieux discuté dans la société de philosophes que dans celle d'une jolie femme de Paris (1). »

Où retrouver pourtant cette conversation de la femme du dix-huitième siècle, cette parole morte avec sa voix ? Dans un écho, dans cette confidence de l'esprit d'un temps à l'oreille de l'histoire : la lettre.

L'accent de la conversation de la femme du dix-huitième siècle se trouve là endormi, mais vivant. Cette relique de sa grâce, la lettre, est sa causerie même. Elle en garde le tour et le bavardage, l'étourdissement et l'heureuse folie. Sous la main de la femme qui se hâte, qui brusque l'écriture et l'orthographe des mots, la vie du temps semble pétiller; quand elle l'attrape et la raconte au passage, l'esprit déborde de sa plume comme la mousse d'un vin de

(1) Julie, ou la Nouvelle Héloïse.

souper. C'est un style à la diable, qui va, qui vient,
qui se perd, qui se retrouve, une parole qui n'écoute
rien et qui répond à tout, une improvisation sans
dessin, pleine de bruit, de couleur, de caprice, brouillant les mots, les idées, les portraits, et laissant du
mouvement de ce monde mille images pareilles aux
morceaux d'un miroir brisé. N'en donnons qu'un
morceau, un fragment, le commencement de cette
lettre de femme, datée des eaux à la mode, de
Forges :

« Ah bon Dieu que vous avés bien raison ma chère
marmote quel chien de train et quelle chienne de vie
et surtout quelles chiennes de gens, rien n'est com-
parable aux personnes vraiment les noms n'en apro-
chent pas, les visages et les stiles sont bien autres
choses, c'est un ennui, un cavagnol, des compliments,
des bêtises, des gayetés et surtout des agréments à
souffleter, des mérites fort propres aux galères et des
dévotions faites comme de cire pour l'enfer, mais une
madame Danlezy pleine de grâces qui n'est pourtant
rien auprès de Mme de la Grange, qui avant hier n'avoit
que soixante et onze ans, une grande fille, et un lait
répandu de sa dernière couche il y a quatre ans, mais
qui depuis hier y a ajouté un gouëtre de demi aulnes
qui lui est survenu dans la nuit, la pauvre femme
couchée étique s'est réveillée ni plus ni moins qu'un
roi de Sardaigne très-étoffé, voilà de ces coups de la
fortune que ces eaux icy procurent plus souvent à
des mousquetaires qu'à des accouchées septuagé-
naires, mais que faire, il faut bien que la pauvre

femme, après avoir sans doute reçu la rosée du ciel
accepte la graisse de la terre avec résignation...(1)»

Toutefois la verve folle, le bavardage pétillant,
l'esprit étourdissant, ne sont point le plus grand signe
des lettres de femmes du dix-huitième siècle. Les
correspondances montrent, encore plus que les conversations, un caractère de sérieux et de profondeur
chez la femme. Le fond le plus ordinaire du genre
épistolaire n'est plus, comme au siècle précédent,
le tableau, l'image, la peinture. La lettre se remplit
de réflexions, de pensées : l'analyse, le jugement,
l'idée y entrent et s'y font la place la plus large. Le
bruit mondain y passe, les chansons, les anecdotes
y ont leur écho, mais dans un coin, dans un retour
de page, et comme en post-scriptum. Ce qui y parle
le plus haut, ce sont des théories morales. La lettre
a, comme celle qui l'écrit, ce que Mme de Créqui appelait « des moments de *solidité* ». Qu'on feuillette
ces feuilles légères et frémissantes échappées à la
main des femmes les plus mondaines et les plus dis-
sipées d'apparence : la pensée de la femme y soulève
les questions les plus grandes et les plus délicates.
Elle y interroge à tout moment l'âme humaine dans
son âme. Elle s'élève à des réflexions sur le bonheur:
elle définit, elle indique les goûts et les passions qui
peuvent y mener. Elle apprécie et pèse les préjugés
sociaux. A propos d'un livre nouveau, dont elle

(1) Lettre autographe de la duchesse de Chaulnes. Portraits intimes du dix-huitième siècle, par Edmond et Jules de Goncourt. (Sous
presse).

montre d'un mot « la pauvreté pomponnée », à
propos d'une gloire vivante dont elle discerne « les
manigances », elle laisse tomber des réflexions sur
le bien et le mal moral, sur la morale humaine, sur
l'origine et la légitimité des passions. Le portrait d'un
charlatan de vertu l'amène à tracer sur le papier
l'idéal de la vertu. Société, gouvernement, mœurs,
lois, ordre public, tout le programme de la conversation de Mme de Boufflers défile dans ces épîtres,
sans que la femme qui tient la plume paraisse y
songer : ce sont des thèmes qu'elle rencontre naturellement « à travers choux », et dont elle descend
plus naturellement encore pour en venir à un petit
singe qui lui a fait caca dans la main.

Rien de trop ardu, rien de trop viril pour cette
philosophie épistolaire de la femme : elle s'entretient
avec sa raison personnelle, son instinct naturel, de
la peur du néant, de la crainte de la mort, qu'elle
appelle avec Young « la propriétaire du genre humain ». En se jouant, en riant, elle enfile, comme
elle dit, la plus profonde métaphysique, une métaphysique « à quatre deniers ». Elle soulève les pro-
blèmes psychologiques ; elle estime les théories, les
systèmes, elle les réduit en principes courts et subs-
tantiels. Après Grotius, Puffendorff, Barbeyrac, elle
parle du droit naturel en quelques lignes ; après
Fénelon, elle refait l'éducation des filles en quelques
pages. Un *moi* qui réfléchit, qui juge, qui compare,
qui se rend compte de lectures faites, selon le mot
d'une femme, *moralistement*, un *moi* qui n'accepte

rien de l'opinion des autres, et qui raisonne sur ses
sensations, sur ses doutes, sur sa religion même, sur
tout ce qu'il sait, sur tout ce qu'il sent, sur tout ce
qu'il croit, voilà ce qu'on est étonné de trouver dans
ces lettres de femmes du dix-huitième siècle, où tant
de finesse se joint à tant de perspicacité, tant de
hauteur à tant de délicatesse, tant de force d'esprit
à si peu de discipline morale. La pensée y règne, elle
y maîtrise l'imagination, elle y laisse à peine parler
le cœur ; elle y fait taire la sensation sous la formule,
le sentiment sous la définition, la passion sous l'axio-
me. Et à force d'aiguiser cet esprit de dissertation
philosophique et de personnalité critique, à peine
si la réflexion et la pensée laissent à la fin du siècle la
tendresse et le cri de l'âme aux lettres de la femme (1).

De l'intelligence spirituelle de la femme du dix-
huitième siècle il reste encore cette preuve : son
amour des lettres. Les femmes de ce temps vivent
avec les lettres dans une communion familière, dans
une intimité journalière. On perçoit chez toutes un
fondement, une éducation, un coin de littérature.
Au milieu de cette société si occupée des choses de
la pensée et de l'esprit, dans ces hôtels, dans ces
châteaux, qui tous ont leur bibliothèque (2), la femme
se fortifie par la lecture, dont elle a puisé le goût

(1) Mme Necker assure que Mme Geoffrin s'était imposé la loi d'écrire
tous les jours deux lettres et que Mme du Deffand faisait plusieurs
brouillons du plus insignifiant billet du matin. (Mélanges de Mme Necker, vol. II.)

(2) Correspondance de Voltaire, vol. XII.

dans l'ennui du couvent (1). Elle vit dans l'air des livres, elle se soutient par eux ; et à tout instant ses correspondances accusent les sérieuses distractions qu'elle leur demande, toute la nourriture qu'elle tire des volumes les plus graves, des œuvres de philosophie, des récits d'histoire, au sortir du libelle du jour et de la nouveauté courante. De là, une culture littéraire que développent encore les modes des salons, le passe-temps des traductions, les amusements d'usage, de certaines épreuves d'esprit exigées de la femme, et qui lui mettent si souvent dans ce temps la plume à la main. C'est la rime d'une chanson, l'imagination d'un conte, la définition de deux synonymes, la composition d'un proverbe, toutes sortes de petits jeux qui excitent sa facilité, aiguisent son invention, l'habituent, l'exercent sans fatigue au métier d'écrivain. A côté de toutes les femmes auteurs par état, touchant à tous les genres, depuis le poëme épique jusqu'au théâtre forain, la liste ne finirait pas des femmes de la société auteurs sans prétention, par occasion, par entraînement, presque par mégarde. Il est un moment où dans le monde de Mᵐᵉ d'Épinay chacune ébauche son roman : et quelle est celle qui n'a pas cédé à cette mode si répandue des portraits, faisant peindre à toute femme sa société, ses amis, les femmes de sa connaissance avec des touches de style à la Carmontelle (2) ?

---

(1) Essai sur le caractère et les mœurs des François comparés à celle des Anglois. *Londres*, 1776.
(2) Mémoires de Mᵐᵉ d'Épinay. — Mémoires du président Hénault.

Touchant ainsi à la littératnre par tous ses goûts,
s'en approchant de toutes façons, la femme du dix-
huitième siècle est la patronne des lettres. Par l'attention qu'elle leur donne, par la curiosité qu'elle
en a, par l'amusement qu'elle y cherche, par la protection qu'elle leur accorde, elle les attache à sa
personne, elle les attire vers son sexe, elle les dirige
et les gouverne. Et tout ce que le dix-huitième siècle
écrit ne semble-t-il pas en effet écrit à ses genoux,
comme ce poëme des *Jardins*, crayonné sur les patrons
de broderie d'une femme, sur le papier enveloppant
son ouvrage de tapisserie (1)? La femme est la muse
et le conseil de l'écrivain, la femme est le juge, le
public souverain des lettres. Les théories philosophiques, souvent inspirées par elle (2), doivent lui
plaire, elles doivent l'aborder avec un sourire, si elles
veulent avoir la vogue et le retentissement. Les questions de science s'enjoliveront à la Fontenelle, pour
être entre ses mains comme le joujou des secrets du
ciel et du globe. L'économie politique elle-même
prendra l'esprit de Morellet et la verve de Galiani
pour être accueillie par l'esprit de la femme. La pensée
n'aura pas une manifestation, l'intelligence ne revê-
tira pas une forme, l'esprit n'imaginera pas un ton,
l'ennui même ne prendra pas un déguisement qui
ne soit un hommage à cette maîtresse toute-puissante réglant le prix des œuvres et l'estime des au-

(1) Mémoires de la République des lettres, vol. XXI.
(2) Mme Ferrand donna, dit-on, à Condillac l'idée de sa statue animée.
(Mémoires de la République des lettres, vol. XVI.)

teurs (1). Voyez-la régner au théâtre : son caprice
est le destin des premières représentations. Elle
décide de la victoire ou de la défaite des vanités
d'auteurs. Elle commande, mieux que la Morlière,
à toute une salle. Son applaudissement sauve la tragédie qui chute : un de ses bâillements tue la comédie
qui réussit. C'est elle qui fait jouer les pièces, les
fait sortir du portefeuille de l'homme de lettres, les
retouche, les annote, les impose aux comités, aux
ministres, au roi même ; c'est elle qui fait monter
sur la scène les *Philosophes* et *Figaro*. Sans son patronage, sans la recommandation de son engouement, on n'est ni joué, ni applaudi, ni même lu.
Tout genre de littérature, toute espèce d'écrivain,
toute brochure, tout volume, et le chef-d'œuvre
même, a besoin qu'elle lui signe son passe-port,
qu'elle lui ouvre la publicité. Le livre qu'elle adopte
est vendu : elle en place elle-même les exemplaires
en quelques jours, qu'il soit de Rousseau ou de la
Bletterie (2). L'homme qu'elle pousse est arrivé, il
est célèbre, célèbre comme la Harpe, célèbre comme
Marmontel. Pensions, priviléges de journaux, parts
du *Mercure*, tout ce que le ministère laisse tomber
d'argent et de grâces sur les lettres est emporté par
elle et ne va qu'à ses clients. La fortune des Suard
est son ouvrage. Elle est le succès, elle est la faveur ;
et quel peuple d'obligés elle a sous elle ! C'est Robé

(1) Julie, ou la Nouvelle Héloïse.
(2) Correspondance de Grimm, vol. IV. — Mémoires de M*me* d'Épinay,
vol. II.

protégé par la duchesse d'Olonne (1); c'est Roucher protégé par la comtesse de Bussy ; c'est Rousseau protégé par la maréchale de Luxembourg ; c'est Voltaire protégé par Mme de Richelieu, qui exige du garde des sceaux la promesse de ne rien faire contre Voltaire sans la prévenir (2); c'est l'abbé Barthélemy protégé par Mme de Choiseul; c'est Colardeau protégé par Mme de la Vieuxville ; c'est d'Arnaud protégé par Mme de Tessé; c'est Voisenon protégé par la comtesse Turpin ; c'est M. de Guibert protégé par Mlle de Lespinasse ; c'est Dorat protégé par Mme de Beauharnais ; c'est Florian protégé par Mme de Chartres et par Mme de Lamballe ; ce sont tant d'autres que la femme défend, prône, soutient, rente de sa bourse, pousse à l'Académie (3). Car l'Académie en ce temps ne résiste pas plus à la femme que le public et l'opinion. Pendant tout le siècle, n'est-ce point la femme qui dresse ses listes de candidats ? Elle la remplit de ses amis, elle l'ouvre et la ferme. Elle en a la clef, elle en possède les voix. Et il y a des fauteuils qui semblent lui être affermés, et où elle met un homme pour y mettre son nom. Elle accorde ou retire l'immortalité aux vivants ; elle donne la gloire présente ; elle punit par une sorte d'impopularité la célébrité même du talent qui ne lui agrée pas (4). Thomas, qui n'a pas pour lui le parti des femmes, reste obscur avec une réputation. Et pourquoi encore

(1) L'Espion anglois. *Londres*, 1784, vol. IV.
(2) Lettres inédites de Mme du Châtelet. *Paris*, 1806.
(3) Mémoires de la République des lettres, *passim*.
(4) Mémoires de Marmontel. *Paris*, 1805, vol. III.

aujourd'hui le nom de Diderot est-il placé si au-dessous du nom de Voltaire et du nom de Rousseau? C'est qu'il n'a pas été lancé dans le grand courant des gloires reconnues, acclamées par la femme du dix-huitième siècle, consacrées et comme bénies par son enthousiasme.

Et la femme du dix-huitième siècle ne représente pas seulement la faveur et la fortune des lettres : elle personnifie encore la mode et le succès des arts. Ces grâces d'un temps, les arts relèvent d'elle. Elle leur donne l'accord et le ton. elle les encourage et leur sourit. Elle fait leur idéal avec son goût, leur vogue avec son approbation. Et de Watteau à Greuze, pas un grand nom ne s'élève, pas un talent, pas un génie n'est reconnu, s'il n'a eu le mérite de plaire à la femme, s'il n'a caressé, touché, flatté son regard et courtisé son sexe.

La femme aime l'art, elle l'apprécie, elle le pratique comme les lettres, en se jouant, par passe-temps et par instinct naturel. C'est le siècle de ces agréables talents d'amateurs qui mettent le crayon, la pointe même aux mains des jolies femmes. C'est le temps des dessins improvisés sur une table de salon, de ces eaux-fortes, piquantes et naïves, égratignées, semble-t-il, sur le cuivre avec une épingle détachée d'un ruban. Mme Doublet trace le profil de son ami Falconnet. La marquise de la Fare fait le portrait de la Harpe (1). Et le dessin fini n'est pas

(1) Correspondance littéraire de la Harpe. *Paris, an IX*, vol. III.

toujours abandonné à la gravure de Caylus ou de Mariette. Sur une planche vernie par quelque peintre habitué de la maison, la femme découvre le cuivre. Elle tente une eau-forte qu'elle se plaît à distribuer aux personnes de sa société intime. Et au-dessous de Mme de Pompadour qui laisse un œuvre, que de femmes, depuis la duchesse jusqu'à la petite bourgeoise, signent d'un nom fameux ou d'un nom inconnu une petite planche, joie du collectionneur qui la trouve sur les quais en feuilletant quelque vieux carton où elle dort (1) !

De cette protection des écrivains, de cette présidence des lettres, de ce gouvernement des hommes et des œuvres de l'esprit, qui, en atteignant les hommes et les œuvres de l'art, ne laisse aucune des manifestations du temps en dehors de la domination de la femme, la femme tire comme un pouvoir répandu dans l'air et qui plane au-dessus du siècle. La femme, en effet, n'est point seulement, depuis 1700 jusqu'en 1789, le ressort magnifique qui met tout en mouvement : elle semble une puissance d'ordre supérieur, la reine des pensées de la France. Elle est l'idée placée au haut de la société, vers laquelle les yeux sont levés, vers laquelle les âmes sont tendues. Elle est la figure devant laquelle on s'agenouille, la forme qu'on adore. Tout ce qu'une religion attire à elle d'illusions, de prières, d'aspirations, d'élancements,

_____

(1) Cabinet des estampes. Bibliothèque impériale. Portefeuille d'amateurs. — Catalogue des gravures du baron de Vèze.

de soumissions et de croyances se tournent insensiblement vers la femme. La femme fait ce que fait la foi, elle remplit les esprits et les cœurs, et elle est, pendant que règnent Louis XV et Voltaire, ce qui met du ciel dans un siècle sans Dieu. Tout s'empresse à son culte, tous travaillent à son ascension : l'idolâtrie la soulève de terre par toutes ses mains. Pas un écrivain qui ne la chante, pas une plume qui ne lui donne une aile : elle a jusque dans les villes de province des poëtes voués à son culte, des poëtes qui lui appartiennent (1) ; et de l'encens que jettent sous ses pieds les Dorat et les Gentil-Bernard se forme ce nuage d'apothéose, traversé de vols de colombes et de chutes de fleurs, qui est son trône et son autel. La prose, les vers, les pinceaux, les ciseaux et les lyres donnent à son enchantement comme une divinité : et la femme arrive à être pour le dix-huitième siècle, non-seulement le dieu du bonheur, du plaisir, de l'amour, mais l'être poétique, l'être sacré par excellence, le but de toute élévation morale, l'idéal humain incarné dans un sexe de l'humanité.

(1) Correspondance secrète, vol X

X

L'AME DE LA FEMME

Quand le dix-huitième siècle, ses conventions, ses exemples, le bon goût, le bon ton du monde, les leçons de la vie, ont renouvelé complétement l'éducation et presque la nature de la femme, quand ils l'ont dépouillée de tout naturel, de toute timidité, de toute simplicité, la femme devient ce type des mœurs sociales : la *caillette*.

Le croquis que Duclos en a tracé, d'un tour de plume et à main levée, dans les *Confessions du comte de* ***, n'est qu'une esquisse légère et superficielle. Il a seulement effleuré cette physionomie dans son apparence, et l'on ne voit guère se dessiner, sous sa touche vive mais banale, que la femme légère, étourdie et vide de tous les temps. C'est, dit-il à peu près, une espèce au cœur et à l'esprit froids et stériles, occupée sans cesse de petits objets, rapportant tout à une minutie dont elle sera frappée, aimant à paraître instruite, vivant dans la tracasserie comme dans son élément, faisant son occupation des décisions sur les modes et les ajustements, coupant la conversation pour dire que les taffetas de l'année sont effroyables, prenant un amant comme une robe parée, parce que c'est l'usage, incommode dans les affaires, ennuyeuse dans les plaisirs. Et Duclos s'en tient à ce portrait.

La *caillette* est au dix-huitième siècle une figure plus particulière, plus significative. Elle n'est point seulement la suprême expression de la femme, de ses sens généraux, de son humeur commune ; avec les nerfs, la cervelle, les fièvres et les inconstances de son sexe, elle représente son temps et le particularise en ce qu'il a de plus propre et de plus délicat. Elle est avant tout le produit, le résultat, l'exemple le plus sensible, l'image la plus achevée des recherches et des caprices d'esprit de la France. Et peut-être ne saurait-on entrer plus avant dans la connaissance familière de ce siècle de la femme, le toucher de plus près, que par ce personnage où semblent se montrer à la fois comme une exagération de la femme et comme un excès du temps.

Ce qu'on pourrait appeler l'âme extérieure du dix-huitième siècle, la mobilité, la vivacité, tout ce mouvement de petites grâces, tout ce bruit de petits riens, c'est l'âme même de la caillette. La caillette représente en elle le dédain du monde qui l'entoure pour le sérieux de la vie, le sourire dont il couvre tout, sa peur des choses graves, des devoirs pesants, sa

manie d'être toujours à voltiger sur ce qu'il dit, ce
qu'il fait, ce qu'il pense. Idées courtes, réflexions
qui sautent, folies volantes, passe-temps légers, l'é-
tourderie de la tête et du cœur, elle a le fond, tous
les dehors, l'affection de l'inconsistance et de la légèreté évaporée. Elle reflète, elle affiche la nouvelle
philosophie de son sexe, son horreur de toute pensée
commune, grossière, bourgeoise, gothique, son détachement de tous les préjugés dans lesquels les
siècles précédents avaient fait tenir le bonheur, les
devoirs, la considération de la femme. Son idéal en
toutes choses et de tous les côtés est fait de petitesse,
de brièveté, d'agrément : il le lui faut piquant, si
l'on peut dire, et comme taillé sur la grandeur et la
longueur d'une brochure à la mode. Une récréation
courante qu'on prend, qu'on feuillette et qu'on rejette, il n'est que cela pour parler à son imagination.
On croirait voir, dans cette créature factice, la poupée
modèle des goûts de cette civilisation extrême. Ce
ne sont que jacasseries, minauderies, gentillesses
raffinées. Il y a dans toute sa personne comme une
sorte de corruption exquise des sentiments et des
expressions. A force de se travailler, elle arrive à
personnifier en elle « cette quintescence du joli et
de l'aimable », qui est alors dans les personnes la
perfection de l'élégance, comme il est, dans les choses,
l'absolu du beau. Elle dégage d'elle-même, ainsi que
d'une grossière enveloppe, un nouvel être social auquel une sensibilité plus subtile révèle tout un ordre
d'impressions, de plaisirs et de souffrances inconnu

aux générations précédentes, à l'humanité d'avant
1700. Elle devient la femme aux nerfs grisés, enfié-
vrée par le monde, les paradoxes des soupers, les
mots pétillants, le bruit des jours et des nuits, emportée dans ce tourbillon au bout duquel elle trouve
cette folle et coquette ivresse des grâces du dix-huitième siècle : *le papillotage*, — un mot trouvé par le
temps pour peindre le plus précieux de son amabilité et le plus fin de son génie féminin (1).

Sous cette fièvre des manières, sous toutes ces dis-
sipations de l'imagination et de la vie, il reste
quelque chose d'inapaisé, d'inassouvi et de vide au
fond de la femme du dix-huitième siècle. Sa vivacité,
son affectation, son empressement aux fantaisies,
semblent une inquiétude ; et l'impatience d'un malaise apparaît dans cette continuelle recherche de
l'agrément, dans ce furieux appétit de plaisir. La
femme se prodigue de tous côtés comme si elle
voulait se répandre hors d'elle-même. Mais c'est vainement qu'elle s'agite, qu'elle cherche autour d'elle
une sorte de délivrance ; elle a beau se plonger, se
noyer dans ce que le temps appelle « un océan de
mondes », courir au-devant des distractions, des visages nouveaux, de ces liaisons passagères, de ces
amis de rencontre, pour lesquels le siècle invente le
mot *connaissances ;* dîners, soupers, fêtes, voyages de
plaisir, tables toujours remplies, salons toujours

(1) Le Papillotage, ouvrage comique et moral. *Rotterdam,* 1768.

murmurants, défilé continu de personnages, variété
des nouvelles, des visages, des masques, des toilettes,
des ridicules, tout ce spectacle sans cesse changeant
ne peut remplir entièrement la femme de son bruit.
Que ses nuits se brûlent aux bougies, qu'elle appelle
à mesure qu'elle vieillit plus de mouvement autour
d'elle, elle finit toujours par retomber sur elle-même :
elle se retrouve en voulant se fuir, et elle s'avoue tout
bas la souffrance qui la ronge. Elle reconnaît en elle
le mal secret, le mal incurable que ce siècle porte
en lui et qu'il traîne partout en souriant : l'ennui.

Prenez garde en effet. Ne vous laissez pas tromper
aux apparences de ce monde, à la réputation qu'il
s'est faite par ses dehors ; allez au-delà de ce qu'il
montre, touchez à ce qu'il laisse échapper : que
trouverez-vous comme mobile de ses agitations,
comme excuse de ses scandales, comme expiation de
ses fautes? L'ennui. Là est le fond du temps, le grand
signe et le grand secret de cette société. Nous avons
essayé de peindre ailleurs (1), dans ses caractères
généraux, dans l'ensemble de ses influences, ce principe de mort qui se glisse partout sous le règne de
Louis XV et apporte à l'âme de la France ces défail-
lances, tant de dégoût, un si singulier désenchantement de son courage et de son initiative. Du haut
en bas de l'échelle sociale, nous avons montré le mal
croissant d'ordre en ordre, en bas éclatant brutalement par le cynisme du suicide, en haut s'incarnant

(1) Les Maîtresses de Louis XV, par Edmond et Jules de Goncourt.
Sous presse.

dans un maître qui promène des petits appartements au Parc aux cerfs l'ennui d'un peuple dans l'ennui d'un roi !

Mais cette peine d'un siècle d'esprit puni par son esprit même, par la mélancolie de l'esprit, cette punition providentielle d'une société qui ne vit que par l'agrément, qui ne peut trouver de satisfactions que par l'intelligence, qui est lâche devant le devoir et ne connaît plus le dévouement, la tristesse de cette humanité qui n'a plus de vertus que des vertus de sociabilité, le vide de ce monde dont les intérêts et la conscience s'étouffent dans l'air des salons, ce supplice raffiné et à la mesure de la délicatesse du dix-huitième siècle devait avoir son martyr dans la femme. Plus que l'homme, par l'exigence de ses instincts, par la finesse de ses sensibilités morales, par le caprice de tout son être, la femme devait souffrir de ce malaise du siècle. « Une débauchée d'esprit », Walpole, en appelant ainsi la femme du dix-huitième siècle, l'a définie et expliquée. « J'ai une admiration stupide pour tout ce qui est spirituel, » c'est l'aveu que fait une femme au nom de toutes. La femme est tout esprit, et c'est parce qu'elle est tout esprit qu'elle sent en elle comme un désert. Point de sentiment, point de force supérieure qui la soutienne, point de source de tendresse qui la désaltère : rien qu'une occupation de tête, une sorte de libertinage de pensées qui la laisse retomber à toute heure dans le désenchantement de la vie. Son cœur flotte sans point fixe où il puisse s'attacher. Ses facultés manquent

en même temps d'un lien qui les assemble et d'un
but qui les appelle en haut, d'une foi, d'un dévouement, d'un de ces grands courants qui enlèvent la
femme aux faiblesses de sa volonté morale. De là
cette aridité à laquelle elle ne peut remédier et dont
elle se désole. De là cette prostration singulière, ce
sentiment de lassitude qui émousse sa conscience,
cet énervement dans le plaisir, ce goût de cendre
qu'elle trouve à tout ce qu'elle goûte. Elle use de
tout pour se réveiller, pour se donner une secousse,
pour se sentir vivre, pour nourrir ou du moins agiter
sa pensée. Elle se jette aux lectures, elle dévore
l'histoire, les romans, les contes du jour, et l'ennui
lui ferme le livre entre les doigts ; à peine s'il lui
reste le courage de se réfugier dans les *Essais de
Montaigne* et de se faire bercer l'âme par ce bréviaire
sans consolation, que la dernière âme de femme du
dix-huitième siècle, Mme d'Albany, appellera « la
patrie de son âme et de son esprit ». Elle se livrera
au monde, elle s'arrachera violemment, furieusement
à la solitude ; elle prendra la passion dominante de
la duchesse du Maine, « la passion de la multitude »:
mais le dégoût d'elle-même ne la sauvera pas du dégoût des autres. Les gens qui l'environneront ne
seront bientôt plus qu'une manière de spectacle ; la
société lui semblera un commerce d'ennui qu'on
donne et qu'on reçoit, et elle reconnaîtra que l'ennui
vient de partout, de la solitude aussi bien que de la
foule, cette autre solitude, « la plus absolue et la plus
pesante de toutes », laissait échapper une grande

dame de ce temps au milieu du plus beau salon de France (1).

Correspondances, mémoires, confessions, tous les documents, toutes les révélations familières du temps trahissent et attestent ce malaise intérieur des femmes Il n'est pas d'épanchement, pas de lettre où la plainte de l'ennui ne revienne comme un refrain, comme un gémissement. C'est une lamentation continuelle sur cet état d'indifférence et de passivité, sur cet engourdissement de toute curiosité et de toute énergie vitale qui ôte à l'âme jusqu'au désir de la liberté et de l'activité, et ne lui laisse d'autre patience que la paresse et la lâcheté. L'ennui, pour les femmes d'alors, c'est le grand mal, c'est, comme elles disent, « l'ennemi »; et écoutez-les lorsqu'elles en parlent, lorsqu'elles le confessent : leur langage si net, si peu déclamatoire hors de là, prend des expressions énormes pour exprimer l'immensité de leur découragement. Le *néant*, tel est le mot qu'elles trouvent, sans le juger trop fort, pour peindre ce sommeil de mort auquel elles succombent : « Je suis tombée dans le néant... Je retombe dans le néant...», c'est une phrase que ces femmes de tant de goût et de tant de mesure écrivent couramment, naturellement, et qu'elles rencontrent sous leur main quand elles veulent parler de leur ennui, tant ce qu'elles souffrent leur semble être une chose qu'on ne peut mieux comparer qu'au rien qui suit la mort. Les plus

(1) Correspondance inédite de Mme du Deffand. *Michel Lévy*, 1859, vol. I.

courtisées, les plus entourées ont des cris pareils à
des dégoûts de mourant qui retourne la tête contre
le mur : « Tous les vivants m'ennuient !... La vie
m'ennuie ! » Il en est qui arrivent à envier les arbres,
parce qu'ils ne sentent pas l'ennui (1). Et la grande
épistolaire du temps, Mme du Deffand, sera le grand
écrivain de l'ennui.

Cet ennui du cœur et de l'esprit réagissait sur le
corps de la femme. Il lui donnait une souffrance,
une faiblesse, une langueur, une sorte de tristesse et
d'atonie physiques, le malaise sourd que le temps
appela de ce mot vague : *les vapeurs*. « Les vapeurs,
c'est l'ennui, » dit Mme d'Épinay. De ce mal, le dix-
huitième siècle n'apprécia guère que le ridicule. Fatigué de voir des femmes sans ressort, sans volonté,
allongées sur des chaises longues, ayant pour toute
force celle de faire des nœuds, se plaignant d'une
façon si mourante d'être anéanties, le temps crut ou
voulut croire qu'il n'y avait point de principe à une
maladie devenue de bon ton et qui s'affichait comme
une mode. Il essaya d'étouffer sous la raillerie, l'épigramme, la chanson, ces vapeurs qui ne lui semblaient
que migraine, mal imaginaire, affectation, et qui
pourtant cachaient, sous la comédie, sous l'exagération, la grande souffrance des siècles civilisés, la
maladie du système nerveux, la secrète hypocondrie,
la terrible et mystérieuse hystérie. Et lorsqu'à la fin
du siècle les vapeurs deviendront de véritables crises

---

(1) Lettres de la marquise du Deffand à Horace Walpole. *Paris,*
1812, *passim.*

de nerfs et que des femmes seront obligées de faire matelasser leurs chambres à coucher contre des attaques périodiques, lorsque le mal éclatera avec de si frappants caractères chez la princesse de Lamballe (1), le public continuera à se moquer, comme d'une manie, de ces évanouissements périodiques.

Il est besoin de rechercher ici les causes particulières au temps, personnelles à la femme d'alors, qui la prédisposaient dès l'enfance à cet état valétudinaire, à ce mal étrange de l'ennui passé des forces imaginatives aux forces vitales, devant lequel la médecine allait se perdre en tâtonnements et en perplexités. La femme, en sortant du maillot, était enfermée dans une sorte de cuirasse ; toute petite, on commençait à lui dessiner et à lui façonner une taille artificielle au moyen d'un corps à baleine, sans laquelle les petites filles, laissées à la nature, n'auraient jamais fait, au sentiment du temps, que des êtres informes, « des femmes de campagne ». C'est

(1) Parmi les *vaporeuses* les plus sérieusement atteintes, il faut citer Mme de Lamballe, qui avait de fréquents évanouissements de deux heures, que l'odeur d'un bouquet de violettes faisait trouver mal, à laquelle la vue d'un homard, d'une écrevisse, même en peinture, donnait une crise de nerfs. Mme de Genlis (Mémoires, vol. II), avec sa rancune contre la cour, ne voit dans ces scènes que de jolies comédies. Malheureusement, Mme de Genlis se trompe ; la maladie du système nerveux de Mme de Lamballe, ébranlé non par la cause qu'indique le docteur Saiffert, mais par les profonds chagrins que lui avait donnés le prince son mari, cette maladie, dégénérée en mélancolie profonde et en vapeurs convulsives, est si réelle qu'elle cherche pendant tout le siècle son remède près des médecins, des empiriques, des charlatans, depuis Pittara qui guérissait avec des emplâtres sur le nombril, jusqu'à Mesmer, Deslon et leur baquet. (Mémoires de la République des lettres vol. XVIII.)

à cette première compression des organes, à l'usage
du *corps* embarrassant la respiration et la digestion
que Bonnaud attribue généralement les vapeurs dans
son livre de la *Dégradation de l'espèce humaine par
l'usage des corps à baleine* (1). Puis vient l'habitude du
blanc et du rouge qu'on ne portait autrefois qu'après
le mariage, qu'on voit aujourd'hui aux joues des
jeunes filles, et dont la femme abuse avec plus d'excès
à mesure qu'elle vieillit ; usage malsain de prépa-
rations plus malsaines encore : ce blanc n'est pas
toujours du blanc de Candie, fait de coquilles d'œufs ;
il est souvent composé de magistères de bismuth,
jupiter, saturne, de céruse ; ce rouge ne se tire pas
seulement de matières animales ou végétales comme
la cochenille, le santal rouge, le bois de Fernambouc,
mais aussi de minéraux comme le cinabre, le *minium*,
de minéraux de plomb, de soufre et de mercure
calcinés au feu de réverbère. Et que de maux venant
de là, de ce blanc, et surtout de ce rouge, dont le
plus inoffensif, le carmin même, le rouge végétal, le
rouge de Portugal, si renommé comme le plus beau

_____

(1) Tout le siècle s'est élevé contre cette mode du *corps* que les
femmes ne veulent abandonner à aucun prix. C'est une véritable croi-
sade, depuis les remarques de *l'Arétin moderne* jusqu'aux observations
de l'anatomiste Winslow, depuis les objurgations du bonhomme Métra,
jusqu'à *l'Avis de Reisser sur les corps baleinés*, jusqu'aux plaintes du
chevalier de Jaucourt, dans l'Encyclopédie. Pendant tout le siècle on
attaque le *corps*, on le fait responsable de la mort d'un grand nombre
d'enfants, de la mort de la duchesse de Mazarin. Les corps les plus à
la mode étaient les corps à la grecque, d'abord à cause de leur nom,
puis pour leur bon marché, quoiqu'ils fussent très-dangereux, parce que
les baleines ne montaient qu'au-dessous de la gorge et pouvaient la
blesser.

et le plus haut en couleur, est abandonné par les femmes à cause des douleurs de tête et des démangeaisons qu'il leur cause ! Des boutons, des fluxions du visage ou des gencives, c'est le moindre inconvénient de cette enluminure et de ce plâtrage ; le blanc et le rouge ne gâtent pas seulement les dents, ils font plus qu'abîmer les yeux jusqu'à menacer la vue, ils attaquent tout le système nerveux, et amènent dans tout le corps des désordres qui ne s'arrêtent qu'à la cessation de leur emploi (1). A ces désordres s'en joignent d'autres, produits par l'abus des parfums entêtants, par l'usage immodéré de l'ambre, par une cuisine que la France de Louis XIV ne connaissait pas, une cuisine toute composée de jus, de coulis, d'épices, de *brûlots* (2), un sublimé de succulence donnant au jeu des organes une effervescence factice, brûlant au lieu de nourrir, et mettant dans le chyle, dans le sang, dans la lymphe, un élément corrosif. Et pour relever encore cette cuisine, voici que s'introduisent, au dessert qui les ignorait, les liqueurs de Lorraine (3). Tout est contraire à l'hygiène naturelle de la femme, l'ordre et l'heure des repas, ces soupers qui s'enfoncent dans la nuit, qui forcent l'estomac dérangé, et qui mettent, dans les lettres de femmes du temps, tant de plaintes d'indigestions. Et pour irriter et ébranler les nerfs de la femme, il

---

(1) Lettre sur plusieurs maladies des yeux causées par l'usage du rouge et du blanc, par Gendron. *Paris,* 1760.

(2) Éloge de l'impertinence.

(3) Les Bijoux indiscrets.

y a par-dessus cela le café, le chocolat et le thé, que
la médecine d'alors considère comme un des plus
grands excitants.

Quelles causes encore aux vapeurs? Les médecins
en trouvent une dans la médecine, dans la médicamen-
tation de leur temps, l'abus des saignées et des pur-
gations pour la moindre indisposition traitée par la
diète et l'eau. Ils en signalent une autre bien singulière : la lecture des romans. C'est là, pour certains
d'entre eux, l'origine et comme l'âme du mal de la
femme. Ils font dériver son malaise, le déréglement
de sa santé, de cette manie de lecture romanesque
qui remplit le siècle, et qui prend les filles dès la
bavette. Et peignant l'état où les romans mettent la
femme, cette vie suspendue dans l'attention, ces
longues heures, ces nuits même consumées par la
passion de lire, tout ce travail de tête sans exercice,
tant d'émotions, tant de sensations qui la traversent,
l'étourdissement qui lui monte au cerveau de ces
pages magiques qu'elle respire, de ce papier enivrant,
ils arrivent à conclure, par la plume de l'auteur des
Affections vaporeuses, que toute petite fille qui lit à
dix ans au lieu de courir fera une femme à vapeurs (1).

Au fond, toutes ces raisons des vapeurs du dix-huitième siècle ne sont que secondaires. Il en est une
qui les domine toutes. Le monde, la vie du monde,

---

(1) Traité des affections vaporeuses des deux sexes. Nouvelle édition,
augmentée et publiée par ordre du gouvernement. *Paris, de l'Imprimerie royale,* 1782.

c'est ce qui rend avant tout la femme vaporeuse. L'énervement lui vient de cette vie de veille qui fait donner aux femmes le nom de *lampes*, de cette vie toute nocturne qui se couche au jour (1). Il lui vient de la fièvre succédant à cette vie, de ce tourment des nuits du siècle, l'insomnie, qui, déjà sous la Régence, retourne les femmes dans leur lit jusqu'à sept heures du matin, et qui fait plus tard, chez Mme du Deffand, chez Mlle de Lespinasse, ce grand désespoir de ne pouvoir dormir. Et qu'est-ce pourtant, contre la santé de la femme, que cette vie matérielle du monde, auprès de sa vie morale ? Le jeu incessant de toutes les facultés, l'ambition, la jalousie, la guerre des rivalités, l'excitation de l'esprit, de l'amabilité, le travail de la grâce, les déceptions, les mortifications, les vanités qui saignent, les passions qui brûlent, quelle autre fièvre pour miner et ébranler le délicat organisme de la femme !

Devant le mal chaque jour plus général, la médecine demeura d'abord embarrassée, hésitante. Il se rencontra des médecins qui, l'attribuant à l'imagination seule, guérirent les vapeurs sans les traiter ; ainsi fit le fameux Sylva qui, sans remède, exorcisa les vaporeuses de Bordeaux en épouvantant leur coquetterie : il se contenta de leur dire que ce qu'elles appelaient vapeurs était le mal caduc (2). Forcée bientôt de prendre au sérieux de réelles souffrances,

---

(1) Duclos dans les *Confessions du comte de* *** dit d'une femme : « Il n'y avait rien qu'elle ne préférât au chagrin de se coucher. »

(2) *Correspondance secrète.* vol. VIII.

de reconnaître une maladie dans l'affection régnante, et de traiter les vapeurs avec des remèdes, la médecine employa des toniques, des excitants, les antispasmodiques, l'éther, le musc, l'assa-fœtida, l'eau de mélisse, l'eau de la Reine de Hongrie, les gouttes d'Hoffman, les pilules de Stahl et de Geoffroy. Ce traitement énergique et réconfortant réussissait assez mal, quand parut un homme qui eut pendant quelques années une vogue presque égale à celle de la maladie qu'il soignait. Rien ne lui manqua, ni les persécutions, ni l'engouement des malades, ni la clientèle des femmes les plus qualifiées, ni la confiance de Mme du Deffand, qui lui demanda de lui rendre le sommeil (1). Ce médecin était le fameux Pomme. Comparant les nerfs dans leur état de santé à un parchemin trempé et mou, il attribuait les vapeurs à un desséchement, un racornissement du système nerveux. Toute la science de la médecine consistait, suivant son système, à rendre l'humidité à ce tissu : et il croyait y parvenir en ordonnant des délayants, des humectants, de l'eau de veau, de l'eau de poulet, du petit lait, et surtout des bains tièdes, des bains de cinq, six, huit heures même : dans l'espace de quatre mois, une de ses malades, Mme de Clugny, passa dans l'eau douze cents heures ! Il guérissait, il réussissait surtout. Mais deux des grandes dames qu'il soignait, la marquise de Bezons et la comtesse de Belzunce, mouraient vers la fin de 1770,

(1) Lettres de la marquise du Deffand. *Paris*, 1812, vol. 1.

et leur mort faisait grand bruit. Il était poursuivi
par les jalousies et les tracasseries de ses collègues,
qui allaient jusqu'à faire verser par des domestiques
gagnés, du sirop de Rabel sur les purées de concombre
et de chicorée qu'il ordonnait à ses malades. Sa vogue
commençait à passer : il quittait Paris, et regagnait
Arles, sa ville natale. Ses ennemis répandaient qu'il
était expatrié, qu'il était mort ; et, profitant du retour
de la mode, ils comparaient sa médecine à celle de
l' temps, ce soldat aux gardes françaises qui avait
fait une si belle fortune, quelques années auparavant,
en prescrivant aux vaporeuses une décoction de foin.
Mais Printemps ne s'était pas retiré comme Pomme:
il était tombé. Il avait déjà, avec ses décoctions de
foin, gagné de quoi donner du fourrage sec à deux
chevaux qui le conduisaient à ses visites dans un bon
carrosse, lorsqu'il fut arrêté net en si beau chemin:
une requête présentée par la Faculté à M. le maréchal
de Biron l'avait mis à bas de son équipage (1). Cependant Pomme vivait malgré ses ennemis, et il avait
encore des fidèles à Paris qui faisaient le voyage
pour le consulter. Des dévotes entêtées et enthou-
siastes lui restaient, telles que la comtesse de Boufflers,
qu'on voit presque aussitôt la mort du prince de Conti
partir de Paris et aller s'établir à Arles dans une
maison meublée pour elle où elle passe tout l'hiver
à portée des soins de M. Pomme. C'était elle sans
doute qui le rappelait sur son grand théâtre, le réta-

(1) Correspondance de Grimm, vol. V.

blissait dans la capitale et lui ramenait sa clientèle.
Poussé par elle, le grand médecin des femmes arrivait
à tout : il devenait médecin consultant du roi, et en
1782 une nouvelle édition de son *Traité des affections
vaporeuses* paraissait, publié par ordre du gouvernement et imprimé à l'Imprimerie royale.

En face de Pomme, un médecin s'était levé, dont
la popularité devait être plus durable, dont le nom
est resté : Tronchin ! Tronchin, dont les jolies femmes
vont chercher « les oracles » à Genève, Tronchin qui
voit toute la France se presser dans ses antichambres
de Paris (1). Imaginez le Rousseau de la médecine.
La révolution que la *Nouvelle Héloïse* fait dans le cœur
de la femme, les ordonnances de Tronchin l'accom-
plissent dans ses habitudes, dans sa vie journalière.
Tronchin fait sortir la femme de sa paresse et de ses
langueurs, presque de sa constitution. Il la force au
mouvement, aux fatigues fortifiantes. Il lui impose
de gros ouvrages, il la fait frotter des salons, bêcher
un jardin, se promener en réalité, sur ses pieds,
courir (2), *s'exténuer : c'est* un mot que sa doctrine
fait entrer dans la langue de la femme. Il rend ses
membres à l'exercice, son corps à la liberté avec ces
robes nouvelles, baptisées de son nom, portées
bientôt dans tout Paris par les promeneuses appuyées
sur de longues cannes, *tronchinant* (3), comme dit le

---

(1) Mémoires de la République des lettres, vol. IX.
(2) L'Ami des femmes, 1758.
(3) Le Monument du costume. Première série. Texte des planches de
Freudeberg. — Dans ces maladies qu'au fond les médecins considèrent
comme des maladies morales, Roussel (*Système physique et moral de la*

temps. Marcher devient une mode ; et c'est le temps où la maréchale de Luxembourg, attaquée sur le plaisir qu'elle peut trouver dans la société de la Harpe, répond simplement pour la défense de la Harpe et pour la sienne : « Il donne si bien le bras ! »

Occuper physiquement la femme, la distraire d'elle-même par l'activité et la lassitude corporelles, lui remuer le sang et les humeurs, lui rafraîchir la tête par l'exercice, le grand air, tels furent les moyens employés par Tronchin pour combattre les tristesses, les ennuis de la femme, la tirer d'un état de stagnation morale, remettre l'équilibre dans son organisme nerveux. Rien ne fut ajouté à ce système par les médecins en vogue qui vinrent après lui, par Lorry, si goutteux que les malades descendaient pour le consulter dans son carrosse (1), par Barthés, le type des jolis médecins de femmes du temps, qui saignait les dames avec une ligature à glands d'or (2), et qui pour avoir sauvé Mme de Montesson recevait du duc d'Orléans une pension de 2,000 livres (3).

Cependant, tout en demandant le soulagement de son malaise physique à la médecine et aux charlatans, la femme cherchait en elle-même le remède de son malaise moral. Remontant à la source de

femme) s'élevait contre la promenade, le remède par excellence de Tronchin, attaquant l'intempérance d'idées que la promenade procure aux femmes, idées qui, tout en les charmant, fatiguent les ressorts de leur esprit.

(1) Mémoires de la République des lettres, vol. III.
(2) Les Masques. S. l. n. d.
(3) Mémoires de la République des lettres, vol. XXI.

toutes ses soùffrances, au principe de son mal, que trouvait-elle? L'inoccupation des idées dans l'étourdissement, cette dispersion de soi-même, cette espèce d'éparpillement de l'âme que fait la dissipation. D'où lui venait ce goût de néant que toutes choses, et le plaisir même, prenaient sous sa main? Du néant qui était en elle, du vide caché sous une frivolité inquiète, de cette activité froide répandant son esprit de tous les côtés sans l'intéresser à rien, lui donnant du mouvement sans lui donner de ressort. Son grand mal, l'empoisonnement de sa vie, la misère de son être était en un mot de manquer de ce qu'elle a appelé elle-même « un objet (1) ».

Un objet, — voilà ce que la femme va poursuivre pendant tout le siècle. Et ce fond sérieux et solide de l'esprit, cet intérêt de la pensée, cette base, ce but, ce poids qui lui manque, elle ira les chercher, avec passion, avec la fureur de l'engouement, sans souci de la singularité ou du ridicule, non point dans les passe-temps d'intelligence à sa portée, mais à l'extrémité opposée des talents et des aptitudes de son sexe, dans des études qui sembleront l'attirer par le sérieux, l'immensité, la profondeur, l'horreur même, par ce qui absorbe et remplit l'intelligence de l'homme.

Les romans disparaissent de la toilette des femmes, et l'on ne voit plus que des traités de physique et de chimie sur les chiffonnières. Les plus grandes dames

(1) Lettres inédites de M** du Deffand. *Paris*, *Michel Lévy*, 1859, vol. I.

et les plus jeunes s'occupent des matières les plus
abstraites et rivalisent avec Mme de Chaulnes embarrassant les académiciens et les savants qui viennent
chez son mari. Dès 1750, Maupertuis est déjà la
« coqueluche » des femmes ; il est déjà de ton pour
les petites-maîtresses d'aller s'extasier aux séances
de l'abbé Nollet, et de voir sortir du feu, un feu qui
fait du bruit, du menton d'un grand laquais qu'on
gratte (1). Dans les salons de la fin du siècle, on
forme des sociétés de vingt, vingt-cinq personnes,
pour suivre un cours de physique, un cours de
chimie appliquée aux arts, un cours d'histoire naturelle (2) ou de myologie. On rougirait de ne pas
assister aux leçons de M. Sigault de la Fond ou de
M. Mittouart ; ne nomme-t-on pas parmi celles qui
s'y pressent Mmes d'Harville, de Jumilhac, de Chas-
tenet, de Malette, d'Arcambal, de Meulan (3)? Une
femme ne se fait plus peindre sur un nuage d'O-
lympe, mais assise dans un laboratoire (4). Que
Rouelle, le frère du fameux Rouelle, fasse des expériences sur la fusion et la volatilisation des dia-

---

(1) Lettres écrites en 1743 et en 1744, au chevalier de Luzeinconr,
par une jeune veuve. *Londres*, 1769.

(2) L'almanach historico-physique, ou physiosophie des dames sur les
quarante-huit cabinets d'histoire naturelle de Paris, en cite sept appartenant à des femmes parmi lesquelles figurent Mlles Clairon et
Ibus.

(3) Mémoires de Mme de Genlis, vol. II.

(4) Catalogue des tableaux de feu M. Blondel de Gagny, par Remy,
1776. Portrait de Mme de Gontaut par Charlier. Je possède un dessin de
Gabriel de Saint-Aubin représentant une expérience dans une chambre
de physique où, parmi des seigneurs à cordon bleu et des abbés, sont
assises d'élégantes femmes.

mants, il aura pour spectatrices la marquise de
Nesle, la comtesse de Brancas, la marquise de Pons,
la comtesse de Polignac, Mme Dupin, qui suivront
d'un œil attentif et curieux le diamant brillant sous
le feu de la moufle, étincelant une dernière fois, et
suant la lumière (1). Un journal va paraître répon-
dant aux besoins du temps, aux goûts de la femme,
qui, mêlant les sciences aux arts agréables, donnera,
à côté de la poésie, des traits de bienfaisance, des
variétés et des spectacles, les mémoires scientifiques,
les descriptions de machines, les observations d'as-
tronomie, des lettres sur la physique, des morceaux
sur la chimie, des recherches de botanique et de
physiologie, les mathématiques, l'économie domes-
tique, l'économie rurale, l'agriculture, la naviga-
tion, l'architecture navale, l'histoire, la législation,
et les comptes rendus de l'Académie (2). Les Pilastre
du Rozier, les la Blancherie vont exploiter la même
idée, le même engouement. Les académies payantes,
les *musées* vont naître, les musées dont le succès est
fait par le public des femmes applaudissant tout ce
qu'on leur débite, et jusqu'aux compilations de Gé-
belin sur le bœuf Apis (3)! Musées et lycées vont
remplir Paris de science aimable, d'érudition attrayante. Et quel spectacle plus charmant que toutes
ces jolies têtes tournées vers le docteur qui trône

(1) Correspondance de Grimm, vol. VII.
(2) Journal polytypique.
(3) Correspondance secrète, vol. XVI. — Mémoires de la République
des lettres, vol. XX.

sur sa chaise curule, au bout d'une longue table garnie de cristallisations, de globes, d'insectes et de minéraux? Il grasseye, il nuance sa diction, au milieu du cercle des femmes formant la première enceinte de l'auditoire, les joues sans rouge, et comme pâlies par les veilles, la tête appuyée négligemment sur trois doigts en équerre, immobiles d'attention, ou bien du regard et de la main faisant l'application du discours aux objets étalés sur la table (2).

Mais les lycées ne suffisent pas. Le Collége royal lui-même, cette école de tous les arts et de toutes les sciences fréquentée jusque-là par l'étude seule, le Collége royal va voir en 1786 ses portes forcées par les femmes triomphant des répugnances de l'abbé Garnier, grâce à l'aide et aux intrigues de leur ami Lalande (2). On est loin de la délicate maxime de Mme de Lambert : « Les femmes doivent avoir sur les sciences une pudeur presque aussi tendre que sur les vices. » Nulle science ne répugne à la femme, et les sciences les plus viriles semblent exercer sur elle une tentation, une fascination. La passion de la médecine est presque générale dans la société; la passion de la chirurgie est fréquente. Beaucoup de femmes apprennent à manier la lancette, le scalpel même. Beaucoup se montrent jalouses de la petite-fille de Mme Doublet, la comtesse de Voisenon, qui auprès des médecins reçus chez sa

(1) Correspondance secrète, vol. X.
(2) Mémoires de la République des lettres, vol. XXXIII.

grand'mère a appris tant bien que mal l'art de gué-
rir et médicamente dans ses terres, parmi ses amis,
tout ce qui lui tombe sous la main; si bien que des
plaisants, insérant un carton dans le *Journal des
Savants,* lui font croire qu'elle est élue présidente
du collége de médecine (1). La marquise de Voyer
raffole de leçons d'anatomie, et s'amuse à suivre le
cours du chyle dans les viscères (2). Car l'anatomie
est alors un des grands goûts de la femme : peu
s'en faut que les femmes à la mode n'aient dans un
coin du jardin de leur hôtel, ce petit boudoir, ces
délices de Mlle Biheron, la grande artiste en sujets
anatomiques faits de cire et de chiffons, un cabinet
vitré plein de cadavres! Et ne verra-t-on point une
jeune femme de dix-huit ans, la jeune comtesse de
Coigny, se passionner tellement pour cette horrible
étude, qu'il ne lui arrivera point de voyager sans
emporter dans le coffre de sa voiture un cadavre à
disséquer, comme on emporte un livre à lire (3)?

L'universalité de toutes les connaissances, l'encyclopédie de tous les talents, tel fu' ce rêve de la
femme du dix-huitième siècle, inspiré par l'exemple
de ce génie si vif et si léger qui, en touchant à tout,
semblait embrasser tout, par ce Voltaire qui, pour
se reposer de remuer le monde des passions, remuait
par passe-temps le monde des sciences. Que devait-
il en sortir? Rien qu'un joli monstre, une femme

---

(1) L'Espion anglais, vol. II.
(2) Correspondance de Grimm, vol. XIV.
(3) Mémoires de Mme de Genlis, vol. I.

sachant saigner et pincer de la harpe, enseigner la
géographie et jouer la comédie, dessiner des romans
et des fleurs, herboriser, prêcher et rimer, le type
parfait de ce que le temps appelait une *virtuose :*
Mme de Genlis.

Une femme se trouva au dix-huitième siècle qui
résista à ces deux mouvements opposés de l'âme de
son sexe, à ces deux grands courants de la mode,
dont l'un entraînait la femme à toutes les coquetteries raffinées du caprice, de l'étourderie précieuse,
de la légèreté, de la mobilité, l'enlevait à la vie
réelle, presque à la terre ; dont l'autre l'emportait,
à la suite de Mme du Châtelet, vers le bel esprit des
sciences, dans cette sphère des amusements chimi-
ques et physiques où Newton s'appelle Algarotti,
vers la vanité et la superficie de toutes les connaissances. Mais, tout en combattant également ces deux
grands travers, cette femme ne put avoir raison du
dernier : la vogue des sciences et des lycées devait
lui survivre, se répandre encore, résister même à la
Révolution, et reparaître sous le Directoire avec
tout l'éclat de ses ridicules. Il n'en fut pas de même
de l'exagération, et, si l'on peut dire, de la fièvre
de la grâce : elle la déconsidéra, elle la discrédita
presque absolument. Du haut de l'influence de son
salon, cette femme, une bourgeoise, fit tomber d'un
coup d'épingle toute cette bouffissure, rendit à la
vérité l'âme de son sexe, et remit sa coquetterie dans
le chemin du naturel. A cette originalité, à cet

agrément, cherchés par la femme d'alors dans le
tour des sentiments travaillés et l'enflure de la
langue forcée, cette femme opposait la simplicité,
une simplicité de fondation, de vocation, de
tradition et de nature, qu'elle tirait de sa naissance et de sa personne, de l'ordre dont elle
sortait aussi bien que de la tendance de ses
goûts, de son esprit, de sa raison froide, de son
âme rassise, de son bon sens impitoyable. Et ce
n'était point seulement son caractère que la simplicité, c'était encore son étude, sa préoccupation, sa
vanité ; elle la perfectionnait, elle la méditait, elle
la polissait. Elle en faisait une arme contre les façons d'être et de paraître du monde d'alors. Tandis
que tous autour d'elle cherchaient à briller, à éclater, que la mode était de tirer l'œil ou d'accrocher
l'esprit des autres, au milieu de cette universelle
manie de se jeter et de se témoigner au dehors, qui
faisait en ce temps de l'épithète *uni* une condamna-
tion absolue, une cruelle injure, elle prenait cette
qualité négative, l'uni, pour sa règle ; et la devise
de sa personne était la devise de son appartement :
Rien en relief. Elle affichait « le simple », elle le
jouait contre son siècle, allant jusqu'à rechercher
les images triviales, les comparaisons de ménage,
les métaphores tirées de bas pour ôter toute prétention à ses idées les plus ingénieuses ; et dans ce
temps où l'âme semblait ne pouvoir se passer de
manières, où la vie, la pensée, l'amour, tout se
déréglait et se désordonnait, où la femme deman-

dait une sorte de folie à ses sensations, cette femme demeurait droite et ferme, restant une âme toute faite de raison, affectant le terre à terre, se vantant d'ignorance, bornant au repos de l'être le système et le plan du bonheur. Au lieu de sortir d'elle-même, elle s'y tenait réfugiée. Fuyant tout effort, toute peine, toute secousse, elle poussait ses facultés vers une certaine nonchalance, elle inclinait ses désirs vers une sorte de paresse. Et cette paix, qui était en elle un renoncement philosophique, elle la gardait par une pratique de vie constante et régulière, affermie de maximes et d'axiomes. Modération, tempérament en toutes choses, c'était le secret de ce parfait et tranquille équilibre établi jusque dans les mouvements d'un cœur pondéré par cette femme qui se dérobait à l'émotion de la charité même, et dont la bouche un jour laissa échapper comme une bouffée de glace cette phrase froide : « Je ne me défie de personne, car c'est une action ; mais je ne me fie pas, ce qui n'a pas d'inconvénient (1). »

Le *papillotage* ne put longtemps résister à la protestation de cette figure sereine, nette, sèche, qui rattachait, dans toute sa personne, la femme à la réalité de la vie, à la nécessité du sens commun ; et cette femme sans séduction, sans esprit, ironique seulement par son exemple et l'opposition de sa manière d'être, Mme Geoffrin eut l'honneur de changer un instant son sexe et de le refaire à

(1) Mélanges de Mme Necker, vol. II.

son image. Elle imposa silence à ce cri de la femme du dix-huitième siècle : « Si jamais je pouvais devenir calme, c'est alors que je me croirais sur la roue (1)! » Elle apaisa son sexe; elle le rasséréna; elle le tira de cet état de convulsion et d'ivresse dans lequel Mme de Prie lui avait appris à vivre (2). Et, avec le calme, elle ramena le *vrai* dans cette société qui en avait perdu le sentiment. Son autorité remit en honneur le *vrai* du sentiment, le *vrai* de la conversation. Et ce furent bientôt les charmes sociaux supérieurs à tous les autres. Se comparant avec des femmes de la société plus jolies qu'elle, douées d'un plus grand agrément, animées d'un plus vif désir de plaire, et se demandant d'où lui est venue sa supériorité sur ces femmes, moins recherchées, moins aimées qu'elle, moins entourées des flatteries du monde, de Mlle Lespinasse se répond à elle-même justement que son succès tient « à ce qu'elle a toujours eu le *vrai* de tout », et qu'à ce mérite elle a joint celui « d'être *vraie* en tout ».

Mais à mesure que se faisait dans la femme ce débarras, ce dépouillement de toute exagération, à mesure que son langage, ses expressions, son esprit, son âme, revenaient au vrai, et que tout en elle se modelait sur la vérité, en prenait la mesure, l'empreinte et l'accent, la femme semblait rappeler à

(1) Lettres de Mlle de Lespinasse, vol. I.
(2) Mémoires du président Hénault.

elle ce qu'elle était habituée à jeter hors d'elle-même
et à répandre. Les choses et les personnes ne lui
apparaissant plus que dans la réalité de leur être et
de leur essence, le jugement se substituant en elle
à la sensation, sa pensée ne s'ouvrant plus qu'aux
idés de rapport, la femme perdait peu à peu l'instinct et l'illusion du premier mouvement. Il n'y
avait plus rien de jaillissant dans son imagination,
de spontané et d'abandonné dans ses sentiments.
Elle se resserrait, elle se détachait des autres, et se
retirait dans le cercle étroit de la personnalité. Elle
s'affermissait contre l'effusion et l'expansion. Elle se
garait de l'émotion, et, s'avançant dans la paix de
l'égoïsme, elle faisait chaque jour à sa sensibilité la
place moins grande. La froideur de sa tête descendait dans son cœur, et elle arrivait à pouvoir dire,
en mettant la main sur ce cœur qu'elle empêchait
de battre et qu'elle forçait à penser, le mot, le grand
mot de Mme de Tencin à Fontenelle : « C'est de la
cervelle qui est là (1). »

C'est alors que la sécheresse, ce dernier caractère
d'un siècle d'esprit, arrive à être chez la femme un
caractère constant. Et que de paroles, que de cris
échappés la révèlent! Il est des correspondances où
le génie de la femme du dix-huitième siècle semble
le génie de la sécheresse. C'est comme un sens,
dominant tous les autres, qui triomphe des faiblesses
et des tendresses de la femme, de sa nature, de son

(1) Correspondance de Grimm, vol. XIV.

sexe. Cette sécheresse de la femme apparaît partout, sans voiles, crûment et ingénument, dans le cynisme ou dans la grâce, brutale ou polie, effrayante ou légère. Elle s'accuse dans des mots qui creusent un abîme dans l'humanité du temps. On la touche, on la respire, elle fait peur, elle fait froid dans ce retour qu'une femme du siècle fait sur elle-même, en regardant embrasser un enfant : « Je n'ai jamais rien pu aimer, moi. » Cette sécheresse effraye dans l'amour et dans toutes les passions de la jeunesse ; elle épouvante dans les habitudes, les attachements, les amitiés même de la vieillesse. Écoutez son dernier mot dans ce dialogue de mort, dans cette scène d'une tristesse sinistre et que pouvait seul produire le siècle, où Montesquieu attribuait la grande amabilité d'une personne à ce qu'elle n'avait jamais rien aimé : Mme du Deffand, vieille, aveugle, est assise dans son tonneau, son vieil ami Pont de Veyle est couché dans une bergère au coin de la cheminée ; ils causent : « Pont de Veyle ? — Madame. — Où êtes-vous ? — Au coin de votre cheminée. — Couché les pieds sur les chenets, comme on est chez ses amis ? — Oui, madame. — Il faut convenir qu'il est peu de liaisons aussi anciennes que la nôtre. — Cela est vrai. — Il y a cinquante ans. — Oui, cinquante ans passés. — Et dans ce long intervalle, aucun nuage, pas même l'apparence d'une brouillerie. — C'est ce que j'ai toujours admiré. — Mais, Pont de Veyle, cela ne viendrait-il point de ce qu'au fond nous avons été toujours fort indifférents l'un à l'autre? — Cela se pourrait bien, madame (1). »

Un soir après souper, au Palais-Royal, c'était un de ces *petits jours* qui rassemblaient la société intime, les dames travaillaient autour de la table ronde. La duchesse de Chartres, Mᵐᵉ de Montboissier, Mᵐᵉ de Blot, parfilaient; Mᵐᵉ de Genlis faisait une bourse entre M. de Thiars et le chevalier de Durfort; le duc de Chartres se promenait dans le salon avec trois ou quatre hommes, allant et venant. La causerie tomba sur la *Nouvelle Héloïse*. Mᵐᵉ de Blot, si mesurée, si compassée d'ordinaire, en commença un éloge si vif, si emphatique, que le duc de Chartres et les hommes qui se promenaient avec lui se rapprochèrent; et l'on fit cercle autour de la table. Mᵐᵉ de Blot continua intrépidement sa thèse, devant le cercle, sous le regard du duc de Chartres; et, s'animant à mesure qu'elle parlait, elle finit par s'écrier « qu'il n'existait pas une femme véritablement sensible qui n'eût besoin d'une vertu supérieure pour ne pas consacrer sa vie à Rousseau, si elle pouvait avoir la certitude d'en être aimée passionnément (2). »

Ce cri d'une femme est le cri de la femme du dix-huitième siècle. Et c'est la grande voix de son temps et de son sexe que fait entendre cette bouche de prude. L'influence prodigieuse de Rousseau, la cap-

(1) Correspondance de Grimm, vol. X.
(2) Mémoires de Mᵐᵉ de Genlis, vol. II.

tation de son génie, l'enivrement de ses livres, son
règne sur l'imagination féminine, l'enthousiasme,
la reconnaissance, le culte amoureux et religieux
dont cette imagination entoure jusqu'à sa personne,
Mᵐᵉ de Blot les signifie avec la vivacité et la sincérité de l'opinion, avec la conscience de toutes ces
femmes achetant comme une relique un bilboquet
de Rousseau, baisant son écriture dans un petit
cahier (1)!

Il était juste que Rousseau inspirât à la femme ce
culte et cette adoration. Ce que Voltaire est à l'esprit de l'homme au dix-huitième siècle, Rousseau
l'est à l'âme de la femme. Il l'émancipe et la renouvelle. Il lui donne la vie et l'illusion; il l'égare et l'é-
lève; il l'appelle à la liberté et à la souffrance. Il la
trouve vide, et il la laisse pleine d'ivresse. Révolution morale, immense en profondeur, en étendue,
et qui engagera l'avenir! Rousseau paraît, c'est
Moïse touchant le rocher : toutes les sources vives
se rouvrent dans la femme.

A ce monde usé de plaisir, lassé d'esprit, et que
dévorent toutes les sécheresses et tous les égoïsmes
d'une société à son dernier point de raffinement et
de corruption savante, il rend les forces et les
vertus expansives. Et qu'a-t-il donc apporté, cet
apôtre misanthrope, cet homme providentiel,
attendu par la femme, invoqué par l'ennui de son
cœur, appelé par ce temps qui souffre de ne pas

_____

(1) Mélanges du prince de Ligne, vol. XXIII.

aimer, qui meurt de ne pas se dévouer? Une flamme, une larme : la passion! — la passion, qui malgré l'opinion de celui-là même qui l'apportait au dix-huitième siècle, va devenir au dix-neuvième siècle si propre à l'intelligence même de la femme, qu'elle sera le génie des deux grands écrivains de son sexe et l'inspiration de leurs chefs-d'œuvre.

Au souffle de Rousseau, la femme se réveille. Un frémissement passe dans le plus secret de son être. Elle vibre à des sensations, à des émotions, à mille pensées qui la troublent. Elle renaît à des tendresses et à des voluptés qui pénètrent jusqu'à sa conscience : son imagination afflue à son cœur. Et l'amour lui apparaît comme un sentiment nouveau, ressuscité, sanctifié. A l'amour de galanterie, à l'amour léger et brillant du dix-huitième siècle, succède la possession, le ravissement de l'amour. Ce n'est plus un caprice s'amusant d'un goût, c'est un enthousiasme mêlé d'une folie presque religieuse. L'amour devient passion et n'est plus que passion. Il prend une langue de flamme, un accent qui touche au ton de l'hymne. Voyant son objet parfait, il en fait son idole, il le place dans le ciel. Il flotte dans mille images et dans mille idées divines : le paradis, les anges, les vertus des saints, les délices du céleste séjour. Il écrit à genoux sur un papier baigné de pleurs. Il s'exalte par le combat du remords, par l'enivrement de la faute. Il s'ennoblit par le sacrifice, il se purifie par l'expiation, il efface la faiblesse par le devoir. Il est son absolution à lui-

même, une vertu dispensant de toutes les autres,
qui sauve dans les plus grands entraînements
l'âme de la femme de la dégradation de son corps,
en lui laissant le goût, l'appétit ou le regret de l'Honnête et du Beau. Délire sacré! idéal plein de tentations, auquel la *Nouvelle Héloïse* convie tous les sens
de l'âme de la femme, ses facultés, ses aspirations,
dans des pages qui tremblent comme le premier
baiser de Julie, et percent et brûlent, comme lui,
jusqu'à la moelle!

Mais ce n'est pas assez de rendre à l'amour ce
cœur de la femme « fondu et liquéfié (1) » au feu de
ses romans : Rousseau le rend encore à la maternité. Il rapproche l'enfant du sein de la femme; il
le lui fait nourrir du lait de son cœur; il le rattache
une seconde fois à ses entrailles; et il apprend à la
mère, comme a dit une femme, à retrouver dans
cette petite créature serrée contre elle et qui lui réchauffait l'âme « une seconde jeunesse dont l'espérance recommence pour elle quand la première s'é-
vanouit (2) ». Rousseau fait plus : il révèle à la mère
du dix-huitième siècle les devoirs et les douceurs
de cette maternité morale qui est l'éducation. Il lui
inspire l'idée de nourrir ses enfants de son esprit
comme elle les a nourris de son corps, et de les voir
grandir sous ses baisers. Du foyer, il fait une
école.

---

(1) Tableau historique de la Révolution, par d'Escherny. *Paris*, 1815.
(2) Lettres sur les ouvrages et le caractère de Rousseau, par Mᵐᵉ de
Staël. *Paris*, 1820.

Par lui, se fait le retour universel de la société vers l'ordre de sentiments exprimés par le mot qui semble monter de tous les cœurs à toutes les bouches, la *sensibilité,* la sensibilité à laquelle bientôt l'usage attache l'épithète d'*expansive* (1). Il se crée une langue nouvelle, un nouveau code moral et sentimental qui n'a d'autre base, d'autre principe, que cette sensibilité partout exprimée, affichée, apportant un si grand changement à la physionomie de ce monde, à ses vocations et à ses modes, aux manifestations de ses dehors, aux coquetteries mêmes de la femme (2). Sensible, — c'est cela seul que la femme veut être; c'est la seule louange qu'elle envie. Sentir et paraître senti (3), voilà l'intérêt et l'occupation de sa vie; et elle ne s'extasie plus sur rien que sur le sentiment dont elle a, dit-elle, « plus besoin que de l'air qu'elle respire ». Il devient presque d'usage pour une femme de passer la nuit dans les larmes, le jour dans des inquiétudes mortelles, à propos d'un rien. Lui arrive-t-il un chagrin? Elle montrera « le sublime de la douleur ». Et que de sollicitudes pour les gens qu'elle adore! Découvre-t-elle un chagrin dans un cœur qui lui appartient? Elle s'en empare, elle en fait son bien, elle ne peut plus parler d'autre chose, et elle en parle les yeux humides. Un de ses amis est-il malade? Elle vole

---

(1) Portraits et Caractères, par Senac de Meilhan, 1813.

(2) Souvenirs de Félicie.

(3) Essai sur les caractères, les mœurs et l'esprit des femmes dans les différents siècles, par Thomas. *Paris, an XII.*

chez lui ; elle s'y établit : elle consulte avec le médecin, elle fait les bulletins. Si le danger augmente,
elle ne laisse plus dormir ses gens, qui vont d'heure
en heure chercher des nouvelles (1). La tendresse
prend un air de fureur. L'exaltation enflamme
toutes les affections, toutes les émotions féminines.

Dans ce grand mouvement de sensibilité, l'esprit
même de la femme est entraîné aux goûts de son
âme. Il ne veut plus que des romans attendrissants,
des histoires qui s'appellent *Ariste, ou les charmes de
l'honnêteté*, des livres qui montrent une vertu bien
aimable et bien sublime, récompensée dans un dé-
noûment pareil à ce couronnement de la Rosière de
Salency couru par toutes les femmes d'alors, par les
filles même (2). C'est le moment de vogue des
Épreuves du sentiment, le petit instant de gloire
de d'Arnaud, le peintre du sentiment, le conteur
chéri des âmes tendres (3). La femme veut être
émue, émue jusqu'aux larmes. Elle est dans cette
étrange situation morale qui a fait dire à Mme de
Staël de sa mère : « Ce qui l'amusait était ce qui la
faisait pleurer (4). » Elle court au théâtre pour pleurer (5). Elle pleure à chaudes larmes lorsque dans le
Cri de la nature paraît sur la scène un petit enfant
au maillot (6). Au *Père de famille*, de Diderot, on

(1) Variétés littéraires, par Suard. 1804, vol. I.
(2) Correspondance secrète, vol. XIV.
(3) Id., vol. II et XII.
(4) Œuvres complètes de Mme de Staël. 1820, vol. I.
(5) Journal historique de Collé. 1805, vol. III.
(6) Mémoires de la République des lettres, vol. IV.

compte autant de mouchoirs que de spectatrices.
Les femmes se pressent à toutes les pièces sombres
et pathétiques, aux Roméo, aux Hamlet, aux Gabrielle de Vergy; elles accourent à cette pantomime
des convulsions qui paraît mettre la cendre du
diacre Pâris sous le théâtre français (1). Et la plus
grande partie de plaisir est pour elles d'aller s'évanouir à ces drames « où le cœur est délicieusement
navré et pressé délicatement par des angoisses terribles qui sont le charme du sentiment (2). »

Il semble que ce cœur de la femme, gros de larmes,
dilaté par la sensibilité, ne puisse plus vivre en lui-
même : il est pris de je ne sais quel irrésistible
besoin, quel immense désir de se répandre, de par-
ticiper à la solidarité humaine, de battre avec tout ce
qui respire (3). Il déborde, et le monde va devenir
trop petit pour ses embrassements. Des individus
qu'elle touche par les sens, la sympathie de la femme
ira aux peuples, aux nations les plus lointaines, à
tous les hommes, à l'humanité tout entière, dont
elle conçoit pour la première fois la notion. Humanité ! c'est à cette grande idée que s'élève, comme à
son dernier terme, la sensibilité des femmes : c'est
vers elle que se tournent toutes leurs études, allant
des sciences exactes aux sciences sociales, politiques,
économiques, philanthropiques ; c'est à elle que les
plus grandes dames rapportent leurs jugements ;

(1) Correspondance secrète, vol. VII.
(2) Id., vol. 1.
(3) Lettres de Mlle Phlipon aux demoiselles Canet.

c'est en son nom qu'elles donnent leur admiration
et qu'elles accordent la gloire, la véritable gloire,
aux hommes qui sont des citoyens, des agriculteurs,
des défricheurs, des bienfaiteurs de peuples (1).
Humanité ! c'est cette belle chimère de l'œuvre de
Rousseau qui entraînera la femme dans le rêve des
vérités abstraites, et la fera arriver à la Révolution
avec des trésors d'enthousiasme tout prêts pour
l'Utopie !

Rousseau renouvelle encore l'âme de la femme en
lui restituant un sens. A cette femme d'une si rare
élévation spirituelle, si délicatement douée, possédant la faculté de perceptions si fines, si profondes,
à la femme du dix-huitième siècle, une grâce de
l'âme, un sentiment, un sens fait absolument défaut,
le sens de la nature. En ce temps d'extrême civilisation, de sociabilité sans exemple, le monde est
pour la femme, non-seulement le grand théâtre de
la vie, mais l'unique raison d'intérêt, d'impressions,
d'émotions. Seul, le monde agit sur elle et parle à
ses facultés. C'est le milieu et la prison de tout son
être. Au-delà de ce décor factice, on croirait que
tout finit en elle : l'horizon cesse. Où le bruit de
l'humanité se tait, où le silence de Dieu commence,
la femme ne trouve ni un accord ni une harmonie.
Son cœur reste sans s'ouvrir, sans s'éveiller à la nature : il ne passe sur ce cœur ni l'ombre de la feuille

(1) Correspondance inédite de Mme du Deffand. *Paris*, 1859, vol. I.

ni le souffle du vent. Ses yeux même semblent fermés
aux tendresses de la verdure ; et la campagne n'est
autour d'elle que comme un grand vide qui se laisserait traverser.

Qu'une lettre, qu'une correspondance, qu'un
journal échappe de là, de la campagne, à la plume
d'une femme ; qu'elle écrive, d'une chambre de
château, la fenêtre ouverte au ciel et aux arbres, il
ne tombera sur le papier rien de ce ciel ni de ces
arbres. Vainement y chercherait-on un parfum, un
reflet, un murmure venu des moissons, un battement
tombé de l'aile d'un oiseau, cet air ambiant qui est,
pour ainsi dire, l'air natal d'une lettre : le ton, la
plume, l'encre, tout est de Paris ; la femme y est
restée, et ce ne sont que détails vifs, piquants, pensées libres et à l'aise sur les femmes et les hommes
qui peuplent sa solitude et font une société de son
désert. Son esprit, dans cette atmosphère de rosée,
sous la caresse du matin, est pareil à ce qu'il serait
au-dessus du pavé de la rue Saint-Dominique : il demeure tendu, armé, de sang-froid, ferme en toutes
ses sécheresses.

Rien alors dans l'idée de la campagne qui sourie
à l'imagination féminine. Enchantement mystérieux,
détente de l'âme, expansion des sens, attendrissement
des idées, sérénité pacifiante, épanouissement de
l'être retrempé dans sa patrie première, ces promesses, ces images, ces séductions, que la vie des
champs évoque aujourd'hui, sont non-avenues pour
elle. Une odeur d'ennui, c'est tout ce qui se lève pour

ellè de la nature. Une femme d'esprit n'avoue-t-elle pas, ne proclame-t-elle pas le sentiment universel de son temps et de son sexe en disant « que les beaux jours donnés par le soleil ne sont que pour le peuple, et qu'il n'est de beaux jours pour les honnêtes gens que dans la présence de ce qu'on aime (1)? » C'est l'heure où pour la femme et pour l'homme le monde en est venu à cacher le soleil.

Et qu'est tout uniment la campagne pour la femme du règne de Louis XV? L'exil, et sinon l'exil dans le sens propre du mot, au moins dans le sens figuré. Elle représente l'éloignement de la cour, l'éloignement de Paris, un temps de réforme et d'économie où l'on expie et où l'on regagne les dépenses, les fêtes, les toilettes de l'hiver; un lieu de pénitence, sans ressources, sans nouvelles, où l'on ne trouve rien en fait de compagnie, et où il faut tout faire venir de Paris, les sujets de conversation, les gens aimables, et jusqu'à des amis. Emporter leur salon, leurs habitudes, c'est la grande préoccupation de toutes celles qui partent et vont, comme elle disent, « s'enterrer ». Et il faudra que le siècle soit bien vieux et tout près de finir pour que la villégiature ne soit plus l'exil, mais une récréation, un repos, une retraite à la mode, et aussi le beau moment de la vie de famille : Young, traversant la France sous

---

(1) Réflexions nouvelles sur les femmes par une dame de la cour. *Paris,* 1727. — Mme Necker donne une autre explication : elle trouve les esprits de son temps trop métaphysiques, trop occupés d'abstractions, trop distants et trop séparés des objets réels et extérieurs, pour qu'ils puissent en tirer des jouissances. (Mélanges, vol. I.)

le règne de Louis XVI, trouvera les premiers symptômes d'une vie de château nouvelle, une véritable habitation des terres par de grandes dames et de grands seigneurs, des séjours prolongés, et comme une affectation à se passer de Paris, à l'oublier, à le bouder. Jusque-là, quelle vie mène-t-on à la campagne? la vie de Paris. Dans le salon aux grandes fenêtres, donnant sur les bois et les prés, le jeu dure toute la journée, retient les gens et dispense de la promenade; le petit jeu s'ouvre le matin, le grand jeu commence après le dîner, va jusqu'au souper, reprend après le souper jusqu'au-delà de minuit. Ou bien, si l'on ne se donne pas au jeu, l'on appartient à la conversation; et l'heure du sommeil ne sonne pas au château plus tôt qu'à l'hôtel. On ne se couche guère qu'au matin, tant on met de temps à se souhaiter des bonsoirs de chambre en chambre, à se conter des historiettes, à prolonger la soirée par des contestations, des observations, des répliques, des contes, un dernier feu, une dernière folie de causerie (1). Au réveil, le lendemain, tout ce monde, une fois habillé, ne pense qu'aux courriers, aux nouvelles, attendus de Paris; et le grand événement du jour est l'arrivée du *Mercure de France,* peinte par Lavreince comme le seul moment d'intérêt de la campagne (2).

Il est un signe bien frappant de ce détachement

---

(1) Lettres récréatives, par Caraccioli, vol. I.
(2) Le *Mercure de France,* peint par Lavreince, gravé par Guttemberg le jeune.

de la femme du dix-huitième siècle pour la nature, de son indifférence, de son aveuglement. Elle ne la perçoit, elle ne la respire pas même dans l'amour. Jamais la femme amoureuse de ce temps n'associe le ciel, la terre, l'orage ou le rayon à sa passion. Jamais elle ne fait conspirer la création avec son cœur. Son bonheur est sourd au chant de l'alouette ; le paysage qu'elle traverse ne met rien de sa gaieté ou de sa mélancolie à ses tristesses ou à ses joies. Et les journées passées au grand air, les senteurs entêtantes, les midis irritants, les heures lourdes et chaudes donnent si peu d'exaltation à sa tête, à ses sens, que la séduction si habile, si savante du dix-huitième siècle ne les fait presque jamais entrer en ligne de compte dans ses chances et ses moyens de victoire. A peine si cette séduction songe à trouver, dans un cours d'eau qui passe dans un parc, une occasion de familiarité, un prétexte pour presser une main refusée, serrer une taille qui se dérobe ; et c'est toute la complicité qu'elle demande à la nature contre la résistance de la femme.

Aussi tous les romans d'amour sont-ils marqués de ce caractère étrange, l'absence de la nature. De loin en loin seulement, les personnages y rentrent du dehors, d'un lieu non désigné, vague et secret, pareil à un enclos autour d'une petite maison. Point une perspective, point une bouffée d'air ; toujours la même scène étroite, étouffante, le boudoir, le salon, le demi-jour du réduit, ou le jour des bougies, cette même lumière et ce même cadre factices de l'humanité. De livres en livres, on peut suivre ce divorce de la nature et de l'amour, cette suppression du paysage, cette disparition du soleil, de l'oiseau, de l'étoile. Au-delà des *Liaisons dangereuses*, à l'extrémité dernière du génie du siècle, à son paroxysme enragé, que l'on aille jusqu'à ces romans où le sang coule sur la boue : la nature est éteinte autour de la priapée, comme un cauchemar; c'est le désert, un désert où il n'y a plus un animal, plus un arbre, plus une fleur, plus un brin d'herbe !

Rousseau rouvre à la femme, dans l'Élysée de Clarens, le paradis perdu des champs et des bois. Les fleurs semées par le vent, les broussailles de roses, les fourrés de lilas, les allées tortueuses, les plantes grimpantes, les sources, l'eau courante, la solitude, l'ombre, — il lui montre toutes ces délices et les lui fait sentir. Il déploie devant ses yeux la plaine et la colline, le lac et la montagne. Il lui révèle cette poésie du paysage, du ciel, du nuage et de l'arbre, qui donne une âme aux sens et des sens à l'esprit. Comme au chant du rossignol qui chantait sur sa tête, dans cette nuit enchantée, au-dessus de ce jardin près de Lyon, le dix-huitième siècle, à sa voix, retrouve les harmonies de la nature. Il retrouve ce sentiment ignoré de la France, inconnu des lettres jusqu'à Rousseau, — M. Sainte-Beuve en a fait le premier la remarque délicate, — le sentiment *du vert* (1).

La femme devient « folle du champêtre ». Elle se sent, à la campagne, heureuse d'être, et s'y écoute

(1) *Causeries du lundi*, par M. Sainte-Beuve, vol. III.

vivre. Il y a pour elle de doux et mystérieux accords qui montent du silence, caressent son cœur et sa pensée. Le bruit du vent, la joie du soleil, le murmure des champs, la pénètrent et s'associent à son âme de la même façon qu'ils s'associent à l'âme des personnages de Rousseau. Elle ne goûte pas seulement une volupté tranquille dans les spectacles de la nature : elle y ressent une émotion pleine d'ardeurs et d'élancements. L'air vif et libre, qui fait sa respiration légère et facile, donne à ses idées une sorte d'allégresse. Elle s'abandonne à un enthousiasme où l'attendrissement se mêle à l'émotion : l'élévation du Naturalisme va venir à son sexe ; et par un beau soir, devant un ciel qui brille encore et n'éblouit plus, devant cette voûte où les étoiles s'allument une à une derrière le jour, une femme émue, ravie, détachée de la terre, cherchant quelque chose d'intelligent et de sensible qui puisse l'entendre et recevoir l'effusion de son âme, une femme, qui sera Mᵐᵉ Roland, trouvera le Dieu de Rousseau dans ce ciel qui va s'éteindre ; et de sa fenêtre du quai, elle jettera cette prière au soleil disparu : « O toi, dont mon esprit raisonneur va jusqu'à rejeter l'existence, mais que mon cœur souhaite et brûle d'adorer, première intelligence, suprême ordonnateur, Dieu puissant et tout bon, que j'aime à croire l'auteur de tout ce qui m'est agréable, accepte mon hommage, et, si tu n'es qu'une chimère, sois la mienne pour jamais (1) ! »

(1) Lettres de Mˡˡᵉ Phlipon aux demoiselles Canet.

XI

LA VIEILLESSE DE LA FEMME.

Trois fins s'offrent à la femme du dix-huitième siècle qui n'est plus jeune : la dévotion, les bureaux d'esprit, les intrigues de cour (1).

Aux approches de la vieillesse un certain nombre de femmes se retiraient dans les pratiques de la vie religieuse : elles se vouaient au renoncement. Elles quittaient un soir le monde, un matin les mouches, visitaient les pauvres, fréquentaient les églises. On les voit passer allant aux sermons, courant les bénédictions, vêtues de couleurs sombres, dans quelque fourreau feuille morte, la coiffure basse et faite pour entrer dans un confessionnal. Un laquais les suit portant leurs Heures dans un sac de velours rouge. Mais que l'on cherche au-delà de cette image, de cette silhouette de la dévote, que l'on touche au fond

(1) Chevrier y ajoute une quatrième fin : le jeu et l'habitude de donner à jouer.

de cette femme, à l'âme de cette dévotion, nul document du temps ne témoigne d'un de ces grands courants de religion, profonds et violents, qui arrachent et enlèvent les cœurs. La piété du siècle précédent, sévère, dure, ardente d'intolérance, toute chaude encore des guerres de foi, va s'adoucissant et s'éteignant dans ce siècle trop petit et trop amolli pour elle : elle était la flamme qui dévore, elle n'est plus qu'un petit feu qui se laisse entretenir. Cette piété douce et tiède n'a pas de quoi emporter à Dieu les passions de la femme ; elle ne fait pas éclater en elle ces grands coups de la grâce brusques, suprêmes, et qui semblent les foudroiements de la vocation ; elle ne ravit pas la femme, elle ne saurait la remplir et la posséder toute. Aussi le dix-huitième siècle ne vous offrira-t-il que bien peu de ces grandes immolations, de ces retraites austères et rigoureuses où la femme enferme le reste de sa vie. La dévotion dans cette société apparaît simplement comme une règle commode des pensées, un débarras des superfluités et des fatigues mondaines, un arrangement qui simplifie la vie matérielle, qui ordonne la vie morale. Elle semble encore une marque de délicatesse, presque d'élégance, un signe de personne bien née. Elle est de ton ; et il est reçu, dans l'extrêmement bonne compagnie, qu'il n'est pas de façon mieux apprise, plus convenable, plus digne d'un certain rang, plus décente en un mot, pour vieillir et pour finir.

La bienséance, tel est le principe de la dévotion de la femme du dix-huitième siècle. Et quel autre

fondement pouvait avoir la religion en ce siècle des
esprits critiques et des âmes passionnées, dans ce
temps où les petites filles au couvent ont déjà des
doutes, et les expriment d'une façon si spirituelle
qu'elles embarrassent Massillon et désarment la punition ; temps rebelle au renoncement, où la femme
même mourante se rattache à l'amour, et s'écrie,
quand son confesseur lui reproche de permettre à la
voiture de son amant de passer ses jours et ses nuits
à sa porte : « Ah ! mon père, que vous me rendez
heureuse ! Je m'en croyais oubliée (1). » Une mode,
voilà la piété, piété morte, zèle mondain, âme des
dehors. A sa paroisse, la femme a sa chaise où sont
ses armes (2); et elle va à la messe pour occuper sa
place, par respect humain, pour elle-même, pour les
autres et pour ses gens. Pendant quelque temps une
messe en vogue attire toutes les femmes, la messe
musquée qui se dit à deux heures, avant dîner, au
Saint-Esprit. Une fois cette messe défendue, on ne
va plus guère à la messe que le dimanche. Et la
femme n'est ramenée aux offices, aux confessionnaux
dont elle s'éloigne peu à peu, que par des paniques
soudaines et passagères, les menaces d'un an mille
tombées du haut d'une académie, l'apparition d'une
comète et d'un mémoire de Lalande sur le rôle des-
tructeur des comètes (3). Cependant, au carême,
beaucoup d'églises sont remplies ; on s'étouffe aux

(1) Mélanges de Mme Necker, vol. III.
(2) Œuvres de Chevrier, vol. I.
(3) Tableau de Paris, par Mercier, vol. III.

prédications ; mais c'est le spectacle de la chaire et
le jeu du prédicateur qui attirent la foule. Que par
hasard, et sans avoir prévenu d'avance, le prédicateur
vanté qu'il faut avoir entendu, se trouve indisposé,
qu'à sa place un capucin ignoré, innommé, monte
en chaire, on laisse là sa chaise et la parole de Dieu.
On sort de l'église comme d'un théâtre ; on s'y rend
comme à la comédie. Des femmes même y vont
comme en petites loges, avec l'idée de s'amuser, de
faire scandale, de déconcerter l'éloquence du prêtre
de la même façon qu'elles gêneraient les effets d'un
acteur sur la scène : n'en connaît-on point une qui
a fait le pari d'ôter le sang-froid au père Renaud, le
prédicateur mis à la mode par la conversion de
Mᵐᵉ de Mailly, et qui, à force de coquetteries, d'œillades, et d'étalage impudique, a gagné son pari (1)?

La chaire d'ailleurs est-elle restée vénérable ? A-
t-elle gardé cette dignité des paroles simples et fortes
qui l'enveloppe de sainteté et l'entoure de grandeur ?
N'est-elle pas une tribune où le bel esprit du prêtre
semble, quand il parle de la religion, concourir pour
l'éloge de Dieu ? L'éloquence de la foi devient une
éloquence d'académie, allusive, piquante, semée de
pensées neuves, brodée d'anecdotes, réchauffée de
traits et de demi-personnalités. Elle parle au monde
le langage du monde, et revient toujours au siècle,
qu'elle maudit avec complaisance, avec grâce, avec
esprit, presque amoureusement. Tous les échos du

(1) **Revue rétrospective**, vol. **V.**

dehors, les bruits de la cour et de la ville, la politique
de l'État, résonnent et vibrent sous les citations des
livres saints qui n'ont plus que l'accent d'un refrain
banal dans la bouche des grands maîtres de la parole
divine, dans la voix d'un abbé Maury.

Mais à côté de cette éloquence qui conserve encore
par instants la hauteur de l'emphase et la virilité de
la déclamation, une parole descend doucement de
la chaire, pénètre la femme, et glisse de son esprit
jusqu'à ses sens. Cette parole nouvelle n'est qu'a-
grément, raffinement, coquetterie. Elle est tout
aimable et tout enjolivée. Elle ne va que de la gentillesse à l'épigramme, de l'épigramme à l'antithèse.
Elle ne touche qu'à de jolis sujets, elle ne remue que
les péchés qui ont le parfum de la femme. Elle ne
roule que sur les tentations de la société, sur *les jeux,
les spectacles, la parure, les conversations, les promenades,
l'amour des plaisirs ;* cadres charmants où le prédicateur peint les feux de l'enfer en rose, et fait tenir,
en la déguisant sous une teinte légère de spiritualité,
une morale tirée des poëtes et des romans. Lui-même
a le débit moelleux, la voix argentine encore adoucie,
au bout des périodes harmonieuses, par un morceau
de pâte de guimauve ; il n'a aux lèvres que des textes
pris dans les versets les plus amoureux du Cantique
des Cantiques, suivis de deux petites parties aussi
chargées de grâces que bien tournées, où la charité
la plus galante, la plus mignarde, joue avec les
légendes de la Samaritaine, de la femme adultère,
de la Madeleine, comme avec des miniatures de

Charlier (1). Cette corruption de la parole sacrée a laissé partout sa trace. On en retrouve les traits et le témoignage dans les brochures de mœurs, l'esprit dans les livres religieux du temps, dans les livres de l'abbé Berruyer (2), et dans cette *Religion prouvée par les faits,* où l'agrément et le piquant du style avaient jeté tant de douceur sur les amours des patriarches, qu'il fallut presque en arrêter le cours (3). Que pouvait une telle éloquence contre les entraînements du siècle? Quelle force lui restait pour avertir les âmes, toucher le fond des croyances, remettre Dieu dans les cœurs? Elle était elle-même une des voix du siècle et non la moins voluptueuse. Elle n'avait rien qui touchât, qui commandât, rien pour jeter dans un auditoire ces idées qui se prolongent dans la solitude ainsi qu'un son sous une voûte. Ses plus grands mouvements ressemblaient à une musique d'opéra : ils n'en avaient que le chatouillement.

D'où venaient donc au dix-huitième siècle les accès de dévotion de la femme, les résolutions qui la traversaient, ses conversions soudaines et un moment brûlantes? De l'amour, du dépit ou du désespoir de l'amour. Un chagrin d'amour ramenait le plus souvent sa pensée à la religion et lui faisait appeler un prêtre. Le prêtre appelé, la scène se passait comme elle se passe en pareille circonstance entre l'abbé Martin

---

(1) Bibliothèque des petits-maîtres. — Le Papillotage.

(2) Œuvres de Saint-Foix. Lettres de Nedim Coggia. — Les Sottises du temps, ou Mémoires pour servir à l'histoire générale et particulière du genre humain. *La Haye,* 1754.

(3) Correspondance de Grimm, vol. XI.

et Mme d'Épinay. Mme d'Épinay lui parlant tout d'abord de son désir de se jeter dans un couvent, l'abbé Martin, qui avait le sang-froid de l'habitude, lui disait posément qu'une mère de famille n'était point faite pour devenir une carmélite ; que ces retours à Dieu trop subits, trop emportés, ne lui inspiraient qu'une médiocre confiance ; et quand il avait tiré de Mme d'Épinay le mot et la cause de cette grande fièvre de dévotion, il se retirait en prêtre avisé et en homme bien appris, doucement, et avec la persuasion que la pensée de Dieu ne durerait dans cette âme que jusqu'à la pensée d'un nouvel amant (1). Ce moment de défaillance, où elle est abandonnée de ce qu'elle aime, est le seul moment dans la vie de la femme du dix-huitième siècle, où la religion semble lui manquer, où elle pense au prêtre comme à quelqu'un qui console : Dieu lui paraît, dans cet instant seul, quelque chose qu'elle veut essayer d'aimer.

Parfois pourtant, avant l'âge, avant la vieillesse, la dévotion est apportée à la femme par la fatigue du monde, la solitude du foyer, le train si libre, le lien si relâché du mariage. Il se rencontre dans ce temps des âmes douces et faibles, faciles aux lassitudes, blessées, étourdies par la lumière et le bruit, qui de bonne heure demandent à la religion la paix des habitudes, l'ombre discrète de la vie. Mais pour ces femmes délicates et paresseuses, jeunes encore au moins pour Dieu, pour ces dévotes qui n'ont que

---

(1) Mémoires de Mme d'Épinay, vol. I.

l'âge de la maturité appétissante, que d'écueils, que
de tentations, que d'attaques sur le chemin du salut
qu'elles font à petites journées ! Une dévote, c'est le
fruit défendu pour l'amour du siècle, pour les gens
à bonnes fortunes. Le libertinage du siècle est trop
raffiné, trop subtil, trop aiguisé, l'imagination de ses
sens est trop tendue vers toutes les recherches du
difficile, de l'extraordinaire, du nouveau, il est
trop tenté par tout défi, pour ne pas faire de cette
femme son ambition, son désir, sa proie désignée.
Pour la débauche fine et si délicatement corrompue
du temps, une dévote n'est rien moins que « le morceau de roi de la galanterie ». Une sensualité délicieuse semble cachée dans cette femme si différente
des autres avec ses paquets de fichus sur la gorge,
son *corps* qui remonte à son menton, sans rouge, le
teint blanc, portant en elle un charme de fraîcheur
et de quiétude, le repos et comme le reflet de la retraite (1). Mille séductions secrètes et tendres, une
coquetterie pénétrante se dégage dans l'air autour
d'elle avec la suavité et la douceur des parfums exquis rangés, dans le roman de *Thémidore,* sur le
linge fin et la toilette de M^{mc} de Doligny. Femmes
uniques pour faire rêver aux hommes à femmes « le
suprême du plaisir », pour leur promettre ce que le
jargon des roués nomme « un ragoût, une succulence », ce qu'un livre du temps appelle « l'onction
dans la volupté » (2) ! N'oublions pas cet autre

---

(1) Thémidore. *A la Haye, aux dépens de la Compagnie,* 1745.
(2) Les Liaisons dangereuses, par C... de L,... *Londres,* 1796, vol. I.

aiguillon du libertin dans ce temps où l'amour aime l'humiliation et la souffrance de la femme : la lutte de la dévote, les déchirements de son cœur, ses résistances au péché, ce spectacle nouveau d'une âme longue à être vaincue, se débattant avec elle-même, roulant du devoir au remords, se ressaisissant dans sa chute, et se reconnaissant dans sa honte, c'était de quoi décider bien des hommes à tenter cette aventure où ils prévoyaient tant de piquant, tant de saveur, l'amusement de leurs vanités les plus cruelles. Tout exposée pourtant qu'elle était de ce côté, ce n'était point le plus souvent sous l'attaque d'un libertin que la dévote succombait. Généralement cette femme peureuse du scandale redoutait les hommes notés de galanterie, les façons affichantes, « les plumets », les manières vives et étourdies ; et, si elle arrivait à céder, elle cédait plus volontiers à quelque jeune homme, tout neuf dans le monde, heureux du silence, jaloux du mystère de son bonheur. Ou bien encore, quelquefois la dévote s'abandonnait à une espèce d'hommes glissés sans bruit dans sa familiarité, qui, par état, promettaient à sa faute ce pardon du péché : le secret.

Mais, si dangereux qu'il se montrât, qu'était l'amour contre la dévotion, qu'étaient les chutes des sens, les défaites du cœur, secrètes ou éclatantes, auprès de l'esprit du temps, du souffle d'incrédulité qui pénétrait peu à peu la femme et la remplissait de doutes, de soulèvements, de révoltes ? C'était l'esprit encore plus que tout le reste qui se dérobait chaque jour plus résolûment chez la femme aux croyances de la foi. Il recevait le contre-coup de tout ce qui s'agitait dans la pensée des hommes, l'ébranlement des livres, des brochures, des idées. Et voulez-vous la mesure précise du dépérissement, de l'étouffement de la dévotion de la femme dans l'air du dix-huitième siècle? Il vous suffira de jeter les yeux sur le gouvernement de la femme par l'Église, sur la *direction*.

La direction n'est plus le grand pouvoir obscur, redoutable, absolu du dix-septième siècle. Le directeur n'est plus ce maître du foyer, ce maître de la maison, l'homme effrayant du Salut, qui sous une femme tenait tout sous sa main, réglait les consciences, les volontés, le service, la famille. Aujourd'hui qu'est-il? un homme de compagnie, un partner au wisk, un secrétaire, un lecteur, un économe, un sous-intendant des dépenses de la maison, qui met l'ordre dans la cuisine et la paix dans l'antichambre. On le prend moliniste, si le vent est au molinisme, quitte à le remplacer par un janséniste, si le vent tourne; car c'est un familier sans assises dans la maison. Voilà le personnage et le rôle; et, s'il vous faut la révélation de tout son abaissement, elle vous sera donnée par le directeur de Mme Allain dans le joli conte, si vivant, de *M. Guillaume*.

La direction véritable, toute-puissante, tyrannique, n'est plus là. Elle n'est plus dans l'Église humiliée, dans le prêtre discrédité; elle est dans la nouvelle religion qui triomphe. Ses bénéfices et ses

pouvoirs, son exercice et sa domination, sont tout
entiers aux mains de la philosophie, à la discrétion
des philosophes. Voilà la nouvelle direction et les
nouveaux directeurs de la femme. Ce sont les philosophes qui prennent la place chaude au foyer, à
la table, aux conseils de famille, qui héritent de
l'influence, du droit de sermonner et de décider,
qui ouvrent et ferment la porte de madame, qui lui
conseillent ses amants, qui lui imposent ses connaissances, qui font de son âme leur créature et de
son mari leur ami. Partout, dans toutes les maisons
un peu famées, à côté de toute femme assez éclairée pour vouloir faire son salut philosophique, il
s'installe un de ces hommes, quelque saint de l'Encyclopédie que rien ne déloge plus : c'est d'Alembert qui conduit le ménage Geoffrin, c'est Grimm
régnant chez le baron d'Holbach, ami dirigeant de
la maison, qui défend à d'Holbach d'acheter une
maison de campagne qui ne plaît pas à Diderot.
C'est cet autre, le grand tyran des sociétés, Duclos,
qui à la Chevrette, auprès de Mme d'Épinay, va révé-
ler l'omnipotence et toute la profondeur de ce personnage de directeur laïque. Il s'interpose entre la
femme et le mari, il prêche la femme, il lui apprend
les infidélités de l'amant qu'elle a, il lui dit du mal
de l'amant qu'elle aura, il entre de force dans toutes
ses affaires, il pénètre ses sentiments, il prend en
main sa réputation, il lui ordonne au nom de l'opinion du monde de quitter celui-ci pour celui-là, il la
met en garde contre l'amour, contre l'amitié, contre

la sévérité de morale des gens qu'elle estime, il
l'empoisonne de soupçons, il la remplit et l'assombrit de défiances, de terreurs, de remords, il la
gronde, il la morigène, il la domine par les tourments qu'il lui donne, les inquiétudes qu'il lui souffle
au cœur, il s'établit dans sa famille, dans ses relations, partout autour d'elle, il lit ses lettres, il les
refait, il jette au feu ses papiers, il s'empare de la
confiance du mari, il commande au précepteur, il
préside à l'éducation des enfants (1). Il touche à
tout, il se mêle à tout, il commande à tout. Son
obsession de bourru malfaisant et insinuant prend la
grandeur et la terreur d'une possession diabolique;
et, tandis qu'il plane avec des sarcasmes sur cette
femme frissonnante, l'ombre de Tartuffe passe au
mur derrière lui.

Une seule chose empêcha les philosophes et la
philosophie, les hommes et les idées du parti nouveau, de s'emparer absolument de la femme. Par le
caractère de son sexe et la nature de ses facultés, la
femme du dix-huitième siècle, comme la femme de
tous les siècles, manquait de forces pour l'incrédulité. Manque de forces, besoin d'appui, c'est là,
semble-t-il, toute la raison de sa dévotion, dévotion
raisonnée comme pourrait l'être celle d'une du Deffand sous un petit coup de la grâce, retour à Dieu
d'un esprit que le vide effraye. Un prêtre a éclairé
à fond sur ce point le cœur de la femme et du temps;

(1) Mémoires de Mme d'Epinay. *Passim.*

l'abbé Galiani a montré, pour ainsi dire, les dernières racines auxquelles se rattache la foi dans les
décadences incrédules, lorsqu'il a écrit dans sa
grande langue : « A fin de compte, l'incrédulité est
le plus grand effort que l'esprit de l'homme puisse
faire contre son propre instinct et son goût... Il s'a-
git de se priver à jamais de tous les plaisirs de l'imagination, de tout le goût du merveilleux ; il s'agit de
vider tout le sac du savoir, et l'homme voudrait savoir. De nier ou de douter toujours et de tout, et
rester dans l'appauvrissement de toutes les idées,
des connaissances, des sciences sublimes, etc.; quel
vide affreux! quel rien! quel effort! Il est donc dé-
montré que la très-grande partie des hommes et
surtout des femmes, dont l'imagination est double...,
ne saurait être incrédule, et celle qui peut l'être
n'en saurait soutenir l'effort que dans la plus grande
force et jeunesse de son âme. Si l'âme vieillit, quelque croyance reparaît (1)... »

Mais cette foi qui se sauve de l'incrédulité, qui
s'en échappe et s'en retire, est elle-même un effort.
Elle n'est point vivante par la facilité, l'abandon,
par le dévouement, par l'amour. Laissons ce que
Galiani appelle « des croyances qui reparaissent »,
et ne comptons point avec ces conversions à la
Geoffrin et à la de Chaulnes, que l'âge semble amener avec l'affaiblissement; estimons, étudions la
piété du siècle dans celles qui en donnent l'exemple

(1) Correspondance de Grimm, vol. IX.

constant et qui en fixent le caractère : la piété, chez
les femmes les plus sincères, les plus croyantes,
manque d'onction. Elle ne peut quitter un ton de
sécheresse. Elle garde sur toutes choses un sens et
un esprit critiques. Dans tout ce qu'ont légué ces
personnes de haute dévotion, dans leur vie, dans
leurs pensées, dans ce qu'elles ont laissé échapper
de leur conscience, de leur bouche, de leur plume,
on sent une froideur. L'amour de Dieu ne semble pas
être autrement en elle qu'un principe dans un cerveau ; et elles mettent tant de réflexion dans la
prière, elles ont contre tout enthousiasme de si
grandes réserves, elles font des vertus religieuses,
auxquelles elles ôtent l'élancement, des vertus si
raisonnables, si philosophiques, elles semblent si
uniquement attachées à une sainteté purement morale, qu'elles rappellent la pensée de Rousseau ne
trouvant pas à Mme de Créqui « l'âme assez tendre
pour être jamais une dévote en extase (1) ». Ces
femmes ont cru de toutes leurs forces ; elles n'ont
pu croire de tout leur cœur.

C'est à cette piété desséchée que la mode va ouvrir dans ce siècle une nouvelle carrière. Elle va lui
donner un nouveau but, presque un nouveau nom.
La dévotion qui ne suffit plus, qui ne se nourrit plus
d'elle-même, va retrouver d'autres aliments, une
autre vie : elle sera la Charité. On la verra quitter
son rôle passif, sortir de l'oratoire, de la retraite,

_____

(1) Lettres de Mme de Créqui. Introduction par M. Sainte-Beuve.

du silence, des habitudes contemplatives, des élévations solitaires, des pratiques sous lesquelles l'ancienne dévotion tâchait d'éteindre le mouvement,
l'action, l'initiative de la femme pieuse pour qu'elle
s'abandonnât en Dieu et y restât tout enfoncée.
Dans ce siècle, la philanthropie entre dans la religion : et la dévotion, suivant le cours du temps,
descend de l'adoration du Créateur au soulagement
de la créature. De ce jour, du jour où la femme
trouve la charité pour ressusciter et occuper sa dévotion, l'activité la saisit ; un souffle l'emporte hors
d'elle-même : elle appartient aux autres. Un esprit,
égal en agitations à celui qui remuait chez Mme Louise
de France, va la pousser dès le matin hors de chez
elle. Seule, à pied, par la pluie, le froid, par tous
les temps, elle ira de l'Arsenal aux Incurables,
du Palais à l'île Saint-Louis, du lieutenant de police chez la supérieure de la Salpêtrière. Vingt com-
missaires recevront ses dépositions ; tous les con-
sultants de Paris la connaîtront. On la rencontrera
sans cesse sur le chemin de Versailles ; à Versailles,
on la verra à tous les bureaux, à toutes les toilettes,
au salut de la chapelle, aux cassettes (1). Les hôpi-
taux, les prisons seront les lieux d'élection de cette
dévotion nouvelle ; par elle, la Conciergerie sera dotée
d'une infirmerie ; par elle l'Hôtel-Dieu sera réformé,
par elle disparaîtront ces lits où étaient entassés
huit hommes, où la maladie, l'agonie, la mort cou-

(1) Abrégé du *Journal de Paris*. 1789, vol. IV.

chaient ensemble sous le même drap (1)! Et c'est
cette vertu d'ordre humain, la bienfaisance, éclatant et se répandant vers la fin du siècle, qui sera
la véritable et peut-être la seule religion d'instinct
et de mouvement de la femme au dix-huitième
siècle.

Une autre foi apparaît encore, mais secrète, cachée, et comme honteuse, tout au fond de la femme
du dix-huitième siècle. Dans un repli de cette âme
féminine du temps, si ferme, si libre, d'une personnalité si entière, dans un coin de cet esprit raisonnable qu'une philosophie naturelle semble affranchir
du préjugé, de la tradition, du respect religieux, il
reste une faiblesse populaire : la superstition. Il y a
encore sur l'imagination du dix-huitième siècle
l'ombre de terreur et de mystère des croyances du
seizième siècle. Chez la plus grande dame, il existe
encore le souvenir des vieilles recettes, une conscience vague de ces idées qui font, pour retrouver
son enfant noyé, allumer à une pauvre femme du
peuple une bougie sur une sébile lancée au courant
de l'eau et s'en allant mettre le feu au petit pont de
l'Hôtel-Dieu. Au milieu de ce siècle philosophique (2),
la femme croit à la chance de la corde de pendu (3),
au pronostic du sel renversé, des fourchettes en
croix; elle a les peurs de cette Mme d'Esclignac, qui

---

(1) Mémoires de la République des lettres; vol. XVII. — Correspondance secrète, vol. IX.
(2) Correspondance secrète, vol. I.
(3) Mercure de France. *Avril* 1722.

donne à ses soupers la comédie aux esprits forts de
Paris (1). Les horoscopes ne sont pas oubliés : sur
des berceaux de petites filles, Boulainvilliers, Co-
lonne et d'autres en tirent bon nombre qui tiennent
les femmes sous le coup d'un avenir fatal dans une
sorte de tremblement, et parfois, comme pour
Mme de Nointel, amènent, par l'épouvante et l'idée
fixe, la réalisation de la prédiction (2). Des femmes
ont la naïveté de la princesse de Conti promettant à
un abbé Leroux un équipage et une livrée s'il lui
trouve la pierre philosophale ; d'autres ont l'illusion
de la duchesse de Ruffec passant sa vie avec des
espèces de sorcières qui lui ont promis le rajeunis-
sement ; malheureusement, les drogues, qui coûtent
fort cher, mal choisies ou insuffisamment exposées
au soleil, ont toujours un défaut qui fait manquer
l'opération (3). Crédulités inouïes, mais qui ne sont
point en si grand désaccord avec les superstitions
avouées, affichées par les intelligences de femme les
plus viriles, les plus indépendantes. Qu'on écoute
leur voix, leur cri sous la plume de Mlle de Lespinasse, lorsque, mourante, elle supplie M. de Guibert
de ne pas passer de bail pour son nouvel appartement un vendredi ; un vendredi ! sa main tremble,
lorsqu'elle parle de ce terrible jour dont elle rapproche les fatalités : « C'est le vendredi 7 août 1772
que M. de Mora est parti de Paris, c'est le vendredi

---

(1) Paris, Versailles et les Provinces, vol. I
(2) Mémoires de d'Argenson, vol. II.
(3) Mémoires de Mme du Hausset.

6 mai qu'il est parti de Madrid, c'est le vendredi
27 mai que je l'ai perdu pour jamais (1). »

La foi aux diseuses de bonne aventure demeure
vive, empressée, entêtée. Et du commencement à la
fin du siècle, la tireuse de cartes fait faire antichambre aux grandes dames sur ses chaises boi-
teuses. Toutes se glissent chez elle la nuit, incognito, d'un pas furtif, voilées, parfois le visage
déguisé; et Mme de Pompadour, s'échappant un soir
du palais de Versailles, va consulter en grand secret
cette fameuse Bontemps qui a lu dans le marc de
café la fortune de Bernis et la fortune de Choiseul.
Avant le règne de Louis XV, il s'était trouvé des
femmes plus hardies qui avaient voulu se passer
d'intermédiaire, avoir leur bonne aventure de première main, la tenir du diable personnellement.
Une maîtresse du Régent, Mme de Séry, avait ouvert
son salon à des séances d'évocation, où Boyer, le ma-
gicien produit par Mme de Sennecterre, voyait du
vivant de Louis XIV la couronne royale sur le front
du duc d'Orléans. Dans les assemblées tenues chez
Mme la princesse de Conti douairière, il se formait
une société divinatoire, où des bergers amenaient
des lièvres possédés de l'esprit malin. Chez Mme de
Charolais, au château de Madrid, il se faisait des
sabbats que l'on accusait, il est vrai, de plus de volupté que de diablerie (2). Au milieu même du
siècle, en plein règne de Louis XV, en 1752, un

(1) Lettres de Mlle de Lespinasse, vol. I et II.
(2) Mémoires de Richelieu, vol. VII.

M. de la Fosse faisait voir le diable, un diable qui parlait, à toute une société de femmes dans les carrières de Montmartre, et Mme de Montboissier était envoyée au couvent pour y expier sa participation à ces scènes magiques. La curiosité du diable travaillait sourdement les pensées de la femme; et tout le printemps de cette même année, on eut à rire de la mésaventure de deux dames, la marquise de l'Hospital et la marquise de la Force, qui avaient voulu voir le diable : averties par la sorcière qu'elles ne le verraient qu'une fois déshabillées, elles avaient été dépouillées par elle de leurs vêtements, de leur argent, de leur linge, et laissées dans un état de nudité qu'un commissaire constata (1).

Le diable ! Étrange apparition dans le siècle de Voltaire ! Étrange obsession qui montre le besoin furieux du surnaturel chez la femme du temps ! Gagnée par le froid et la sécheresse de la science et de la logique du siècle, par son esprit pratique, net, incisif et positif, ne trouvant plus dans la religion des élans d'imagination, des visions de tête, la femme aspirait instinctivement à ce merveilleux qui est l'aliment et l'enivrement de son âme. Elle était disposée et d'avance attachée à ces faux prodiges qui enlèvent la pensée de son sexe à la vérité des choses, ses sens même à la réalité des faits. Aussi, pendant tout le siècle, la voit-on montrer comme une impatience de se livrer aux thaumaturges. Elle appelle

(1) Mémoires de d'Argenson, vol. IV.

la jonglerie, elle y aspire, elle s'y voue. Celles qui
ne rêvent point au sabbat, celles qui n'invoquent pas
le diable, on les trouve, quand le siècle commence,
chez la vieille marquise de Deux-Ponts au couvent
de Belle-Chasse (1), aux représentations extatiques
des convu'sionnaires. Puis, quand l'enthousiasme
des convulsions est passé, l'idolâtrie court à Mesmer
apportant le magnétisme et ses mystères, le som-
nambulisme et ses miracles, le merveilleux de la
science, le surnaturel de la médecine. Et quel engouement, quel culte autour de l'initiateur! Quelle
dévotion au fluide! Le Mesmérisme est confessé par
Mme de Gléon, par Mme de Saint-Martin. Il est prêché
aux incrédules par la marquise de Coaslin, l'adepte
émérite sous la présidence de laquelle se font les
expériences de M. de Puységur (2). Il est vengé des
persécutions, c'est-à-dire des parodies, par la duchesse de Villeroy qui chasse Radet de chez elle
pour avoir fait jouer le *Baquet de santé,* et voulu « conduire, nouvel Aristophane, le nouveau Socrate Mesmer à la ciguë (3). » Et pour couronner toutes les
magies du siècle, où il faut à la femme des charlatans qui lui remplacent Dieu, et des fantasmagories
qui lui servent de foi, en même temps que Mesmer
et le Mesmérisme, voici Cagliostro ; voici le Marti-
nisme, qui évoque les ombres et fait souper les vivants avec les morts (4).

(1) Mémoires de Richelieu, vol. II.
(2) Mémoires de la République des lettres, vol. XXV et XXVII.
(3) Correspondance secrète, vol. XVII.
(4) *Id.*, vol. XVIII.

La vieillesse de la femme avait en ce temps un autre refuge que la foi ou la crédulité. Elle avait cette grande ressource, cette occupation à la mode, cet emploi de la vie inventé par le dix-huitième siècle pour la maturité de l'âge, le *Bureau d'esprit*, c'est-à-dire une espèce de retraite du cœur dans les plaisirs de l'intelligence, dans la paix et l'aimable volupté des lettres ; invention charmante qui devait donner aux dernières années, aux dernières passions de la femme, comme une grâce de spiritualité et de délicatesse, à son âme même une légèreté dernière, une élégance suprême.

Ce rôle, dans lequel la femme intelligente se réfugie au dix-huitième siècle, est d'ailleurs un grand rôle, le plus grand peut-être qu'une femme puisse jouer au milieu de cette société qui n'a d'autre dieu que l'esprit, d'autre amour ou du moins d'autre curiosité que les lettres. Les bureaux d'esprit sont les salons de l'opinion publique. Et qu'importe leur maîtresse, qu'elle soit de bourgeoisie ou de finance, ils écrasent, ils effacent les plus nobles salons de Paris. Ce sont les salons qui occupent l'attention de l'Europe, les salons où l'étranger brigue l'honneur d'être admis. Ils disposent du bruit, de la faveur, du succès. Ils promettent la gloire, et ils mènent à l'Académie. Ils donnent un public aux auteurs qui les fréquentent, un nom à ceux qui n'en ont pas, une immortalité aux femmes qui les président. Et c'est par eux que tant de femmes gouvernent le goût du moment, l'éclairent ou l'aveuglent, lui commandent l'idolâtrie ou l'injustice. Car cette puissance des bureaux d'esprit est trop grande, trop enivrante pour que la femme n'en fasse pas abus, et ne la compromette pas par la partialité, l'appréciation passionnée, le zèle, le défaut de mesure, l'esprit d'exclusion. Il arrive que chaque bureau d'esprit borne le cercle du génie, de l'imagination, du talent, à la table de ses soupers. Beaucoup commencent par être un parti, et finissent par être une coterie, une petite famille de petites vanités qui arrêtent le monde à leur ombre, le bruit à leurs noms, la littérature à la porte du salon qui les caresse. C'est alors qu'on voit naître et grandir, avec la coquetterie d'esprit, la fureur des réputations, l'usurpation de la popularité, l'intrigue et les ménagements, l'art de louer pour se faire louer, l'art d'intéresser la renommée, un peu par soi-même, beaucoup par les autres (1) ; défauts et ridicules ordinaires de sociétés pareilles, pour lesquels la postérité aura sans doute plus d'indulgence que la comédie du temps.

Dorat lance contre les bureaux d'esprit sa comédie des *Prôneurs*, pleine de vers heureux, frappés à la Gresset, et qui font portrait. Le public reconnaît une des grandes maîtresses de la littérature et de la philosophie, Mlle de Lespinasse, tantôt sous le masque d'Églé dont le poëte dit :

Elle parle, elle pense, elle hait comme un homme ;

(1) Essai sur le caractère, les mœurs et l'esprit des femmes, par Thomas. *Paris, an XII.*

tantôt sous les traits de Mme de Norville, l'héroïne
de la pièce, que Dorat montre à l'œuvre, occupée à
forger une de ces gloires à la Guibert, que le public,
par nonchalance, consent à recevoir des mains d'une
femme, une de ces gloires qu'on souffle comme le
verre, et qui volent pendant trois mois au moins
dans les cercles et les soupers. Et qui ne met le nom
sur cette marraine de grands hommes, surprise et
représentée au vif, en plein travail de protection,
en plein embauchage de succès et de célébrité, surprenant l'opinion, l'étourdissant par des mots et des
éloges jetés de sa maison à tous les échos, jurant
que tout Paris s'arrachera le génie qu'elle couve,
que la cour le trouvera divin, vouant à l'obscurité
tous les gens qui n'ont pas encore soupé chez elle,
et s'engageant à les faire haïr de ses amis les Élec-
teurs, à les faire abhorrer de l'Angleterre? Mme Geoffrin n'était point oubliée dans la satire. Ses mercredis essuyaient l'ironie du vers :

> Ce n'est que ce jour-là qu'à Paris l'on raisonne;

et la scène des étrangers attendant Mme de Norville
à dîner pour décider l'Europe à adopter les mœurs
de la maison, était à l'adresse du salon où presque
toute l'Europe passa en visite, à l'adresse de la
femme que l'Allemagne, l'Autriche, la Pologne, re-
çurent comme elles auraient reçu l'ambassade de
l'esprit de la France. Mais un si grand salon méritait
mieux, et bientôt il avait l'honneur d'une satire spéciale, le *Bureau d'esprit*, persiflage assez brutal, par-

fois grossier, de ce séminaire d'académiciens, de ce
prytanée des encyclopédistes, où le chevalier de
Rutlige faisait successivement défiler la Harpe sous
le nom de *du Luth*, Marmontel en *Faribole*, Thomas
en *Thomassin*, l'abbé Arnaud en *Calcès*, le marquis
de Condorcet en *marquis d'Osimon*, d'Alembert en
Rectiligne, le baron d'Holbach en *Cucurbitin*, Diderot en *Cocus*, — un carnaval de philosophes mené
par Mme de Folincourt, une caricature de mardi gras
dont on levait sans cesse le masque avec une allusion au voyage à Varsovie.

Laissons la satire, et entrons avec les Mémoires
du temps, avec l'Histoire, dans les bureaux d'esprit
du siècle. Le premier que l'on rencontre conservait
les traditions du dix-septième siècle. Il était tenu
par une femme qui continuait la doctrine morale du
passé. Cette femme, qui avait présenté à son fils la
gloire de « l'honnête homme » comme le but de
l'ambition, Mme de Lambert était une personne de
discipline et de règle, délicate et sévère, pensant et
voulant qu'on pensât bien différemment du peuple
sur ce qui se nomme morale et bonheur, appelant
peuple tout ce qui pense bassement et communé-
ment, en sorte qu'elle voyait bien du peuple à la
cour (1). A cette rare élévation d'âme, elle joignait
un esprit exercé, raffiné, menu, et la définition tout
à la fois fine et haute qu'elle a laissée de la politique et de l'art de plaire, nous donne une suffisante

_____

(1) *Avis d'une mère à son fils*, par Mme de Lambert.

indication de sa physionomie de maîtresse de maison, le ton et la manière de sa grâce. A Mme de Lambert, comme à son salon, on ne pouvait guère reprocher qu'un retour, un peu au-delà de Mme de Maintenon, vers l'hôtel de Rambouillet, et un trop grand respect de ce qu'un de ses amis appelait « les barrières du collet monté et du précieux (1) ». Dans ce salon, qui ne vit jamais de cartes, tous les mercredis, après un dîner où figuraient Fontenelle, l'abbé de Montgaut, Sacy, le président Hénault, et les meilleurs des académiciens, on faisait lecture des ouvrages prêts à paraître, on ébauchait leur réussite dans le monde, on annonçait et on baptisait leur avenir. Et l'on ne faisait point seulement la fortune des livres : on faisait encore la fortune des gens. Au milieu de la causerie, on essayait les candidatures, on arrangeait les futures élections de l'Académie, dont Mme de Lambert ouvrit les portes à plus de vingt de ses protégés ; car ce fut elle qui eut la première l'honneur et l'adresse de faire de son salon l'antichambre de l'Académie : Mme Geoffrin et Mlle de Lespinasse ne firent que lui succéder et redonner les fauteuils qu'elle avait déjà donnés. Ces conférences littéraires duraient toute l'après-midi du mercredi. L'après-midi passée, tout changeait, la scène et les acteurs : un nouveau monde, des jeunes gens, des jeunes femmes s'asseyaient à un brillant souper, et la gaieté d'une galanterie décente, faisant

_____

(1) Mémoires du président Hénault.

taire le souvenir des lectures, chassait le bruit du matin (1).

Cette pauvre Mme Fontaine-Martel, que Voltaire enterre si lestement dans une de ses lettres, recevait une société presque entièrement composée de beaux esprits à l'esprit desquels elle se prêtait sans trop l'entendre, et de femmes rares pour le temps, de femmes sans amant déclaré (2).

Mme Denis tenait un autre petit salon d'esprit, et donnait aux lettres de bons soupers bourgeois, sans façons et fort gais, où éclatait la folie de Cideville, le gros rire de l'abbé Mignot et de quelques abbés gascons. Voltaire venait s'y mettre à l'aise, lorsqu'il pouvait échapper à la marquise du Châtelet et aux soupers du grand monde (3).

Presque aussi éloigné du salon de Mme de Lambert que l'arbre de Cracovie de l'hôtel de Rambouillet, un autre salon était le bureau des nouvelles de Paris, le cabinet noir où l'on décachetait l'histoire au jour le jour, l'écho et la lanterne magique des choses et des faits, des hommes et des femmes, de la chaire, de l'académie, de la cour, de tous les bourdonnements et de toutes les silhouettes ; salon envié, couru, redoutable, où l'admission comme *paroissien* était un grand honneur. Ce salon, Mme Doublet le tenait au couvent des Filles-Saint-Thomas, dans un appartement où elle passa quarante ans de

(1) Mémoires de d'Argenson, vol. I.
(2) *Id.*, vol. II.
(3) Mémoires de Marmontel, vol. I.

suite sans sortir. Là présidait, du matin au soir, Bachaumont coiffé de la perruque à longue chevelure inventée par le duc de Nevers. Là siégeaient l'abbé Legendre, Voisenon, le courtisan de la maison, les deux Lacurne de Sainte-Palaye, les abbés Chauvelin et Xaupi, les Falconet, les Mairan, les Mirabaud, tous *paroissiens* arrivant à la même heure, s'asseyant dans le même fauteuil, chacun au-dessous de son portrait. Sur une table deux grands registres étaient ouverts, qui recevaient de chaque survenant l'un le positif et l'autre le douteux, l'un la vérité absolue et l'autre la vérité relative. Et voilà le berceau de ces Nouvelles à la main, qui par le tri et la discussion prirent tant de crédit, que l'on demandait d'une assertion : « Cela sort-il de chez Mᵐᵉ Doublet (1)? » Et comme ces Nouvelles copiées par les laquais de la maison couraient la ville et s'envoyaient en province par abonnement de 6, 9 et 12 livres par mois ; comme elles étaient, sous le nom de la *Feuille manuscrite,* une sorte de petite presse libre qui ne ménageait point les critiques au gouvernement, le Lieutenant de police s'occupait fort dès 1753 d'arrêter les nouvelles de Mᵐᵉ Doublet et de modérer le ton de son salon. Il lui signifiait de la part du ministre d'Argenson de faire cesser les discours peu mesurés qui se tenaient chez elle, d'en empêcher la divulgation, d'éloigner de chez elle les personnes qui les tenaient. Mᵐᵉ Doublet promettait

---

(1) Portraits intimes du dix-huitième siècle, par Edmond et Jules de Goncourt. Première série, 1857.

de s'amender ; mais les registres, les nouvelles, le mauvais esprit des causeurs reprenaient si bien leur train, que le ministre, un ministre que Mme Doublet avait l'honneur d'avoir pour neveu, M. de Choiseul écrivait : «.... D'après les malheurs qui sortent de la boutique de Mme Doublet, je n'ai pas pu m'empêcher de rendre compte au Roi de ce fait, et de l'imprudence intolérable des nouvelles qui sortent de chez cette femme, ma très-chère tante ; en conséquence Sa Majesté m'a ordonné de vous mander de vous rendre chez Mme Doublet, et de lui signifier que s'il sort derechef une nouvelle de sa maison, le Roi la renfermera dans un couvent, d'où elle ne distribuera plus des nouvelles aussi impertinentes que contraires au service du Roi. »

En dépit de la menace, Mme Doublet persévérait. Elle ralliait de nouveaux frondeurs, Foncemagne, Devaux, Mairobert, d'Argental, des frondeuses qui s'appelaient Mmes du Rondet, de Villeneuve, de Beseval, du Boccage. Et cette petite Fronde, qui allait devenir quelques années plus tard le journal de Bachaumont, recommençait dans son salon plus vive, animée, enhardie par son intime amie, Mme d'Argental, que l'on voyait bientôt organiser, avec la plume de son valet de chambre Gillet, un nouveau débit de nouvelles (1).

Dans le monde de la finance, un salon appartenait au bel esprit : c'était celui de Mme Dupin, qui

(1) La Police de Paris dévoilée, par Pierre Manuel. *Paris, l'an second de la Liberté*, vol. I.

eut un moment pour précepteur de son fils Rousseau auquel, au dire des méchants, elle donnait
congé les jours où les académiciens venaient chez
elle (1).

Mais le grand bureau d'esprit de cette première
moitié du dix-huitième siècle fut un salon où l'esprit
semblait être chez lui, où l'intelligence avait ses cou-
dées franches, où l'homme de lettres trouvait l'accueil, la liberté, le conseil, l'applaudissement qui
enhardit, le sourire qui encourage, l'inspiration et
l'émulation que donne à l'imagination, à la parole,
ce public charmant : une maîtresse de maison qui
écoute et qui entend, qui saisit les grands traits et
les nuances, qui sent comme une femme, qui juge
comme un homme. Ce salon était celui de l'ancienne
maîtresse de Dubois, de cette Mme de Tencin qui,
rendant aux lettres la protection familière et maternelle de Mlle de la Sablière, donnait au premier de
l'an en étrenne à *sa ménagerie*, à *ses bêtes*, deux aunes de velours pour le renouvellement de leurs culottes. Dans ce salon, le premier en France où
l'homme fût reçu pour ce qu'il valait spirituellement, l'homme de lettres commença le grand rôle
qu'il allait faire dans le monde de ce temps ; et ce
fut de là, de chez Mme de Tencin, qu'il se répandit
dans les salons, et s'éleva peu à peu à cette domination de la société qui devait lui donner à la fin du
siècle une place si large dans l'État. Attentions, cré-

(1) Mémoires de la République des lettres, vol. IV.— Correspondance
littéraire de Grimm, vol. VI.

dit, caresses, Mme de Tencin prodigue ses grâces et
son pouvoir aux écrivains ; elle les courtise, elle les
attache par les services, elle les entoure d'affection :
elle en a le besoin et le goût, un goût naturel, instinctif, désintéressé, pur de toute affectation, de
tout calcul d'influence, de tout marché de reconnaissance. Au milieu des fièvres et des mille travaux
de sa pensée, dévorée d'intrigues, brouillant l'amour
et les affaires, cette femme brûlante sous son air
d'indolence, court au-devant des gens de génie ou
de talent, s'empresse aux amusements de l'esprit,
jouit d'une comédie, d'un roman, d'une saillie, avec
une âme, un cœur, une passion qui paraissent
échapper à sa vie et se donner tout entiers à la joie
de son esprit. Aussi que de vie spirituelle, que de
mouvement, que de vivacité d'idées et de mots dans
le salon animé par cette femme et composé pour ses
plaisirs, exclusivement d'hommes de lettres ! Ici Marivaux mettait de la profondeur dans la finesse ; là,
Montesquieu attendait un argument au passage pour
le renvoyer d'une main leste ou puissante, Mairan
lançait une idée dans un mot. Fontenelle faisait
taire le bruit avec un de ces jolis contes qu'on croirait trouvés entre ciel et terre, entre Paris et Badi-
nopolis. Les trois salons de Mme du Deffand, de
Mme Geoffrin, de Mlle de Lespinasse, rappelleront cette
conversation du salon de Mme de Tencin : ils ne la
feront pas oublier à ceux qui l'auront entendue (1).

---

(1) **Mélanges de Suard.** vol. I. — **Mémoires de Marmontel,** vol. I.

Une femme qui avait renoncé au projet d'être heureuse, mais qui poursuivait l'illusion d'être amusée, une femme rassasiée des autres, mais dégoûtée d'elle-même, et qui eût mieux aimé, comme elle disait, « le sacristain des Minimes pour compagnie que de passer ses soirées toute seule ; » une aveugle qui n'avait plus d'autre sens, d'autre tact, d'autre lumière et d'autre chaleur dans ses ténèbres et ses sécheresses que l'esprit, Mme du Deffand, appelait continuellement auprès d'elle, pour s'aider à vivre, la suprême distraction du temps, le bruit de la conversation et du monde, des personnes et des idées. A peine si l'écho avait le temps de reposer dans ce salon (1) tendu de moire aux nœuds couleurs de feu, dans cet appartement de la rue Saint-Dominique, au couvent de Saint-Joseph, habitué au silence des retraites de Mme de Montespan. Ce n'était point assez

(1) Veut-on avoir la chambre de Mme du Deffand, cette chambre qui, les jours de souffrance et de malaise de l'aveugle, devenait un salon pour les intimes : la voici dans cette planche intitulée dans le catalogue de Cochin : *Les Chats angola de Mme la marquise du Deffand.* « Un coin de cheminée à côté duquel s'évase une ample bergère aux pieds de bois, aux bras rustiques, aux larges coussins mollets ; sous la bergère un panier à laine en osier, à l'apparence de charpague ; contre la cheminée une servante, au-dessous une petite étagère-bibliothèque à trois planchettes de livres ; dans l'angle de la pièce une encoignure avec quelques porcelaines ; au fond, dans la boiserie unie et plate, sans ornement et sans moulure, une porte vitrée donnant sur le noir d'un cabinet, et dans l'alcôve qui suit, la tête d'un lit qui paraît recouvert d'une perse à ramages, garnissant également le mur où l'on aperçoit un petit cartel : tel est la chambre de Mme du Deffand. Et pour tous habitants la tranquille pièce n'a que deux chats, deux chats ayant au cou l'énorme collier de faveurs, qu'ils portent gravé en or sur le dos des livres possédés par la marquise. » (*L'Art du dix-huitième siècle*, par Edmond et Jules de Goncourt. 1874, vol. II.)

que les soupers de tous les jours à trois ou quatre
personnes, les soupers si fréquents où la table était
ouverte à douze ou treize personnes ; Mme du Deffand donnait chaque semaine, d'abord le dimanche,
puis le samedi, un grand souper où passaient les
plus grands noms et les plus grandes dames, où se
rencontraient, « sans se combattre et sans se fuir »
les plus grandes inimitiés : Mme d'Aiguillon, Mme de
Mirepoix, la marquise de Boufflers, Mme de Crussol,
Mme de Bauffremont, Mme de Pont de Veyle, Mme de
Grammont, les Choiseul, les duchesses de Villeroi,
d'Aiguillon, de Chabrillant, de la Vallière, de Forcalquier, de Luxembourg, de Lauzun, le président
Hénault, M. de Gontaut, M. de Stainville, M. de
Guines, le prince de Bauffremont. Et dans l'année,
Mme du Deffand avait encore un plus grand jour de
réception, le souper du réveillon, où elle donnait à
tous ses amis, dans une tribune ouvrant d'une de
ses chambres sur l'église de Saint-Joseph, le plaisir
d'entendre la messe de minuit et la musique de
Balbatre (1).

Ce salon de Mme du Deffand, où Clairon venait réciter les rôles d'Agrippine et de Phèdre, était tout
plein, tout occupé des nouvelles et des questions
littéraires. Il avait le ton et les goûts de sa maîtresse : le livre du jour, la pièce nouvelle, le pamphlet ou le traité philosophique y étaient jugés au
courant de la causerie, feuilletés pour ainsi dire du

---

(1) Correspondance inédite de Mme du Deffand.

bout du doigt par ce grand monde du dix-huitième
siècle qui savait toucher à tout. Le grand monde ve
nait y causer, y rimer ou y entendre une chanson,
donner son mot, un mot toujours vif et personne,
sur le succès et le grand homme du moment. Car
c'était là le caractère particulier du salon de Mme du
Deffand : il était le bureau d'esprit de la noblesse.
Fermé aux artistes, n'accueillant que les hommes
de lettres appartenant ou du moins s'imposant à la
plus haute société, il réunissait presque exclusivement tout cet intelligent et charmant public des
lettres, les hommes et les femmes de cour, échappant à Mme Geoffrin, résistant aux avances de son
hospitalité, aux commodités même des petits soupers, des quadrilles d'hommes et de femmes qu'elle
imaginait pour attirer chez elle, par les charmes et
les facilités d'une partie carrée, les grands noms
qu'elle ne pouvait avoir (1).

Tout ce que la société des gens de lettres pouvait
attribuer en ce temps de considération sociale, et
même de pouvoir sur l'opinion publique, se révéla
par un grand et prodigieux exemple, dans cet autre
salon, le salon de l'Encyclopédie, le salon de
Mme Geoffrin. On vit, par son accueil à toute la littérature, un salon bourgeois s'élever au premier rang
des salons de Paris, devenir un centre d'intelligence,
un tribunal de goût où l'Europe venait prendre le
mot d'ordre et dont le monde entier reçut la mode

(1) Mémoires de Marmontel, vol. II

des lettres françaises. On vit une femme sans naissance, sans titre, la femme d'un entrepreneur d'une
manufacture de glaces, riche à peine de quarante
mille livres de rentes, faire de ses invitations une
faveur, presque une grâce, faire d'une présentation
chez elle un honneur qui troublait les gens les moins
timides, et jusqu'à Piron lui-même, — et cela pour
souper le plus souvent, dit Marmontel, avec une
omelette, un poulet, un plat d'épinards. Une figure
de vieille femme fort avenante ; un esprit naturel,
juste, fin, dont la malice avait un tour rustique ; un
art de jouer de l'esprit de ses hôtes, et d'en tirer
tous les sons ; un égoïsme bien appris, plein de discrétion ; une préoccupation de procurer le plaisir,
de le faire naître, qui la poursuivit jusqu'au lit de
mort ; une tête bien garnie de réflexions et de comparaisons dont elle avait, disait-elle, « un magasin
pour le reste de ses jours » ; une grande gaieté lorsqu'elle contait ; une vanité tournée à être sans prétention ; une connaissance du monde tirée de l'observation, et non de la lecture ; une ignorance
aimable et sans sottise ; un cœur qui était un
bourru bienfaisant ; des opinions assez souples et
qui pliaient sous la contradiction ; une estime fort
médiocre, ou plutôt un mépris très-froid et très-
poli de l'humanité (1), — tel était l'ensemble de
vices, de vertus, d'agréments, de défauts et de qua-

(1) Correspondance littéraire de la Harpe, vol. I. — Correspondance
de Grimm, vol. IX et X. — Mémoires de d'Argenson, vol. V. — Éloges
de Mme Geoffrin, 1812.

lités (1), auquel Mᵐᵉ Geoffrin dut, sinon son charme,
au moins sa fortune et la gloire de son salon.

La maison de cette femme attirait comme cette
femme même, sans séduire, par la netteté, l'ordre,
la propreté, les aises de toutes sortes, une certaine
recherche cachée, une élégance voilée, simple, presque nue. Tout y était commode jusqu'au mari, un
mari qui s'effaça par convenance tout le temps qu'il
vécut, et qui se réduisit de la meilleure grâce au
rôle d'intendant et de plastron. Cette maison, cette
femme recueillaient tous les survivants du salon de
Mᵐᵉ de Tencin. A ses beaux esprits, aux hommes de
lettres venus après eux, à tout ce qu'il y avait de
connu ou de fameux, Mᵐᵉ Geoffrin consacrait toutes
ses soirées. Le mercredi elle réunissait toute la littérature à un grand dîner. Un autre jour de la semaine, le lundi, le grand dîner de Mᵐᵉ Geoffrin était

---

(1) Walpole a donné de Mᵐᵉ Geoffrin, je crois, le portrait le plus ressemblant qui ait été fait de cette bourgeoise illustre : « Mᵐᵉ Geoffrin
est une femme extraordinaire qui possède plus de sens commun que je
n'en ai jamais rencontré, une promptitude extrême pour découvrir les
caractères et les pénétrer juqu'aux derniers replis, et un crayon qui
n'a jamais manqué un portrait, ordinairement peu flatté ; elle exige et
elle conserve en dépit de sa naissance et des préjugés absurdes d'ici
sur la noblesse une véritable cour et beaucoup d'attentions. Elle y
réussit par mille petites manœuvres et par des services d'amitié en
même temps que par une franchise et une sévérité qui semblent être
son seul moyen pour attirer chez elle un concours de monde : car elle
ne cesse de gronder ceux qu'elle veut s'attacher. Elle a peu de goût et
encore moins de savoir, mais elle protége les artistes et les auteurs et
elle courtise un petit nombre de personnes pour avoir le crédit nécessaire à ses protégés. Elle a fait son éducation sous la fameuse Mᵐᵉ de
Tencin qui lui a conseillé de ne jamais rebuter aucun homme, parce que,
disait son institutrice, quand même neuf sur dix ne se soucieraient pas
plus de vous qu'un sol, le dixième peut devenir un ami utile. »

donné aux artistes. Son salon se remplissait de tous
ces hommes de talent, exclus des salons du grand
monde, à peine admis dans quelques salons de la
finance, et que la première elle caressait, les faisant
travailler, les allant voir dans leur atelier. Vanloo,
Greuze, Vernet, Vien, Lagrénée, Robert arrivaient,
et Mme Geoffrin prenait leur voix sur quelque tableau
ancien apporté dans son salon et dont un amateur
avait envie ; ou bien c'était quelque beau dessin des
écoles anciennes, tiré par Mariette de ses portefeuilles, et qui passait de main en main, au milieu
des exclamations, des remarques, des admirations.
Quelquefois Caylus y contait une jolie anecdote, et
sur le goût que la société prenait à son récit, il
s'amusait à en faire graver le sujet pour tous les
habitués du lundi (1). Lundis et mercredis, ces
grands dîners de l'art et de la littérature, ces réceptions de Mme Geoffrin eussent été les fêtes les plus
belles, la communion cordiale, le repas libre et
joyeux de tous les esprits et de tous les talents du
dix-huitième siècle, si la maîtresse de maison n'y
avait jeté par moment le froid de son âme, le froid
de sa raison, les avertissements et les arrêts d'une
prudence ennemie de la passion et de l'entraînement, son humeur de gronderie, et cette éternelle
et glaciale approbation : « Allons ! voilà qui est
bien ! » — un mot qui tombait avec une douceur
morte de la bouche de Mme Geoffrin sur la chaleur

_____

(1) Portraits intimes du dix-huitième siècle, par Edmond et Jules de
Goncourt. Deuxième série. Lettres de Caylus à Paciaudi.

de la parole, sur l'enthousiasme de la pensée, sur l'emportement ou l'éloquence de la conversation, et passait comme un souffle éteignant tout (1).

Mlle de Lespinasse n'était pas assez riche pour donner à dîner ou à souper. Elle se contentait de faire ouvrir tous les jours par le seul valet qu'elle eût les portes d'un salon où se pressaient depuis cinq heures jusqu'à neuf heures (2) des hommes d'église, des hommes de cour, des hommes d'épée, les étrangers de marque, les hommes de lettres, l'armée de l'Encyclopédie défilant à la suite de d'Alembert, tout un monde qu'elle avait habitué à remonter son escalier presque tous les jours, en renonçant pour le recevoir au théâtre et à la campagne, où elle n'allait presque jamais : encore ne manquait-elle pas, en cas de sortie, d'annoncer longtemps à l'avance le congé qu'elle se décidait à prendre. Chez Mme Geoffrin, le caractère de la maîtresse de la maison, naturellement modéré, ? s timidités peureuses empêchaient la conversation d'aller à beaucoup de sujets, de s'enhardir, d'éclater. La terreur qu'elle avait d'être compromise, d'être troublée dans cette paix égoïste qui était son bonheur d'élection et l'objet de tous ses soins, son éloignement pour le bruit de la passion et de la parole, la police un peu sévère, souvent même exagérée, que faisait dans son salon et sous ses ordres le bénédictin Burigny, la menace de ces gronderies du

(1) Mémoires de Marmontel, vol. II.
(2) Correspondance de Grimm, vol. IX.

coin du feu dont elle était si peu avare, la discipline imposée par sa personne, ses goûts, ses habitudes, tenaient chez elle les hommes et les idées, les caractères et les expressions, dans une certaine contrainte (1). Le salon de Mlle de Lespinasse ne connaissait rien de ces gênes et de ces restrictions : les tempéraments y étaient libres, les personnalités avaient le droit d'y être franches. Aucune question n'y était réservée : religion, philosophie, morale, contes, nouvelles, médisances de tous les mondes, on y touchait à tout. L'anecdote y arrivait toute fraîche, le système s'y exposait tout vif; et l'on s'y entretenait avec une liberté arrêtée seulement à l'indécence, et qui laissait la parole à la causerie de Diderot.

Merveilleusement douée pour son rôle, femme spirituelle entre toutes, tirant du fond de son âme singulièrement aimante une politesse nuancée pour tout le monde d'un ton d'intérêt (2), vive, brillante, féconde, animée du feu de son être, ayant l'échappée, la lecture, la saillie, soutenue de lectures immenses et de cette universalité de connaissances qui permet la réplique snr toutes choses, habile encore à s'effacer et à laisser la place et le haut bout à l'esprit des autres, Mlle de Lespinasse possédait le génie délicat, profond, aimable, attentif de la maîtresse de maison; et nulle surtout ne savait comme elle ramener tous les aparté à la conversation générale.

(1) Correspondance de Grimm, vol. IV.
(2) Correspondance littéraire de la Harpe, vol. L.

Le salon de Mme Geoffrin était le salon officiel de l'Encyclopédie : le salon de Mlle de Lespinasse en était le parloir familier, le boudoir, et le laboratoire. C'était là que se travaillaient les succès du parti, là que se rédigeaient les éloges, là qu'on dictait les opinions du jour à la postérité, là que grandissait le despotisme philosophique sous lequel d'Alembert arriva à courber l'Académie. Et tant de grandes places étaient données dans ce salon, tant de grands hommes y étaient inventés, tant de célébrité y était distribué par la passion d'une femme, que celle qui le tenait eut la même gloire et les mêmes ennemis que Mme Geoffrin (1).

Le salon de Mme d'Épinay qui, malgré ses alliances, dit le comte d'Allonville, n'appartenait pas à la bonne compagnie, ce salon, qui se fermait peu à peu aux gens du grand monde qui le fréquentaient d'abord, devenait un salon encyclopédique où Mme d'Épinay philosophait et coquetait avec ses *ours*.

Un autre Portique de l'Encyclopédie était le salon de Mme Marchais, le salon qu'elle tenait aux Tuileries dans le pavillon de Flore, lorsqu'elle ne jouait pas l'opéra à Versailles à côté de sa grande amie, Mme de Pompadour, qui aimait à lui voir partager ses succès de théâtre sur le spectacle des petits appartements. Ce salon de la philosophie différait pourtant des autres salons philosophiques par un caractère, par un intérêt et un personnel qui lui

(1) Correspondance de Grimm, v°. IX.

étaient propres : il était avant tout le salon du *pro-duit net*. Sur la cheminée, sur les tables, on ne voyait que brochures et questions économiques, *Lettre de Turgot à l'abbé Terray, Dialogues de l'abbé Galiani sur les grains.* Mme Marchais avait été convertie par Mme de Pompadour à la science de son fameux ami Quesnay ; et elle avait embrassé avec tant de dévouement la cause du maître, elle était si zélée pour les intérêts du parti, que ce fut de son salon que vint à l'Académie l'idée de proposer l'É-loge de Sully, où tous les principes de l'économiste de Mme de Pompadour eurent la parole, le couronnement et l'apothéose (1). Mais Mme Marchais gardait dans ce beau zèle ce qui sauve la femme de la pédanterie, les pompons, les fanfioles, sous lesquels disparaissent les livres d'étude, la légèreté vive, l'imagination de l'esprit, le sourire et le coup de dent : son amabilité n'avait pas la plus petite tache d'encre au bout des doigts. Grande liseuse, elle s'en raillait plaisamment avec ce mot : « Je lis tout ce qui paraît, bon et mauvais, comme cet homme qui disait : Que m'importe que je m'ennuie, pourvu que je m'amuse (2) ? » Et elle tirait de ces lectures en tout sens une variété de thèmes nouveaux qui réveillait sans cesse la causerie, mille anecdotes qu'elle contait avec un art de dire si merveilleux qu'il passait pour le plus parfait de Paris. Puis elle avait

(1) Mémoires historiques sur Suard, sur ses écrits et sur le dix-huitième siècle, par Garat. *Belin,* 1820, vol. I.

(2) Mélanges de Mme Necker, vol. II.

une politesse de ton enchanteresse; toujours atten-
tive, elle était à tous, elle parlait à chacun, et l'à-
propos, la mesure, la nuance et la convenance du
mot semblaient lui venir à la bouche naturellement,
selon la personne et le moment (1). Elle attachait
encore par les vertus de caractère, par ces qualités
morales qui lui ont valu l'honneur de servir de modèle à Thomas pour peindre la *femme aimable* telle
que la rêvait le siècle : une femme qui, prenant du
monde tous les charmes de la société, le goût, la
grâce, l'esprit, aurait pu sauver sa raison et son
cœur d'une vanité froide, de la fausse sensibilité, des
fureurs de l'amour-propre, de tant d'affectations qui
naissent de l'esprit de société poussé trop loin; celle
qui, asservie malgré elle aux conventions, aux usages
de ce monde, se retournerait vers la nature de temps
en temps pour lui donner un regret; celle qui, entraînée par le mouvement général, sentirait le besoin de se reposer auprès de l'amitié; celle qui, par
son état, forcée à la dépense et au luxe, choisirait
les dépenses utiles et associerait l'indigence indus-
trieuse à sa fortune; celle qui parmi tant de légèreté
aurait un caractère; celle qui dans la foule aurait
conservé une âme et le courage de la faire parler (2).

Thomas, qui avait l'habitude des éloges, n'a oublié qu'un trait du portrait : Mme Marchais avait des
ennemis, et méritait d'en avoir; elle les avait bien
gagnés. Très-spirituelle, elle était un peu méchante,

(1) Mémoires de Marmontel, vol. II.
(2) Essai sur les femmes, par Thomas.

et sa malice s'aiguisait dans la société de M. de Biè-
vre, qui passait sa vie avec elle, de Laclos, et du terrible marquis de Créqui (1). A cela près, elle était
très-aimée, très-recherchée, très-courue. A ses soupers, à ces magnifiques soupers étalant les plus
beaux fruits de Paris, envoi galant de M. d'Angivilliers pris dans les potagers du Roi et qui firent donner à Mme Marchais le nom de *Pomone* (2), on voyait
passer la cour, la société de Mme Geoffrin, la société de Mme Necker, la société de Mme du Deffand,
et Mme du Deffand elle-même, qu'on entendit,
dans ce salon, le soir de la mort de son ami Pont de
Veyle, laisser échapper ce mot d'une si belle naïveté : « Hélas ! il est mort ce soir à six heures ; sans
cela, vous ne me verriez pas ici (3). »

Sans être jolie, Mme Marchais, réputée pour être
la plus petite et la plus mignonne personne de
France, tirait mille grâces de sa délicatesse, de sa
tournure de jeune fée, de l'éblouissante mobilité de
sa physionomie, de la beauté singulière de sa chevelure adorablement nuancée et lui tombant jusqu'aux pieds (4).

Un salon, qui commença par être le petit salon
des hôtes de Mme Marchais, se mit à grandir en ce
temps, et bientôt absorba tout. Tenu d'abord au
Marais, où venait soupirer, selon la plaisanterie de

---

(1) Souvenirs de M. de Lévis.
(2) Lettres de Mme du Deffand, vol. III.
(3) Correspondance de la Harpe, vol. XI.
(4) Mémoires de Garat, vol. I. — Mémoires de Marmontel, vol. II.

Diderot, « la tendre grenouille de Suard (1), » transporté à l'hôtel Leblanc, et de là installé dans l'hôtel du Contrôle-Général, ce salon suivit la fortune de son maître, M. Necker ; et la femme du ministre en fit comme un ministère.

Ramenée de Genève par la maréchale d'Anville, placée près d'une sœur de Mme Thélusson pour veiller à l'éducation de ses filles (2), Mme Necker était restée génevoise et institutrice. Elle avait une politesse sans aisance, des grâces d'esprit sans abandon, des grâces de cœur pédantes, les grands sentiments d'un roman moral du temps sur l'humanité, une décence méthodique, un sourire sérieux, une vertu à laquelle la correction et, si l'on peut dire, le purisme enlevaient la chaleur. Auprès d'elle Galiani cherchait en vain sa verve et ne la retrouvait plus, et l'abbé Morellet si bouillant s'arrêtait dans ses colères et ses explosions philosophiques. Mais cette femme était la femme qui couronnait Marmontel ; elle faisait de son salon le salon d'où partait l'idée de la statue et de l'apothéose de Voltaire vivant (3). Sa fille d'ailleurs, Mme de Staël, rachetait toutes les froideurs de la maison par la flamme qu'elle y por-

(1) Mémoires et Correspondance de Diderot, vol. II.
(2) Mémoires de la République des lettres, vol. XVI.
(3) Les dîners de Mme Necker, célèbres par la mauvaise chère qu'on y faisait, avaient lieu tous les vendredis. L'érection d'une statue de Voltaire, dont l'exécution était confiée à Pigalle, sortit d'un de ces dîners où les dix-huit convives étaient : Diderot, Suard, Chastellux, Grimm, le comte de Schomberg, Marmontel, d'Alembert, Thomas, Necker, Saint-Lambert, Saurin, Raynal, Helvétius, Bernard, les abbés Arnaud et Morellet, le sculpteur Pigalle.

tait en courant, par l'abondance des idées (1), par
toutes les audaces de la jeunesse et d'un génie vivant,
libre, naturel, faisant le bruit d'un grand cœur dans
un grand esprit. Puis à ce salon de Madame Necker
tout aboutissait, l'opinion publique comme la littérature, la politique comme la poésie. Et tandis que
la popularité de Necker se levait de toute une na-
tion, toute la société se tournait vers le salon de
cette femme qui, à tout le bruit de son nom, ajoutait
le bruit de ses charités et faisait appeler sa maison
« un bureau d'esprit et de commisération (2) ».

Quand on descend de ces grands salons littéraires,
véritables académies de l'opinion publique, aux bureaux d'esprit secondaires, moins fameux, moins
bruyants, renfermés dans un cercle plus étroit d'habitués et d'influences, le premier que l'on rencontre
est le salon de Mme la Ferté Imbault, cette fille dont
Mme Geoffrin était aussi étonnée d'être la mère
qu'une poule ayant couvé un œuf de canne. Cette
jeune femme gaie d'une gaieté intarissable, d'une
gaieté immortelle, disait Maupertuis, parce qu'elle
n'était fondée sur rien (3), avait installé sur la ter-
rasse de sa maison, *sa campagne*, comme elle l'appelait, un bureau ou plutôt un boudoir d'esprit, où
l'esprit semblait en plein vent. Ce n'était que paroles
étourdies, épigrammes légères, pareilles à celles
dont le ministère Maupeou avait été enveloppé, pro-

(1) Galerie des États généraux. *Statira*.
(2) Mémoires de la République des lettres, vol. XXIV.
(3) Nouveaux Mélanges de Mme Necker, vol. II.

pos piquants, jetés de toutes mains, lancés à la volée
par la maîtresse de la maison contre les uns, les
autres, et surtout contre les philosophes attablés et
mangeant à sa succession. De tout cet esprit mo-
queur qu'elle ralliait et répandait, Mme de la Ferté
Imbault avait fait un Ordre dont le sceau portait son
effigie, un Ordre dont elle avait la grande maîtrise
sous le nom de *souveraine de l'Ordre incomparable des
Lanturelus, protectrice de tous les lampons, lampones,
lamponets.* Cet Ordre bouffon faisait renaître un moment la grande guerre des chansons et le refrain
des Calotines, en inspirant à un plaisant du salon
Maurepas ce portrait ironique de la grande maîtresse
des Lanturelus, de la marquise *Carillon* :

> Qui veut avoir trait pour trait
> De dame Imbault le portrait?
> Elle est brune, elle est bien faite,
> Et plaît sans être coquette,
> Lampons, lampons, camarades, lampons!
> Sans doute elle a de l'esprit :
> Écoutez ce qu'elle dit :
> Elle parle comme un livre
> Composé par un homme ivre...
> Lampons, lampons (1)!

Madame du Boccage donnait de certains jours à
souper. Mais son salon ressemblait à sa politesse
froide, triste, et n'attirant pas. C'était un cours sé-

---

(1) Correspondance de Grimm, vol. IX et XII.

rieux jusqu'à l'ennui, entre des politiques, des savants, et quelques gens de lettres, sur les publications nouvelles, un cours présidé par le familier de Mme du Boccage, l'abbé Mably, qui faisait chez elle une si impitoyable exécution des livres de Necker (1). Il y avait le salon et la société de Mme de Fourqueux égayés par les mystifications du fameux Goys jouant le personnage et le sexe de la chevalière d'Éon (2). La veuve d'un médecin du duc de Choiseul, Mme de Vernage, tenait rue de Ménars un salon de littérateurs et de philosophes dont elle croyait avoir fait le premier salon de Paris, parce qu'il avait l'honneur des visites de l'archevêque de Toulouse, Loménie de Brienne (3). Puis c'était encore le salon de cette comtesse Turpin, « Minerve quand elle pense, Érato quand elle écrit (4), » disaient les poëtes du temps ; salon que Voisenon charmait, qu'emplissaient ses amis. Venaient le salon d'une Mme Briffaut, fille d'une cuisinière, mariée à un marchand fait écuyer par Mme du Barry, citée comme une des plus jolies femmes de Paris, et qui, pour se décrasser, s'était formé une société d'écrivains, de gens à talents, et d'artistes (5); le salon de Mme Pannelier, qui, avec sa petite coterie littéraire et ses dîners du mercredi, essayait de lutter avec le bureau d'esprit de Mme de

---

(1) Mémoires de Marmontel, vol. II. — Mémoires de la République des lettres, vol. XXVIII.
(2) Mémoires de la République des lettres, vol. XI.
(3) Mémoires secrets, par M. d'Allonville, vol. I.
(4) Abrégé du *Journal de Paris,* vol. I.
(5) Mémoires de la République des lettres, vol. X.

Beauharnais (1); le salon de Mme Élie de Beaumont,
la femme auteur, qui donnait tous les soirs un souper dont le fond de société était le ménage la Harpe (2); le salon de la vieille Quinault, retirée de la
Comédie française depuis 1742 et morte à 83 ans, le
salon de la spirituelle vieille femme, chez laquelle
d'Alembert, après la mort de Mlle de Lespinasse et
de Mme Geoffrin, avait finalement transporté ses habitudes et sa société familière. A ces centres d'art et
de littérature, il faut ajouter les assemblées de gens
de lettres tenues chez Mme Suard et chez Mme Saurin,
à la sortie des spectacles (3), et enfin ce salon où les
gens de la cour prétendaient s'amuser mieux qu'à
Versailles, le salon de la sœur d'un petit écrivain,
fort occupée à le grandir, ce bureau d'esprit, le seul
tenu par une jeune femme, ce salon de Mme Lebrun,
rempli d'auteurs et de critiques, et où se préparaient
les *battoirs* pour les pièces de Vigée (4).

Un salon héritait des habitués et de l'influence
de ces deux grands salons fermés par la mort, le salon de Mme Geoffrin, et le salon de Mlle de Lespinasse
que d'Alembert essayait un moment de relever et
de continuer; vaine entreprise, que le philosophe
abandonnait bientôt, en reconnaissant la justesse
de cette remarque de Mme Necker « que les femmes
remplissent les intervalles de la conversation et de

(1) Mémoires de la République des lettres, vol. XVIII.
(2) *Id.*, vol. XXII.
(3) Mémoires de Garat, vol. I.
(4) Mémoires de la République des lettres, vol. XXII, XXIV, XXVI.

a vie, comme les duvets qu'on introduit dans les caisses de porcelaine (1). » A ces deux grands salons de lettres et de la philosophie succédait le salon de Mme la comtesse de Beauharnais, l'asile de tous les hommes de lettres gênés par le ton de réserve de la maison Necker. Et en peu de temps, le salon de cette femme sans jalousie, sans médisance, et toujours prête à louer, devenait le grand bureau, le bureau d'esprit le plus accrédité de Paris (2), où siégeaient tour à tour en maîtres de la maison les courtisans de Mme de Beauharnais, ses teinturiers, Dorat, Laus de Boissy et Cubières. Dans les années précédant la Révolution, toute la république des lettres s'assemblait chez la comtesse, accourait à ses vendredis, où la causerie menait la société jusqu'à onze heures et demie, l'heure du souper. A minuit l'on rentrait dans le salon où les invités étaient retenus jusqu'à cinq heures par la maîtresse de la maison. Des lectures menaient jusqu'à trois heures ; ectures de tout genre et de toutes œuvres, vers, tragédies, fragments de confessions, chapitres de romans : Rétif de la Bretonne y lisait le commencement de *Monsieur Nicolas*. Puis tout ce monde animé, échauffé par ces lectures, se mettait à parler comme au sortir d'une première représentation ; il laissait le jour venir en se renvoyant les nouvelles et les

(1) Mélanges de Mme Necker, vol. I.

(2) La comédie du *Cercle* avait légèrement caricaturé, en 1764, les familiers de ce salon à son début. Le médecin c'était : le médecin Lorry, l'Esculape des femmes à la mode ; le musicien : l'abbé de la Croix ; le poète : le poëtereau Durosoy.

anecdotes, en faisant passer d'un bout du salon à l'autre les histoires échappées aux journaux secrets, en écoutant les curieux souvenirs du marquis de Lagrange, et ces mille récits de la maîtresse de la maison où Rétif allait puiser presque toutes les aventures des *Posthumes* (1).

Jeune et dans l'âge des plaisirs, nous avons vu la femme au dix-huitième siècle commencer à tourner ses grâces, son génie, et de singulières aptitudes vers la politique et les faveurs ministérielles. Nous l'avons vue imiter Mme de Prie, et faire comme elle « rouler les amants avec les affaires (2) ». Nous l'avons entendue dire à chaque promotion, à chaque nomination : « Il faut que l'on fasse quelque chose pour ce jeune colonel ; sa valeur m'est connue, j'en parlerai au ministre ; » ou bien : « Il est surprenant que ce jeune abbé ait été oublié ; il faut qu'il soit évêque ; il est homme de naissance, et je pourrais répondre de ses mœurs (3). » Nous l'avons suivie dans ce patient et furieux travail de sollicitation, de protection, de patronage universel, à la cour, auprès des ministres, des maîtresses, de la société. Nous avons enfin montré la femme du temps dans ce rôle et ce règne actifs qui devaient faire de son sexe le premier pouvoir de la monarchie.

(1) M. Nicolas, ou le Cœur humain dévoilé, publié par lui-même. *Imprimé à la maison.* Neuvième époque.
(2) Mémoires de Hénault.
(3) Lettres persanes, 1740.

Que cette femme vieillisse, qu'elle arrive à quarante ans, qu'elle se refuse à la dévotion, que les distractions du bel esprit, les jeux de l'imagination, les hommages des lettres lui paraissent creux et insuffisants, elle fera des affaires l'occupation et l'intérêt de sa vie, sa vie même. Toutes les joies jeunes, toutes les belles passions d'illusion et d'étourdissement lui échappant une à une, l'enivrement du monde l'abandonnant avec l'enivrement de l'amour, elle se retourne vers l'ambition et vers la domination. Par ses amis, par ses protégés, par ses liaisons, par ses conseils, par ses idées, par ce qu'elle pousse et fait avancer en avant, elle veut se glisser au pouvoir. Il lui faut toucher à l'administration, au gouvernement, mettre la main au roman de l'histoire, tremper dans les plus grandes aventures, manier avec toutes les places un peu de l'État, en un mot jouer à l'influence, à la puissance, à la fortune, à la gloire même avec l'intrigue.

On trouve au commencement du siècle une sorte de patronne et de maîtresse de toutes les femmes d'intrigue dans cette Mme de Tencin, la grande intrigante dont nous avons déjà parlé, voilée d'ombre, si présente à tout, donnant audience, écoutant ses espions, assistant aux conciliabules des ministres, dictant, écrivant sans trêve des memorandum, des rapports, des lettres de dix pages, enfonçant de tous côtés ses idées, donnant à Richelieu un plan, une conduite, une consistance, faisant du courtisan une personnalité, un instrument, et un danger pour

Maurepas, ce Maurepas qu'elle sonde, qu'elle perce, et dont elle touche à fond l'endroit faible avec un mot : « La marine a recueilli cette année 14 millions, et n'a pas mis un vaisseau en mer, c'est là qu'il faut attaquer Maurepas (1). » Puis, au-dessous de Mme de Tencin, à sa suite, ce sont toutes sortes de grandes dames, au génie moins audacieux et moins large, à l'esprit plus pratique, plus appliqué au profit; ce sont des femmes qui intriguent, non parce que l'intrigue est la loi de leur caractère, une activité dont elles ont besoin, la fièvre qui les soutient et qui leur donne le sentiment de vivre, mais parce que l'intrigue est un chemin et un moyen. Non moins ardentes que Mme de Tencin, et plus âpres, elles sont infatigables, prêtes à tout, aux marches, aux contre-marches, toujours remplies de combinaisons, toujours remuantes, toujours debout pour mettre des places et des honneurs dans leur maison, pour y amasser de la grandeur et des enrichissements. Il semble qu'il y ait dans leurs veines du sang de cette famille qui ne laissait personne mourir la nuit à Versailles sans être sur pied, éveillée sur l'heure, dressant déjà ses batteries, la main sur la dépouille du mort. Et ne sont-elles point toutes représentées par la vieille maréchale de Noailles, née Bournon-ville, cette femme sans scrupule, qui avouait avoir usé également, presque indifféremment, du confesseur et de la maîtresse pour le gouvernement de la

---

(1) Correspondance du cardinal de Tencin et de Mme de Tencin, sa sœur, sur les intrigues de la cour de France. 1790.

faveur des princes et l'avancement des siens? Souvent à cette aïeule, mère de onze filles et de dix fils,
de tant de petits-enfants et d'arrière-petits-enfants,
poussés par elle aux premiers emplois de l'État, on
disait qu'elle était la mère des douze tribus d'Israël,
et que sa race s'étendrait comme les étoiles du firmament; alors il échappait à la vieille maréchale
inassouvie un soupir et parfois ce mot : « Et que di-
riez-vous si vous saviez les bons coups que j'ai man-
qués (1) ! »

Cette vocation de l'intrigue devient avec le temps
une vocation générale de la femme. Elle se répand
dans le monde, elle descend jusqu'au bas de la société. Elle va des femmes qui sont le conseil et
l'inspiration d'un ministre aux femmes qui sont les
maîtresses d'un commis de ministère. Elle commence
à une princesse de Brionne pour finir à une princesse de théâtre qui n'a pas de nom. On ne voit plus
que femmes d'affaires ayant audience à l'antichambre, et dictant à des secrétaires des notes pour le
prochain voyage de la cour. A côté de leur boudoir
est un cabinet d'étude. Elles raisonnent, elles décident, elles se jettent dans la politique; elles rêvent
essentiellement, en faisant des nœuds, aux abus de
l'administration. Elles entretiennent leur société des
dépêches qu'elles rédigent tous les matins, des intelligences qu'elles ont dans les bureaux. A les croire,
point de ministre qui ne connaisse leur écriture,

---

(1) **Mémoires de Richelieu**, par Soulavie, vol. **V.**

point de commis qui ne la respecte. Elles vous parlent d'idées qu'elles présentent, qu'on contrarie,
qu'elles discutent, et qu'elles font passer : et elles
vous quittent pour le travail qu'elles doivent avoir
avec un personnage dont l'influence est connue (1).
Le *Tableau du siècle* a tracé de la femme d'intrigue
une jolie caricature à la La Bruyère. « *Araminte* affecte
d'aller souvent chez le ministre ; elle demande des
entretiens particuliers : on la voit passer dans le cabinet un papier à la main, elle en sort avec un air
affairé dont elle voudrait bien que tout le monde
s'aperçût. Rentrée chez elle, l'ordre est donné au
suisse de ne la déclarer visible qu'à tous les gens à
cabriolets de vernis de Martin, ou aux équipages
armoriés et chargés de grande livrée. Trouve-t-on
Araminte seule, elle demande mille pardons de ce
qu'elle a fait attendre un moment. Comment suffire
à une foule de lettres dont les bureaux l'accablent ?
On voit sur sa cheminée une douzaine d'épîtres tournées du côté du cachet : on y reconnaît les armes
des plus grands seigneurs. Vous devez être obsédée
d'affaires, lui dit un honnête homme de la meilleure
foi du monde. Ha, Monsieur, je n'y puis suffire, je
crois que toute la cour s'est donné le mot pour
éprouver ma patience. Voilà des lettres d'une longueur qui ne finit pas. Il est vrai que les objets
qu'elles renferment sont de la dernière conséquence.
Un frère d'*Araminte*, capitaine de dragons, arrive

(1) Les Sacrifices de l'amour, ou Lettres de la vicomtesse de Senanges
et du chevalier Versenay. *Paris*, 1771.

sur ces entrefaites, et prend une de ces lettres pour
donner des dragées à un petit enfant. Prenez garde,
lui dit l'étranger, vous allez égarer des papiers très-
importants. Bon, lui répond le capitaine, ce sont des
réponses de bonne année. »

L'étrange manie des affaires est peinte plus sérieusement dans un autre livre, et personnifiée dans la
baronne d'Ercy, un portrait où le temps a voulu
voir un visage, la maîtresse d'un salon « au vrai ton
de la cour », léger, sémillant, persiflant (1), une
femme qui fit des ministres : madame Cassini.

Jolie, et charmante d'élégance, Mme Cassini avait
commencé sa réputation de galanterie et d'intrigue
sous Louis XV, en voyant les ministres, les généraux,
les gens à la mode, en travaillant à placer des créatures, en jetant le discrédit sur le ministère, en donnant son blâme ou son approbation aux opérations
du gouvernement. Puis, voulant prendre un vol plus
haut, elle avait tenté une présentation à la cour, arrêtée par ce mot de Louis XV : « Il n'y a ici que trop
d'intrigantes, Mme Cassini ne sera pas présentée (2). »
Mais Louis XV mourait ; et la fortune de Mme Cassini
se levait avec le nouveau règne. Maîtresse de Maillebois, elle ouvrait à son frère, M. de Pezay, les portefeuilles de son amant, où M. de Pezay trouvait les
plans, les mémoires de 1741 en Italie, dont il faisait
un livre, les *Campagnes de Maillebois,* qui lui donnait
une assiette dans le monde. Ce premier pas fait,

(1) Mémoires de la République des lettres, vol. XI.
(2) Mémoires du règne de Louis XVI, par Soulavie, vol. IV.

Mme Cassini aidait son frère à se marier richement. Elle l'aidait encore, ce qui était plus utile à ses projets, à devenir l'amant de la princesse de Montbarrey. La princesse menait absolument Mme de Maurepas, Mme de Maurepas menait M. de Maurepas, M. de Maurepas menait le Roi, en sorte qu'être maître à ce moment de Mme de Montbarrey, c'était régner en France ou à peu près : aussi M. de Maurepas appelait-il M. de Pezay le Roi, le vrai Roi. Mais plus encore que de cette liaison, le salon de Mme Cassini, le joli salon de la rue de Babylone (1), tirait son influence d'une correspondance secrète concertée entre le frère et la sœur, adressée au jeune Roi pour guider son inexpérience, et qui faisait de Pezay le correspondant confidentiel, le conseiller intime de Louis XVI. Les coups de cette correspondance éclataient bientôt : Terray était chassé ; Montbarrey devenait un directeur général de la guerre, et Pezay amenait au Contrôle général d'abord Clugny, puis Necker (2). Mais, arrivé là, le salon Cassini dont

---

(1) Je possède les plans, coupes, dessins de l'hôtel Cassini, exécutés par Bellisard en 1768, un album qui, dans sa reliure de maroquin rouge primitive, est un curieux et rare spécimen de l'album que les seigneurs bâtisseurs du dix-huitième siècle faisaient exécuter de leur demeure. Attenant à un cabinet de musique, il y a un charmant petit salon demi-circulaire, au plafond peint d'amours, aux boiseries délicates, aux grands lampadaires. C'est peut-être dans ce cabinet de musique qu'avait lieu, en 1772, la représentation, où Mme Cassini jouait le rôle de *Mélanie* dans la *Religieuse* de la Harpe ; représentation à la suite de laquelle se firent la réconciliation et l'embrassade solennelle de la Harpe et de Dorat, connus par leur illustre inimitié.

(2) Mémoires de Besenval. *Baudouin*, 1821, vol. I. — Mémoires du règne de Louis XVI, vol. IV.

l'ambition grossissait, voulait faire place nette dans le ministère : il tentait de renverser Maurepas, et Maurepas l'emportait. Maillebois livrait la correspondance secrète de Pezay que lui avait confiée Mme Cassini, et Pezay était exilé.

Ainsi croulait toute cette fortune, un rêve d'intrigue, dont rien ne restait debout, pas même le salon de Mme Cassini, ruiné par la disgrâce, bientôt discrédité par le scandale. Mme Cassini réclamait à M. Necker une pension de trois mille livres, comme sœur de M. de Pezay, sœur de l'auteur de son élévation, menaçant le ministre de publier les lettres qui prouvaient les intrigues et les manœuvres dont il avait usé pour arriver au ministère, par le secours de « cet enfant perdu de sa politique (1) ».

En dehors de ces trois fins, la dévotion, les bureaux d'esprit, les intrigues de cour, une fin restait encore aux dernières années de la vieille femme du dix-huitième siècle. C'était la fin sans déchirement, sans effort, sans tracas, de la femme qui, à quarante-cinq ans, prenait la toilette et l'esprit de son âge, et, sans rompre avec l'habitude de ses pensées, le train de ses relations de monde et de famille, sans sortir du cadre de sa vie, se mettait tranquillement à vivre avec la vieillesse comme avec une amie. Beaucoup de vieilles femmes ne se donnaient ni à la dévotion,

---

(1) Mémoires de la République des lettres, vol. XVII. — Mémoires de Tilly, vol. III.

ni au bel esprit, ni à l'intrigue : ces femmes rares qui, selon l'expression du temps, « avaient eu un caractère et n'avaient pas négligé de nourrir leur raison, » échappaient au besoin de se trouver un nouvel état, et elles se contentaient de faire simplement et pour elles-mêmes ce personnage de vieille femme, le plus parfait, le plus accompli peut-être dont la société du dix-huitième siècle nous ait laissé le souvenir et l'exemple.

La façon dont la femme subit la vieillesse, ou plutôt l'accueil qu'elle lui fait, est un des plus grands signes de cette philosophie pratique, qui l'a déjà soutenue dans le mariage. Elle se résigne au temps, sans se débattre aux mains de l'âge, avec une aisance et une sérénité singulière, un courage gai, un héroïsme enjoué et qui ne laisse échapper de sa personne ni un murmure, ni une plainte, ni un soupir, ni un regret. Le beau rêve de son sexe est fini; mais il lui reste à devenir « un homme aimable », et la voilà consolée. On croirait qu'elle a trouvé du premier coup dans les vertus d'amabilité cette bonne humeur de l'âme, cette heureuse santé des idées, cet apaisement de la vie que la dévotion sincère cherche à trouver entre l'âge mur et la mort. La vieille femme se détache des Mémoires du temps, elle vient doucement à l'Histoire comme dans la fleur effacée d'un vieux pastel, figure de bonté et de malice, souriant à l'ombre des années entre l'Indulgence et l'Expérience. Elle a encore son passé dans les yeux, sur les lèvres, rayon venu du cœur, épargné par les rides : « L'amour a passé par là, » disait d'un mot qui dit tout le prince de Ligne en la voyant.

Et ne semblaient-elles pas en effet, les vieilles femmes, dans ce temps, les grand'mères de l'amour? Le tonneau, où elles s'enfermaient dans un coin d'appartement aux premiers froids, rappelait ce tonneau où la gravure nous montre la fille de Lépicié, corbeille d'osier aux anses de laquelle montent les rosiers et les fleurs : c'était le confessionnal où la jeunesse venait chercher les conseils charitables, la morale humaine, l'encouragement, le secours, l'absolution. La vieille femme liait les couples, elle faisait les fiançailles, elle se réchauffait en mettant dans ses mains les mains qui se cherchaient; et penchée sur le bruit, les chansons, les passions de tout ce qui était jeune autour d'elle, elle ne sentait en elle ni aigreur, ni amertume, ni jalousie : elle pardonnait au présent de vivre à son tour, à l'avenir d'être plus jeune qu'elle; sa jeunesse lui revenait dans la jeunesse des autres, et le rappel de ce passé, rapporté à son souvenir par toutes les voix, ne la rendait que plus douce aux joies du monde, plus compatissante à ses faiblesses. Elle allait et venait, encourageant la gaieté qui venait à elle, fêtant le plaisir qu'elle faisait naître, préparant le chemin aux débutants, prêtant à tous la bienveillance de son attention, animant les gais propos, nouant les danses, touchant enfin et animant ce monde à toute heure avec cette béquille enchantée qui la portait, toute branlante, véritable baguette de bonne fée, dont la pomme, pleine d'or pour les pauvres, semait les charités sur son passage.

Celles qui avaient été les plus jolies, les plus galantes, dont la jeunesse avait eu le plus de triomphes et d'orages, se montraient souvent les plus faciles à la vieillesse, les plus séduisantes dans ce nouveau rôle. Accoutumées à recevoir des hommages, elles se les conservaient par les charmes du commerce, la discrétion, la facilité, l'agrément. Quittant l'amour, elles cherchaient des amis, jugeant qu'à leur âge c'était, comme elles disaient, « une bonne spéculation de se faire adorer. » A la connaissance du monde elles joignaient les trois qualités de l'esprit du monde : le trait, le tact et le goût. Leur parole à la fois hardie et caline, caressante et garçonnière, donnait à la causerie sa liberté piquante. Ces femmes étaient les maîtresses de salon de la France ; elles présidaient à sa conversation, elles lui donnaient la mesure, la vive allure de leurs idées et de leurs jugements, un accord naturel et toujours juste. Par des liens invisibles, par mille grâces, par le charme de leur voix adoucie, de leur accent maternel, de leur raison rieuse, elles retenaient auprès des femmes, elles ralliaient ce monde d'hommes qui allait à la fin du siècle déserter la vie de la société pour la vie du club. Par l'intelligence qui était en elles comme une dernière coquetterie, elles régnaient, elles gouvernaient, elles ordonnaient ; elles faisaient les réputations, elles dictaient les juge-

ments, elles distribuaient ou excusaient les ridicules. Elles faisaient plus : elles modéraient les mœurs
de la bonne compagnie, elles leur assignaient leur
équilibre et leur milieu entre la décence et la bé-
gueulerie. Elles représentaient la tradition tolérante et la convenance sans pruderie. Elles faisaient
l'ordre, elles donnaient le ton, elles conservaient
l'étiquette des façons, des manières, au milieu de
cette société, dont elles étaient, selon le mot d'un
contemporain, « *les lieutenants de police* » sous l'autorité de cette adorable doyenne : la maréchale de
Luxembourg (1).

Arrêtons-nous un instant au portrait de celle-ci ;
car ce n'est pas une vieille femme, c'est la vieille
femme d'alors, celle qui personnifie, dans son expression la plus aimable, la vieillesse du dix-huitième
siècle. Rien ne lui manque de son temps : sa jeunesse a presque dépassé la légèreté, et il reste de
ses anciennes amours une chanson fameuse qui voltige dans l'écho des salons. Depuis, elle s'était si
bien rangée, elle a oublié son passé avec tant de
naturel et tant d'aisance, que tout le monde autour
d'elle l'oublie comme elle, et que personne ne s'avise
de remarquer que sa dignité n'est faite qu'avec de
la grâce. Un esprit piquant, un goût toujours sûr,
lui ont acquis dans le monde une autorité qu'on
respecte, qu'on aime et qu'on redoute. Elle pro-
nonce en dernier ressort sur tout ce qui entre dans

(1) Mélanges du prince de Ligne, *passim.* — Souvenirs et Portraits,
par M. de Lévis.

la société, elle attribue ou ôte aux gens cette considération personnelle qui leur ouvre ou leur ferme
les portes de l'intimité ; d'un mot, elle les fait ad-
mettre ou refuser à ces petits soupers si recherchés
où l'on n'admet que les hommes du bel air. Elle
donne aux jeunes personnes et aux jeunes gens le
baptême de ce jugement décisif qui est, de Paris à
Versailles, comme le mot de passe de leur figure ou
de leur esprit. Sans pédanterie, sans indignation,
sans grandes phrases, elle fait justice des personnes, des sentiments, des façons, de la fatuité, du
ton avantageux, de la confiance présomptueuse, de
tout ce qui blesse la délicatesse, avec des épigrammes et des moqueries assez plaisantes pour être
citées et demeurer au dos de ce qu'elle a voulu punir ou railler. Forçant les femmes à une coquetterie
générale, commandant les égards aux hommes, elle
est l'institutrice de toute la jeune cour, le grand
juge de toutes les choses de la politesse, le dernier
censeur de l'urbanité française, au milieu de l'an-
glomanie qui répand déjà la mode de ses fracs et de
ses rudesses.

Le ton, — tout est là pour la maréchale : c'est
l'homme, c'est la femme même. Elle juge qu'il n'est
pas seulement une forme, mais un caractère, et
comme une conscience extérieure de l'âme et des
sentiments. Un mauvais ton accuse, à ses yeux, un
manque de délicatesse ; et elle est persuadée qu'il y
a une correspondance exacte entre l'élégance des
manières et l'élégance des pensées, du cœur même.

Elle tient à la lettre des usages du monde ; mais c'est qu'à force de les étudier et de les voir pratiquer, elle a cru y découvrir un sens, un bon sens et une finesse admirables. Pénétrant jusqu'à l'esprit de ces usages, elle s'est fait une telle idée de leur valeur morale, qu'elle n'est pas éloignée de croire qu'il y a quelque chose d'agréable à Dieu jusque dans les belles manières de le prier. Un jour, c'était à l'Isle-Adam, les dames, attendant pour la messe le prince de Conti, avaient posé dans le salon, sur une table ronde, leurs livres d'Heures ; les feuilletant par passe-temps, Mme de Luxembourg s'arrêta à deux ou trois prières, et les trouvant de mauvais goût se mit à les critiquer furieusement ; et comme une dame essayait de défendre les prières, disant qu'il suffisait qu'une prière fût dite avec piété, et que Dieu assurément ne faisait nulle attention à ce qu'on appelle un bon ou un mauvais ton : « Eh ! bien, madame, dit vivement et très-sérieusement la maréchale, ne croyez pas cela (1). » N'y a-t-il pas dans ce mot toute la femme, et aussi la dernière superstition, je me trompe, la dernière religion de cette société polie ?

Cette vieille fée de la politesse eut un ange pour bâton de veillesse : appuyée d'une main sur sa canne, elle s'appuyait de l'autre sur le bras d'une jeune femme qui ne la quittait point, et que le monde voyait toujours à ses côtés ; spectacle charmant qui

(1) Souvenirs de Félicie.

semblait montrer l'Esprit soutenu par la Pudeur !
Cette jeune femme était la petite-fille de la maréchale de Luxembourg, Mme de Lauzun, cette créature
accomplie qui touchait tous les cœurs d'une si tendre émotion. La jeunesse était en elle comme une
douce sainteté. La naïveté, la noblesse, une décence
digne et séduisante, donnaient à son regard, à sa
physionomie, une expression céleste. Ses paroles,
ses mouvements, toute sa personne respiraient une
sorte de vertu virginale ; et l'on eût dit qu'en
passant elle laissait se répandre autour d'elle la
pureté de son âme. Vivant dans le monde, de la
vie du monde, elle se gardait de toutes ses atteintes. Rougissant pour un regard, troublée pour un
rien, elle plaisait sans coquetterie, elle charmait
comme l'Innocence dont elle semblait le portrait
imaginé (1).

Toutes ces femmes du dix-huitième siècle qui savaient si bien vieillir, mettaient à accepter l'âge plus
que de la résignation, mais encore de l'esprit et du
goût. Elles ne se prêtaient point seulement morale-
ment à ce grand changement, par la patience de
l'humeur, par le renoncement aux prétentions et
aux exigences, par la sérénité, le détachement,
l'apaisement d'une sorte d'indulgence maternelle :
elles accommodaient leur corps aux modes de la vieillesse comme elles avaient accommodé leur âme à
ses vertus. Elles savaient faire de leur toilette la toi-

(1) Mélanges de Mme Necker. 1798, vol. I.

lette de leurs années. De toutes les coquetteries de leur passé de femmes, elles n'en gardaient qu'une, la plus simple, la plus sévère, la propreté, une propreté qui leur donnait tout à la fois une élégance et une dignité. Ce qu'elles montraient tout d'abord et à la première vue sur toute leur personne, leur seule parure affichée était ce que le temps appelait « une netteté recherchée ». Par cette tenue toujours nette, par ce grand soin de la toilette auquel elles ne manquaient pas un jour (1), et dont rien ne les affranchissait, ni le malaise, ni les souffrances, ni les infirmités, elles échappaient sinon aux ravages, du moins aux laideurs et aux horreurs de l'âge : elles cédaient aux années, mais sans en subir l'injure, en secouant la poussière du temps. Leur costume était le plus simple et le plus noble. Elles excellaient à mettre une convenance dans chacun de ses détails, dans la façon de la robe aux manches larges, dans l'étoffe d'une couleur austère, toilette éteinte que relevait un seul luxe : le linge le plus uni et le plus fin. C'est ainsi que s'habillait la vieille femme, montrant cette singulière entente de sa mise, ce bon goût si sobre que Diderot admirait un jour au Grandval, en levant, après une partie de piquet, les yeux sur Mme Geoffrin (2). A peine si la maladie la faisait manquer à ce devoir rigoureux qu'elle s'était imposé d'être avenante dans la simplicité et parfaitement correcte dans la propreté.

(1) Correspondance de Grimm, vol. XI.
(2) Mémoires et Correspondance de Diderot. 1841, vol. I.

Toute femme bien élevée gardait jusqu'au bout la décence de la vieillesse, et l'on en voyait qui se levaient héroïquement sur leur lit d'agonie pour faire une dernière toilette (1), comme si elles eussent craint de dégoûter la Mort !

(1) Correspondance de Grimm, vol. XII.

XII

LA PHILOSOPHIE ET LA MORT DE LA FEMME

Lorsqu'on interroge jusqu'au fond l'âme de la femme du dix-huitième siècle et qu'on lui demande son principe, sa loi, la règle qui se laisse apercevoir dans la conscience de son sexe n'est point une règle religieuse, une règle divine, une règle consacrée par une foi : elle est cette règle absolument et entièrement humaine que la femme du temps appelle « une petite philosophie », c'est-à-dire un plan de conduite qui précède les actions, un dessin dans lequel il faut essayer de faire tenir la vie pour ne pas marcher à l'aventure, une façon de tirer parti de sa raison pour son bonheur.

Cette philosophie que la femme se crée pour son besoin, aussi bien que pour son excuse, met son premier et son dernier mot, son but et sa fin, dans le bonheur. Simple de formule, de pratique facile, légitimant toutes les aspirations naturelles de la femme, elle n'exige d'elle que la modération de l'égoïsme et le sacrifice des excès. Le plus haut point de perfection de cette sagesse épicurienne est d'atteindre à la ferme persuasion qu'il n'y a rien autre chose à faire en ce monde qu'à être heureux; et la recommandation qu'elle répète, le mode d'avancement qu'elle indique, est de ne tendre qu'aux sensations et aux sentiments agréables. Cette sagesse admet bien qu'il faut aimer la vertu, mais elle n'exige pas qu'on l'aime parce qu'elle est la vertu, qu'on l'aime pour elle-même; elle la conseille seulement comme une sorte de sobriété nécessaire au bonheur. Elle veut qu'on ait une bonne conscience, mais seulement pour être bien avec soi-même, par la même raison qu'il faut être logé commodément chez soi. C'est, d'un bout à l'autre et de précepte en précepte, une doctrine qui aime ses aises, qui cherche les commodités morales, un régime sans rigueur ressemblant à une douce et complaisante hygiène de l'âme, et qui ne vise qu'à tenir le cœur et l'esprit dans une assiette tranquille, et dans ces quatre grandes conditions de santé intérieure, de plénitude spirituelle, et de satisfaction physique: s'être défait des préjugés, c'est-à-dire de toute opinion reçue sans examen, être vertueux, se bien porter, avoir des goûts et des passions, être susceptible d'illusion; car ce sont là les quatre « grandes machines » du bonheur de la femme, représentées presque comme les quatre devoirs de sa vie par Mᵐᵉ du Châtelet dans son *Traité du Bonheur*.

A cette philosophie qui étouffait tous les généreux appétits de la femme, bornait son âme de tous côtés, abaissait tous les sens de son cœur, succédait la philosophie qui allait véritablement soutenir et consoler la femme dans l'irréligion, et lui conserver, dans le scepticisme, un appui moral. De l'observation des autres, de l'observation d'elle-même, d'une sorte d'examen de conscience fait avec sincérité, avec ingénuité, la femme tire la pensée et la volonté de se rendre plus heureuse, mais en se rendant meilleure. A l'aide de cette seule révélation, le sentiment du devoir, elle élargit l'image, l'action, et la pratique de la vertu : des devoirs envers elle-même, elle monte aux devoirs envers les autres. Développant, étendant, fixant les idées confuses de son esprit sur l'humanité, elle se fait une obligation indispensable de la justice envers tous les hommes, et la justice devient en elle une charité. Elle s'impose d'être indulgente à toutes les fautes dont le principe n'est pas vicieux, et de respecter tous les défauts qui ne peuvent nuire à personne. Elle tend, par tous les moyens et toutes les maximes, à la douceur, à la bonté, à l'agrément, à la facilité, à l'égalité d'humeur, à cette paix répandue tout autour de soi que donne le gouvernement absolu de la raison. Perfectionner sa raison pour assurer son repos, acquérir

le courage de la patience pour diminuer de moitié
les maux de la vie, élever son âme, en répandre la
bonté, ce sont là les jouissances intérieures, supérieures aux circonstances, indépendantes des hommes, que se promet et auxquelles atteint cette philosophie de la femme, à la fois si pure et si tendre.
Lisez le livre qui formule ce plan de sagesse, les
Confessions de Mme de Fourqueux, née Monthyon, ce
beau rêve de perfection n'est point couronné par la
foi. Dieu est absent de cette grande leçon morale
qui ne le nomme qu'une fois pour attester qu'elle
ne le craint pas : « Quand on s'est appliqué à bien
connaître ce qu'on doit à ses semblables, qu'on
n'apprend que pour pratiquer, qu'on est devenu
juste pour soi et bon pour les autres, on peut se rassurer sur les jugements de Dieu. » Dieu, ce n'était
pas seulement un mot, c'était une idée qui manquait à cette philosophie; et ce n'est qu'après avoir
trouvé, de cette philosophie, tous les grands principes et tous les nobles préceptes en elle-même,
que l'on voit Mme de Fourqueux, reprenant son livre
au bout de neuf ans, annoncer qu'elle a acquis,
dans l'intervalle, la persuasion d'un Dieu (1).

Quelques âmes se montrent au dix-huitième siècle
si belles, si hautes, si aimables, qu'on les prendrait
pour le sourire et le rayon de cette philosophie.
Quelques femmes apparaissent qui sont toute raison,

(1) Confessions de Mme*** principes de morale pour se conduire dans
le monde. *Paris, Maradan,* 1817.

toute sagesse et toute grâce, et dont le charme appelle autour d'elles une sorte de vénération. Elles semblent avoir reçu toutes les vertus qu'elles ont acquises, tant elles les portent sans orgueil et sans effort. Elles se prêtent au monde, et elles se plaisent avec elles-mêmes. Elles sont indulgentes aux misères des autres, comme à leurs misères propres. La résignation aux disgrâces, la sensibilité, la charité, la justice, la pureté, s'unissent en elles à toutes les corrections de l'expression et de la pensée, à tous les agréments aussi bien qu'à toutes les dignités du cœur. Leur âme en toute circonstance, et sans jamais se démentir, ressemble à la belle peinture qu'elles se font de la vertu : « Elle ne montre rien parce qu'elle ne croit avoir à s'enorgueillir de rien, elle ne cache rien parce qu'elle ne croit pas être regardée et ne s'attend pas à être louée ; elle n'est ni vaine, ni modeste, parce qu'elle est simple, parce qu'elle est vraie. » Et ces créatures élues, qui ont comme une sainteté mondaine, n'ont point de piété. Elles suivent à la lettre la recommandation de l'Écriture, elles pratiquent la Vérité dans la Charité, ingénument, sans rien craindre, sans rien attendre, sans rien espérer, sans rien demander, sans rien prier. Dieu leur manque, et leurs mérites s'en passent. Toute leur religion n'est qu'une morale ; et leur morale, qu'elles simplifient pour l'avoir toujours sous la main, se réduit à ce seul précepte, « ce vaste et grand précepte » : Ne faites pas à autrui ce que vous ne voudriez pas qu'on vous fît. Une mère ne les a point formées, leur éducation a été nulle ; c'est par une aspiration personnelle, par un essor naturel, qu'elles se sont élevées à l'intuition, au goût, à la passion de ce qui est bon, de ce qui est juste (1). Elles se soutiennent à la hauteur de leur cœur, sans secours, par leurs forces propres. Elles ne recourent pas plus aux philosophes et à la théologie rationnelle qu'à la religion : tout ce qu'elles appellent « le galimatias des livres et des traités » ne leur sert de rien. Affranchies de tout dogme et de tout système, elles puisent au fond d'elles-mêmes leurs lumières aussi bien que leurs ressources. Et voilà que ces âmes admirables et sans tâche, personnifiées dans un type angélique, Mme la duchesse de Choiseul, font éclater dans le dix-huitième siècle une vertu qui trouve son but, sa récompense, son aliment en elle-même ; voilà que quelques femmes donnent dans ce siècle de légèreté le grand spectacle d'une conscience en équilibre dans le vide, spectacle oublié de l'humanité depuis les Antonins !

Cette philosophie sans système, sans orgueil, qui donne à la femme du dix-huitième siècle plus que la gaieté, le contentement, ne la soutient pas seulement contre les misères de la vie : elle semble la fortifier encore contre la mort, et lui donner comme une facile patience de son horreur. On voit, dans le

(1) Correspondance inédite de Mme du Deffand. *Paris*, *Michel Lévy*, 1859.

siècle, les femmes s'éteindre doucement et sans
révolte ; on les voit mettre à mourir une grâce aisée
et quitter le monde discrètement comme un salon
rempli où elles ne voudraient rien interrompre. La
femme en ce temps est plus que douce, elle est
polie envers la mort.

Pour une présidente d'Aligre, qui par peur grise
son agonie (1), que de femmes dans toutes les conditions, et les plus heureuses, le plus comblées de
grandeurs, quittent la vie de sang-froid, avec convenance, avec une fermeté charmante et un courage
aimable ! « Je me regrette, » disait simplement l'une
en se détachant de la terre (2). Il en est qui pressent
jusqu'au bout les mains de l'amitié et dont la mort
ne semble qu'une dernière défaillance. D'autres
s'entourent de monde pour mourir, et veulent que
le bruit d'un loto installé contre leur lit couvre le
bruit de leur dernier soupir. On compterait celles
qui ne restent pas, à leurs dernières heures, fidèles
à leur vie, à leurs principes, à leur rang, à leur incrédulité même (3). A cette parole de la femme de

---

(1) Lettres de la marquise du Deffand à Horace Walpole. *Paris,*
1812, vol. I.

(2) Nouveaux Mélanges, par Mme Necker, vol. II.

(3) Voyez dans la délicate notice intitulée : *Vie de la princesse de
Poix*, née Beauvau, par la vicomtesse de Noailles (*Lahure*, 1855), si précieuse comme accent d'une société qui n'est plus, la note si juste que
donne sur l'attitude dernière des femmes du temps le récit de la mort
de Mme de Beauvau : « Cette imposante personne finit sans douleur,
sans agonie ; elle s'éteignit comme elle avait vécu, en adorant son
mari, en honorant Voltaire. Ses derniers moments furent d'une paix
toute philosophique. Les cérémonies religieuses n'y tinrent point leur
place, mais les apparences furent assez heureusement conservées pour

chambre : « Madame la duchesse, le bon Dieu est
là, permettez-vous qu'on le face entrer? il souhaite-
rait avoir l'honneur de vous administrer (1), » celles-
ci trouvent la force de se soulever sur leur lit comme
pour la visite d'un roi ; celles-là ont encore assez de
volonté pour renvoyer un Dieu dont elles n'ont pas
besoin. Des femmes qui vont mourir appellent leur
cuisinier, et lui recommandent de faire bonne chère
pour que la société ne déserte pas leur table. Des
femmes occupent les longueurs d'une maladie lente
à écrire un testament où elles n'oublient pas un de
leurs parents, de leurs amis, de leurs connaissances,
de leurs pauvres, un chef-d'œuvre de netteté, une
merveille de calcul proportionnel (2) ! Celles-ci cou-
ronnent leur fin, l'entourent de fleurs, de danses,
de comédies, de suprêmes amours ; celles-là riment
leur épitaphe et enterrent gaiement leur mémoire (3).
Quelques-unes, peu d'heures avant de mourir, ar-
rangent des couplets satiriques, quelques-unes font
antichambre au seuil de la mort en chantant des
chansons sur l'air de Joconde (4). C'est le siècle où
l'agonie, dépassant l'insouciance, atteindra à l'épigramme, le siècle où une princesse moribonde appelant ses médecins, son confesseur et son intendant auprès de son lit, dira à ses médecins : « Mes-

qu'il fût dit, jusqu'au dernier jour, que l'indépendance des idées s'était
alliée chez elle à la convenance des formes... »

(1) Journal de Collé. *Paris*, 1805, vol. I.
(2) Mémoires de la République des lettres, vol. VI.
(3) Correspondance littéraire de la Harpe, vol. II.
(4) L'Espion anglois, vol. I.

sieurs, vous m'avez tuée, mais c'est en suivant vos
règles et vos principes ; » à son confesseur : « Vous
avez fait votre devoir en me causant une grande
terreur ; » et à son intendant : « Vous vous trouvez
ici à la sollicitation de mes gens qui désirent que je
fasse mon testament ; vous vous acquittez tous fort
bien de votre rôle, mais convenez que je ne joue
pas mal le mien. » L'âme de la femme va à la mort
parée d'esprit, comme le corps de la princesse de
Talmont va à la terre dans une robe bleue et argent (1).

Et cependant, c'est un hôte bien imprévu que la
Mort au dix-huitième siècle. La vie n'a guère le
temps d'y penser ; et le tourbillon du monde, le
bruit des fêtes, l'enivrement du mouvement, l'étourdissement, l'enchantement du moment, la distraction du jour, la jouissance absolue et presque unique
du présent, en effacent l'image et presque la conscience dans l'âme de la femme. La mort traverse
seulement son cœur; ainsi l'idée d'un lendemain
traverserait un souper. Elle n'occupe plus ce monde,
elle n'est plus la préoccupation de son imagination.
Cette société, où elle frappe à l'improviste, est le
contraire de ces sociétés qui vivaient dans son ombre et communiaient familièrement avec sa terreur.
Au dix-huitième siècle, la mort paraît absente et
n'est point attendue. Tout la repousse, tout la cache,
tout la voile d'oubli : c'est à peine si sa figure paraît

(1) Lettres de Mᵐᵉ du Deffand. 1812, vol. III.

encore dans une église, sur un tombeau, où l'art du temps dore son squelette.

Dans tout le siècle, la femme renvoie loin d'elle cette idée de sa fin. Elle y échappe, elle l'écarte doucement : on dirait que sa grâce craint d'en être effleurée. Avec quel geste de répugnance, de pudeur presque antique, elle retire la main, sitôt qu'elle touche à ses dégoûts! « Si nous pouvions nous en aller en fumée, ce genre de destruction ne me déplairait pas, mais je n'aime pas l'enterrement.... Ah! fi! fi! parlons d'autre chose, » écrit dans une lettre Mme du Deffand à Mme de Choiseul. Cet éloignement de la mort se retrouve partout, dans tout ce qu'a écrit la femme. La pourriture effraye son élégance. L'ordure lui fait peur dans le néant.

Et ce ne sont pas seulement les femmes philosophes qui se dérobent à cette présence de la mort que fait la pensée de la mort : la religion du temps la défend encore à la femme comme si elle craignait que sa ferveur n'en fût découragée. Les femmes les plus pieuses, celles qui donnent l'exemple et la règle, ôtent de leurs devoirs la méditation de la mort; elles ne veulent pas qu'on s'attache à ses tristesses, elles détournent leur foi et la foi des autres de cet avertissement qui effraye, de cette leçon qui afflige. Et Mme de Lambert donne, dans son accent le plus délicat, ce sentiment de la femme chrétienne du temps sur l'idée de la mort, lorsqu'elle écrit ces lignes au milieu de son traité de la

Vieillesse : « L'idée du dernier acte est toujours triste ; quelque belle que soit la comédie, la toile tombe ; les plus belles vies se terminent toutes de même ; on jette de la terre, et en voilà pour une éternité... »

FIN

TABLE DES CHAPITRES